BIBLIOGRAPHIE
DES
MAZARINADES

PUBLIÉE

POUR LA SOCIÉTÉ DE L'HISTOIRE DE FRANCE

PAR C. MOREAU

TOME DEUXIÈME

G — Q

A PARIS
CHEZ JULES RENOUARD ET CIE

LIBRAIRES DE LA SOCIÉTÉ DE L'HISTOIRE DE FRANCE

RUE DE TOURNON, N° 6

M. DCCC. L.

BIBLIOGRAPHIE

DES

MAZARINADES

A PARIS

DE L'IMPRIMERIE DE CRAPELET

RUE DE VAUGIRARD, 9

M. DCCC. L

BIBLIOGRAPHIE

DES

MAZARINADES

PUBLIÉE

POUR LA SOCIÉTÉ DE L'HISTOIRE DE FRANCE

PAR C. MOREAU

TOME DEUXIÈME

G — Q

A PARIS

CHEZ JULES RENOUARD ET C{IE}

LIBRAIRES DE LA SOCIÉTÉ DE L'HISTOIRE DE FRANCE

RUE DE TOURNON, N° 6

M. DCCC. L.

EXTRAIT DU RÈGLEMENT.

ART. 14. Le Conseil désigne les ouvrages à publier, et choisit les personnes les plus capables d'en préparer et d'en suivre la publication.

Il nomme, pour chaque ouvrage à publier, un Commissaire responsable, chargé d'en surveiller l'exécution.

Le nom de l'Éditeur sera placé à la tête de chaque volume.

Aucun volume ne pourra paraître sous le nom de la Société sans l'autorisation du Conseil, et s'il n'est accompagné d'une déclaration du Commissaire responsable, portant que le travail lui a paru mériter d'être publié.

Le Commissaire responsable soussigné déclare que l'Édition préparée par M. C. MOREAU *de la* BIBLIOGRAPHIE DES MAZARINADES, *lui a paru digne d'être publiée par la* SOCIÉTÉ DE L'HISTOIRE DE FRANCE.

Signé RAVENEL.

Fait à Paris, le 6 novembre 1850.

Certifié,

Le Secrétaire de la Société de l'Histoire de France,

J. DESNOYERS.

BIBLIOGRAPHIE

DES

MAZARINADES.

1462. Gabelles (les) épuisées, à monseigneur le duc de Beaufort, par N. J. T. (*Nicolas Jamin, Tourangeau*). (S. l.), 1649, 7 pages.

Jamin raconte que deux cents ouvriers en soie de Tours sont allés querir du sel à Nantes, qu'ils en ont rapporté une quantité telle que le prix en est tombé subitement à trente sols le boisseau, enfin qu'ils ont fait un second voyage avec des ouvriers d'Orléans, malgré la défense expresse du conseil, et qu'ils se sont ouvert le passage à coups de canon.

1463. Galimathias burlesque sur la vie du cardinal Mazarin. (S. l.), 1652, 18 pages.

Mazarin venait d'arriver à Poitiers.

> « Fait et passé l'an remarquable
> Que le roi n'avoit sur sa table
> Le plus souvent de quoi friper,
> Ne sachant pas où en gripper ;
> L'an que les linceulx de sa couche,
> Même ceux où la reine couche,
> Se trouvèrent, dit-on, percés,
> Voire en maints endroits rapiécés. »

Ce pamphlet se termine par une épitaphe ordurière, dont voici le dernier vers :

« Chacun sait toutefois qu'il chevauchoit en âne. »

S'il n'est pas tout à fait aussi rare que la *Famine, ou les Putains à cul*, il est bien aussi sale et beaucoup plus spirituel.

1464. Gallicinium nuper auditum, Franciam expilante Mazarino.

> *Quis dedit gallo intelligentiam?* Job, 38.
> *Qui preparat corvo escam suam.* Id.

Parisiis, 1649, 4 pages.

Bonne latinité; énergie et concision.

> « Dum regi per ætatem, reginæ
> « Matri per sexum non licet. »

> « Nummus regius,
> « Senator regius,
> « Uterque sacra principis imago.
> « Imagini utrique bellum indicitur.
> « Indicitur; et tacebimus! »

> « Exulant nummi regii;
> « Regii senatores exulârunt;
> « Hæc fuit scilicet *justorum* omnium sors. »

Pour comprendre le double sens de ce mot *justorum*, il faut savoir qu'on appelait *justes* les pièces d'or et d'argent à l'effigie de Louis XIII. Voir le *Voyage des justes en Italie*.

1465. Gasconnades (les), ou les Rodomontades des Gascons faites aux Parisiens et aux Normands, après le siége de Bordeaux. (S. l.), 1650, 8 pages.

Pièce fort plaisante, qui se termine par d'assez mauvais vers.

1466. Gazetier (le) désintéressé. *Paris*, Jean Brunet, 1649.

Deux parties, l'une de 24, et l'autre de 8 pages. La seconde partie est intitulée *Suite* ou *Deuxième suite*, etc., chez la veuve Musnier, 1649.

En fait, elle n'a rien de commun que le titre avec le *Gazetier désintéressé*. Surtout elle n'est pas du même auteur.

Le *Gazetier désintéressé* est signé D. B. Il ne manque ni de gravité dans le style, ni de correction.

« Notre condition est une. Il n'y a que la vertu qui nous distingue; et la noblesse ne peut pas avoir toujours été vieille. » Ce sont presque les vers de Voltaire.

Voir la *Lettre de consolation envoyée à madame de Châtillon*, etc.

1467. Gazetier (le) désintéressé, et le Testament de Jules Mazarin. *Sur l'imprimé à Paris chez Jean Brunet et Claude Morlot*, 1649, 20 pages.

Ce n'est, comme le titre l'indique d'ailleurs, qu'une réimpression de ces deux pièces.

1468. Gazette (la) burlesque, envoyée au gazetier de Paris. (S. l.), 1649, 7 pages.

L'auteur prétend que c'est Renaudot qui a introduit le mot *incognito* dans la langue française.

1469. Gazette (la) de la place Maubert, ou Suite de la *Gazette des halles*, touchant les affaires du temps. Seconde nouvelle. *Paris*, Michel Mettayer, 1649, 11 pages.

1470. Gazette (la) des halles, sur les affaires du temps. Première nouvelle. *Paris*, Michel Mettayer, 1649.

Trois pièces, la première de 7 pages, la seconde de 11, et la troisième de 14. La seconde est intitulée : *Gazette de la place Maubert*, et la troisième : *Suite de la* Gazette de la place Maubert.

Naudé dit, page 220 du *Mascurat*, qu'il ne faut pas les négliger; mais je ne sais pourquoi il se sert de cette expression *les deux gazettes des Halles*, si ce n'est que la troisième ne vaut pas les deux premières.

1471. Gazette (la) du temps, en vers burlesques. *Paris*, 1652.

Ce sont des lettres de Loret à mademoiselle de Longueville, depuis duchesse de Nemours. Il y en a neuf, et dix si l'on compte la *Gazette nouvelle;* mais elles sont classées d'une manière fort irrégulière.

On sait que les lettres de Loret dont la première est du 4 mai 1650, se donnaient manuscrites et en une seule copie, qui était lue chez mademoiselle de Longueville devant ceux qui la voulaient écouter, dit naïvement l'auteur du discours sur la *Muse historique*, dans le recueil de 1658, ou qui passait en diverses mains. Plus tard il s'en fit, apparemment du consentement de la princesse et de Loret, d'autres copies sur la première, mais toujours manuscrites, « pour des gens de considération de la confidence » de mademoiselle de Longueville. Le cercle s'agrandissant chaque jour, elles arrivèrent ainsi à un libraire, qui s'en empara, et les fit imprimer, à l'insu de l'auteur d'abord, puis malgré ses vives et persévérantes réclamations.

La première qui fut publiée de la sorte, est la lettre 34e du IIIe livre de la *Muse historique*. Ensuite parurent successivement, et dans l'ordre suivant, les 35e, 38e, 36e, 39e, 37e, 40e, 32e, 23e et 42e, celle-ci sous le double titre de *la Gazette nouvelle* et *la Nouvelle gazette du temps, en vers burlesques*.

Il ne paraît pas que Loret ait réclamé avant la publication de la *Quatrième gazette du temps*, c'est-à-dire la lettre 36e de la *Muse historique*; mais à partir de cette date, il ne cesse de gémir, de se plaindre; il menace même. Le libraire fait imprimer ses gémissements, ses plaintes et ses menaces.

> « Des débiteurs de faux papiers,
> Pires cent fois que des fripiers,
> Et qui n'ont jamais les mains nettes,
> Font imprimer de mes gazettes....
> Qu'ils finissent, je leur en prie,
> Cette franche friponnerie ;
> Ou je déclare à ces méchants
> Qu'ils n'en seront pas bons marchands. »

C'est ainsi que Loret dénonce le libraire dans la lettre 36e de la *Muse historique*, et que le libraire répète la dénonciation dans la *Quatrième gazette du temps*. Loret revient sur le même sujet dans la lettre 41e :

> « Ce détestable plagiaire,
> Cette âme basse et mercenaire,
> Qui ma gazette imprimer fit,
> Pour en tirer quelque profit,
> Ayant, de peur de plaie ou bosse,
> Discontinué son négoce,....
> L'a depuis peu recommencé. »

La 42ᵉ lettre est contrefaite; et le libraire y dit avec Loret :

> « Je crois que votre grandeur....
> Sans doute saura bientôt faire
> Un châtiment très exemplaire
> De ces sots falsificateurs. »

Pourtant Loret s'était décidé à faire imprimer lui-même la lettre 39ᵉ, que, de son côté, le contrefacteur n'a pas manqué de publier sous le titre de *Cinquième gazette du temps*.

> « Un mal, lequel à l'improviste
> A surpris monsieur mon copiste,
> M'a fait, en cette occasion,
> Recourir à l'impression.... »

Mais l'imprimeur

> « .... Sans abus ni fraude aucune....
> .. Doit observer cette loi
> De n'en tirer, chaque semaine,
> Qu'une unique et seule douzaine. »

La 40ᵉ lettre fut aussi imprimée par la même raison. Loret est enchanté de cette invention « excellente, dit l'auteur du discours sur la *Muse historique*, pour produire en même temps plusieurs exemplaires d'une seule pièce. » Ses vers

> « ... A lire en sont plus aisés.
> Ils n'ont ni glose, ni rature. »

On peut croire que, depuis ce moment, il renonça tout à fait aux copies manuscrites de ses gazettes. On lit en effet dans l'avis de l'*Imprimeur aux lecteurs* qui suit le discours sur la *Muse historique*, que les *Lettres en vers* ont été imprimées, toutes les semaines, depuis le mois de septembre 1652; et la *Cinquième gazette du temps*, qui est la lettre 39ᵉ, la première pour laquelle Loret eut recours à l'impression, est datée

« A Paris, le jour saint Michel l'Ange. » (*29 septembre.*)

La *Gazette nouvelle* qui correspond à la lettre 42ᵉ, porte, au verso du titre, un avis où il est dit que le public recevra, toutes les semaines, un nouveau cahier intitulé : *Gazette en vers burlesques*.

Il importe de remarquer que la lettre 40ᵉ fut publiée par le contrefacteur sous le titre de la *Sixième gazette du temps*, quoiqu'il eût déjà intitulé *Sixième gazette* la lettre 37ᵉ.

On sait que les lettres de Loret à Mademoiselle de Longueville ont été recueillies en 1658, et publiées in-folio ; mais ce qu'on sait moins généralement, c'est que, dès 1656, on avait fait une édition, in-4°, des lettres de 1650. J'en ai vu chez M. Potier, libraire, un très-bel exemplaire aux armes du duc de Nemours, *Paris*, Charles Chenault, comme l'in-folio de 1658.

M. le comte Léon de Laborde a donné une excellente notice sur Loret et sur la *Muse historique*, dans les notes du *Palais Mazarin*.

1472. Gazette (la) nouvelle, en vers burlesques, sur l'arrivée du roi en sa bonne ville de Paris, première semaine. *Paris*, Claude Le Roy, 1652, 8 pages.

C'est la lettre 42° du III° livre de la *Muse historique*. Elle a été contrefaite sous le titre de *la Nouvelle Gazette du temps, en vers burlesques, du dix-neuvième octobre* 1652.

La Fronde était finie.

1473. Géant (le) sicilien terrassé par les bons François. *Paris*, Nicolas de La Vigne, 1649, 8 pages.

1474. Géants (les) terrassés, ou la Fable historique, en vers burlesques. *Paris*, Denis Pelé, 1650, 7 pages.

Il s'agit de la prison des princes.

1475. Gémissements (les) des peuples de Paris sur l'éloignement du roi. *Paris*, Pierre Du Pont, 1649, 7 pages.

« Quelque grand jour qui éclaire le monde, il n'est qu'une belle tristesse quand le soleil est caché. Percez ces noires ombres, qui dérobent à nos yeux votre beau visage. »

Cette pièce a été réimprimée en 1652, sous le titre de : *Requête présentée au roi sur les affaires présentes*.

1476. Généalogie (la) du premier président. *Paris*, 1652, 23 pages.

Contrefaçon de la pièce intitulée : *Lettre envoÿée au roi par un docteur en théologie*.

Mailly qui n'a pas connu la *Lettre*, parle de la *Généalogie* comme d'une pièce originale, dans la note de la p. 347 de son IV° volume.

1477. Généalogie (la) du prince, et comme tous ceux de cette maison ont été funestes au roi et au peuple. *Paris*, N. Charles, 1650, 6 pages.

Sottise et lâcheté.

1478. Généalogie, ou Extraction de la vie de Jules Mazarin, cardinal et ministre d'État en France. *Anvers*, Samuel Beltrinklt le jeune, (s. d.), 8 pages.

Un contemporain a écrit sur son exemplaire : « Impertinent discours, et indigne d'être lu par les savants. » C'est vrai.

Ce pamphlet n'en a pas moins eu quatre éditions, y compris celle d'Anvers : une *à Paris, jouxte la copie imprimée à Envers* (sic) *s. d.*; une autre, s. l., 1649 ; une autre encore, dont le titre commence ainsi : *la Vie, mœurs et généalogie de Jules Mazarin*, etc.; toutes de 8 pages ; sans compter la réimpression qui en a été faite avec la *Requête des trois États au Parlement*.

1479. Généreuse (la) résolution de Son Altesse Royale, dans la dernière assemblée du Parlement (24 mai), par laquelle on peut connaître très assurément le désir qu'il (*sic*) a de donner la paix générale et le repos à toute la France. *Paris*, Jacob Chevalier, 1652, 7 pag.

1480. Généreuse (la) résolution des Gascons où se voit : 1° la cassation de l'arrêt du Parlement de Bordeaux par l'assemblée de l'Ormière (*sic*) ; 2° l'emblême de leur sceau, contenant, d'un côté, un ormeau entortillé d'un serpent avec cette inscription : *Estote prudentes sicut serpentes*, et au revers, la liberté. (S. l., 1652), 7 pages.

Conrart parle et de l'arrêt et du sceau dans la note de la p. 554 de ses *Mémoires*, coll. Michaud. Au lieu d'un ormeau, il prétend que le sceau représentait une ormoye (*sic*), remplie de cœurs emflammés, entre deux lauriers. Sur les lauriers étoit un pigeon blanc en forme de Saint-Esprit. Conrart complète en conséquence la devise latine ; il ajoute : *et simplices sicut Columbæ*. Ce récit de Conrart est confirmé par le *Manifeste des Bordelois*, etc.

Il existe une pièce qui rend sa version fort vraisemblable ; c'est l'*Histoire véritable d'une colombe qui a paru miraculeusement en un lieu appelé l'Ormaye* (sic) *de Bordeaux*, etc.

1481. Généreux (le) conseil donné aux bons François, avec l'occasion qui se présente avec (*sic*) l'extirpation du mazarinisme, par le sieur Perpignan. (*Paris*), Pierre Bazavoine, 1652, 7 pages.

1482. Généreux (le) François. (S. l.), 1649, 7 pages.

1483. Généreux (le) prince aux Parisiens de mourir (*sic*) pour le service du roi et de ne point souffrir le retour du cardinal Mazarin. *Paris*, Nicolas L'Angevin, 1652, 7 pages.

1484. Généreux (le) tout beau du brave *Cola* de l'hôtel de Chevreuse, imposant silence aux faiseurs de libelles contre monsieur le duc de Lorraine. *Paris*, Jean-Baptiste Bouched'or, à la Croix de Hiérusalem, 1652, 8 pages.

Pièce des plus niaises et aussi des plus rares de la Fronde. *Cola* était un corbeau.

1485. Généreux (les) conseils d'un gentilhomme françois qui a quitté le parti des Mazarins pour se retirer à Paris. *Paris*, François Noël, 1649, 14 pages.

Signé D. L.

1486. Généreux (les) pressentiments d'une fille villageoise touchant les victoires que la France doit espérer de la sage conduite du prince de Conty. Lettre parénétique. *Paris*, Jean Hénault, 1649, 6 pages.

Signé Charlotte Hénault.

1487. Généreux (les) sentiments d'un bon François, présentés à la reine par un de ses aumôniers. *Paris*, Rollin De La Haye, 1649, 8 pages.

1488. Généreux (les) sentiments de la noblesse françoise contre le mauvais gouvernement de l'État par un ministre étranger. *Paris,* Denys Langlois, 1649, 8 pages.

1489. Généreux (les) sentiments de Mademoiselle, exprimés à monseigneur le duc d'Orléans, son père. *Paris,* Philippe Clément, 1652, 8 pages.

L'auteur raconte qu'ayant été présenter des vers mal fagotés à un prince, il fut égratigné par un singe, parce qu'il était mal vêtu.

1490. Généreux (les) sentiments de nos seigneurs les princes, envoyés à Son Altesse Royale sur son retour pour s'opposer au passage du cardinal Mazarin. *Sur l'imprimé à Bordeaux,* 1652, 7 pages.

1491. Généreux (les) sentiments du véritable François sur la conférence et paix de Ruel, avec exhortation à tous bons François de ne point poser les armes que le cardinal Mazarin ne soit mort, ou hors du royaume, conformément à l'arrêt du 8 janvier 1649. (S. l.), 1649, 8 pages.

Remarquable de style.

1492. Génie (le) de Paris, découvrant la cause des malheurs du temps. *Paris,* 1652, 16 pages.

Insignifiant et rare.

1493. Génie (le) démasqué, et le temps passé et l'avenir de Mazarin, par un gentilhomme bourguignon. *Paris,* veuve d'André Musnier, 1649, 8 pages.

Spirituellement écrit. Ironie fine. C'est d'un écrivain.
Ce pamphlet paraît avoir été publié également sous le titre qui

suit : *le Temps passé et l'avenir et le génie démasqué de Jules Mazarin.*

1494. Génie (le) françois parlant au roi pour la paix, ou la Remontrance faite à Sa Majesté par messieurs les députés afin de ne plus rappeler Mazarin et de revenir dans sa bonne ville de Paris. *Paris,* 1652, 19 pages.

1495. Génie (le) françois sur les malheurs des affaires de la cour, touchant l'arrivée du duc de Lorraine au palais d'Orléans. *Paris,* 1652.

Je n'ai rencontré de cette pièce qu'un exemplaire incomplet.

1496. Gentilhomme (le) françois armé de toutes pièces pour le service du roi, adressé à messieurs les princes et autres seigneurs de la cour. *Paris,* Nicolas Gasse, 1649, 7 pages.

C'est une pièce de 1615, accommodée aux circonstances de 1649. Dans le pamphlet de 1615, il s'agit du voyage de Bordeaux; dans la reproduction de 1649, il s'agit du voyage de Picardie après la paix de Saint-Germain.

« Obéissons seulement; ce sont là les bornes de notre devoir. »

« Chérir ce qu'il aime, honorer ce qu'il affectionne, aller où il veut, faire ce qu'il commande, le suivre où il lui plaît. »

« Quant à moi, je suis prêt, armé de toutes pièces; j'ai en tête la fidélité, sur le cœur le courage, aux bras, aux mains la force et la valeur, aux pieds l'obéissance; et partout où le roi commandera d'aller, je suis armé de constance. »

1497. Gibet (le) de Mazarin dressé dans la ville de Compiègne par le commandement de messieurs les échevins, avec la lettre de compliment envoyée audit cardinal pour son éloignement de ladite ville. *Paris,* Nicolas Macé, 1652, 7 pages.

1498. Gloire (la) familière, ou la Description populaire de la bataille de Lens, remportée sur les Espagnols par M. le prince de Condé, en vers burlesques. (S. l., 1648), 12 pages.

Très-rare. Il s'y rencontre quelques traits assez spirituels.

1499. Glorieuse (la) conduite de monseigneur le duc de Nemours, et les avantages qu'il a remportés sur les troupes du maréchal d'Aumont, avec un petit avis aux Parisiens. *Paris*, Jacques Girard, 1652, 8 pages.

Il s'agit du passage de la Seine à Mantes.

1500*. Glorieux (le) retour à Paris des princes de Condé, de Conty et duc de Longueville.

Bib. hist., 23262.
Extrait de la *Gazette*.

1501. Glorieux (les) travaux du Parlement pour le maintien de l'autorité du roi et pour le soulagement de ses peuples, par L. D. M. E. J. Du Bail. *Paris*, François Noël, 1649, 16 pages.

Quelques détails à conserver. Par exemple la galerie du Palais Royal où le Parlement délibéra pendant les barricades, avait gardé le nom de galerie du Parlement.

1502. Gouvernement (le) de l'état présent, où l'on voit les fourbes et tromperies de Mazarin. *Paris*, 1652, 13 pages.

C'est la *Miliade* de Richelieu, arrangée pour le cardinal Mazarin et publiée, pour la première fois, en 1649, sous le titre de : *Tableau du gouvernement présent ou l'Éloge de son Éminence*, etc.
Il ne faut pas la confondre avec la *Miliade ou l'Éloge burlesque de Mazarin*, etc.

1503. Gouvernement (le) présent, ou Éloge de Son Éminence. Satyre ou la Miliade. (S. l.), 1649, 15 pages.

Ici, le texte de la première *Miliade* a été conservé.

On sait que l'édition originale de ce pamphlet est de 1635. Elle est en caractères italiques.

La critique ne s'est pas encore prononcée entre les auteurs présumés de cette terrible satire. Elle laisse le choix entre Favereau, conseiller à la cour des Aides, d'Estelan, fils du maréchal de Saint-Luc, et Beys, bon poëte du temps.

1504. Grand (le) ballet ou le Branle de sortie dansé sur le théâtre de la France par le cardinal Mazarin et par toute la suite des cardinalistes et mazarinistes. De l'impression de Bâle, en la boutique de maître Personne, à la rue Partout, à l'enseigne de la Vérité toute nue en hyver. (1651), 20 pages.

Pièce plaisante, mais dont les airs sont détestables. Elle n'est pas commune.

Mazarin était déjà arrivé à Sedan.

1505. Grand (le) bréviaire de Mazarin réformé à l'usage et utilité de la France, par nos seigneurs du Parlement. *Paris*, Claude Morlot, 1649, 8 pages.

Pièce plaisante qui contient de curieux détails sur les habitudes de Mazarin.

1506. Grand (le) combat du Parlement et du conseil du roi, proposée (*sic*) par le cardinal de Retz à Son Altesse Royale sur le retour du cardinal Mazarin. *Paris*, Ricard, Le Bossu, 1652, 7 pages.

Mauvaise pièce que je ne crois pas des plus communes.

1507. Grand (le) conseil tenu, tous les diables assemblée (*sic*), touchant le refus de Mazarin, avec la lettre escritte (*sic*) à Caron sur ce sujet. (S. l.), 1651, 8 pages.

1508. Grand (le) dialogue de la Paille et du Papier, contenant ce qui peut se dire de plus considérable sur ces deux sujets, avec leurs raisonnements sur les affaires d'État, le tout en style vulgaire. Première partie. (S. l., 1652), 26 pages.

Mailly juge ce pamphlet bien sévèrement : « Cet ouvrage étoit, comme presque tous ceux de ce temps, rempli de fades quolibets, de pointes détestables et de turlupinades dégoûtantes. » *Note* de la page 619 de son V^e vol.

On avait déjà publié à la louange de la paille le *Bouquet de Mademoiselle* que je n'ai pas rencontré, et l'*Apothéose*. L'auteur cite une douzaine de vers du *Bouquet*, où la paille est préférée à toutes les fleurs.

Y a-t-il eu une seconde partie?

1509. Grand (le) duel de deux damoiselles frondeuses, sous les noms de Clymène et d'Amarillis. (S. l.), 1650, 7 pages.

Rare et détestable.

Ce pamphlet a pourtant été réimprimé, en 1651, sous le titre de *Récit du grand combat donné entre deux dames de la ville de Cologne et les deux nièces du cardinal Mazarin.*

1510. Grand (le) Gersay battu, ou la Canne de monsieur de Beaufort au festin du Renard aux Thuileries, en vers burlesques. *Paris*, 1649, 15 pages.

1511. Grand (le) miroir des financiers, tiré du cabinet des curiosités du défunt cardinal de Richelieu, où l'on voit : 1° l'homme d'État en matière d'intérêts; 2° l'ordre de manier les finances; 3° les moyens de faire profiter l'argent du roi, l'avancement de la fortune des intendants et son déclin; 4° le discernement des maltôtiers avec les officiers légitimes de l'épargne; 5° discours nécessaire à tous gens d'affaires et de finance. *Paris*, 1652.

Exemplaire incomplet, qui ne contient que l'avis au lecteur.

Cela paraît être un éloge de Richelieu, réimprimé seulement pour la Fronde.

1512. Grand (le) poëte burlesque de l'école d'Asnières, en vers burlesques. *Paris*, Sébastien Martin, 1649, 6 pages.

1513. Grand (le) ressort des guerres civiles en France, faisant voir dans les vies de tous les ministres d'État qui se sont ingérés de nous gouverner, 1° qu'ils ont toujours été la source de toutes les dissensions publiques et le sujet qui a fait prendre les armes aux grands du royaume ; 2° qu'ils ont eux-mêmes fait naître et entretenu les guerres civiles, comme un moyen propre pour se rendre nécessaires aux rois et pour se maintenir dans le ministère ; 3° qu'ils ont employé tous leurs artifices à détourner la connoissance des affaires d'État aux rois et fait tous leurs efforts pour abattre les princes et tenir les peuples dans l'oppression. Le remède nécessaire et politique à tous les désordres est : 1° de donner un conseil de sages têtes au roi, qui l'instruise dans l'art de régner par soi-même; 2° d'éloigner de lui, comme des pestes d'État, tous ceux qui voudront s'opposer à ce louable établissement ; 3° d'établir de rigoureux supplices pour les ministres qui passeront leur devoir, qui est seulement de donner conseil à leur souverain, sans jamais rien entreprendre de leur tête, de rendre le rang aux princes du sang qui leur est dû par leur naissance, et donner le repos aux peuples. (S. l.), 1652, 52 pages.

Il n'y a ici que les vies des ministres de la 1re race. L'auteur promettait celles des ministres de la 2e et de la 3e ; les a-t-il données ?

Son pamphlet pourrait être meilleur ; mais il n'est pas commun. Il doit être de la fin d'août ou du commencement de septembre ; car Mazarin était sorti du royaume pour la seconde fois.

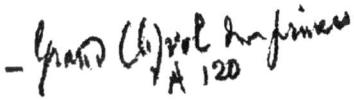

1514. Grande (la) conférence des hermites du mont Valérien sur les affaires de ce temps, présentée à monseigneur le duc de Beaufort. *Paris*, veuve Jean Remy, 1649, 8 pages.

1515. Grande et merveilleuse prédiction touchant les affaires du temps présent, et même de ce qui peut arriver dans le cours de cette présente année 1650, tirées (*sic*) des Centuries de Nostradamus. *Anvers*, 1650, 4 pages.

1516. Grande (la) réception de messieurs les princes au Palais Royal et ensuite au Palais d'Orléans, avec l'ordre de Sa Majesté. *Paris*, 1651, 8 pages.

Pièce rare et originale dans la forme. Ce sont des vers, mais imprimés à la suite, comme de la prose ; et même en les lisant, on peut encore aisément s'y tromper.

1517. Grandeur des de l'Astrée parisienne sur Minerve et Bellone, en vers burlesques. *Paris*, Claude Morlot, 1649, 8 pages.

« Dans ce lieu (le Parlement) comme dans l'église
Dieu nos prières autorise ! »

22 avril.

1518. Gratulatio ad augustum supremæ curiæ Parlamenti parisiensis Senatum, quòd post multos magnosque, existantibus (*sic*) motibus, exantlatos (*sic*) labores, ad optatum finem res omnes perduxerint. (S. l., 1649), 7 pages.

1519. Grippemenaud (le) de la cour, où l'on voit la fourbe avec laquelle le cardinal Mazarin a voulu attraper les intendants des finances. *Paris*, Jacob Chevalier, 1652, 8 pages. *Rare*.

L'auteur raconte que huit intendants des finances allèrent saluer

Mazarin à son arrivée à la cour. Celui-ci refusa de les recevoir en corps, parce que, disait-il, il ne s'occupait pas des affaires de l'État; mais il les reçut chacun en particulier et leur demanda un prêt de vingt mille livres. Tous promirent, excepté Mauroy qui, fort embarrassé, en parla aux autres et découvrit ainsi que Mazarin s'était fait donner la même promesse par chacun. Gargan seul paya parce qu'il n'avait pas vu ses confrères.

Voilà Grippemenaud. Cela prouve seulement que l'auteur avait lu Rabelais.

1520. Grotesque (le) carême prenant de Jules Mazarin, par dialogue. *Paris*, 1649, 8 pages.

Il y a des exemplaires qui portent *Crotesque*.

1521. Guerre (la) burlesque, ou l'Injustice terrassée aux pieds de M. de Beaufort. *Paris*, Nicolas Jacquard, 1649, 12 pages.

L'épître dédicatoire au duc de Beaufort est signée De La Frenaye. Il semble que l'auteur avait précédemment écrit *un petit œuvre*

« Du nom de justice éclairée
Des rêts de la voute dorée. »

Est-ce la *Justice triomphante ?*

1522. Guerre (la) civile, en vers burlesques. *Paris*, Claude Huot, 1649, 11 pages.

Boutade plus gaie que spirituelle.

« Puisque mon style est assez drôle,
Et qu'après le demi setier,
Que d'un trait je bois tout entier,...
J'assemble des termes bouffons....
Puisqu'en cette sorte d'écrire
Autrefois je vous ai fait rire,
Faisant pleurer un carnaval
Qui se plaignait d'un cardinal.... »

C'est la *Plainte du carnaval et de la foire Saint-Germain*, etc.

1523. Guerre (la) d'Ænée (*sic*) en Italie, appropriée à l'histoire du temps, en vers burlesques, dédiée à

M. le marquis de Roquelaure. *Paris*, François Lecointe, 1650, 32 pages.

L'auteur a signé l'épître dédicatoire du nom de Braizer. Le père Lelong a écrit, par erreur, *Braciet*.

Il est assez difficile de retrouver là l'histoire du temps. On y voit seulement quatre vers où le Parlement est accusé d'avoir fait la guerre pour le droit annuel, un passage où l'on peut croire que Mazarin est peint sous le nom de Mézence. Énée serait le prince de Condé. Mais tout cela n'est rien moins que net.

1524. Guerre (la) des Menardeaux, ou la Fameuse bataille de la rue Neuve Saint Louis, donnée entre quelques brigades des compagnies de la milice de Paris, le 25 juin 1652, avec l'apologie des vainqueurs et l'oraison funèbre des morts, en vers façon de burlesque, par un disciple de Scarron. (S. l.), 1652, 24 pages.

Ce combat où il y eut en effet des morts et des blessés, a été appelé guerre des *Menardeaux*, parce que la compagnie qui fut assaillie aux abords du palais était celle dont Menardeau-Champré, conseiller au Parlement, était capitaine. Il fut formellement excepté de l'amnistie par l'arrêt de vérification.

La pièce n'est ni commune ni bonne.

1525. Guerre (la) des tabourets. Livre premier. Sommaire des sections. *Paris*, 1649.

Deux livres ou parties de 7 pages chacun. Le titre du second livre porte : *De la guerre*, etc. ; et après les mots : *Sommaire des sections*, il ajoute : *l'Antitabouretière*. S. l. n. d. Ce second livre est en vers, et le premier en prose.

On rencontre des exemplaires du premier livre dont le titre est aussi : *De la guerre*, etc. ; mais ils ne contiennent pas le dizain fort spirituel et fort libre qui termine ici le pamphlet.

Voir l'*Élégie sur la jalousie des culs de la cour.*

1526. Guerre (la) déclarée au cardinal Mazarin. (S. l.), 1650, 8 pages.

Indigeste fatras, composé de lambeaux arrachés à divers pamphlets.

On en trouve des exemplaires s. l. n. d.

1527. Guerre (la) déclarée par Son Altesse Royale et messieurs les princes au cardinal Mazarin et ses adhérents, en vertu des déclarations et arrêts du Parlement. *Paris,* Filbert Gautier, 1652, 8 pages.

Pamphlet trop insignifiant pour qu'on tienne compte même de sa rareté.

1528. Guerre (la) en fuite hors du royaume de France, en vers burlesques. (S. l.), 1649, 8 pages.

1529. Guerre (la) ensevelie. (S. l., 1649), 8 pages.

Ce pamphlet a aussi paru sous le titre de : *la P. guerre ensevelie.*

1530. Guerre (la) mourante par la nécessité de faire la paix, prouvées (*sic*) par les meilleures maximes du gouvernement des États. *Paris,* 1652, 19 pages. *Rare.*

On disputait sur l'amnistie. Le parti des princes qui se sentait abandonné, ne gardait plus de ménagements, même envers ses alliés : « Pour ce qui est de messieurs de Paris et de nos seigneurs du Parlement, on ne peut voir des têtes plus préparées à la servitude. »

1531. Guerre (la) sans canons, raillerie en vers burlesques. *Paris,* Denys Langlois, 1649, 8 pages.

Sans canons de hauts-de-chausses.

1532. Guerrier (le) politique, discours qui pourra servir de mémoire à l'histoire, dédié aux curieux. *Paris,* 1649, 30 pages.

Il résulte d'une lettre de S. D. S. A. à D. L. B. que le pamphlet est de ce dernier ; que D. L. B. était médecin ; qu'il n'avait que vingt-deux ans, et qu'il avait déjà communiqué à S. D. S. A. plusieurs pièces en prose et en vers.

Le *Guerrier politique* a été écrit après la paix. C'est une apologie du prince de Condé, que l'histoire n'aura garde de consulter.

1533. Gueuserie (la) de la cour. (S. l.), 1649, 16 pages.

Tableau plaisant de la misère des courtisans, et considérations très-sensées sur l'impôt.

1534. Guide (le) au chemin de la liberté, faisant voir : 1° que les François sont traités en esclaves ; 2° qu'ils ont droit de tout faire pour sortir d'esclavage. *Paris,* 1652, 24 pages.

Le chemin de la liberté, c'est le transfert de l'autorité souveraine au duc d'Orléans. L'auteur veut que le prince soit élu roi. Il appelle cela faire demi-tour à droite.

Mauvais raisonneur, historien ignorant et pauvre écrivain.

« Le roi fait la guerre ; pour qui ? pour le bien de son peuple ? oui, mais pour l'avoir, et non pas pour lui procurer... On dira que les Espagnols se saisiroient de la France si les armées ne l'empêchoient. J'estime que, quand nous serions sous la domination du Turc, encore serions-nous mieux en toutes façons que sous l'empire de ceux qui nous gouvernent. »

« La monarchie françoise fut remise entre les mains de vrais Gaulois lorsque Hugues Capet, descendu d'une ancienne race des princes d'Anjou, reçut la couronne. »

J'ai rencontré un exemplaire de ce pamphlet sur le titre duquel un contemporain avait écrit.

Non tantùm indignus, sed dignus igne libellus.

Mailly cite le *Guide au chemin de la liberté* dans la note de la page 60 de son V° volume.

1535. Guide (le) de Mazarin sortant hors de France et leurs entretiens en sortant de Paris. (S. l.), 1651, 8 pages.

1536. Guyenne (la) aux pieds du roi, qui se plaint de ses enfants et qui demande à Sa Majesté la continuation de la paix interrompue ; discours moral et politique qui montre l'obéissance que l'on doit aux rois, et l'obligation à quoi Leurs Majestés sont engagées d'aimer et de conserver leurs peuples, dont ils sont les protecteurs et les pères. *Paris,* 1649, 22 pages.

Pamphlet royaliste, aussi plein de bon sens que de mauvais goût.

« On dit que de la fleur de Lys, il se tire une huile qui est non seulement d'agréable odeur, mais très-utile aux maux de tête. »

« La justice est la fin de la loi ; la loi est l'œuvre du roi ; le roi est l'ouvrage et le chef-d'œuvre du grand Dieu. »

1537. Guyenne (la) victorieuse contre ses tyrans. *Paris*, 1649, 10 pages.

C'est un chant de victoire à l'occasion de la prise du château Trompette. L'auteur affecte de dire *nous* en parlant des Parisiens ; mais je suis bien trompé s'il n'est pas Gascon.

1538. Haine (la) irréconciliable de la paix et de la guerre, en vers burlesques. *Paris,* veuve Théod. Pépingué et Est. Maucroy, 1649, 16 pages.

Même pièce que le *Festin de la paix et de la guerre interrompu.*

1539. Harangue à la reine par messieurs les curés des bourgs de Sceaux, Palaiseau, Fontenay-aux-Roses, Sèvres, Meudon, Clamart, Carmes déchaus de Charenton et autres des environs de la ville de Paris, sur les actes d'hostilités, sacrilèges, viols commis dans les lieux saints et maisons par les troupes mazarines. *Audite hæc, omnes gentes ; auribus percipite, qui habitatis orbem.* Psal. 48. *Paris*, Pierre Sévestre, 1649, 12 pages.

Le fond de cette harangue est vrai ; mais la harangue ne l'est pas.

1540. Harangue à messieurs les échevins et bourgeois de Paris, touchant tout ce qui s'est passé depuis les barricades jusqu'à présent, par le sieur Drazor, Champenois. *Paris*, François Musnier, 1649, 8 pages.

1541. Harangue au roi pour la paix, par un ecclésiastique. *Paris*, veuve d'Anthoine Coulon, 1649, 12 pages.

1542. Harangue au roi, séant en son lit de justice, par M. Talon, son avocat général. *Paris*, Nicolas de La Vigne, 1649, 7 pages.

Sur la déclaration du 31 juillet 1648.

Même pièce que la *Harangue faite au roi par monsieur Talon*, etc.

1543. Harangue burlesque faite à Mademoiselle, au nom des bateliers d'Orléans, contenant le narré de son entrée dans la ville. *Orléans,* Gilles Hotot, 1652, 11 pages.

Ce pamphlet de d'Angerville est spirituel et rare.

1544. Harangue (la) célèbre faite à la reine sur sa régence. *Paris*, Toussaint Quinet, 1649, 30 pages.

Elle est de 1648, avant la paix de Munster.

Saint-Ange dit à Mascurat : « A propos de Balzac, tiens-tu qu'il voudroit avouer la *Lettre à monsieur de Beaufort* pour sienne ? »

Mascurat : « Si je ne me réglois que sur le style pour en juger, je ne t'en pourrois quasi que dire ; car elle n'est pas mal contrefaite ; mais la bienséance me fait croire que Balzac n'aura pas voulu donner le même encens à M. de Beaufort, qu'il avoit donné un peu auparavant à sa partie adverse par une lettre aussi grande qu'un volume, et de laquelle ses adorateurs disoient, quoique avec bien plus de flatterie que de raison, que c'étoit le dernier effort de son éloquence. » Page 13.

Cette lettre, *aussi grande qu'un volume*, c'est la *Harangue célèbre*, etc. Balzac y fait, à la page 29, l'éloge le plus pompeux du cardinal Mazarin.

J'accepte donc cette indication d'un contemporain, qui a écrit sur un exemplaire, aujourd'hui à la bibliothèque de Sainte-Geneviève : *M. de Balzac.*

Il est facile de voir à la manière dont s'exprime Mascurat, que Naudé ne doute pas de l'authenticité de la *Lettre de M. de Balzac à monseigneur le duc de Beaufort,* etc.

« Quand M. le Prince fut mis en liberté, Balzac lui envoya une lettre latine imprimée, avec deux petites pièces de vers latins aussi imprimées, l'une sur sa prison, l'autre sur la mort de madame la princesse sa mère, où, à son ordinaire, il donnoit à dos à celui qui avoit le dessous, et traitoit le cardinal Mazarin de *semi vir* ; et pour montrer à M. le Prince qu'il a fait ces vers-là durant sa prison, il en prend M. l'évêque d'Angoulême à témoin. Dans ces vers il appelle le cardinal *imbelle caput,* comme si un cardinal devoit être guerrier ; et puis celui-là a été à la guerre. » (*Tallemant des Réaux*, t. III, p. 170.)

On peut croire que Naudé savait, aussi bien que Tallemant des Réaux, à quoi s'en tenir sur la fixité des opinions de Balzac.

En 1652, le célèbre écrivain, dégoûté des intrigues de la Fronde et effrayé des fureurs de la guerre civile, s'était éloigné du duc de Beaufort sans revenir à la reine. Il songeait alors à se réfugier en Hollande. Le 10 mai, il écrivait à Conrart : « Si Dieu n'a pitié de nous, et ne nous envoie bientôt sa fille bien-aimée, qui est madame la Paix, je suis absolument résolu de fuir des objets qui me blessent le cœur par les yeux. Quand je serois plus caduc et plus malade que je ne suis, je sortirois du royaume, au hazard de mourir sur la mer si je m'embarque à la Rochelle, ou de mourir dans une hôtellerie si je fais mon voyage par terre. »

1545. Harangue d'un capitaine allemand, faite à la reine de France. *Paris,* Robert Feugé, 1649, 8 pages.

1546. Harangue d'un R. P. Célestin à la reine, sur la jonction de l'armée de l'archiduc Léopold, conduite par le duc de Vithemberg (*sic*), avec celle du prince. (S. l.), 1652, 7 pages.

Voir la *Harangue faite à la Reine par un révérend père Chartreux*, etc.

1547. Harangue de feu monsieur le marquis de Clanleu à la garnison de Charenton, un peu devant l'attaque, avec tout ce qui s'est passé de plus remarquable, et les dernières paroles qu'il dit en mourant, le tout selon le rapport d'un officier de cette garnison, qui s'est sauvé depuis peu des prisons de Saint-Germain, pièce nécessaire à tous les officiers de l'armée et à ceux de la milice bourgeoise. *Paris*, Charles Chenault, 1649, 8 pages.

1548. Harangue de la ville de Paris à M. de Broussel, conseiller du roi, sous-doyen de la grande chambre et prévost des marchands de Paris. *Paris*, veuve J. Guillemot, 1652, 8 pages.

« On vous regarde aller tous les jours au palais à pied, à l'âge de 78 ans, par les pluies et les vents, par les froids et les chaleurs les plus excessives et les plus fâcheuses, et cela pour espargner le sang du peuple et l'argent des pauvres plaideurs. On sait que vos promenades, vos jeux, vos plaisirs, vos maisons de plaisance et vos divertissements ne sont autre que l'exercice de vostre charge et la practique de toutes sortes de bonnes œuvres. On dit de vous ce que les Grecs disoient de Périclès que, parmy tant d'employs et tant d'affaires importantes, il n'augmenta jamais d'une seule dragme les biens que son père lui avoit laissés. Ce noble reproche vous a esté fait en plein sénat; et celui qui vous en accusa, comme d'une injure conforme à la corruption du temps, a été condamné des gens de bien ; et son impudence a descouvert vostre intégrité, pensant la blasmer et lui donner atteinte. Tous vos clients confessent qu'au lieu de prendre de l'argent pour faire l'injustice, vous refusez celui qui vous appartient pour vos vacations ; et les pauvres publient partout que, bien esloigné de recevoir les droits et les espices qu'ils vous doivent, vous leur en donnez du vostre pour lever les jugements et arrests favorables qu'ils ont obtenu de vostre équité et de vostre protection. Je le sçais ; et je l'ay veu après beaucoup de tesmoignages irréprochables. »

Je ne veux rien rabattre de ces éloges ; mais la vérité m'oblige à dire que Broussel avait une *maison de plaisance* à Pontoise.

1549. Harangue de messieurs les députés du Parlement de Rouen, faite à monseigneur le duc de Longueville, à leur retour de Saint-Germain-en-Laye. *Paris*, Guillaume Sassier, 1649, 8 pages. *Peu commune.*

1550. Harangue de monseigneur l'archevêque de Rouen, primat de Normandie, faite au roi en sa réception à Gaillon, recueillie par quelqu'un des assistants, amateur de la royauté et de la province, le 26 février 1650. *Paris*, Mathieu Colombel, 1650, 8 pages.

1551. Harangue de monseigneur le marquis d'Ormond, vice-roi d'Irlande, dans l'assemblée des catholiques de ce royaume-là, sur la conclusion de leur paix et leur union pour venger la mort de leur défunt roi, et assurer le nouveau dans ses États, donnée à Kilkenny en Irlande. *Paris*, François Preuveray, 1649, 8 pages. *Rare*.

1552. Harangue de M. le chancelier, faite à Sa Majesté, sur le danger qu'il y a de quelque changement d'État, à moins que la paix ne soit bientôt conclue. *Pontoise*, Denys Courtain, 1652, 16 pages.

On donne à Denys Courtain le titre d'imprimeur du roi; or, l'imprimeur du roi à Pontoise ne s'appelait ni Denys ni Courtain, mais Julien Courant.

De plus, si le titre du pamphlet attribue la harangue au chancelier, le texte la rend au maréchal de Lhospital. C'est, en effet, une contrefaçon de l'*Avis sincère du maréchal de Lhospital donné à Sa Majesté dans Saint-Denys*, etc.

1553. Harangue (la) de M. le premier président, faite au cardinal Mazarin, à son arrivée dans la ville de Poitiers. (S. l., 1652), 14 pages.

Il y a dans cette publication une intention d'épigramme contre le premier président; et la pièce n'est pas commune.

1554. Harangue de M. le président de Nesmond, faite au roi dans Saint-Denys, selon le plein pouvoir que lui ont donné Son Altesse Royale, Monsieur le Prince, le Parlement et la Ville. *Paris*, Louis Le Maine, 1652, 8 pages.

1555. Harangue de monsieur de Pénis, conseiller du roi en ses conseils, faite à Son Altesse Royale, le 10 mai

1652, touchant les désordres et les tyrannies de Mazarin. *Paris*, Jacob Chevalier, 1652, 8 pages.

Ce M. de Pénis, que Conrart appelle Pény, était un trésorier de France de Limoges. Il avait épousé une nièce de Broussel. On trouve sur lui d'intéressants détails dans les *Mémoires* de Conrart, note de la page 549, Coll. Michaud.

La *Harangue* est rare. Voir la *Relation véritable de ce qui s'est passé au palais d'Orléans, touchant le discours de M. de Pénis*, etc.

1556. Harangue de M. Servient (*sic*), faite aux Hollandois, sur le sujet de leur traité de paix avec l'Espagnol. S. l., 1649, 15 pages.

Le traité n'était pas conclu encore. C'est une des pièces qui ont été publiées pour justifier Mazarin du reproche de n'avoir pas voulu faire la paix avec l'Espagne à Munster.

1557. Harangue (la) des provinciaux, faite à la reine pour le prochain retour du roi en sa bonne ville de Paris. *Paris*, 1649, 15 pages.

Après la paix de Saint-Germain.

1558. Harangue (la) du Courrier extraordinaire envoyée (*sic*) par notre Saint-Père le Pape à la reine régente. *Paris*, Guillaume Sassier, 1649, 7 pages.

1559. Harangue du député de la ville de Lyon à nos seigneurs du Parlement et à messieurs les prévôt des marchands et échevins de la ville de Paris. *Paris*, Claude Morlot, 1649, 7 pages.

Le député offre dix mille cavaliers armés et équipés; il annonce quinze mille muids de blés que les Lyonnais ont mis sur la Loire!

1560. Harangue (la) du roi de la Grande-Bretagne à la reine de France, faite au château de Saint-Germain-en-Laye, le 6ᵉ jour de mai 1652, sur l'arrivée de messieurs les députés des princes et du Parlement. *Paris*, 1652, 7 pages.

Pauvre invention!

1561. Harangue du roi faite à tous ses peuples sur son retour en sa bonne ville de Paris. *Paris,* 1652, 7 pages.

Pièce rare, bien écrite et qui n'est pas indigne de la majesté royale.

1562. Harangue en proverbes, faite à la reine par un notable bourgeois de la ville de Pontoise, deux jours avant le départ de Mazarin, pour obliger cette princesse à consentir à son éloignement par les raisons cy-après déduites. *Paris,* 1652, 32 pages.

Assez originale enfilade de proverbes.

Mazarin dit à la reine : « Je viens de Tours ; je vous apporte roses et flours et nouvelles de vos amours. Vous plaira-t-il que je m'assise auprès de vous ? »

« Ne savez-vous pas qu'on le (Mazarin) trouve peint dans les livres prophétiques du temps à la façon d'un grand serpent entortillé autour de l'épée royale, où il tient dans sa gueule une poignée de verges dont il fouette la France, et traîne de sa queue deux meules de moulin dont il l'accable, aussi bien que la couronne du roi votre fils. »

Les livres prophétiques dont parle l'auteur anonyme, sont désignés sous le titre de *Figures de Paracelse* dans la *Réfutation des louanges données au cardinal Mazarin,* etc.

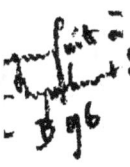

1563. Harangue faite à la reine, à Amiens, par E. P. *Paris,* Jean de Crocq, 1649, 8 pages.

1564. Harangue faite à la reine, au Palais-Royal, le 21 décembre 1648, par M. Amelot, premier président de la cour des Aydes, pour la révocation du traité des tailles et pour le soulagement des officiers et du peuple, avec un récit abrégé de ce qui se passa en la députation de ladite cour sur ce sujet. *Paris,* Denys Langlois, 1649, 10 pages.

Les mots *au Palais-Royal, le* 21 *décembre* 1648 ne se retrouvent pas dans quelques exemplaires.

Il y a de la *Harangue* une édition s. l. n. d. Elle a été reproduite dans le *Trésor des Harangues*, publié en 1680 par Gilbaut, avocat au parlement, page 337 du Ier volume.

1565. Harangue faite à la reine par un révérend père Chartreux pour la paix. *Paris,* 1652, 7 pages.

« Me voici de retour. » Le père chartreux avait donc déjà dit ou écrit quelque chose ?

La harangue n'est pas bonne. Cependant elle devint l'occasion d'une polémique assez vive; et l'on publia successivement la *Réponse du père Favre* (sic), *prédicateur et confesseur de la reine*, puis l'*Apologie du révérend père chartreux contre le père Favre*, etc.

Il y eut bientôt deux autres pièces imitées de la première, mais qui n'eurent pas le même succès. L'une est :

1566. Harangue faite à la reyne par un révérend père cordeliers (*sic*), sur le sujet de la paix. *Paris,* Nicolas Lerrein, 1652, 7 pages.

L'autre est la *Harangue d'un R. P. célestin*, etc.

1567. Harangue faite à la reine régente sur les malheurs présents de l'État. (S. l., 1649), 11 pages.

Cela n'est pas commun; mais qu'en faire ?

1568. Harangue faite à madame la duchesse de Longueville sur la liberté des princes de Condé, de Conty et duc de Longueville, princes du sang de France, prononcée par le sieur de Sommerance, lieutenant général civil et criminel de Stenay, et député des trois estats de la province d'Argonne. *Paris,* N. Bessin, 1651, 6 pages.

1569. Harangue faite à Mademoiselle, à son arrivée en la maison de ville d'Orléans, par MM. Thoinard, président, de La Grillière, lieutenant général, Boilève, maire de ville, de Bélébat, échevin. *Paris*, Jacob Chevalier, 1652, 8 pages.

On lit à la fin la signature de tous les magistrats. La harangue était donc écrite.

1570. Harangue faite à Mademoiselle par messieurs d'Orléans à son arrivée, en présence de messieurs les ducs de Beaufort, de Rohan et autres seigneurs, et leur très-humble remercîment envoyé à son Altesse Royale. *Paris,* Claude Le Roy, 1652, 8 pages.

Ici c'est l'amplification d'un orateur galant, qui appelle Mademoiselle une fleur, un diamant, une aurore, une Minerve, etc.

1571. Harangue faite à messieurs du clergé, par M. le marquis de Vitry, l'un des commissaires choisis de la noblesse pour traiter, avec eux, des moyens de parvenir aux estats généraux. *Paris,* veuve J. Guillemot, 1651, 7 pages.

1572. Harangue faite à monseigneur de Laubespine, marquis de Chasteauneuf, et garde des sceaux de France, sur la signification de ses noms, portant la conclusion de la paix générale. *Paris,* Guillaume Sassier, 1650, 4 pages.

1573. Harangue faite à monseigneur le duc d'Orléans, prononcée en l'assemblée de la noblesse, le 25 mars 1651, par monsieur de Lignerac, l'un des gentilshommes de ladite assemblée. *Paris,* veuve J. Guillemot, 1651, 6 pages.

1574. Harangue faite à monseigneur le prince de Conty, par les députés de la ville de la Réole, contenant les nouvelles assurances de leur fidélité, et autres particularités. *Paris*, Nicolas Vivenay, 1652, 8 pages.

Sur la 8ᵉ on lit : Prononcée par le sieur Chastres le jeune, le 17 mai 1652.

C'est de semblables harangues que Louis XIII a pu dire qu'elles lui avaient fait blanchir les cheveux.

1575. Harangue faite à monseigneur le Prince par les députés des trois États des villes de Stenay, Clermont, Dun et Jamets. *Paris*, N. Bessin, 1651, 8 pages.

1576. Harangue faite à monsieur le duc d'Orléans, par monsieur Nicolaï, premier président en la chambre des Comptes. *Paris*, 1649, 6 pages.

Séance du lundi 3 août 1648.

Il y en a une autre édition : *Harangue prononcée en la Chambre des Comptes*, etc.

La *Harangue* est aussi dans le *Trésor des Harangues* de Gilbaut, Iᵉʳ vol., p. 352.

1577. Harangue faite à monsieur le premier président sur son nom historique, pour le soulagement des peuples. (S. l., 1649) 7 pages.

On ne sera peut-être pas fâché d'avoir un échantillon des vers de la dame de Monterbault. C'est le début de la harangue :

> « Mola, molæ qui dit une pâte salée,
> Que les prêtres anciens nous ont tant signalée,
> La mettant sur le front, pour dire sans parler,
> Que c'est d'où vient enfin ce beau mot d'immoler. »

1578. Harangue faite au Parlement de Bordeaux, sur la présentation des lettres de monseigneur le Prince pour le gouvernement de Guyenne, par maître Jacques Fonteneil, écuyer et jurat de la ville. *Bordeaux*, J. Mongiron Millanges, 1651, 16 pages.

Audience du 12 juin 1651.

« Fonteneil présenta les lettres ; et l'avocat général Dussault prononça un discours excessivement long. » (Dom *Devienne*, p. 437.)

Il me semble que le jurat n'a rien à reprocher à l'avocat général. Son discours est aussi fort long, et du plus mauvais goût.

Le discours de Dussault est rapporté dans l'*Arrêt du Parlement de Bordeaux donné sur la publication des provisions de Mgr. le Prince*, etc.

Il y a une édition de la Harangue *jouxte la copie imprimée à Bordeaux*, à Paris, chez la veuve Thomas Loset, 1651, 16 pages. Le titre est semblable à celui de l'édition originale, si ce n'est que Fonteneil y est qualifié d'avocat.

Fonteneil avait sans doute mérité son élection aux fonctions de jurat par le zèle qu'il avait déployé dans la seconde guerre de Bordeaux. Député avec Maillard, marchand et bourgeois de robe courte, pour demander que les bourgeois fussent représentés dans le conseil de police, il fut admis aussitôt sans autre formalité ; et, le 18 octobre 1649, il signa la capitulation du château Trompette.

On peut croire que Fonteneil ne fut pas très-fidèle à son parti ; car c'est de lui que l'auteur du *Dialogue métaphorique de l'Inconnu* dit que « de la même main qu'il écrivoit les éphémérides de son parti, il comptoit l'argent qu'il recevoit pour en trahir les intérêts.... Mauvais historien, mauvais François et mauvais compatriote. »

Fonteneil, en effet, a publié l'*Histoire des mouvements de Bordeaux*, et le *Remercîment des Bordelois au roi*. Il paraît que cette dernière pièce est un des premiers pamphlets de la fronde bordelaise.

1579. Harangue faite au Parlement de Paris par M. de Voysin, conseiller député du Parlement de Bordeaux, ensemble l'extrait des registres contenant la délibération du Parlement de Paris. *Paris*, 1650, 12 pages.

L'arrêt est du 7 juillet 1650. Le sieur de Voysin avait été entendu le 6.

Il en a été fait à Bordeaux une édition de 8 pages, *jouxte la copie imprimée à Paris, chez Guillaume Sassier*. Est-ce l'indication d'une troisième édition ? On peut d'autant mieux le croire que la seconde partie du titre a été retranchée des exemplaires de Bordeaux.

1580. Harangue faite au roi à son arrivée dans la ville

de Melun, par le lieutenant général de ladite ville, avec la réponse de Sa Majesté. *Paris*, Jacques Le Gentil, 1652, 8 pages.

Le lieutenant général compare le roi à Jupiter, et la ville de Melun à Sémélé.

Melun ne fut pourtant pas brûlée.

1581. Harangue faite au roi à son arrivée en la ville de Compiègne, par le maire de ladite ville, sur le sujet de la paix et de l'éloignement du cardinal Mazarin, avec la réponse du roi. *Paris*, J. Le Gentil, 1652, 8 pages.

La pièce est datée du 23 août; mais Mazarin était parti de la cour le 19. Il suffit d'ailleurs de lire la harangue pour voir que c'est un des mensonges de la Fronde.

1582. Harangue faite au roi, après sa majorité, par le recteur de l'Université de Paris, accompagné de tous les corps de l'Université, le dimanche 10 septembre 1651, pour désabuser le public d'un libelle qu'on a publié à Paris sous un titre semblable. *Paris*, Antoine Estienne, 1651, 6 pages.

On trouvera le *libelle* un peu plus loin.

1583. Harangue faite au roi et à la reine dans la ville de Melun, par les députés de ces provinces, pour le soulagement du peuple. *Paris*, M. Blondeau, 1652, 8 pages.

Contrefaçon des *Derniers suppliants aux pieds de la reine*.

1584. Harangue faite au roi et à la reine, par les députés de Bordeaux. (S. l. n. d.), 11 pages.

Tant de pamphlétaires avaient multiplié les harangues au nom des parlements, des provinces, des villes, etc. L'auteur a voulu faire la sienne. Il était royaliste et galant homme.

Probablement de 1652. Les Espagnols avaient pénétré dans la Champagne.

1585. Harangue faite au roi et à la reine, par M. Talon, avocat général, à l'entrée du Parlement, après la Saint-Martin, l'an 1648. *Lyon*, Jacques Juster, 1648, 8 pages in-12. *Très-rare*.

1586. Harangue faite au roi et à la reine régente, au nom de toute la France, par les députés de ses provinces. (S. l. n. d.), 32 pages.

Il y est parlé du roi *rentrant à cheval* dans Paris. C'est donc de 1652.

Affreux mélange de prose et de vers, qui a cependant un mérite, celui de la rareté.

1587. Harangue faite au roi et à la reine régente, en la ville de Dijon, le 22 avril 1650, par messire Jean de Gourgue, conseiller du roi en ses conseils d'État et privé, président au Parlement de Bordeaux, et les députés dudit Parlement, touchant la paix de Bordeaux, et de toute la province de Guyenne. *Paris*, Guillaume Sassier, 1650, 6 pages.

1588. Harangue faite au roi et à la reine régente, le 22 avril 1650, par le sieur de Constant, jurat, et les députés de la ville de Bordeaux, pour le remercîment de la paix qu'il a plu à Leurs Majestés d'accorder dans leur ville de Bordeaux et par toute la province de Guienne. *Paris*, Guill. Sassier, 1650, 8 pages. *Rare*.

1589. Harangue faite au roi et à la reine régente, par le sieur Girau, officier de Sa Majesté, pour la réforme du Parlement de Provence. *Paris*, 1651, 16 pages.

Girau était du nouveau semestre. Son pamphlet est violent; mais il est curieux.

1590. Harangue (la) faite au roi par le plénipotentiaire

de Venise, à Ponthoise (*sic*), pour la paix générale. *Paris*, 1652, 8 pages.

Elle n'est pas plus vraie que la harangue du maire de Compiègne (*voir* plus haut, n° 1581); mais elle est plus curieuse. C'est une récapitulation assez exacte de toutes les guerres de l'Europe dans un intervalle de trente années.

1591. Harangue faite au roi par le recteur de l'Université de Paris, au nom de cette Université en corps, dans le Palais-Royal, le dimanche matin 10 septembre 1651, au sujet de sa majorité, avec de très-belles remarques, paraphrazes et anagrammes sur le nom de Sa Majesté. *Paris*, Alexandre Lesselin, 1651, 8 pages.

C'est le *libelle* dont il est parlé plus haut : *Harangue faite au roi après sa majorité*, etc.

Il ne contient que les remarques, paraphrases et anagrammes qui sont de J. Douet, E. S. D. R. (écuyer, sieur de Romcroissant). Dans un avertissement, daté du 13 septembre, et qui termine la 8ᵉ page, l'auteur nous apprend qu'il a remis son manuscrit entre les mains du roi, qui se l'est fait lire par l'évêque de Rodez (Hardouin de Péréfixe). Je ne crois pas que le roi ait été jusqu'au bout.

Il n'en existe pas moins de ce pauvre pamphlet une autre édition *sur l'imprimé à Paris*, 8 pages.

Douet offre au roi de lui faire connaître une voie infaillible pour renverser l'empire ottoman.

1592. Harangue faite au roi par les six corps de marchands de la ville de Paris, avec l'entretien d'un marchand épicier et d'un marchand mercier, à leur retour de Pontoise. *Paris*, 1652, 16 pages.

1593. Harangue faite au roi par messieurs les députés du corps de la noblesse, monsieur de Nossay portant la parole. *Paris*, veuve J. Guillemot, 1652, 8 pages. *Rare*.

Après l'assemblée de La Roche Guyon. Messieurs de la noblesse demandent justice des violences de Chartres.

Voir le *Journal de l'assemblée de la noblesse*, le *Procès-verbal contenant ce qui s'est passé dans l'assemblée générale faite à Chartres*, etc., et le *Mémoire présenté au conseil du roy par la noblesse du baillage de Chartres*.

1594. Harangue faite au roi par monseigneur le cardinal de Retz, en présence de monseigneur le nonce du pape, assisté de messieurs du clergé, pour la paix générale, faite à Compiègne le 11 septembre 1652. *Paris*, Antoine L'Angevin, 1652, 15 pages.

C'est la version publiée par les frondeurs.

« Les partisans de M. le Prince ayant fait imprimer une fausse harangue du cardinal de Retz au roi pour le décrier parmi le peuple, on fut obligé de publier la véritable, qui fut tellement goûtée du public, que, quand il rentra dans Paris, tout le monde sortoit des maisons pour le voir avec des acclamations redoublées de *Vivent le roi et la paix!* » (Guy Joly, p. 79 de ses *Mémoires*, coll. Michaud.)

Je vois, au contraire, dans le *Journal de ce qui se passe de plus remarquable dans tout le royaume*, que le cardinal fut hué et sifflé tout le long de la rue Saint-Denys.

Il est assez remarquable que, pour décrier le cardinal de Retz, les partisans des princes n'aient trouvé rien de mieux que de supposer une harangue où leur faction est glorifiée, et le roi insulté !

Voir la *Véritable harangue faite au roi par Mgr le cardinal de Retz*, etc.

1595. Harangue (la) faite au roi par M. Charpentier, conseiller en Parlement et un des députés vers Sa Majesté, pour l'éloignement du cardinal Mazarin, et pour la conclusion de la paix générale, prononcée à Saint-Denys, le huitième juillet 1652. *Paris*, Lesselin, 1652, 8 pages.

Je ne crois pas à l'authenticité de cette pièce, qui, d'ailleurs, n'est pleine que de lieux communs. C'est le président de Nesmond qui portait la parole au nom des députés.

1596. Harangue (la) faite au roi par M. Fournier, président de l'élection de Paris. Le grand maître et maître des cérémonies ayant présenté au roi dans la grande galerie du Palais-Royal les officiers de l'élection de Paris, ils lui firent cette harangue, sur les onze heures du matin, laquelle fut bien reçue de Sa Majesté. *Paris*, 1651, 7 pages.

Sur la majorité du roi.

Elle a été réimprimée en 1652, sous le titre de : *Très-humbles remontrances faites au roi et à la reine par messieurs les gens du roi, députés par la Cour de Parlement pour le traité de la paix.*

1597. Harangue faite au roy par monsieur le prévost des marchands à Saint-Germain-en-Laye, en la dernière députation de messieurs du Parlement. *Paris*, Antoine Le Féron, 1652, 8 pages.

Fausse, insignifiante et rare.

1598. Harangue faite au roi par monsieur Talon, son avocat général au Parlement de Paris. *Paris*, François Noël, 1649, 7 pages.

Sur la déclaration du 31 juillet 1648.

Nicolas de La Vigne en a publié une autre édition sous le titre de : *Harangue au roi, séant en son lit de justice, par M. Talon*, etc.

1599. Harangue faite au roi par un député de l'illustre corps des quatre mandiants (*sic*), sur les misères du temps présent. *Paris*, Antoine L'Angevin, 1652, 7 pages.

Rare, mais mauvais.

1600. Harangue faite au roi sur son heureux retour en sa ville de Paris, et prononcée dans le Palais-Royal, devant Sa Majesté, le 3 septembre 1649, par maître Jean Gabillaud, avocat en Parlement. *Paris*, Pierre Variquet, 1649, 7 pages.

Signé Jean Gabillaud.

1601. Harangue faite par le président de La Tresne au maréchal Du Plessis dans la ville de Bordeaux, le dernier janvier 1650. *Paris*, Nicolas Gasse, 1650, 7 pages.

La permission d'imprimer est du 14 février.

« On dit, et il est vrai, que toutes les fleurs généralement ont inclination vers le soleil et suivent toujours son mouvement. Il en est ainsi des peuples françois. Ils ont un amour naturel pour leur prince et suivent avec plaisir le mouvement de son autorité. »

C'était alors un lieu commun des harangues et des pamphlets.

1602. Harangue faite par messieurs les députés de la noblesse à l'assemblée du clergé, pour la liberté de messieurs les princes et l'observation de la déclaration (d'octobre 1648). *Paris*, veuve J. Guillemot, 1651, 7 pages.

Elle est dans le *Journal de l'assemblée de la noblesse*.

1603. Harangue faite par monseigneur le duc de Beaufort aux soldats parisiens. *Paris*, Louis Sévestre, 1649, 6 pages.

Le roi des halles dit : « Mes chers compagnons. »

1604. Harangue faite par monsieur le comte de Fiesque, l'un des présidents, député de la noblesse, accompagné d'un de messieurs les secrétaires et de douze députés, savoir un de chaque province, à messieurs du clergé pour la convocation des Estats généraux, le mercredi 15 mars 1651. *Paris*, vᵉ J. Guillemot, 1651, 7 pages.

Jean du Bosc en a donné une édition à Rouen, 1651, *jouxte la copie imprimée à Paris.* On lit sur le titre *conservation* au lieu de *convocation.*

1605. Harangue faite par monsieur Talon à messieurs du Parlement, en présence de Son Altesse Royale et de messieurs les princes, sur les approches du cardinal Mazarin dans les conseils du roi. (S. l.), 1652, 7 pages.

Audience du 28 février. Talon en donne une analyse assez étendue dans ses *Mémoires*, page 468, coll. Michaud.

Il faut y joindre la *Réponse à la* Harangue faite par M. Talon, etc.

1606. Harangue funèbre prononcée aux obsèques de M. le duc de Châtillon, faites à Saint-Denys, le samedi 20 février 1649, en présence de monseigneur le Prince, par le R. P. Faure, cordelier, docteur en théologie de la Faculté de Paris, et prédicateur de la reine régente. *Paris*, François Preuveray, 1649, 38 pages.

Savait-on que le duc de Châtillon avait été enterré à Saint-Denys par ordre exprès du roi ?

Les *Registres de l'Hôtel de Ville pendant la Fronde* contiennent, à la page 325 du IIIe vol., une lettre du roi, en date du 18 février 1649, par laquelle il est ordonné aux moines de Saint-Denys de recevoir dans leur église le corps du duc de Châtillon et de l'y inhumer « avec toute la pompe et cérémonie qui se pourra, » en considération des grands et considérables services rendus à l'État par le défunt, et pour témoigner le ressentiment que le roi a d'une si grande perte.

L'enterrement eut lieu, le samedi 20 ; et le corps fut déposé du côté de la sacristie d'en bas, proche un pilier qui répond vis-à-vis de la dernière chaire vers l'autel. »

« Comme l'on mettoit le corps en terre, le prince de Condé jeta quelques larmes. »

En 1652, le même honneur fut rendu au marquis de Saint-Mégrin, tué par le prince de Condé, dit-on, au combat de la porte de Saint-Antoine.

1607. Harangue héroïque de l'avocat de la maison de ville d'Amiens au roi. *Paris, jouxte la copie imprimé à Amiens*, 1649, 8 pages.

Artifice de la Fronde, qui ne se rachète pas même par le mérite du style.

1608. Harangue prononcée aux pieds du roi et de la reine, en présence de messieurs les ducs d'Anjou, d'Orléans, et autres princes du sang et principaux officiers de la couronne, à Saint-Germain-en-Laye, le lundi 19ᵉ jour d'avril 1649, par Mᵉ Clément, juré coutelier à Paris, si renommé pour les controverses, les jurés des corps de métiers de la ville étant tous allés ensemble, ce jour-là, protester de leur obéissance et fidélité à Leurs Majestés. *Paris*, 1649, 7 pages.

La vie de Mᵉ Clément n'est pas assez connue, et elle mérite trop de l'être pour qu'on ne me permette pas d'en dire ici quelque chose.

« Son père étoit coutelier ; il logeoit rue de la Mortellerie. Dans sa jeunesse, les enfants de Casaubon pervertirent son esprit ; et lorsqu'ils allèrent se faire calvinistes en Angleterre, il alla lui-même à la Rochelle pour le même sujet ; mais la miséricorde de Dieu les traita différemment. Clément, qui ne connoissoit personne dans cette ville hérétique, s'adressa à un homme assez âgé qui forgeoit sur une enclume, et lui exposa le dessein qui l'avoit porté à venir. Ce vieillard, après l'avoir écouté, lui dit fort gravement : « Ah ! mon enfant, gardez-vous bien de faire ce
« que vous dites. Peut-être tomberiez-vous dans l'état où je me
« vois, et qui est tel que je voudrois que la terre s'ouvrît présen-
« tement sous mes pieds et m'engloutît en enfer ; car je vois ma
« damnation qui augmente chaque jour pour avoir quitté l'Église
« romaine, étant prêtre et religieux ; et je ne puis quitter celle où
« vous voulez entrer, parce qu'une femme et quatre enfants m'y
« attachent. Allez donc ; sortez d'ici sans boire ni manger, de
« crainte que Dieu ne vous abandonne. » Clément, saisi d'horreur, se résolut à sortir ; et ayant demandé à ce vieillard où il pourroit aller pour se faire instruire, celui-ci l'adressa au curé

d'Estrée, à deux lieues de là. Il s'y rendit ; et, après dix jours, il prit congé de ce bon curé, qui l'avoit traité avec beaucoup d'amitié et parfaitement guéri de tous ses doutes. Puis, dès qu'il fut de retour à Paris, Dieu lui donna la pensée de travailler lui-même à la conversion des hérétiques. » (*Mémoires manuscrits de M. Du Ferrier*, page 181.)

Clément devint, en effet, en 1643, l'un des collaborateurs de M. Ollier, curé de Saint-Sulpice ; et voici ce qu'on lit à cet égard dans les *Mémoires* déjà cités de M. Du Ferrier : « Après que le père Véron (célèbre controversiste) étoit descendu de chaire, cet excellent coutelier répondoit dans le parterre ou dans les charniers de l'église à ceux qui proposoient des doutes ; et il le faisoit avec une telle bénédiction qu'il y avoit peu d'hérétiques qui, après l'avoir entendu, ne restassent persuadés. Sa douceur et son humilité gagnoient ceux que la méthode dure, mais solide, du père Véron avoit émus.... La charge que j'avois de la communauté, m'engageoit à cette sorte de conférences, et encore plusieurs hommes savants qui s'y appliquoient ; mais nous avions tous cette déférence pour la grâce de Clément, que nous voulions toujours qu'il y fût présent, parce qu'après nos longues discussions avec les ministres, il savoit en peu de paroles amener les personnes pour qui la conférence se faisoit, à se rendre d'elles-mêmes. »

Les succès de Clément lui ont valu l'animadversion des écrivains calvinistes. Benoît, dans son *Histoire de l'édit de Nantes*, se plaint de ce que des gens de la lie du peuple, des *merciers* et des *couteliers*, abandonnoient leurs métiers pour aller prêcher la controverse. Singulière plainte sous la plume d'un protestant ! Benoît entend désigner ainsi Clément et un mercier nommé Beaumais, qui a partagé les travaux et la gloire du coutelier.

Il n'est pas vrai que l'un ou l'autre ait abandonné son métier pour la controverse ; on vient de voir que, dans le titre de sa *Harangue*, Mᵉ Clément est qualifié de *juré coutelier*. Il portait la parole au nom des corps de métiers de la ville de Paris ; et c'était en 1649, c'est-à-dire six ans après ses premières conférences dans l'église de Saint-Sulpice. Il dit dans cette harangue : « Le bonheur des pauvres artisans de Paris dépend entièrement de vos présences, puisqu'elles nous donnent le moyen de gagner notre vie. »

Pendant le blocus, l'auteur du *Prompt et salutaire avis*, voulant provoquer une assemblée de charité pour le soulagement des pauvres, désigne parmi les personnes qui méritent le mieux la confiance du peuple, « le coutelier, rue de la Coutellerie, à la Rose blanche ; le mercier, etc. » Ce passage prouve deux choses : la première, c'est que ni Clément ni Beaumais n'avaient abandonné leurs métiers ; — la seconde, qu'on les confondait toujours dans une commune estime.

Clément mourut, le 8 février 1650, avec la réputation la plus universelle de sainteté. Il était âgé de quarante-neuf ans. On lit sur son portrait gravé cette inscription : *Le bienheureux maître Jean Clément, le coutelier, exterminateur des hérétiques, mort en 1654.* La date de 1654 est une faute. Cette gravure se trouve à la Bibliothèque nationale, cabinet des estampes, où elle a été classée parmi les portraits des docteurs en théologie. Les auteurs du Supplément de la *Bibliothèque historique de la France*, prenant le nom de la profession de Clément pour son nom propre, l'appellent *Le Coustelier*. On peut consulter sur Me Clément la *Vie de M. Ollier* (2 vol. in-8°, Paris, 1841), d'où j'ai tiré la plus grande partie des faits que je viens de raconter.

Les plus curieux demanderont aux *Mémoires* de Chavagnac, page 49, comment Marion de Lorme « sans avoir recours à aucuns docteurs ni théologiens de Sorbonne, fit instruire Chavagnac et Coligny, fils aîné du maréchal de Châtillon, tous deux protestants, par un *coutelier* qui, sans avoir jamais appris à lire ni à écrire, ne laissoit pas, tous les dimanches à sa paroisse, de disputer de la controverse. »

L'*Apothéose* de Clément, publiée par Mitannour, qui m'a fourni la date de sa mort, est fort rare, mais d'ailleurs parfaitement insignifiante.

1609. Harangue prononcée devant le roi d'Espagne, par un enfant de trois ans et sept mois, traduite par un hermite et mise en anglois, françois et italien. *Paris*, Jean Brunet, 1649, 7 pages. *Rare.*

L'enfant exhorte, au nom de Dieu, le roi d'Espagne à faire la paix. Il ne faut pas s'étonner de sa précocité, puisque lui-même il cite un autre enfant de six mois qui avait annoncé à Me Jean Guérin son pardon.

1610. Harangue prononcée en la Chambre des Comptes,

par monsieur le premier président Nicolaï, à Son Altesse Royale. *Paris*, 1649, 8 pages.

Le lundi 3 août 1648.

Même pièce que la *Harangue faite à monsieur le duc d'Orléans*, etc.

1611. Harangue prononcée le 9 avril 1651, sur la promotion de M. le premier président à la charge de garde des sceaux. *Paris*, Pierre Du Pont, 1651, 11 pages.

Beaucoup de phrases louangeuses; pas un fait. Rare.

1612. Harangue royale prononcée devant Leurs Majestés à Compiègne, par M. *Paris*, 1649, 16 pages.

Amplification vulgaire, précédée d'une épître dédicatoire au roi.

1613. Harangues et éloges véritables de deux archevêques, protecteurs de la paix et d'un même troupeau,

« Vos secli justi judices
« Et vera mundi lumina,
« Votis precamur cordium;
« Audite preces supplicum. »

par M. H. D. Barroys, P. C. D. S. N. D. S. M. D. F. *Paris*, Louis Sévestre, 1649, 16 pages.

L'épître dédicatoire est adressée à Jean François de Gondy. Le sieur de Barroys s'y compare à Actéon, et l'archevêque à Diane.

La permission d'imprimer est du 16 février 1649.

1614. Harangues faites à la reine régente par monseigneur le premier président du Parlement. *Paris*, 1649, 7 pages.

Deux harangues; la première, de remontrances contre l'arrêt du grand conseil, du 16 juin 1648; la seconde, pour demander la liberté de Blancmesnil et Broussel.

1615. Harangues faites à messeigneurs les ducs d'Epernon et de Candale, gouverneurs et lieutenants généraux pour le roi en sa province de Bourgogne et Bresse, à leurs réceptions en la ville de Beaune, par M. Philibert le Blanc, conseiller du roi, majeur et prévôt de ladite ville. *Paris*, Jacob Chevalier, 1652, 16 pages.

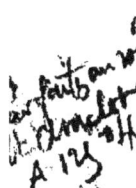

1616. Harangues faites à monseigneur le duc de Longueville dans la ville de Rouen, par messieurs les députés du clergé et de la noblesse de Normandie. *Paris*, Guillaume Sassier, 1649, 8 pages.

1617. Haraut (*sic*) (le) françois sur la tyrannie, faisant voir que nous mourrons plutôt que de consentir à son rétablissement, si nous considérons 1. que la reine ne peut se rétablir sans nous détruire ; 2. que son retour doit être accompagné de celui de la maltaute (*sic*) ; 3. que la présence de la reine et de son mignon est incompatible avec celle des princes, sans méfiance ; 4. que la reine et son favori ne peuvent se rétablir sans notre décri ; 5. que la présence de la reine et de son mignon sera l'éternel prétexte de ceux qui voudront brouiller ; 6. et que la France est perdue, si la France ne perd la reine et son favori. (S. l.), 1652, 36 pages. *Peu commun*.

1618. Harmonie de l'amour et de la justice de Dieu, au roi, à la reine régente et à messieurs du Parlement. *La Haye* (Paris), 1650, 1 vol. petit in-12. 225 pages. *Rare*.

François Davenne.

La seconde édition, *jouxte la copie imprimée à la Haye*, de la même date et du même format, est moins recherchée, quoique rare encore.

Il y a, dans ce pamphlet, assez d'insolences et de sottises pour justifier ce qu'en dit l'auteur de la *Pierre de touche aux Mazarins*,

Je signalerai seulement le chapitre xii de la seconde partie, où Davenne prétend prouver, par deux exemples tirés de l'Écriture, que Louis XIV n'a pas pu être fils de Louis XIII.

« Néron souhaitoit que toutes les têtes fussent en une, afin de les faire toutes à la fois sauter par terre.

« Et votre Majesté avoit un désir que chacune servît d'un pavé aux rues, en s'imaginant qu'elle marcheroit ainsi dessus toutes. » Page 128.

Mais Davenne était fou.

Il a fait dans l'avis au lecteur une longue et mystique réponse à la *Censure et réfutation des* Soupirs françois sur la paix italienne.

Le volume se termine par dix sonnets, trois colloques et trois *actes successifs* rimés exécrablement.

1619. Hazard (le) de la blanque renversé et la consolation des marchands forains. *Paris,* veuve d'Anthoine Coulon, 1649, 8 pages.

L'auteur dit que la Fronde est une véritable comédie, où les uns jouent le personnage du roi, les autres des personnages de princes, de valets et de fous. Il trouve que la comédie se prolonge par trop et qu'elle coûte fort cher.

Il décrit quelques grotesques ou caricatures qui probablement étaient répandues : par exemple, un vaisseau qui va faire naufrage parce que des traîtres ont coupé son grand mât ; sur le rivage, la foule pousse des cris de fureur contre les traîtres. Une foire où des filous de toute sorte exercent leur industrie ; la foule n'ose se plaindre ; tous les personnages ont un doigt sur leur bouche.

C'est une des satires les plus piquantes de la Fronde. Je m'étonnerais de ce qu'elle a été publiée avec permission, si je ne voyais qu'elle date à peu près du temps de la conférence de Ruel.

1620. Hécatombe (la) prophétique, ou les Cent Centuries de Don Pedro Oloso, gentilhomme vénitien, astrologue de la république de Venise, où l'on reconnoîtra l'heureuse entreprise de messieurs les Princes et la perte du cardinal Mazarin, présenté (*sic*) à Son Altesse Royale. *Paris*, Laurens Lormeau, 1652, 22 pages.

1621. Héraclite (le) courtisan. Væ, væ, væ, superbia commune nobilitatis malum. *Paris,* veuve d'Anthoine Coulon, 1649, 8 pages.

1622. Héraclite (le) françois, parlant 1. au roi de l'état de son royaume, 2. sur les justes entreprises de Son Altesse Royale et de messieurs les Princes. *Paris,* 1652, 12 pages.

1623. Héraut (le) et l'arrêt des trois États, ensemble les questions d'une abbesse sur la demeure du roi. *Paris,* Fr. Musnier (s. d.), 6 pages.

Le second titre est plus exact : « *le Héraut ou les Questions d'une religieuse sur la demeure du roi, et l'arrêt des trois États.* »

Sotte pièce publiée, après le traité du 11 mars 1649, puisque l'auteur engage les généraux à ne pas refuser la paix.

1624. Héraut (le) françois, ou le Paranymphe de M. le maréchal de Lamothe Houdancourt, duc de Cardone, etc., publiant les batailles qu'il a données en Italie et Catalogne, avec les mémorables actions de sa vie. *Paris,* Jean Hénault, 1649.

Deux parties, de 12 pages chacune. Signé D. VV.
C'est un abrégé bien fait de la vie militaire du maréchal.

« Les occasions ne se sont pas encore présentées pour faire exécuter ce généreux emploi qu'il a pris pour le bien public. » Cela veut dire que les Parisiens n'avaient pas encore d'armée.

L'auteur promettait une troisième partie pour les exploits du maréchal pendant le blocus de Paris !

1625. Héraut (le) françois, racontant une partie des actions héroïques de messire Anthoine d'Aumont de Villequier Rochebaron, chevalier des ordres du roi, maréchal de France, et gouverneur du Boulonnois, etc. *Paris,* Guill. Sassier, 1651, 14 pages.

Panégyrique fort enflé, signé G. S. Il y a pourtant quelques bons traits de biographie.

1626. Hercule (le) triomphant, ou les Heureux succès de Sa Majesté en son voyage de Normandie. *Paris, veuve François Targa,* (1650), 8 pages.

1627. Héros (le) parisien aux vrais François. *Paris, Fr. Noël,* 1649, 8 pages.

1628. Heureuse (l') arrivée du roi en sa bonne ville de Paris. *Paris, Nicolas Gasse,* 1649, 15 pages. *Peu commun.*

1629. Heureuse (l') captivité, ou l'Innocence reconnue de messieurs les princes et duc de Longueville par les moyens de leur liberté, contenant l'histoire de ce qui s'est passé depuis le siége de Dunkerque jusques à présent, ensemble les intrigues et artifices desquels s'est servi le cardinal Mazarin pour la perte de cette maison, dédié à monseigneur le prince de Condé. *Paris, André Chouqueux,* 1651, 71 pages.

L'épître dédicatoire est signée Henry Luysible. L'auteur nous apprend que son père était obligé à la maison de Condé, et que lui-même, pendant la prison du prince, il avait perdu son emploi et son bien. Quel était cet emploi?

Très-médiocre récit de faits qui sont partout.

Voici pourtant une anecdote moins commune : Après la bataille de Réthel, le cardinal Mazarin rentra dans Paris, le 31 décembre, à trois heures du soir, par la porte de Saint-Denys, porte des triomphes, précédé des gens d'armes et des chevau-légers du roi, et suivi d'une longue file de carrosses de la cour.

1630. Heureuse (l') entrée de Sa Majesté dans sa ville de Bordeaux. *Paris, Jean Brunet,* 1650, 4 pages.

Ce n'est ici que la nouvelle, toute seule, sans aucun détail, telle à peu près que la donnerait aujourd'huy une dépêche télégraphique. Peut-être faut-il expliquer la rareté de cette pièce par son peu de valeur.

1631. Heureuse (l') rencontre d'une mine d'or, trouvée

en France pour l'enrichissement du roi et de ses sujets. *Paris*, Mathurin Hénault, 1649, 8 pages.

Voir l'*Avis très-juste et légitime au roi très-chrétien*, etc. (Isaac Loppin.)

1632. Heureux (l') retour du roi avec la paix dans sa bonne ville de Paris. *Paris*, Ph. Clément, 1652, 7 pag.

1633. Heureux (les) convois arrivés à Paris, ou le Remède à la famine, en vers burlesques. *Paris*, Nicolas De La Vigne, 1649, 8 pages.

Il n'y a qu'un bon trait; c'est celui-ci : L'auteur dit que la faim fait sortir le loup du bois ; puis il ajoute :

« Pour moi, j'en veux faire de même
Au commencement du Carême ;
Mais devant, quiconque voudra
Contre monsieur le Prince ira. »

1634. Heureux (les) présages de la fidélité des Espagnols pour détruire la tyrannie de Mazarin, tirés du journal de ce qui s'est passé depuis qu'ils sont en France. *Paris*, Jacques Guillery, 1649, 7 pages.

Ce journal, très-peu intéressant, commence au jeudi 11 mars et finit au vendredi 26.

1635. Heureux (les) présages de la paix générale par le retour de messieurs les Princes. *Paris*, *Quanis frusten*, 1651, 7 pages.

Régulièrement il aurait fallu écrire *kannit fersten*, abréviation de *ich kann nicht verstehen* (je ne comprends pas). C'est sans contredit avec une intention d'épigramme que l'auteur a pris ces deux mots allemands pour en faire un nom de libraire

1636. Heureux (les) succès de Leurs Majestés, et les captifs libérés dans leur voyage de Normandie, par le sieur de Bonair, historiographe du roi, et l'un des vingt-cinq gentilshommes de la garde écossoise de son corps. *Paris*, Pierre Du Pont, 1650, 8 pages.

La vie de Bonair a été pleine de vicissitudes. Les événements en sont épars dans ses écrits. Malheureusement, il est difficile de les recueillir et impossible de les lier. Je serai donc obligé de laisser souvent des lacunes dans ce que j'en dirai. Je tâcherai du moins d'être exact; et je suis certain, en tout cas, d'être plus complet que les biographies.

Henry Stuard, sieur de Bonair, fut élevé à Paris par les soins de l'avocat général Servin, qui, dit-il avec orgueil, avait destiné un gentilhomme à quelque chose de plus haut et de plus considérable qu'à recueillir et compiler des fadaises et des sornettes. Il a fait la guerre; car il nous apprend que « le duc d'Albuquerque et le marquis de Mortare ont fait en sa personne honneur aux lettres, et l'ont renvoyé sans rançon, parce qu'il avoit quelque connoissance de l'histoire. » Il parle d'ailleurs dans l'épitre dédicatoire de son *Discours sur la conjoncture présente des affaires d'Allemagne*, etc., au marquis de Louvois, de ce qu'il a vu faire à Michel Letellier « pour le succès et la victoire d'Arras. »

Cependant, il s'était livré de bonne heure à la culture des lettres, puisque Louis XIII lui avait commandé d'écrire l'histoire de son règne, et que Richelieu lui avait donné le titre d'historiographe du roi.

En 1644, si nous l'en croyons, on lui proposa de passer en Flandre pour y faire imprimer des libelles contre le cardinal Mazarin. Il refusa. Ce fut, dit-il au cardinal dans une lettre du 6 mai 1653, « pour vos ennemis et pour quelques officiers du parlement une occasion de m'opprimer. Ils ne m'ont laissé que le cœur et la langue. » Quel prétexte prit-on pour l'emprisonner? Je ne sais; mais je trouve, sous la date du 12 juillet 1645, des vers latins adressés par Balzac au chancelier Séguier pour lui recommander Bonair :

« Ne litis iniquæ
« Turbine correptus miseros in fletibus annos
« Exigat, et frustra veterem me clamet amicum. »

Il est probable que cette recommandation ne fut pas inutile; car, en 1646, Bonair put encore une fois refuser de passer en Flandre.

Mais ce nouveau refus lui coûta sa liberté, comme le premier. Voici en quels termes il le raconte lui-même dans la pièce dont j'ai transcrit le titre au commencement de cet article : « Le libelle de *Jézabel*, que mes ennemis ont publié sous mon nom, m'a fait arrêter sur une requête. Il n'est ni contre l'État ni contre le gouvernement ; et l'auteur n'a visé qu'à faire de mes juges et de mes protecteurs mes parties et mes ennemis. J'ai néanmoins demeuré une année tout entière dans la Conciergerie du Palais de Paris, contre les lois du royaume et les ordonnances des rois vos prédécesseurs. »

Bonair écrivait cette pièce en 1650 ; c'est donc en 1649, et pendant le blocus, qu'il avait été arrêté. Comment est-il sorti de prison ? « Je serois peut-être encore à la Conciergerie, si quelque bras céleste n'étoit accouru visiblement à mon secours, et n'avoit rompu mes chaînes et brisé mes fers, pour me faire participer à la grande clémence que vous avez exercée. » Bonair parle encore de sa délivrance dans sa lettre du 6 mai 1653 au cardinal Mazarin, et toujours d'une manière mystérieuse.

Quoi qu'il en soit, il partit aussitôt de Paris pour se retirer en Bourgogne, probablement auprès du duc de Vendôme, qui était gouverneur de cette province depuis l'arrestation du prince de Condé. De là il alla se constituer prisonnier à Rouen ; et il fut délivré par le roi pendant le voyage de Normandie.

Le 29 juin 1650, nous le retrouvons à Barcelone avec le titre de gentilhomme du duc de Mercœur, qui avait la vice-royauté de la Catalogne.

En 1652, Bonair voit rentrer le roi dans Paris. Il avait fait des pamphlets pendant la Fronde ; il en fait encore après la Fronde ; mais il n'en est pas plus riche ; et le 19 janvier 1657, il est réduit à solliciter un *coin dans la grande et admirable bibliothèque* du cardinal Mazarin. Il l'avait mérité sans doute par le nombre, sinon par la qualité de ses écrits. Je n'oserais pourtant pas dire qu'il l'obtint. Ce qu'il y a de certain, c'est que le 28 juin de la même année, il adressait au marquis de Louvois, alors âgé de seize ans, une dédicace qui ne dément pas ce mot fameux : Le premier qui inventa les dédicaces, fut un mendiant.

Bonair se vante d'avoir écrit cent cinquante pièces durant le blocus et les guerres de Paris, pour soutenir l'autorité royale. Il est vrai qu'il donne à entendre que le cardinal Mazarin a été bien aise qu'elles ne fussent point imprimées. Je n'en ai jusqu'à présent rencontré qu'une du temps du blocus ; et c'est un *Panégyrique pour monseigneur le duc de Beaufort*, etc. Je ne vois pas bien comment elle put être utile au soutien de l'autorité royale ; mais il faut dire aussi que Bonair avait été attaché à la maison du duc de Vendôme ; et ce pouvait être un acte de reconnaissance.

Toujours est-il que cette publication me rend un peu suspecte l'anecdote qui suit : « Durant le blocus, on me fit une autre insulte ; et vos ennemis obligèrent un des chefs du parti à me faire prendre. Il se rendit ridicule lorsqu'il demanda la punition d'un des *hémisphères*[1] de Votre Éminence. Je sortis heureusement de l'Hôtel de Ville, sans prendre congé de ceux qui m'avoient en garde, et après avoir remontré qu'étant de la maison du roi, on ne pouvoit pas me contraindre de porter les armes contre mon maître, et qu'il seroit dangereux aux Parisiens d'avoir pour soldats des philosophes bien intentionnés pour le service de Sa Majesté. »

C'est en 1652, après la rentrée du roi, que Bonair reprit son office de pamphlétaire. Ses pièces de ce temps n'ont pas plus été imprimées que les autres ; et il les appelle des Nouvelles manuscrites. Il paraît qu'il commença par écrire le *Politique désintéressé*, dont la première copie fut communiquée au cardinal Mazarin. C'était un mémoire fort long et qui, à l'en croire, eut un très-grand succès. Il en fut de même de tout ce qu'il composa à cette époque. « Vos ennemis sont devenus vos admirateurs, écrit-il au cardinal Mazarin le 16 janvier 1657 ; et il faut que je confesse que je suis un serviteur inutile ; et Votre Éminence est aujourd'hui si grande que Bonair n'ose plus ouvrir la bouche pour en parler. » Il avait, en effet, renoncé à ses Nouvelles manuscrites.

Il prétend que le maréchal de La Meilleraye « se choqua, et lui fit faire le reproche qu'il le vouloit mettre mal en cour, parce que, six semaines auparavant, il avoit prévu et écrit la sortie du cardinal de Retz. » « Les émissaires de cette Éminence et ceux du prince de Condé, ajoute-t-il, m'ont quelquefois menacé qu'un jour je me repentirois d'avoir écrit contre les personnes que je devois respecter. Comme la conscience ne me reproche rien, et que je ne suis pas fort susceptible d'appréhension, je leur ai répondu avec assez de fierté que le feu roi m'ayant fait son historiographe, j'avois le caractère d'écrire, et que c'étoit à moi à faire le procès aux monarques et aux souverains. Quand ils nous font l'honneur de se servir de nous en cette qualité, ils nous constituent les maîtres et

---

[1] N'est-ce pas l'origine de cette anecdote du *Segraisiana :* « M. de Beaufort disoit que le cardinal de Richelieu avoit des *hémisphères*, pour dire des émissaires. »

les arbitres de leur gloire et de leur réputation. Lorsque M. le Prince et le cardinal de Retz se seront fait justice à eux-mêmes, et qu'ils auront recours à la clémence du roi, il leur restera un regret éternel d'avoir failli; et je m'assure qu'ils me remercieront, un jour, de ce que j'ai écrit contre eux. »

Cette réponse est très-belle; elle le serait bien davantage si Bonair n'avait pas adressé tant de plates flatteries à Louis XIV, enfant, au cardinal Mazarin, au duc de Beaufort et au duc de Mercœur.

Outre les *Heureux succès de Leurs Majestés*, etc., et le *Panégyrique pour M. de Beaufort*, il y a encore de Bonair la *Lettre écrite par un gentilhomme de Mgr. le duc de Mercœur à un sien ami*. Ce sont, à ma connaissance jusqu'ici, les seules pièces qu'on puisse faire entrer dans un recueil de *Mazarinades*.

Mais Bonair a publié: 1° *Discours sur la conjoncture présente des affaires d'Allemagne; de l'élection et couronnement des empereurs et rois des Romains* [1], Paris, Antoine Sommaville; réimprimé par les Elzéviers à la suite de la *Politique de la maison d'Autriche*, 1668, in-12.

C'est une lettre adressée à M. Mignon, avocat général au parlement de Lorraine, et datée de Paris, le 10 mai 1657.

2° Le *Sommaire royal de l'histoire de France*, Paris, 1666, in-12; sorte de traduction du *Florus francicus* du P. Berthault, qu'on a quelquefois attribuée à César, duc de Vendôme. Il y en a deux autres éditions, de 1676 et de 1682.

3° *Histoire de France depuis Pharamond jusqu'à Louis XIV*, avec un discours préliminaire à la louange de Mgr. le dauphin, avec les portraits des rois et reines d'après les véritables originaux, Paris, Auguste Besoigne, 1688, in-12.

Bonair a composé enfin quatre opuscules, imprimés ou manuscrits, pour la maison de Vendôme.

1637. Hiérusalem (la) céleste, l'assomption de la théologie de Dieu, le lion de la tribu de Juda et l'inventaire de la vérité. (S. l., 1651), 32 pages.

Ce pamphlet est de François Davenne. Il se divise en trois par-

---

[1] C'est par allusion à ce discours qu'il est dit dans la *France intrigante*, p. 39: « Il semble qu'il ait lu Bonair et ses invectives contre les empereurs qu'il fait aussi penchants à l'hérésie ou à la tyrannie. »

ties : 1ʳᵉ, la Hiérusalem céleste ; 2ᵉ, la Pierre de philosophie au pied de Jérusalem ; 3ᵉ, l'Astrologue prédisant la paix, cette année, suivant les douze signes peints d'or et d'argent sur le front de Jérusalem.

La première est la plus curieuse des trois. L'auteur y soutient que la France ne peut pas recevoir la paix de la régente, ainsi qu'il l'a prouvé, page 181 de l'*Harmonie de l'amour et de la justice ;* du duc d'Orléans, qui n'a abandonné Mazarin que parce qu'il ne peut plus être participant de ses rapines ; du duc de Beaufort, qui s'appuie sur les peuples pour faire la guerre aux bonnes grâces de Mazarin, et qui les abandonne quand Mazarin le caresse avec des pistoles ; de Mazarin, dont il a confronté les béatitudes avec celles de J.-C. pour lui en fulminer les anathèmes ; du coadjuteur, qui a combattu la paix en donnant sa voix au duc d'Orléans qui appuyait Mazarin, et qui a persécuté la vérité en plusieurs justes ; des princes prisonniers, dont on n'a vu que des trahisons contre les peuples ; de celui qu'on présume roi. (Voir les chapitres xii, xiii et xiv de l'*Harmonie*, etc.)

Tout le monde ainsi écarté, il ne reste que François Davenne ; et c'est sa conclusion.

La seconde partie est un traité de métaphysique ridicule sur les *portes de la grâce.* L'auteur prend texte d'un passage du père Blaise Valantin, religieux de l'ordre de Saint-Benoît, philosophe et théologien.

Il existe de ce moine un livre intitulé : *les Douze clefs de la philosophie, traitant de la médecine métallique avec l'azoth* (sic) *des philosophes,* Paris, Périer frères, 1624, 1 vol. in-12.

Enfin, la troisième partie est le récit d'une vision apocalyptique de Nostradamus, qui appuie ses prophéties sur des vers, p. 38, et un sonnet, page 299, du *Théophile*, in-folio, comme aussi sur huit *stances entrelacées* de deux Frondeurs.

Davenne s'applique ce que les deux Frondeurs disent de Louis XIV. Voici les trois derniers vers de la huitième stance :

« Que Paris soit, mieux qu'autrefois,
La bonne ville des bons roys
Et la reyne des bonnes villes. »

C'est une imitation de la strophe finale de la première partie du *Frondeur désintéressé*. Laffemas avait dit :

« Que Paris soit, comme autrefois,
La bonne ville de nos roys
Et la reyne des bonnes villes. »

1638. Histoire de ce qui s'est fait et passé en Guyenne pendant la guerre de Bordeaux, commençant du jour de l'entrée de madame la princesse, de messieurs les ducs d'Anguien (*sic*), de Bouillon et de Larochefoucault, le tout distingué en autant de courses que l'ordinaire en a fait depuis le commencement jusqu'au départ de la Cour en cette ville. (S. l. n. d.), 20 pages.

Recueil des *Courriers bordelois*. Onze courses, depuis le 30 mai 1650 jusqu'au 15 octobre de la même année.

Intéressant, mais assez commun.

1639. Histoire de la prison et de la liberté de monsieur le Prince. *Paris,* Augustin Courbé, 1651, 227 pages.

« Je m'amuse, les soirs, à lire l'*Histoire de la prison et de la liberté de M. le Prince,* dit madame de Sévigné dans sa lettre du 27 novembre 1675. On y parle sans cesse de notre cardinal. Il me semble que je n'ai que dix-huit ans. Je me souviens de tout. Cela me divertit fort. Je suis plus charmée de la grosseur des caractères que de la bonté du style. C'est la seule chose que je consulte pour mes livres du soir. »

Le style n'en est cependant pas aussi mauvais que semble le donner à entendre cette lettre de madame de Sévigné. Ce qui, après tout, recommande l'*Histoire de la prison et de la liberté de M. le Prince,* c'est l'exactitude des faits et l'impartialité des jugements. Elle est pourtant l'œuvre d'un frondeur, Claude Joly, chanoine, official et grand chantre de Notre-Dame de Paris. Je me suis toujours étonné qu'on ne l'ait pas réimprimée à la suite des *Mémoires* de cet écrivain.

Un copiste en avait donné précédemment une édition subreptice sous le titre de : *le Secret ou les Véritables causes de la détention et de l'élargissement de messieurs les princes,* etc.

Pourquoi Joly ne serait-il pas l'auteur du *Secret de la retraite de Mgr. le Prince*, etc. ? Il y a incontestablement, entre les deux pamphlets, de grands rapports de pensées et de style. Dans tous les cas, il ne faut pas les séparer.

On sait que Joly a publié, en 1652, le *Recueil de maximes véritables et importantes pour l'institution du roi*, etc.

1640. Histoire de Madeleine Bavent, religieuse du monastère de Saint-Louis de Louviers, avec sa confession générale et testamentaire, où elle déclare les abominations, impiétés et sacrilèges qu'elle a pratiqués et vu pratiquer tant dans ledit monastère qu'au Sabbat, et les personnes qu'elle y a remarquées, ensemble l'arrêt donné contre Mathurin Picard, Thomas Boullé et ladite Bavent, tous convaincus du crime de magie, dédiée à madame la duchesse d'Orléans. *Paris,* Jacques Le Gentil, 1652, 80 pages. *Très-rare.*

Jacques Le Gentil, qui a signé l'épître dédicatoire, donne cette pièce comme une suite de l'*Avis* « pour détruire l'auteur de nos troubles et découvrir les moyens dont il s'est servi pour monter et se maintenir dans cette prodigieuse fortune où nous le voyons. » Mais je ne peux pas comprendre ce que cela a de commun avec la Fronde.

L'*Avis* dont parle Le Gentil est-il le *Grand ressort des guerres civiles?* Je ne vois que ce pamphlet qui réponde à l'indication donnée par l'épître dédicatoire ; et justement il est de cette année 1652.

On sait que l'*Histoire de Madeleine Bavent* est un des livrets du temps les plus recherchés ; mais je crois que cette édition in-4° était fort peu connue.

1641*. Histoire des dernières guerres civiles (jusqu'à la délivrance des princes). In-12.

Bib. hist., 23271.

1642. Histoire des esprits revenus à Saint-Germain, burlesque et sérieux. *Paris,* 1649, 10 pages.

Récit assez plaisant, dans lequel l'auteur nous représente le duc d'Orléans qui tremble, le prince de Condé qui est sans peur, le maréchal de La Meilleraye qui veut tout brûler, le maréchal de Grammont toujours prêt à fuir.

Il a paru aussi sous les titres de *Roman des esprits*, etc., et de *Conférence secrète tenue à Pontoise*, etc.

1643. Histoire des mouvements de Bourdeaux. Premier tome. *Bourdeaux*, J. Maugiron Millanges, 1651, in-4°, 456 pages, non compris la table.

L'auteur de cette histoire est maître Fonteneil, avocat et jurat.

On n'en connaît pas de second tome. Le premier finit en février 1650. La seconde paix de Bordeaux était faite ; mais on savait en Guyenne que les princes avaient été arrêtés et enfermés dans le château de Vincennes.

Un pamphlétaire de Bordeaux, l'auteur du *Jugement du curé bourdelois*, a dit avec assez d'esprit que l'histoire de Fonteneil était écrite en langue bordelaise. J'ajoute qu'elle est très-partiale, souvent inexacte, presque toujours incomplète ; mais elle contient un grand nombre de pièces officielles, dont quelques-unes n'ont point été publiées ailleurs ; et elle est *rarissime*.

Fonteneil a été attaqué très-vivement par les auteurs de l'*Évangéliste de la Guyenne* et du *Dialogue métaphorique de l'Inconnu*.

1644. Histoire (l') du temps, ou le Véritable récit de ce qui s'est passé dans le Parlement, depuis le mois d'août 1647 jusques au mois de novembre 1648, avec les harangues et les avis différents qui ont été proposés dans les affaires qu'on y a solennellement traitées. (S. l.), 1649, 336 pages.

L'épître dédicatoire à messeigneurs du Parlement est signée L. P. R.

Dans le *Second avertissement au lecteur*, l'auteur nous apprend qu'il a écrit son livre dans le calme de la déclaration d'octobre, et non « dans la furieuse tempête que les ministres ont depuis malicieusement excitée. »

« L'*Histoire du temps*, rédigée par Nicolas Johannes du Portail, bailli de Saint-Denys en France, est, dit M. Leber (art. 4389 de son *Catalogue*), du nombre des produits de la presse frondeuse dont Mazarin fit séquestrer les fonds à son profit, lorsqu'il eut recouvré sa force et son autorité. » Je ne conteste assurément pas cette anecdote ; mais je dois dire que l'*Histoire du temps* n'en est pas plus rare. On la trouve facilement in-4° et in-12.

Quelques-uns ont pensé que l'édition in-12 était l'édition originale, et que celle de format in-4° n'était qu'une réimpression. C'est une erreur, je crois : les deux éditions ont été publiées en même temps, comme cela arrivait souvent pour les pièces importantes. Les exemplaires in-4° étaient remis aux colporteurs ; les autres se vendaient chez le libraire, ou s'expédiaient pour la province.

Si cependant l'une des deux éditions a paru la première, c'est l'édition in-4°. Celle de format in-12, en effet, a été complétée par une seconde partie intitulée : *Suite de l'Histoire ou Journal du temps*. C'est un extrait, souvent infidèle, du *Journal du Parlement*, depuis le 15 octobre 1648 jusqu'à la paix de 1649.

Quoique moins étendue, l'édition in-4° doit être préférée à cause de son format, qui est celui du *Journal du Parlement*, dont l'*Histoire du temps* ne peut être séparée.

Il en existe une réimpression de Rouen, David du Petitval, 1649.

1645. Histoire journalière. *Compiègne*, 1652, 12 pages.

L'*Histoire journalière* se compose de trois pièces, toutes trois imprimées ou réimprimées à Pontoise, par Julien Courant ; la première en 16 pages, les deux autres en 8 pages chacune.

C'est ici la première. Elle est intitulée dans l'édition de Pontoise :

1646. Histoire journalière de ce qui s'est passé tant dedans que dehors le royaume.

La troisième porte pour titre : *Suite de l'Histoire journalière, contenant l'éloignement des troupes de monsieur le Prince des environs de la ville, ensemble le rétablissement de monsieur le maréchal de Lhospital, gouverneur de la ville de Paris*.

La première s'étend du 5 au 18 septembre ; la seconde, du 19 septembre au 2 octobre ; la troisième, du 3 octobre au 11.

Il y a de la première une édition de Paris *sur l'imprimé à Compiègne*.

L'*Histoire journalière* est peut-être, comme le *Courrier françois*, une sorte de doublure de la *Gazette*. Elle a été publiée par Charles Robinet de Saint-Jean, qui avait commencé sa carrière sous la direction de Renaudot. Je n'ai jamais rencontré que ces trois numéros. Combien en faut-il ?

Robinet n'a été toute sa vie qu'un gazetier, et un gazetier sans génie. Il a publié l'*Histoire journalière* à l'imitation de la *Gazette de Renaudot*, les *Lettres en vers à Madame* à l'imitation de la *Muse historique* de Loret et de la *Gazette burlesque* de Scarron. S'il n'a pas fait le *Momus* à l'image du *Mercure galant*, c'est que Donneau de Vizé a eu assez de crédit pour l'empêcher d'obtenir le privilége qu'il avait demandé.

Le premier numéro de l'*Histoire journalière* est de 1652. *Momus et le Nouvelliste* a paru en 1685. C'est donc, sans compter le temps de sa collaboration au journal de Renaudot, trente-trois ans que Robinet a passé dans les gazettes. Je ne crois pas qu'il y ait un autre exemple d'un aussi long exercice du métier.

Il paraît que le roi fut assez content de l'*Histoire journalière*; car Robinet obtint gratuitement, en 1665, le privilége des *Lettres en vers à Madame*, « en considération de plus de vingt années de services rendus dans les gazettes, » pour me servir de ses propres expressions. Et en effet, on lit dans le préambule du privilége : « Notre bien amé Charles Robinet de Saint-Jean nous a fait représenter que, depuis six mois, il écrit une *Lettre en vers* à notre très-chère sœur la duchesse d'Orléans, qu'il désire continuer et faire imprimer pour la communiquer au public ; et *comme* depuis vingt ans il travaille à l'*Histoire journalière*, nous avons jugé à propos de lui accorder nos lettres sur ce nécessaires. »

C'est en vertu de ce privilége que Robinet a publié, en 1685, *Momus et le Nouvelliste*. Il avait préparé son volume dès le mois de mai 1684 ; mais parce que, sur l'opposition de Donneau de Vizé, le chancelier lui avait refusé d'ajouter au privilége ces trois petits mots : *et en prose*, il fut obligé de le traduire en vers ; ce qui en retarda la publication jusqu'à l'année suivante. Encore est-il permis de croire que Donneau de Vizé ne se laissa pas désarmer par la précaution que Robinet avait prise, de mettre un extrait de son privilége en tête du livre. Au moins, on ne connaît jusqu'à présent qu'un seul volume du *Momus*.

En 1682, Mignon, maître de la musique de l'église de Paris, proposa à tous les poëtes du royaume des bouts rimés « pour être remplis à la louange de Sa Majesté. » Ces bouts rimés étaient : *Pan, Guenuche, Satan, Peluche, Fan, Ruche, Lan, Autruche, Hoc, Troc, Niche, Par, Friche, Car*. Le prix devait être une médaille à l'effigie de Louis XIV. Il ne fut pas donné parce que l'auteur de la pièce couronnée refusa de se faire connaître.

Les juges du concours étaient les ducs de Nevers (Mancini) et de Vivonne. L'accessit fut décerné à Martinet, lieutenant des cérémonies. Le recueil des sonnets, admis à concourir, n'en contient pas moins de 192 [1]. Ils sont imprimés par ordre de mérite. Le premier, après les sonnets couronnés, est du duc de Saint-Aignan. Robinet en a un qui occupe la 137ᵉ place.

Il avait publié, en 1651, une ode détestable sous le titre de : *les Illustres vérités de M. le Prince*.

On trouve dans le *Nouveau Mercure galant*, de mai 1677, quatre sonnets de Robinet sur les victoires de Monsieur et les conquêtes du roi.

Voici en quels termes le *Mercure* annonça, en mai 1698, la mort de ce doyen des gazetiers : « Charles Robinet de Saint-Jean mourut le 25 avril 1698, âgé de plus de quatre-vingt-dix ans. Il avoit travaillé pendant plus de soixante ans à la composition de la *Gazette* de Paris. Il étoit conseiller historiographe du roi. »

1647. Histoire lamentable de Gilles, seigneur de Châteaubriant et de Chantoré, prince du sang de France et de Bretagne, étranglé en prison par les ministres d'un favori. (S. l.), 1651, 20 pages.

1648. Histoire mémorable et véritable récit de ce qui s'est fait et passé à l'assassinat commis en la personne du baron de Saint-Églan, dans le carrosse de M. le duc de Beaufort, le 29 octobre 1650, ensemble l'exécution des assassineurs (*sic*) faite devant la Croix du Tiroir, le 14 novembre ensuivant, avec leurs noms, surnoms et lieux de leur naissance. *Rarissime*.

Placard in-folio *historié*, qui ressemble parfaitement aux publications modernes de la police de Paris.

---

[1] *Recueil de sonnets composés par les plus habiles poëtes du royaume sur les bouts rimés.... proposés par M. Mignon*, etc. Paris, Gabriel Quinet, 1683, in-12.

L'auteur du sonnet qui avait obtenu le prix, était encore inconnu au moment de l'impression du recueil; mais il est nommé dans le *Recueil de sonnets en bouts rimés à la gloire du roi*. Le Havre de Grâce, Gruchet, 1686, in-12. C'est La Monnoye.

Entre le titre et le récit qui est très-court, et qui n'a pas couleur de parti, se trouve une gravure sur bois, qui représente à la fois le crime et le supplice. On voit, au milieu, un échafaud sur lequel un bourreau frappe à coups redoublés un homme couché sur le dos, les bras en croix. A la tête de l'homme, un prêtre, monté sur une échelle, exhorte le patient. Au pied de l'échelle, deux assistants du prêtre tiennent de petites croix à la main. L'échafaud est surmonté de trois roues. Voilà pour le supplice.

Le crime est rejeté sur le dernier plan. Quatre coquins arrêtent un carrosse. L'un fond, l'épée à la main, sur le laquais qui porte une torche devant la voiture. Un second frappe le cocher; un troisième s'élance sur le marchepied; c'est celui qui a tué le baron de Saint-Églan. Le quatrième enfin, derrière la voiture, tire un coup d'arquebuse.

Sur la façade d'une maison, à gauche, on voit un Christ en croix; c'est la Croix du Tiroir.

1649. Histoire remarquable de la vie et mort d'un favori du roi d'Angleterre. *Paris,* Nicolas de La Vigne, 1649, 15 pages.

C'est encore l'histoire de Gaverston, que l'auteur fait Gascon; je ne sais pas pourquoi.

1650. Histoire tragique de trois magisiens (*sic*), qui ont accusé à la mort Mazarin, en Italie, par le sieur H. R. Drazor, Champenois. *Paris,* François Musnier, 1649, 7 pages.

Cela est odieux; mais il faut dire que le sieur Drazor ne dément pas le proverbe.

1651. Histoire véritable d'un accident tragique, arrivé à Pontoise, en la maison du sieur de Bordeaux, intendant des finances. *Paris,* Nicolas Ledrut, 1652, 7 pages.

« Le Broglio ayant été encloué (c'est un cheval qui est dans son écurie, que Broglio lui a donné), Mazarin disoit que l'autorité royale étoit enclouée. »

Il n'y a rien de plus à dire de cette pièce, qui n'est pourtant pas commune.

1652. Histoire véritable d'une colombe, qui a paru miraculeusement en un lieu, appelé l'Ormoye (*sic*) de Bordeaux, proche la ville, le 15 avril 1652, sur les 7 heures du matin, en présence de tous les bourgeois qui étoient là assemblés pour prévoir (*sic*) à leur conservation dans ces troubles. *Paris,* Jacob Chevalier, 1652, 8 pages.

Signé, G. Bourdelois, aumônier de l'Ormoye.
Pièce des plus curieuses et des plus rares.

L'auteur prétend que la colombe était venue annoncer l'arrivée de M. le Prince à l'armée du duc d'Orléans, près de Châtillon, et que déjà, au printemps de 1651, elle avait paru sous l'Ormoye au moment d'une assemblée du peuple, qui s'indignait du refus qu'on faisait au prince de Condé du gouvernement de la Guyenne.

On sait que la faction de l'Ormoye, de l'Ormière ou de l'Ormée, avait fait mettre une colombe sur son cachet. (Voir la *Généreuse résolution des Gascons*, etc.)

1653. Histoire véritable et lamentable d'un bourgeois de Paris cruellement martyrisé par les Juifs de la Synagogue, le 26 août 1652. (S. l.), 1652, 7 pages.

Mauvais vers. Voir le *Récit naïf et véritable du cruel assassinat*, etc.

1654*. Historische Erzehlung die card. Mazarini consil. und dienst. *Francfort*, 1653, in-4° (*Relation historique des conseils et services du cardinal Mazarin*).

Ce titre est extrait du Catalogue in-8° des imprimés du Musée britannique.

1655. Hommage (l') des muses françoises aux pieds du

roi, par le sieur Du Pelletier. *Paris*, Claude Boudeville, 1649, 8 pages.

Six sonnets, tout aussi mauvais les uns que les autres.

1656. Homme (l') d'État, faisant voir par l'histoire et la raison que la reine ne doit plus être dans le conseil, où les désintéressés verront clair pour justifier sans erreur les armes de l'un ou l'autre des deux partis qui divisent aujourd'huy cet État. (S. l.), 1652, 19 pages.

Contrefaçon du *Philosophe d'État* de Dubosc Montandré.

1657. Homme (l') de bien à monseigneur le prince de Condé. *Paris*, Jérémie Bouillerot, 1649, 8 pages.

1658. Homme (l') effronté, ou l'Impudence de son impudence mazarine. *Paris*, 1652, 7 pages.

1659. Homme (l') indifférent, en vers burlesques. *Paris*, G. S. (Guillaume Sassier), 1649, 8 pages.

1660. Homme (l') qui ne craint rien et qui dit tout, à monsieur le maréchal de La Meilleraye. *Paris*, 1649, 11 pages.

La vie du maréchal de La Meilleraye y est assez exactement racontée. J'y lis qu'étant surintendant des finances, le maréchal profita de l'occasion pour se payer, lui, et payer la duchesse d'Aiguillon de ce qui leur était dû par le roi.

L'auteur se prétend issu d'une des quatre grandes familles poitevines, Saint-Gelais, Partenay, La Chataigneraye et Vivonne.

1661. Homme (l') sicilien, parlant au chancelier Caprice. (S. l.), 1649, 7 pages.

L'homme sicilien est Boisrobert. Il demande au chancelier Séguier une abolition pour ses neveux, qui avaient tué un *brave*.

Cette épître n'avait pas encore été imprimée ; car Boisrobert ne la publia qu'en 1659, dans le Recueil de ses épîtres et autres œuvres poétiques. Tallemant des Réaux, Ménage et La Monnoye (*Ménagiana,* page 78, du IIIe tome), qui en parlent, qui en citent même des vers, semblent n'avoir pas connu l'édition subreptice qui en fut faite pendant la licence de la Fronde.

Tallemant des Réaux, pourtant, s'est bien souvenu que Boisrobert avait été mazariniste. « Toujours bon courtisan, dit-il (p. 167 du IIe volume des *Historiettes*), Boisrobert s'avisa de faire des vers contre les Frondeurs. Il n'y eut jamais un homme plus lâche. Le coadjuteur le sut; et la première fois qu'il vint dîner chez lui : « Monsieur de Boisrobert, lui dit-il, vous me les direz bien. » Boisrobert crache; il se mouche; et sans faire semblant de rien, il s'approche de la fenêtre; et ayant regardé en bas, il dit au coadjuteur : « Ma foi, monseigneur, je n'en ferai rien. Votre fenêtre « est trop haute. »

Je n'ai pu découvrir encore les vers de Boisrobert.

1662. Honneur (l') du ministre étranger, enseveli dans le tombeau. *Paris,* 1649, 8 pages.

Même pièce que le *Bonheur de la France en la mort de Mazarin,* etc.

1663. Honteuse (la) fuite de Mazarin, contenant le sujet de sa sortie. *Paris,* 1651, 8 pages.

1664. Honteuse (la) sortie des Mazarins hors de la ville de Paris, ensemble la chasse à eux donnée par la paille victorieuse. *Paris,* Jean de Rive, 1652, 7 pages.

La chasse, c'est l'incendie de l'Hôtel de Ville !

1665. Horoscope (l') de Jules Mazarin, naïvement et fidèlement expliquée (*sic*) des Centuries de M. Nostrodamus, tant du passé, présent qu'avenir, ensemble des épithètes et thême céleste sur toutes les lettres de son nom et surnom. Le pourtrait de son Père. *Paris,* 1649, 8 pages.

Le portrait est, en effet, au recto du titre.

C'est ici que se trouvent les deux centuries dénoncées comme fausses par Mengau, dans son septième *Avertissement.*

1666. Horoscope (l') du roi, donnant à connoître le gouvernement de l'État sur les affaires présentes et pour l'avenir. *Paris*, 1652, 26 pages.

Signé P. B. S. D. P. P.
Ces initiales sont celles de Paul Boyer, sieur du Petit Puy.

« L'horoscope, dit l'auteur, n'est autre chose qu'un récit des fortunes qui doivent arriver à ceux qui se laissent conduire aux naturelles inclinations où ils sont portés par le moyen de l'ascendant que les influences célestes ont sur eux, ainsi que sur toutes les choses sublunaires. » Et à l'appui de sa définition, il cite les prophètes, Merlin, Nostradamus. Soit : on peut prévoir, prédire l'avenir; mais Boyer ne l'a prédit, ni prévu.

Était-il le fils d'un boulanger de Chinon, prévôt de l'Ile de France, que Tallemant des Réaux appelle *Petit Puis*, et dont l'historiette est à la page 208 du VI⁰ volume des *Historiettes?* La *Biographie universelle* pourtant le fait naître dans le Condomois, vers 1615. On y lit que Paul Boyer fut attaché à l'expédition, placée sous le commandement de M. de Bretigny, pour assurer à la France la possession de la Guyane.

Je le trouve porté sur le testament du cardinal Mazarin, pour une pension de six cents livres, entre Aubery, auteur de l'*Histoire des cardinaux françois*, et la demoiselle de Nervèze. A quel titre? Je ne connais de Boyer que quatre et peut-être cinq Mazarinades, qui sont, avec l'*Horoscope*, les *Larmes de joie de madame la Princesse*, les *Remarques des signalés bienfaits rendus à l'État par Anne d'Autriche*, le *Véritable secret de la paix à la reine*, et l'*Image du souverain, ou l'Illustre portrait des divinités mortelles*, que je n'assurerais pas être de lui. Or, dans la première et la troisième pièce, Boyer est pour les princes : le véritable secret de la paix, c'est l'expulsion du cardinal Mazarin !

Paul Boyer est auteur de la *Relation de ce qui s'est fait et passé au voyage de M. de Bretigny à l'Amérique occidentale, avec un dictionnaire de la langue*. Paris, 1654, in-8°.

1667. Horoscope (l') impérial de Louis XIV prédit par l'oracle françois et Michel Nostradamus. *Paris, François Huart*, 1652, 20 pages.

Le thème de nativité de Louis XIV est sur le titre.

Mengau reproduit ici des pages entières de ses précédents écrits ; et, par exemple, le commencement est emprunté, lettre pour lettre, au *Troisième avertissement*.

Il y a de l'*Horoscope impérial* une édition petit in-8°, Paris, François Huart, 1652.

1668. Horribles (les) cruautés faites dans les provinces de France par les gens de guerre d'Erlac et autres. *Paris*, 1649, 11 pages.

Édition augmentée de la *Champagne désolée par l'armée d'Erlac*. On aime à douter de l'authenticité de tous ces détails, tant ils sont affreux ! Cependant, l'auteur nomme les villages et les personnes.

1669. Humble (l') remontrance des bons François à nos seigneurs du Parlement. *Paris*, 1648, 7 pages.

Stances détestables à l'occasion de la déclaration d'octobre ; mais pamphlet des plus rares.

1670. Humble requête de Son Éminence, adressée à messieurs du Parlement, en vers burlesques. *Paris*, Claude Boudeville, 1649, 8 pages.

1671. Hymne de sainte Geneviève, patronne de la ville de Paris, par A. G. E. D. G. (Antoine Godeau, évêque de Grasse). *Paris*, Pierre Le Petit, 1652, 12 pag. Rare.

Le cercueil de Clovis était au pied de la châsse de sainte Geneviève.

1672. Icare (l') sicilien, ou la Chute de Mazarin, avec sa métamorphose, en vers burlesques, où le lecteur reconnoîtra l'obligation que nous avons au défunt cardinal de Richelieu, de nous avoir procuré un si bon ministre. *Paris*, 1652, 23 pages.

Il en a été publié une contrefaçon sous le titre de : *la Comparaison des comparaisons aux Mazarins*, etc.

L'*Icare* ne manque pas d'esprit ; et je ne le crois pas commun.

1673. Icon (l'), traduit du latin en françois, ou le Tableau du tyran Mazarin. *Paris,* 1649, 20 pages.

1674. Icon tyranni in invectiva contra Mazarinum expressa. *Parisiis,* 1649, 20 pages.

Du commencement de la Fronde, puisque le duc d'Elbeuf était alors généralissime.

Bonne latinité ; de la verve et quelquefois de l'éloquence.

La première édition est dédiée au Parlement ; la seconde, un peu augmentée, au prince de Conty. Celle-ci est encore de 1649, mais sans nom de lieu. Elle ajoute au titre : *Et aucta.* Elle a 28 pages. Les deux épîtres dédicatoires sont signées M. D. B. (Mathieu Du Bos). C'est sur la première édition que la traduction a été faite. Elle est au moins médiocre. Du Bos s'en est plaint vivement : il a dit quelque part que le traducteur avait fait de son pamphlet une pièce de carnaval.

1675. Idole (l') renversée, ou le Ministre d'État puni, par D. P. P. sieur de Carigny. *Paris*, François Musnier, 1649, 8 pages.

1676. Illusion (l') publique, ou la Révélation du secret de la retraite du duc de Lorraine. Discours et raisonnement sur ce sujet, avec l'abrégé des moyens de finir bientôt la guerre à l'avantage de messieurs les princes contre le Mazarin. (S. l.), 1652, 14 pages.

La retraite qui a suivi la levée du siége d'Étampes.

Voici les moyens de finir la guerre : Beaucoup d'arrêts du Parlement, surtout un arrêt qui déclare nulles les dignités et récompenses conférées par Mazarin. « La guerre civile doit toujours faire du bruit comme un torrent, afin d'étouffer la voix des traîtres et des intrigueurs (*sic*). »

Il faudrait aussi que les princes fissent de grandes promesses au peuple, jetassent de l'argent dans les rues, donnassent la main au premier venu, en un mot fissent les doux yeux à la canaille.

Tous les pamphlets de cette époque montrent à l'envi combien le peuple s'éloignait, chaque jour, du parti des Princes.

1677. Illustre (l') barbe D. C., en vers burlesques. (S. l. n. d.), 4 pages.

1649, pendant la conférence de Ruel. D. C., c'est le premier président Molé.

Voir *Poësie sur la barbe du prem. présid.*

1678. Illustre (l') conquérante, ou la Généreuse constance de madame de Chevreuse. *Paris*, N. Charles, 1649, 7 pages.

Même pièce que l'*Amazone françoise,* etc.

1679. Illustre (l') prince duc de Beaufort, exilé, rétabli, et remis au trône de sa gloire. *Paris*, François Noël, 1649, 16 pages.

1680. Illustres (les) présages des avantageux succès de nos troupes sous la conduite d'un prince de Bourbon. *Paris*, 1649, 20 pages.

L'épître dédicatoire au prince de Conty est signée Mathieu Du Bos.

1681. Illustres (les) vérités de monseigneur le Prince, ode. *Paris*, François Noël, 1651, 19 pages.

Signé Robynet de Saint-Jean.

1682. Illustrissimo Ecclesiæ principi D. D. Joanni Francisco Paulo de Gondy, Corinthiorum archipræsuli dignissimo, in archiepiscopatu parisiensi coadjutori meritissimo, sacræ Facultatis parisiensis doctori theologo celeberrimo, ob meritum cardinalitiœ dignitatis apicem. *Paris,* François Lecointe, 1651, 15 pages, non compris les trois pièces suivantes, qui ne sont pas chiffrées :

1. Jacobus, tituli sancti Chrysogoni S. R. E. pres-

byter, cardinalis Papiensis, ad se ipsum de cardinalatu suo;

2. A monseigneur le coadjuteur en l'archevêché de Paris;

3. Jacques, du tiltre saint Chrysogon, prêtre de la sainte église romaine, cardinal de Papie. A lui-même, de son cardinalat.

La première et la troisième, qui est la traduction française de la première, sont signées A. G. de Villepreux.

1683. Illustrissimi et excellentisssimi Jacobi, Montis rosarum marchionis, comitis de Kincairne, domini de Grœme, baronis de Montedio, etc., gubernatoris, vicarii et copiarum omnium terrâ marique in regno Scotiæ pro majestate regiâ supremi imperatoris, declaratio ad Scotos. *Parisiis*, apud Guillelmum Sassier, 1650, 8 pages.

Les pièces de ce genre ne sont pas les plus communes.

1684. Image (l') du souverain, ou l'Illustre portrait des divinités mortelles, où il est traité de la dignité royale, de l'ancienne institution des rois, par qui est-ce qu'ils ont été élus, à quelle fin Dieu les a créés, jusques où se peut étendre le légitime pouvoir qu'ils ont sur nous, s'il est permis aux sujets de juger des actions de leur prince, et de quelle révérence il nous faut user en parlant de leur personne, contre l'opinion des libertins du siècle, dédié à Sa Majesté, par P. B. E. (Paul Boyer, écuyer?) *Rex verò lætabitur in Deo; laudabuntur omnes qui jurant in eo; quia obstructum est os loquentium iniqua.* Psal., 62. *Paris*, 1649, 24 pages.

Il faut joindre ce pamphlet aux pièces de la polémique engagée à l'occasion de la *Lettre d'avis au parlement de Paris*, etc.

1685. Impiétés (les) sanglantes du prince de Condé. (S. l., 1649), 12 pages. *Rare.*

« Rien, dit Mailly, n'étoit comparable aux opprobres dont on chargeoit le Prince dans le libelle qui avoit pour titre : *les Cruautés et impiétés commises par M. le Prince.* Non seulement l'auteur ne fut point puni; on ne fit même aucune recherche pour le découvrir. » (T. II, p. 515.)

Talon, qui parle aussi de ce pamphlet (p. 359 de ses *Mémoires,* coll. Michaud), sous un titre non moins inexact que celui qui est indiqué par Mailly, ne donne pas même à entendre qu'aucune poursuite ait été essayée.

C'était pourtant un abominable libelle. On n'y voit que meurtres et viols, attribués au prince de Condé ou à Erlac. Deux moines, suivant l'auteur, avaient été forcés de manger leurs oreilles!

Du récit de Talon, il résulte que ce pamphlet a été publié peu de jours avant le prétendu assassinat de Joly; et je le crois. Au moins est-il certain que la paix était faite.

Les *Impiétés sanglantes du prince de Condé* rappellent en plus d'un point l'*Impiété sanglante du cardinal de Richelieu,* Envers (*sic*), s. d., in-4°.

1686. Importantes vérités pour les Parlements, protecteurs de l'État, conservateurs des lois et pères du peuple, tirées des anciennes ordonnances et des lois fondamentales du royaume, dédiées au roi par J. A. D.

Utcunquè ferent hoc fata,
Vincit amor patriæ, laudumque immensa cupido.

Paris, Jacques Villery, 1649, 95 pages, non compris le titre, la dédicace et l'épître au lecteur.

L'auteur nous apprend, dans sa dédicace, qu'il débutait comme avocat au Parlement de Paris, et dans l'Épître au lecteur, qu'il n'a publié son pamphlet que « porté par ceux même qui y étoient le plus considérés. »

Je le crois sans peine sur ce dernier point. Ses *Importantes vérités* ne vont qu'à l'accroissement de l'autorité et de la force du Parlement.

Elles sont divisées en trois parties, qui ont pour texte, chacune, un arrêt de la cour : la première, l'arrêt du 8 janvier, qui déclare Mazarin ennemi de l'État; la seconde, celui du 15, qui acquitte le duc de Beaufort ; la troisième enfin, l'arrêt du 28 février, pour l'ouverture de la conférence de Ruel.

Il y a bien de la science dans ce pamphlet, mais une science pédante et indigeste. L'auteur cite les poëtes, les historiens, les moralistes, les médecins, l'Évangile, les prophètes, etc. Cependant, les *Importantes vérités* sont bonnes à connaître ; et il ne faut pas les négliger quand on les trouve ; car elles ne sont pas très-communes.

1687. Imprécation comique, ou la Plainte des comédiens sur la guerre passée. *Paris*, 1649, 10 pages.

On n'en était pourtant encore qu'à la conférence de Ruel.

Cette pièce n'est pas sans intérêt pour l'histoire du théâtre. Les comédiens fameux étaient alors Bellerose, de Villiers, Lespy, Beauchâteau et Baron.

1688.. Imprécations sur les langues endiablées du temps. (S. l.), 1649, 7 pages.

1689. Imprimerie (l') à monsieur Renaudot, sur son mariage. (S. l.), 1651, 7 pages non chiffrées.

Stances et sonnets à la louange de Renaudot.

1690. In (l') exitu du cardinal Mazarin. *Paris*, 1652, 16 pages.

1691. In (l') manus du Mazarin, avec la prière de la reine faite à Notre-Dame des Vertus, le jour de la bataille du Faubourg Saint-Antoine. (S. l.), 1652, 10 pages.

On peut joindre ce pamphlet aux pièces de l'office du cardinal. Ce n'est cependant pas une paraphrase de l'*In manus*.

1692. Incertitude (l') du temps. *Paris*, 1649, 6 pages.

L'auteur ne sait ni qui il est, ni pour qui il est, ni ce qu'il écrit, ni ce qu'il dit. Parfaitement vrai.

1693. Inconnu (l') à la reine, où elle est suppliée de chasser le cardinal Mazarin, et montré la nécessité de son exil par des raisons infaillibles et inévitables, à celle fin d'avoir la paix générale. *Paris,* Jacob Chevalier, 1652, 8 pages.

Plus rare qu'intéressant.

1694. Infidélité (l') du Prince. (S. l.), 1650, 8 pages.

Un des libelles les plus violents contre le prince de Condé, et non des plus communs.

L'auteur accuse le Prince d'avoir dit que « l'Être éternel étoit trop vieux. » Voir *l'Entretien secret de messieurs de la cour de Saint-Germain,* etc.

1695. Injuste (l') au trône de la fortune, ou le Fléau de la France. *Paris,* Nicolas Jacquard, 1649, 11 pages.

C'est une des premières pièces, mais non pas des meilleures.

1696. Injuste (l') prison de messieurs les princes, et les convulsions de la France durant leur détention, par un gentilhomme françois. *Paris,* Jean Paslé, 1651, 30 pages.

Ce pamphlet est précédé d'une lettre *servant d'avertissement* et signée L. D. L. Il a été écrit :

« Dans le troisième mois de sa captivité. »

1697. Injustes (les) prétentions de Mazarin contre la France. *Paris,* 1649, 7 pages.

1698. Injustice (l') des armes de Mazarin, témoignée à M. le prince de Condé par M. de Châtillon. *Paris,* Claude Boudeville, 1649, 8 pages.

Même pièce que les *Dernières paroles de M. le duc de Châtillon,* etc. *(1036)*

1699. Innocence (l') des armes de monsieur le Prince

justifiée par les lois de la conscience. *Bordeaux*, G. De La Court, 1651, 28 pages.

1700. Innocence (l') du cardinal de Retz. (S. l., 1653), 4 pages.

Bien faite et rare.

Voici pourtant qui est trop fort : « (Le cardinal Balue) estoit dans des maisons de plaisance en compagnie d'une douzaine de gentilshommes qui n'estoient auprès de lui que pour le divertir. »

« Lorsque le cardinal de Retz travailloit au retour du roy, il sçavoit qu'il n'en estoit pas mieux à la cour ; mais il sçavoit qu'il servoit le roy. Il cognoissoit que plusieurs du peuple n'approuvoient pas cette conduite ; mais il la jugeoit nécessaire au peuple. »

C'est assez du style du cardinal. Ce n'est pourtant pas de lui.

1701. Innocence (l') immolée, avec l'éthimologie de Mazarin, avec l'explication de ses armes. *Paris*, veuve Musnier, 1649, 8 pages.

Plus originale que spirituelle, mais assez rare.

1702. Innocence (l') prétendue des partisans et financiers. *Paris*, Nicolas De La Vigne, 1649, 8 pages.

1703. Inquisition (l') recherchant exactement ce qu'on doit faire dans l'état présent des affaires. *Paris*, 1652, 24 pages.

1704. Insatiable (l'), ou l'Ambitieux visionnaire, en vers burlesques. *Paris*, David Chambellan, 1650, 8 pages.

Contre le prince de Condé.

1705. Insignes (les) obligations que les rois de France et leurs couronnes (*sic*) ont toujours eu (*sic*) au Parlement de Paris. *Paris*, Alexandre Lesselin, 1649, 8 pages.

La permission d'imprimer est du 12 mars.

1706. Instantes (les) remontrances et prières de Mancini au cardinal Mazarin, son oncle, sur la nécessité qui le presse de sortir hors de France, lui représentant les périls auxquels sa personne reste exposée, après les grandes pertes qu'il a faites à la bataille du faubourg Saint-Antoine, où il fut frappé pour lui d'un coup mortel. (S. l., 1652), 8 pages. *Très-rare.*

Quelques vers bien frappés :

« Tu me regrettes mort ; et je te plains vivant.
Je tremble pour toi seul, pour qui seul j'ai vécu. »

Deux épitaphes de Mancini à la fin.

1707*. Instruction à la loi mazarine par dialogue.

Mailly. *Esprit de la Fronde,* t. V, p. 829.

La pièce n'y est pas indiquée ou citée seulement ; elle y est reproduite tout entière.

1708. Instruction populaire touchant les bruits qui courent de la paix et de l'éloignement du cardinal Mazarin, avec les marques infaillibles pour connoître lorsque nous pourrons espérer le repos de l'État. *Paris,* veuve C. Maret, (1649), 7 pages.

1709. Instruction prompte et facile aux Parisiens pour bien apprendre l'exercice du mousquet et de la pique, et les rendre parfaits en l'art militaire. *Paris,* Cardin Besongne, 1649, 8 pages.

1710. Instruction royale, ou Paradoxe sur le gouvernement de l'État, 1. Où l'on verra comme quoi les rois sont obligés, en qualité de seigneurs terriens, politiques et défenseurs de la loi divine, naturelle et canonique, de maintenir l'Église dans ses droits et de la défendre contre tous ceux qui la persécutent; 2. comme ils sont obligés de tenir le serment qu'ils ont fait à leurs peuples, en se mettant la couronne sur la tête; 3. comme ils sont obligés d'observer et de faire observer les lois fondamentales de l'État, s'ils ne veulent être dans la réprobation de Dieu et des hommes; 4. comme ils sont obligés de protéger leurs sujets contre toutes sortes de tyrannies, tant domestiques qu'étrangères; 5. comme ils sont obligés de rendre la justice à toutes sortes de personnes, sans aucune considération ni de leur grandeur ni de leur puissance; 6. comme ils sont obligés de donner un bon exemple à tous leurs sujets et de servir de véritable père (*sic*) à tous leurs peuples. (S. l., 1652), 32 pages.

Melior est patiens viro forti ; et qui dominabitur animo suo, expugnatore urbium. Prov., 16.

1711. Instruction véritable pour faire connoître d'où procède la rétention des fonds destinés pour le paiement des rentes des gabelles. (S. l. n. d.) 3 pages.

Novembre 1649.

1712. Instructions politiques, contenant le véritable remède aux maladies de l'État, et les moyens assurés pour y établir et conserver la tranquillité publique, présentées à nos seigneurs de la Cour de Parlement, et à toutes autres personnes ayant pouvoir et charge dans l'État. *Paris*, Jean Brunet, 1652, 16 pages.

Un certain Alexis, avocat en Parlement, imagina, vers la fin de 1651, d'ouvrir des cours publics de politique. C'était un peu tard ; car il y avait trois ans que la politique courait les rues.

Alexis lança son premier prospectus sous le titre de : *la Science des grands, l'honneur des savants et des magistrats*, etc. Il annonçait dans cet écrit qu'il avait étudié la politique dans les écoles de la Hollande, et qu'à partir du 4 décembre 1651, il en donnerait des leçons publiques : 1° dans la rue des Vieux-Augustins, chez le nommé La Bastie, tailleur d'habits, en une maison neuve vis-à-vis le logis où pendait pour enseigne la petite hotte de fleurs, à neuf heures du matin ; 2° dans la rue Saint-Jacques, près la poste, au lieu qui serait indiqué par l'imprimeur du présent discours, à deux heures de relevée; 3° dans la rue des Rosiers, au petit hôtel d'O, près la Vieille rue du Temple, à quatre heures du soir.

Le prospectus se terminait par une indication des matières que le professeur devait traiter dans ses cours.

Il ne paraît pas que la spéculation ait été heureuse. Eh! qui donc a besoin d'apprendre la politique? Alexis tâcha d'exciter la curiosité puisque l'intérêt lui avait fait défaut. Il publia ses *Instructions politiques*. C'était encore un prospectus; mais cette fois il promettait un traité complet, et en attendant, « quelques petits livres, dont le premier devoit être intitulé : *la Véritable union des princes et des peuples pour la cause commune.* »

Ce titre avait un certain parfum de *fronderie* qui semblait devoir attirer au moins quelques curieux; mais le pamphlet qui a paru, en effet, pendant le carême de 1652, n'est, en réalité, qu'un troisième prospectus, qui prouve que l'auteur commençait à reconnaître la vanité de ses espérances. Alexis a retranché deux cours, celui de la rue des Vieux-Augustins et celui de la rue Saint-Jacques. Il ne donne plus de leçons publiques que dans son logis au faubourg Saint-Germain, rue de Seine, hôtel du roi de Danemark, et dans la rue des Rosiers, au petit hôtel d'O, aux heures convenues avec les amateurs, « réservant les autres heures du jour à ceux qui, à cause de leur haute dignité et importantes occupations, voudroient recevoir cet exercice chez eux en particulier, s'obligeant, pour leur commodité, leur fournir les écrits, qu'il en expliquera, soit en latin soit en françois, à leur choix, afin que n'ayant qu'à en entendre l'explication, ils puissent avoir achevé dans un mois. »

Alexis annonce, en terminant, la prochaine publication d'un autre discours, intitulé : *la Véritable liberté des princes et des peuples.*

Je ne sais plus rien ni du professeur ni de ses leçons; mais je dois ajouter que les trois pièces citées ne sont pas communes.

1713. Intentions (les) de Leurs Majestés et des princes conformes à celles du Parlement de Paris. *Paris*, Pierre Du Pont, 1649, 7 pages.

Entre la conférence de Ruel et celle de Saint-Germain.

1714. Intérêt (l') des provinces. *Paris*, veuve Théod. Pépinqué et Est. Maucroy, 1649, 12 pages.

1715. Intérêt (l') et le dessein des deux partis. *Paris,* Salomon De La Fosse, 1652, 8 pages. *Rare.*

1716. Intérêts (les) des peuples représentés à son Altesse Royale. Pièce d'instruction, où le lecteur verra que c'est folie de se ruiner pour chasser le cardinal Mazarin, si l'on n'insiste également à la diminution des tailles, gabelles, entrées des portes et autres impôts, et qu'il ne faut point demander l'un sans l'autre. *Paris,* 1652, 15 pages.

Pamphlet rare, quoiqu'il ait été contrefait sous le titre de : *l'Orateur des peuples faisant voir les aveugles.*

Il est dirigé contre l'article 18 des *Articles de la paix proposée à la cour par MM. les Princes :* « Les impôts seront maintenus jusqu'à la paix générale. » L'auteur appelle cela *donner des arrhes de sa servitude.*

1717. Intérêts (les) du roi, de la reine régente, de la noblesse, du clergé et du tiers état dans l'éloignement du cardinal Mazarin. (S. l.), 1651, 7 pages.

Pendant la prison des Princes et l'assemblée de la noblesse. Aussi mauvais que rare.

1718. Intérêts (les) du temps. (S. l.), 1652, 7 pages.

Les Intérêts, sont ceux du prince de Condé : *le maintien de Mazarin et la guerre* ; ceux du coadjuteur : *l'éloignement de Mazarin et la paix.*

Ce pamphlet est de Gondy, qui l'avoue dans ses *Mémoires*, p. 258, coll. Michaud. Mailly, p. 397 de son IV° volume, répète à peu près le passage des *Mémoires.*

Les partisans du prince de Condé y ont répondu par les *Voies de la paix.*

1719. Intérêts (les) et motifs qui doivent obliger les princes chrétiens et autres états de l'Europe à rétablir le roi de la Grand'Bretagne (*sic*), par un gentilhomme françois, affectionné à la couronne d'Angleterre. *Paris*, François Preuveray, 1649, 50 pages. *Rare*.

On trouve à la fin la liste des membres et des officiers de la cour de justice qui a condamné le roi.

« Cette convocation d'états a été établie par des rois ambitieux et avides du sang de leurs peuples, et artificieux tout ensemble, parce que c'étoit un moyen d'opprimer leurs sujets, sans être chargés de leurs plaintes, ni perdre leurs affections. »

« Il s'est rencontré d'assez méchants esprits pour tirer des conséquences de l'insolence et de la barbarie des Anglois en des termes capables d'animer une populace déjà altérée et aigrie par l'abstinence et par les veilles. »

Ce pamphlet est un des plus remarquables et des plus curieux sur le meurtre du roi d'Angleterre. L'auteur dit qu'il était un de ceux « que le cardinal de Richelieu avoit poussés hors de France. »

1720. Interprétation (l') du feu d'artifice fait par messieurs les très illustres, très magnanimes et très victorieux officiers de Bordeaux, suivie de la chanson des braves frondeurs pour boire à la santé du roi et de nos princes, sur l'air de Quolintampon (*sic*), le tout dédié à leur générosité triomphante. *Bordeaux*, Pierre du Coq, 1651, 7 pages.

Il y en a deux autres éditions, la première de Paris, Jean Brunet ; la seconde, s. l., toutes deux de 1651, 7 pages. Ce pamphlet pourtant n'est pas commun.

Le feu d'artifice avait été fait pour célébrer la délivrance des Princes.

1721. Interprète (l') des écrits du temps, tant en proses (*sic*) qu'en rimes, et son sentiment burlesque sur iceux. *Paris*, 1649, 8 pages.

Après avoir nommé les cinq meilleures pièces burlesques, Naudé dit, p. 283 du *Mascurat :* « Pour la sixième, il faut mettre, si j'en suis crû, *l'Interprète des écrits du temps*, sinon pour la bonté de ses rimes, au moins pour avoir écrit avec plus de jugement que tous les autres, en ce qu'il se moque plaisamment de la prodigieuse quantité et du peu de génie de tous ces poëtes. »

C'est fort bien ; mais il fallait faire quelque réserve « à cause des horribles saletés que cette pièce vomit contre le précepte *nil dictu fœdum.* « *L'Interprète* n'est pas plus pur que le *Ministre d'État flambé* ou la *Plainte du carnaval.*

J'ajoute qu'il est des plus communs.

L'auteur a intercalé dans ses vers ce couplet de Blot :

> « Cette cabale est mal habile
> D'avoir choisi l'hostel de ville
> Pour conférer de ses exploits.
> Leur esprit qui toujours s'élève,
> Ne devoit pas avoir fait choix
> D'un lieu si proche de la Grève.

Et la réponse d'un anonyme :

> Si Conty, Beaufort, Longueville
> Ont fait choix de l'hostel de ville,
> N'ont-ils pas fait bien prudemment ?
> Dedans la Grève, sans descendre,
> Ils pourront voir commodément
> Le Mazarin qu'on y doit pendre. »

1722. Interprète (l') du *Caractère du royaliste* montrant à Agathon quelle a été la conduite de monsieur Séguier, chancelier de France, dans tous ces (*sic*) emplois. *Paris,* 1652, 15 pages.

Après le duel des ducs de Beaufort et de Nemours.

« Il (Séguier) estoit desjà dans un âge avancé, lorsque, par une dévotion feinte ou véritable, il s'alla renfermer dans les Chartreux de Paris pour y estre receu et prendre l'habit de religieux ; mais ces bons pères estant advertis que le président de Villiers, son oncle, l'avoit destiné pour estre le successeur de ses biens et de son office, lui dirent ne pouvoir pas lui accorder l'effet de sa postulation, sans en avoir adverti monsieur son oncle et fait les efforts possibles pour obtenir son approbation. Le procédé de ces bons religieux fut si agréable à l'oncle qu'il leur promit qu'en lui baillant son nepveu pour trois mois, il le rameneroit après ce temps là dans leur couvent, au cas qu'il persévérast dans la résolution de passer sa vie avec eux. Cet ordre fut suivi, et le prétendu religieux ramené dans la maison de son oncle qui usa, l'espace de trois mois, de tous les moyens possibles, sans intéresser l'honneur de Dieu, pour faire prendre à son nepveu l'esprit du monde et lui faire quitter celui de la religion ; mais ses soins furent inutiles ; et il fallut que, suivant sa promesse, les trois mois estant expirés, il le ramenast au monastère des Chartreux, où il receut l'habit de cette religion avec l'approbation de son oncle et de ses autres parents. Mais après y avoir demeuré un temps considérable, il fut ennuyé de cette sorte de vie ; et il retourna dans le monde, où son ambition, couverte d'une grande hypocrisie et d'une fausse apparence de bonté, l'a porté dans les degrés d'honneur où nous l'avons veu. Y a-t-il donc de quoi s'étonner si, ayant fait banqueroute à Dieu, il la fait aujourd'huy au roi, à sa dignité et au public ? »

« Nous avons vu des gens poursuivis avec toute rigueur, et contraints de s'absenter pour avoir imprimé et publié une lettre du roi écrite au Parlement de Rouen ; et au contraire il se réjouit quand, allant tous les jours au palais d'Orléans, il entend sur le Pont-Neuf et autres lieux publics la publication qui se fait du damnable libelle sous le titre du *Fourrier de l'Estat*, par lequel on loge le roy à Saint-Denys, et M. le duc d'Anjou à Saint-Cloud pour y avoir leur demeure fixe, M. le duc d'Orléans au Louvre et M. le duc de Valois à la place Dauphine. Ce galant homme trouve en cette pièce le mot pour rire, et en fait aujourd'huy son plus agréable divertissement. Il ne se plaint pas de ce que le fourrier ne lui a pas marqué son logis. Il veut toujours demeurer dans celui où il fut placé dès le temps du règne passé, à l'enseigne du Cerf-Volant. »

Il y a à conclure de cette dernière phrase que le *Fourrier d'Estat* était imité d'un libelle du *règne passé*.

La lettre du roi dont il vient d'être parlé, est la *Lettre du roi envoyée à nosseigneurs du Parlement de Rouen sur le sujet des présents mouvements.* (10 juillet 1652.)

1723. **Intrigue (l') de l'emprisonnement et de l'élargissement de messieurs les princes, où les curieux verront dans une perpétuelle allégorie de noms et d'histoire dont on peut voir la clef aux deux derniers cahiers, les causes de cet emprisonnement et de cet élargissement, avec les souplesses qu'on a fait jouer pour faire réussir l'un et l'autre, le tout avec une mé-**

thode si agréable que la lecture n'en deut (*sic*) être
que fort charmante à ceux qui voudront considérer
toutes les postures théâtrales du Mazarin, c'est-à-dire
du faquin d'État que je produis dans le théâtre, sous
le titre de Pamphage. (S. l.), 1652. 102 pages pour
la pièce, et 6 pour la clef.

Cette pièce porte pour second titre : *la Balance d'État*, tragi-
comédie ; titre sous lequel on en a publié une contrefaçon. L'auteur, qui signe H. M. D. M. A., l'a dédiée au prince de Condé.

Les principaux personnages sont : *Andrygène*, la France, *Phi-
larchie*, la reine, *Pamphage*, Mazarin, *Protarque*, le duc d'Orléans,
Thémide, le Parlement, *Mystarque*, Gondy et *Philidéme*, Beaufort.
L'exécution est aussi pauvre que l'idée est bizarre. On n'y trouve
ni caractères ni poésie. Je ne parle pas de l'action ; il n'y en avait
pas de possible.

Cependant la pièce n'est pas commune.

Le *Masque levé contre la conduite de la cour* est du même écrivain.

1724. Intrigue (l') des soldats de l'armée de Mazarin
avec les filles de joie de Paris, nouvellement découverte
par des lettres interceptées par la garde de la porte
Saint-Honoré, et la réponse sur le même sujet, où
se voit la misère de l'armée mazariniste, et ce qui
s'y passe de plus remarquable. (S. l., 1649), 4 pages.

1725. Intrigues (les) de la paix et les négociations faites
à la Cour par les amis de monsieur le Prince, depuis
sa retraite en Guyenne jusques à présent. (S. l.), 1652.

Deux parties, l'une de 8 et l'autre de 7 pages.

On sait que ce pamphlet est de Guy Joly (*Mémoires* du cardinal
de Retz, p. 258, coll. Michaud; Mailly, p. 393 de son IV° volume). Jamais le mensonge ne s'était étalé avec plus d'impudence
que dans cet effronté libelle. Guy Joly dit qu'il en fut débité plus
de cinq mille exemplaires en fort peu de jours.

Les partisans des princes répliquèrent par deux pauvres pièces :

la Réponse aux Intrigues de la paix, etc., et *la Défense de M. le Prince,* etc. *Les Voies de la paix* furent publiées seulement contre la seconde partie des *Intrigues.*

1726. Intrigues (les) ordinaires aux Mazarins pour empêcher l'effet des assemblées du Parlement, pratiquées encore jeudi dernier, pour la même intention. (S. l., 1652), 8 pages.

L'auteur niait la levée du siége de Miradoux par le prince de Condé.

1727. Invective de M. Scarron contre un dernier libelle, en vers burlesques, et autres publiés sous le nom d'autrui. *Paris,* Guillaume Sassier, 1652, 8 pages.

Contrefaçon des *Cent quatre vers*, etc.

1728. Inventaire des choses plus mémorables trouvées au butin de l'armée mazarine, après sa défaite, et qui avoient été par eux volés (*sic*) en divers lieux, ensemble les cruautés incroyables par eux commises. *Paris,* André Chouqueux, 1652, 8 pages.

La défaite, c'est le combat de Bleneau.
1,600 calices! autant de saints ciboires! Quelle impudeur!
Comment ce pamphlet est-il devenu rare!

1729. Inventaire des merveilles du monde rencontrées dans le palais du cardinal Mazarin. *Paris,* Rolin de La Haye, 1649, 7 pages.

Voici quelques extraits de cette pièce vraiment curieuse : les statues étaient trop nues. Les Français avaient toujours méprisé ces idoles. Deux cabinets d'ébène avec des tableaux enchâssés, supportés par quatre petits lions en cuivre doré; un est surmonté d'une licorne. Table de marbre taillée en fleurs bien rapportées au corps. Salle des antiques où il y a une statue qu'on dit coûter deux mille écus. Table ornée de pierres précieuses et d'or; elle avait été à Henri IV. Cabinets d'écailles de tortues. Table de marbre taillée en forme d'oiseaux. Alexandre et César en porphyre. Tableau de la Vierge, lit d'ivoire, statue de la Charité. Chaise dans laquelle si quelqu'un s'assied, par des ressorts inconnus, tirant une corde, il descend ou monte, suivant les mouvements de ses désirs ou de sa crainte, les planchers étant percés pour cet effet.

L'Inventaire doit avoir été écrit pendant le séquestre des meubles du cardinal. Il n'est pas très-rare.

Il a d'ailleurs été reproduit par M. le comte Léon de Laborde dans les notes du *Palais Mazarin*, p. 166.

1730. Inventaire des pièces que met et baille la sagesse éternelle, etc. (S. l., 1652), 4 pages.

François Davenne.

1731. Inventaire (l') des sources d'où les désordres de l'État sont émanés, qui sont 1. la religion déchirée par les schismes, décriée par ses prédicateurs et par les mauvais exemples des grands; 2. le chaos (*sic*) des trois états, le déréglement du clergé, la décadence de la noblesse et le luxe du peuple; 3. le crime sans punition dans les personnes publiques; 4. la pauvreté méconnue par les prêtres, et l'abondance des biens recherchée; 5. la politique débauchée par le commerce des fourbes. (S. l.), 1652, 39 pages.

Pamphlet curieux et rare.

« Qu'on aille dans les Parlements ; on n'y trouvera presque point que des roturiers, qui se sont élevés avec leur argent pour acheter des séances sur les fleurs de lys. Qu'on entre dans l'église; ses plus illustres crosses sont entre leurs mains ; et leurs têtes, qui ne sont faites que pour porter le joug de la servitude, sont honorées de ses plus éclatantes mitres. Qu'on voie dans la cour; il n'est que des potirons de terre, des fils de chandeliers, de chapeliers, de rôtisseurs, etc., qui remplissent les premières places de cette source des grands, parcequ'ils ont été les plus hardis pour s'y élever par les voies de l'injustice. Qu'on fréquente le commerce ; si on en juge par la somptuosité extérieure, on dira d'abord que les honnêtes

[JODELET] DES MAZARINADES. 81

gens sont roturiers et les roturiers des gentilshommes, puisque l'écarlate, la soie et l'argent ne sont plus les marques infaillibles de la noblesse, et qu'il est permis à un chacun de se mettre dans la posture que son caprice ou son ambition lui pourront suggérer. »

1732. Italie (l') vengée de son tyran par les armes des bons François, par le sieur N. R. (Rozard), champenois. *Paris,* François Musnier, 1649, 8 pages.

1733. Jérusalem (la) françoise, où les prophéties de Jérémie sont naïvement expliquées, suivant ce qui arrive à présent. *Paris*, Pierre Sévestre, 1649.
Deux parties, de 8 pages chacune.

1734. Jeu (le) de dames que monsieur le prince de Condé joue avec M. Guitault (*sic*) (S. l., 1651), 3 pages.

Pamphlet très-rare, qu'il faut tâcher de ne pas comprendre.

1735. Jeu (le) de dé, ou la Rafle de la Cour. (S. l.), 1650, 7 pages.

Pièce plaisante et rare, qui a été publiée après l'arrestation des Princes.
Mailly l'a reproduite dans les notes de son V^e volume. On la trouve également à la suite de la *Carte géographique de la cour,* par Bussy Rabutin, Cologne, Michel (Holl., à la Sphère), 1668, pet. in-12.

1736. Jodelet sur l'emprisonnement des princes. (S. l.), 1650, 6 pages.

Encore une pièce rare, mais qui ne se distingue d'ailleurs que par son insolence.

« Enrage en ta fureur; sois noyé dans ta bave, »

dit Jodelet au prince de Condé.

1737. Joie (la) céleste par l'apparition d'une nouvelle étoile sur la ville de Paris, avec l'explication de ce qu'elle signifie. *Paris,* Claude Boudeville, 1649, 7 pages.

Ce pamphlet est assez rare et assez original pour qu'il me soit permis d'en donner une rapide analyse.

L'auteur, qui était Parisien de naissance et astrologue de profession, avait prédit qu'une étoile serait vue en plein midi le 31 août, les 1er, 2 et 3 septembre 1649. Cette étoile parut en effet; et l'auteur en dit qu'elle « est un flambeau allumé par le ciel pour éclairer le triomphe de Louis XIV, un nouvel œil que le ciel a pris pour le considérer comme son rare chef-d'œuvre. »

1738. Joie (la) publique, présentée au roy à son retour en sa ville de Paris. *Paris,* veuve Ribot, 1649, 7 pages.

Du 20 août 1649.

1739. Joie (la) publique sur le retour de la paix. *Paris,* Nicolas de La Vigne, 1649, 8 pages.

Lettre signée D. P., et datée de Saint-Germain, le 2 avril 1649. Elle est adressée à un écrivain de qui on avait vu des *Lettres imprimées* au duc de Beaufort. C'est donc Du Pelletier?

La *Lettre envoyée à la reine de Suède,* etc., est également signée D. P.

1740. Journal (le) contenant ce qui se passe de plus remarquable dans le royaume pendant cette guerre civile, à Paris; le vendredi 23 août 1652. *Paris,* 1652, 8 pages.

Douze pièces. La dernière porte la date des 25-31 octobre. Le titre n'est pas absolument le même pour toutes. Ceux de la deuxième et de la troisième commencent ainsi : *Journal contenant les nouvelles de ce qui se passe,* etc. On lit en tête de la sixième :

« *Journal de tout ce qui s'est passé par tout le royaume de France, ensemble ce qui s'est passé dans le conseil du roi et de messieurs les princes et du Parlement.* » Celle-ci a été publiée par Simon de la Montagne. A partir de la quatrième, toutes les autres ont paru chez Simon le Porteur.

Ce journal est très-rare ; et à cause de cela, j'en extrairai quelques anecdotes.

Les bourgeois de Paris étaient allés en corps au Luxembourg se plaindre des vols et des violences de l'armée des princes. Le duc de Beaufort les en réprimanda. « Monseigneur, répliqua l'un d'eux, quand nous nous sommes assemblés encore en plus grand grand nombre pour votre salut, on ne nous a pas fait ces reproches. »

Il y eut plus tard des luttes entre les bourgeois et les soldats. La cause première en fut qu'un soldat du duc de Wurtemberg, passant dans le faubourg Saint-Denis avec un détachement, vola une botte de foin sur une charrette.

Le 14 septembre, le cardinal de Retz, revenant de Compiègne, fut sifflé tout le long de la rue de Saint-Denis, et insulté le lendemain par Pesche dans le palais d'Orléans. Ce n'est pas ce que raconte Guy Joly.

Le prince de Condé, passant la Seine en bateau, prit de l'eau dans son chapeau et but au duc de Lorraine, en lui disant : *A toi, prince.* (6 septembre.)

Trois députés des maçons, charpentiers, couvreurs, paveurs, serruriers, tapissiers et autres allèrent demander au duc d'Orléans des passe-ports pour Saint-Germain. Ils furent refusés et maltraités. (5 octobre.)

Le comte de Tavannes reçut, après le décampement de Turenne à Villeneuve Saint-Georges, un brevet de maréchal de France.

Madame de Bossut se mit à genoux devant le duc de Guise chez Mademoiselle, le suppliant de la reconnaître pour sa femme ; mais le duc traita cela de comédie. Il paraissait le même pour mademoiselle de Pons, *malgré le bruit du maréchal d'Aumont.* (16 octobre.)

Après l'audience des colonels de la milice à Saint-Germain, la reine en railla plusieurs, demandant à l'un où était son écharpe rouge (Espagnole), à l'autre son écharpe jaune (Lorraine), et disant au président Charton : « Ah ! monsieur, que le feu de la Grève étoit beau ! et qu'il en éclaira plusieurs ! » voulant dire qu'il le fit changer d'opinion.

Le vendredi 18 octobre, il y eut au Palais-Royal des placards ordonnant aux bourgeois de porter du bleu et du blanc. Le bleu était la couleur du roi, et le blanc celle de la nation.

On trouve le premier numéro de ce journal avec le titre qui suit : *Recueil du journal contenant ce qui se passe de plus remarquable en tout le royaume, depuis le vendredi 23 août jusqu'au vendredi 23 septembre* 1652.

C'est apparemment le titre d'une réimpression des quatre premiers numéros ; car on a pu remarquer que le journal paraissait tous les vendredis.

1741. Journal contenant tout ce qui s'est fait et passé en la cour de Parlement de Paris, toutes les chambres assemblées, sur le sujet des affaires du temps présent. *Paris,* Gervais Alliot et Jacques Langlois.

Il y en a trois éditions et une contrefaçon de Paris, plus une édition de Rouen. La première et la troisième édition portent la date de 1648 ; la seconde celle de 1649. Elle s'annonce comme revue, corrigée et augmentée ; ce qui n'est pas. Toutes trois sont de Gervais Alliot et de Jacques Langlois.

Les deux premières éditions ne comptent, sous le titre que je viens de transcrire, que 86 pages. Elles comprennent le temps écoulé entre le 3 mai et le 24 septembre 1648. Puis elles se continuent dans la *Suite du journal contenant,* etc., du 24 septembre 1648 au 24 octobre, 19 pages, plus 4 pages supplémentaires, chiffrées irrégulièrement, du 12 novembre au 31 décembre 1648, et dans le *Journal de ce qui s'est fait ès assemblées du Parlament, depuis le commencement de janvier* 1649.

Ce journal s'arrête au 12 avril 1649. Je ne crois pas que les deux premières éditions aient été plus loin.

On y remarque surtout deux fautes : l'arrêt d'union y est mis à la date du 3 mai, et le lit de justice à la date du 7 août. Il n'y a donc que la troisième édition qui soit bonne. Les deux fautes y ont été corrigées.

le titre qui est transcrit en tête de cet article, la troisième édition compte 428 pages [1]; mais la pagination est interrompue à la page 216, pour ne reprendre qu'à la page 325, sans qu'il y ait de lacune dans le récit. Le journal commence au 13 mai 1648, et finit au 1ᵉʳ avril 1649. Aussi y a-t-il quelques exemplaires dont le titre est augmenté de ces mots : *ès années* 1648 *et* 1649 ; mais c'est toujours la même édition.

Malgré la contrefaçon, le succès du *Journal* fut assez grand pour engager les éditeurs à le continuer ; et, en effet, il y eut bientôt *la Suite du vrai journal des assemblées du Parlement, contenant ce qui s'y est fait depuis la Saint-Martin* 1649 *jusques à Pâques* 1651. *Paris*, Gervais Alliot et Simon Langlois, 1651.

Deux parties, l'une de 172 pages, allant de la Saint-Martin 1649 à la Saint-Martin 1650 ; l'autre, de 76 pages, de la Saint-Martin 1650 à Pâques 1651 ; 8 pages ont été intercalées dans la première partie, entre les pages 74 et 75.

Le *Journal* a reparu encore une fois avec la Fronde, au mois d'avril 1651 pour cesser en juin 1652, mais sous le titre de *Journal ou Histoire du temps présent*, etc.

Parmi les volumes connus sous le nom de *Journal du Parlement*, ceux qui sont les plus complets, ne comprennent jamais que ces cinq pièces. Ce n'est pas tout cependant ; il faut y ajouter encore *la Relation contenant la suite et conclusion du Journal*, de Pâques 1652 en janvier 1653.

Aubery, page 199 du III ͤ volume de *l'Histoire du cardinal Mazarin*, conteste l'exactitude du compte rendu de la séance du 4 février 1651 dans le *Journal du Parlement*. Il affirme que la réponse de la reine aux députés de la cour n'a pas été rapportée avec fidélité, et que les registres originaux en offrent une version toute différente. On sait qu'il avait été autorisé par le premier président de Lamoignon à prendre au greffe communication des procès-verbaux. Ce n'est pas tirer de ce fait une conséquence trop rigoureuse que de dire que le *Journal du Parlement* ne mérite pas une confiance absolue.

L'édition de Rouen a été donnée sur la troisième édition de Paris, par les imprimeurs du roi, 1649. La contrefaçon qui a été

---

[1] C'est apparemment de cette édition qu'il est dit, dans la *Lettre du sieur Lafleur*, qu'elle a été corrigée par un magistrat d'une cour souveraine.

publiée par Mathieu Colombel et Jérémie Bouillerot, sous le titre de *Nouveau journal du Parlement*, a été faite d'après la seconde édition.

1742. Journal contenant tout ce qui s'est fait et passé ès assemblées des compagnies souveraines de la cour de Parlement de Paris, en l'année 1648. *Paris*, 1649, 107 pages.

1743. Journal de ce qui s'est fait ès assemblées du Parlement, depuis le commencement de janvier 1649, ensemble par addition ce qui s'est passé tant en la ville de Paris qu'ailleurs pendant le même temps. Paris, Jacques Langlois et Gervais Alliot, 1649, 428 pages.

Voir plus haut : *Journal contenant tout ce qui s'est fait et passé en la cour de Parlement de Paris*, etc.

1744. Journal de ce qui s'est fait et passé tant durant la guerre et siége de Bordeaux que dans le traité de paix, avec les harangues faites lors de la magnifique entrée du roi dans ladite ville, et ce qui s'est observé à sa sortie. (S. l.), 1650, 51 pages.

Il n'y a point de fait de guerre ; et les harangues annoncées ne s'y trouvent pas. Le journal, cependant, est curieux ; de plus, il n'est pas commun. Il se compose du récit de ce qui s'est passé à Bourg, des pièces officielles à l'appui, et d'une relation très-détaillée de l'entrée du roi dans Bordeaux.

1745. Journal de ce qui s'est passé à Angers, depuis l'entrée du C. Mazarin en France, avec les articles du traité. *Paris*, Jean Brunet, 1652, 15 pages.

Ce journal a été écrit pour le parti des princes. Curieux et rare.

1746. Journal de ce qui s'est passé au siége d'Étampes entre l'armée du maréchal de Turenne et celle de messieurs les princes. *Paris*, Jacob Chevalier, 1652, 16 pages.

Le duc de Beaufort fait établir un hôpital dans Étampes et distribuer des secours aux pauvres. On sait maintenant ce que vaut le *Journal*. Je dois dire qu'il n'est pas commun.

1747. Journal de ce qui s'est passé au siége du château de Dijon, depuis le 26⁰ jour de novembre jusqu'au 2 décembre 1651. *Paris*, Georges Le Rond, 1651, 7 pages. *Rare.*

Relation royaliste, qu'il faut compléter en y ajoutant la *Prise du château de Dijon*, etc.

1748. Journal de ce qui s'est passé aux deux assemblées de l'Hôtel de Ville, les 4 et 6 juillet, et le serment de fidélité de M. de Bruxelles (*sic*), prêté entre les mains de Son Altesse Royale, au palais d'Orléans, à son élection de prévôt des marchands, avec les cérémonies observées pour ce sujet. *Paris*, Jean Brunet, 1652, 8 pages.

Contrefaçon du *Récit véritable de tout ce qui s'est passé touchant le désordre arrivé à l'Hôtel de Ville*, etc.

Il y en a une autre édition au titre de laquelle on a ajouté : *et la prise des mulets du roi et de la reine*; également de 8 pages.

1749. Journal de ce qui s'est passé nouvellement à Paris, à Saint-Denys et à Compiègne, depuis le 13 juillet jusques à présent. I. La lettre du cardinal Mazarin au cardinal de Retz; II. la mort de Mancini, neveu du cardinal Mazarin; III. la résolution du roi au voyage de Bourgogne; IV. et l'estat de l'armée de l'archiduc Léopold. *Paris*, Louis Hardouin, 1652, 8 pages.

1750. Journal de l'assemblée de la noblesse tenue à Paris, en l'année 1651. (S. l., 1651), 199 pages.

L'assemblée a commencé le 6 février, et fini le 25 mars; mais après l'assemblée de Paris, il y a eu des associations et des réunions dans la province; et ce mouvement a duré jusqu'à la fin de 1652. Il s'agissait d'abord de la délivrance des princes, et puis de la convocation des États généraux. Les résultats sont connus. Quoique le *Journal* ne nous apprenne rien de nouveau, il est curieux cependant et rare.

On sait que l'acte d'union avait été signé le 4 février, et qu'il portait 272 signatures apposées « sans distinction ni différence de rangs et maisons, afin que personne n'y pût trouver à redire. » Le duc d'Orléans avait donné son consentement par écrit dès le 2 février.

Voici en quels termes l'assemblée faisait connaître ses motifs et son but dans la *Requête de la noblesse :* « Dans l'appréhension d'une révolution qui les anéantiroit dans la ruine publique, ils ne peuvent plus différer de représenter à Leurs Majestés que, pour relever l'autorité royale au point d'où elle est déchue, rétablir l'ordre en toutes sortes de conditions et préserver l'État de la subversion dont il est menacé, il n'y a point de remède plus infaillible que celui qui a été pratiqué par nos ancêtres en des nécessités pareilles et beaucoup plus moindres (*sic*), qui est l'assemblée générale des trois ordres du royaume. »

Pour apprécier toute la sincérité de ce langage, il faut remarquer que les promoteurs de l'union étaient les frondeurs du parti des princes, et le président de l'assemblée, ce comte de Fiesque qui plus tard accepta la mission d'aller à Madrid défendre les intérêts du prince de Condé. Les princes renouvelaient tout simplement la comédie de la minorité de Louis XIII. Ils croyaient pouvoir dominer les États généraux; et ils en demandaient la convocation.

Le cardinal de Retz eut une très-grande part aux mouvements de l'union en 1652; et un des chefs d'accusation qui motivèrent son emprisonnement, fut l'accord secret qu'il avait fait avec les gentilshommes coalisés. Il avait pour agent dans les assemblées Charles d'Ailly, sieur d'Annery, qui y remplit presque toujours les fonctions de secrétaire, et qui se retira prudemment en Angleterre après l'arrestation du cardinal.

Et il est à remarquer que, dès 1651, la noblesse se plaignait dans la *Déclaration* de ses prétentions de n'être pas secondée par le tiers État.

Il n'est plus question ni dans les mémoires, ni dans les histoires de l'agitation de la noblesse après la dissolution de l'assemblée en mars 1651. Tout ne finit pas là pourtant.

Personne n'ignore que la reine régente, moins persuadée que contrainte par la réunion du couvent des Cordeliers, avait promis de convoquer les États généraux pour le 8 septembre 1651. La convocation eut lieu, en effet; et le 8 octobre encore, le roi écrivait au maréchal de Lhospital pour le charger « d'advertir les députés des provinces de se rendre au plutôt dans la ville de Tours. » Les élections avaient donc été faites. Des députés même se rendirent à Tours; mais ils y attendirent en vain l'ouverture des États généraux. Le prince de Condé s'était retiré en Guyenne. Le roi avait donné contre lui la déclaration du 8 octobre. Des deux côtés on ne pensait plus qu'à la guerre.

Le 27 février 1652, il y eut à Magny un nouvel acte d'union entre les gentilshommes de Senlis, Chaumont, Magny, Mantes et Meulan, Montfort l'Amaury, Dreux, Châteauneuf en Thimerais et Chartres, auxquels se joignirent ceux d'Étampes, Beaugency, partie d'Orléans, Romorantin, Dunois, Blaisois, Vendômois, Saumur et La Flèche. Les bailliages unis s'assemblèrent par députés à Maintenon, le 16 avril. Ils décidèrent qu'il en serait communiqué aux bailliages voisins; ce qui fut fait. Ils proposaient de s'unir pour demander au roi la paix et les États généraux. En conséquence, une assemblée était convoquée à Nogent le Roy pour le 15 mai suivant. Il s'y trouva quelques bailliages de plus qu'à la réunion de Maintenon; et d'autres se firent annoncer. Deux lettres de l'agent général du clergé promirent le concours des prélats. On jugea alors convenable de remettre au 8 juin la députation qui devait être envoyée vers le roi; et rendez-vous fut pris à la Roche-Guyon-sur-Seine, château du duc de Liancourt. Il devait y avoir deux députés de chaque bailliage.

Je ne sais pas pourquoi la réunion ne se tint que le 9 juin. Quoique le duc de Liancourt eût reçu une lettre de cachet qui défendait expressément de telles assemblées, on n'y décida pas moins que la députation irait vers le roi, et qu'elle serait ensuite à Dreux, le 21 juillet, pour y rendre compte de sa mission aux députés des bailliages. L'assemblée de Dreux fut informée que le roi avait promis les États généraux pour le 1er novembre 1652. Elle se sépara, mais après avoir résolu de se réunir, le 15 du même mois, à Châteaudun, « dans le cas où la promesse du roi ne seroit pas tenue. » Elle porta ces faits à la connaissance de tous les gentilshommes de France par une lettre circulaire, datée de Dreux.

Dans une lettre, adressée également de Dreux, le 21 juillet, à messieurs du clergé, elle dit : « Il n'est pas croyable que le roi, assisté de nos services, ne puisse vaincre les obstacles qui se pourroient opposer à la tenue desdits Estats. » Ces obstacles étaient de plus d'un genre : d'abord, l'assemblée de 1651 avait rencontré une assez vive opposition dans la noblesse des provinces ; elle avait été obligée de se justifier par écrit. Puis, le clergé n'avait plus même la bonne volonté qu'il avait montrée au commencement. Enfin, et c'était là le plus important, le Parlement et l'Hôtel de Ville de Paris ne voulaient pas entendre parler des États généraux. On sait bien comment cela commence, disaient les bourgeois, mais jamais comment cela finit. Ils se souvenaient de 1614.

J'ai dit, en signalant l'union de Magny, un nouvel acte d'union. C'est qu'en effet, quoique ce fût au fond une continuation de l'assemblée de 1651, il y avait pourtant quelque chose de plus. Les gentilshommes unis promettaient, et c'était leur premier engagement, de monter à cheval sur l'ordre des députés des bailliages pour forcer les troupes, de quelque parti qu'elles fussent, à vivre selon les ordonnances.

L'union de Magny était donc d'abord une sorte d'assurance mutuelle contre les violences et les outrages. Elle imposait l'obligation absolue, illimitée de veiller à la conservation de tous et de chacun. Un gentilhomme devait servir de sa personne même contre les troupes de son parti, quand il se trouvait sur les lieux du désordre.

Les députés étaient élus pour deux mois, sans pouvoir être continués.

Toutes les pièces relatives aux assemblées de la noblesse sont importantes ; mais il n'est pas toujours facile de les trouver. Les plus rares sont celles de 1652. Je puis en indiquer vingt-quatre, le *Journal* non compris. Est-ce tout ?

1. *Union de la noblesse ;* 2. *Lettre circulaire de l'assemblée de la noblesse ;* 3. *Harangue faite par messieurs les députés de la noblesse à l'assemblée du clergé ;* 4. *Déclaration des prétentions de la noblesse ;* 5. *Requête de la noblesse pour l'assemblée des États géné-*

raux ; 6. *Justification de l'assemblée de la noblesse* ; 7. *Harangue faite par M. le comte de Fiesque* ; 8. *Harangue faite à messieurs du clergé par M. le marquis de Vitry* ; 9. *Harangue faite à Mgr. le duc d'Orléans.... par M. de Lignerac* ; 10. *Remontrance de la noblesse à Mgr. le duc d'Orléans* ; 11. *Lettre circulaire envoyée dans les provinces* (25 mars 1651) ; 12. *Résultat de l'assemblée de la noblesse* ; 13. *Déclaration du duc d'Orléans à messieurs de l'assemblée de la noblesse*, etc. ; 13. *Déclaration du prince de Condé*, etc. ; 14. *Lettre circulaire envoyée dans les provinces* (16 mai 1652) ; 15. *Lettre du roy pour la convocation.... des États généraux* (12 juin 1651) ; 16. *Lettre de cachet du roi du 8 octobre* 1651 ; 17. *Récit véritable de ce qui s'est passé... à l'assemblée* (de La Roche Guyon); 18. *Harangue faite par messieurs les députés de la noblesse, M. de Nossay portant la parole* ; 19. *Lettre circulaire* (du 1ᵉʳ juillet 1652) ; 20. *Lettre circulaire* (datée de Dreux) ; 21. *Lettres de messieurs de la noblesse à messieurs du clergé* (21 juillet 1652) ; 22. *Lettre envoyée sur le sujet de l'assemblée de la noblesse* ; 23. *Lettre politique sur l'assemblée de la noblesse* ; 24. *Résultat de l'assemblée de la noblesse tenue à Dreux.*

Il n'est pas mal de joindre à ces pamphlets la *Lettre d'un gentilhomme désintéressé à messieurs les députés des États sur les présents mouvements*, etc.

1751. Journal de la *Lettre* de (*madame*) la princesse douairière de Condé présentée à la reine régente, contenant tous les moyens dont le cardinal Mazarin s'est servi pour empêcher la paix, ruiner le Parlement et le peuple de Paris, pour tâcher de perdre M. le duc de Beaufort, M. le coadjuteur, M. de Brousselles (*sic*) et le président Charton par l'assassinat supposé contre la personne de monseigneur le Prince, et pour la détention de messieurs les princes. (S. l.), 1650, 57 pages.

Contrefaçon de la *Lettre*.

1752. Journal (le) de tout ce qui s'est fait au Parlement contre le cardinal Mazarin, avec l'état de sa sortie de

Paris, et de la route qu'il a tenue jusqu'à présent. *Paris*, 1651, 6 pages.

Il ne faut pas trop compter sur les promesses du titre.

1753. Journal de tout ce qui s'est fait et passé en Parlement, les jeudi, vendredi et samedi 10, 11 et 12 octobre 1652, en présence de Son Altesse Royale, avec les ordres donnés pour l'éloignement des troupes des environs de Paris, et les derniers moyens pour la paix. *Paris*, Laurent Toussaint, 1652, 8 pages. Rare.

1754. Journal de tout ce qui s'est passé à Bordeaux, depuis le 1er juin jusques à présent, avec la liste de ceux qu'ils en ont fait sortir. *Paris, sur un imprimé à Bordeaux*, 1652, 7 pages. Rare.

C'est une lettre signée J. B., et datée de Bordeaux, le 10 juin. On peut douter qu'elle ait été imprimée ailleurs qu'à Paris.

1755*. Journal de tout ce qui s'est passé dans l'armée du roi, commandée par le comte d'Harcourt, depuis sa sortie de Niort, avec les particularités d'un combat donné entre cette armée et celle de M. le prince de Condé, le 17 novembre. *Paris*, 1651.

Bib. hist., 23349.
Extrait de la *Gazette*.

1756**. Journal de tout ce qui s'est passé en Berry, depuis le 27 juillet jusqu'au 4 août. *Paris*, 1650.

Bib. hist., 23148.
Extrait de la *Gazette*.

1757. Journal de tout ce qui s'est passé entre l'armée du roi, commandée par M. le comte d'Harcourt, et celle de monsieur le Prince, depuis le 22 février jusqu'à présent, avec les particularités et la marche de leurs armées ès pays de Guyenne, Périgord, Xaintonge et autres lieux. *Paris,* Jacques Clément, 1652, 16 pages. *Très-rare.*

<small>Relation royaliste des combats qui ont été la suite du siége de Miradoux.</small>

1758. Journal de tout ce qui s'est passé par tout le royaume de France, ensemble ce qui s'est passé dans le conseil du roi et de messieurs les princes et du Parlement (23-27 septembre). *Paris*, Simon de La Montagne, 1652, 7 pages.

<small>Voir le *Journal contenant ce qui se passe de plus remarquable dans le royaume,* etc.</small>

1759. Journal des délibérations tenues en Parlement, toutes les chambres assemblées, et à l'hôtel d'Orléans, depuis le 5 août 1650 jusques à présent (9 *août*), où ont assisté monseigneur le duc d'Orléans, messieurs de Beaufort, de Brissac, de Lhospital et le coadjuteur, touchant l'éloignement du cardinal Mazarin, la guerre de Bordeaux et l'affaire de messieurs les princes, avec les harangues faites sur ce sujet par messieurs les présidents et conseillers, et les arrêts donnés en conséquence. (S. l.), 1650, 15 pages.

<small>François Davenne a voulu prouver par ce journal que le duc de Beaufort et le coadjuteur étaient vendus à Mazarin.</small>

1760. Journal des signalées actions de monsieur de La Mothe Houdancourt, duc de Cardone, et maréchal de France. *Paris*, François Noël, 1649, 6 pages, avec une suite paginée de 7 à 43.

<small>Récits très-détaillés du secours de Casal et de la prise de Turin. C'est un complément des cinq *Factums* publiés pour la défense du maréchal. Voir le *Premier factum,* etc.</small>

1761. Journal et éclaircissement des affaires présentes. *Paris*, Jean Pétrinal, 1652, 8 pages.

L'auteur prétend que les princes avaient un fonds de cent mille écus pour le meurtrier ou les héritiers du meurtrier de Mazarin. C'est donc le fonds de la *Croisade pour la conservation du roi ?*

1762. Journal, ou Histoire du temps présent, contenant toutes les déclarations du roi, vérifiées en parlement, et tous les arrêts rendus, les chambres assemblées, pour les affaires publiques, depuis le mois d'avril 1651 jusqu'en juin 1652. *Paris,* Gervais Alliot et Emmanuel Langlois, 1652, 123 pages.

Voir plus haut *Journal contenant tout ce qui s'est fait et passé en la cour de Parlement de Paris,* etc.

1763. Journal poëtique de la guerre parisienne, dédié aux conservateurs du roi, des lois et de la patrie, par M. Q. D. Fort-Lys. *Paris*, veuve d'Anthoine Coulon, 1649.

Douze semaines et la conclusion. Naudé, page 194 du *Mascurat,* met ce très-pauvre journal au nombre des pièces dont les auteurs s'étaient obligés à faire rouler la presse moyennant une pistole par semaine. Il loue pourtant l'épisode du porteur d'eau, dont l'invention, dit-il, est jolie et l'expression fort naïve.

Les initiales M. Q. sont celles de Mathurin Questier. Ce pamphlétaire était imprimeur de son métier, mais si pauvre que, bien que sans ménage et sans enfants, il écrivait pour vivre. Il avait la précaution de n'imprimer ni vendre ses pièces ; et en cela du moins, il a justifié cette opinion de Naudé : « que l'esprit de Questier était bon ; » car tout ce qu'il a publié, est exécrable. J'en excepterais le *Revers du mauvais temps passé,* si ce pamphlet n'était attribué à M. Brousse, curé de Saint-Roch. Ce qui me paraît démontré, c'est que Questier n'a pas pu l'écrire.

Outre le *Journal poëtique,* il a composé les *Visions nocturnes* et le *Mazarin artizané,* etc. Il semble que les *Visions* l'aient fait prendre pour un astrologue ; car on lit dans la *Catastrophe burlesque sur l'enlèvement du roi :* « Je dirois

> Que vous êtes dame Uranie,
> Si j'étois, dis-je, du mestier
> De Comelet, Petit ou Questier. »

Il est dit dans le numéro 11 de la *Muse de la cour,* 12 mars 1658, que les gouverneurs de Sédan et de Montmédy avaient entendu dans leurs places des bruits souterrains. « C'est un présage de guerre,

> Comme a dit Mathurin Questier,
> Et diroit tout bon astrologue
> Que l'almanach a mis en vogue. »

Un passage du *Mascurat*, page 8, permet de croire que Questier a imprimé plusieurs pamphlets, mais qu'il n'a jamais mis son nom sur aucun.

1764. Journal véritable et désintéressé de tout ce qui s'est fait et passé tant à Saint-Germain-en-Laye qu'à Paris, depuis l'arrivée du roi audit lieu de Saint-Germain jusqu'à présent, avec la députation de la noblesse de Normandie et du Parlement de Rouen. *Paris*, Jacques Le Gentil, 1652, 8 pages.

Du 27 avril au 7 mai. L'auteur promet un *Récit* toutes les semaines. C'est ici le premier, et peut-être le dernier. Je suis disposé à croire que ce *Journal* n'a été publié que pour donner une bonne couleur à la députation du duc de Rohan, de Chavigny et de Goulas.

1765. Judicieux (le) Gascon, à messieurs de Bordeaux, après la prise du château Trompette. (S. l., 1649), 8 pages.

L'auteur nomme le maréchal de Grammont pour le maréchal Du Plessis. Médiocre d'ailleurs, et peu commun.

1766. Judicieux (le) refus du Parlement de donner audience aux deux hérauts. *Paris*, veuve J. Guillemot, 1649, 8 pages.

1767. Jugement (le) criminel rendu contre la synagogue des fripiers, portant que ceux de leur nombre qui se trouveront circoncis (qui est la marque de la juiverie), seront châtrés ric à ric, afin que la race en demeure à jamais éteinte dans Paris. (S. l., 1652), 7 pages. *Rare.*

Voir le *Récit naïf et véritable du cruel assassinat... commis... par la compagnie des fripiers de la Tonnellerie,* etc.

1768. Jugement de Minos contre tous les mazarins qui pillent la France. *Paris,* 1652, 16 pages.

Rare, mais assez mauvais.

1769. Jugement de tout ce qui a été imprimé contre le cardinal Mazarin, depuis le sixième janvier jusqu'à la déclaration du premier avril mil six cent quarante neuf. (*Paris,* 1649).

On sait que cet ouvrage, appelé vulgairement *Mascurat,* du nom de l'un des interlocuteurs, est de Gabriel Naudé, bibliothécaire du cardinal Mazarin. Souvent consulté et cité par les bibliographes, il est du petit nombre des livres où la science s'allie au bon sens, à l'esprit et à la gaîté.

La première édition a paru en août ou septembre 1649. Guy Patin l'annonce à M. C. S. et à Charles Spon, dans deux lettres de la même date (3 septembre), et presque dans les mêmes termes : « Il y a ici un livre nouveau intitulé : *Jugement,* etc. L'auteur est un honnête homme de mes amis, mais mazarin, qui est un parti duquel je ne puis être ni ne serai jamais ; *imò* il ne s'en est fallu que cent mille écus de mon patrimoine que je n'aie été conseiller de la cour, et que je n'aie été frondeur aussi généreux et aussi hardi que pas un. »

Cette édition n'est que de 492 pages. Elle a été tirée à 250 exemplaires seulement. Naudé en avait présenté un au cardinal Mazarin, dont il voulait obtenir l'approbation avant de mettre son livre en vente. En même temps il avait prié cinq de ses amis, parmi lesquels Dupuy, l'avocat général Talon et Guy Patin, d'examiner son livre. Guy Patin a exprimé ainsi son opinion dans la lettre déjà citée : « Combien que le sujet me déplaise, la lecture du livre ne laisse pas que de m'être fort agréable. »

Apparemment l'édition a été bien vite épuisée ; car Naudé en a publié, en 1650, une seconde qu'il a augmentée de plus de 200 pages.

Toutes deux aujourd'hui sont rares ; mais la première plus que la seconde.

Sandricourt attaque par le ridicule, dans l'*Accouchée espagnole*, la partie généalogique du *Mascurat*.

1770. Jugement donné à Agen par messieurs les commissaires du Parlement de Bourdeaus (*sic*), conjointement avec les juges présidiaux de la sénéchaussée dudit Agen, contre les gardes du sieur duc d'Épernon pour les excès par eux commis. *Paris, jouxte la copie*, 1651, 7 pages. *Rare.*

Du 30 décembre 1650.
Un des gardes du duc d'Épernon s'appelait Montesquieu.

1771. Jugement (le) donné contre les traitants, partisans, prêteurs et monopoleurs. *Paris*, Arnould Cottinet, 1649, 7 pages.

Pamphlet plaisant, mais assez commun.

1772. Jugement du curé bourdelois, pour servir à l'histoire des mouvements de Bourdeaux. (S. l.), 1651, 75 pages.

Voir l'*Apologie pour le Parlement de Bordeaux*, etc.
« Nous avons, dit l'avocat général Dussaut, fait imprimer, depuis trois jours, en nostre *Archi-Mazarinade* que nous gagnons le triolet :

« Nous avons roi, dame et valet. »

1773. Jugement et censure des trois libelles intitulés : la *Replique*, le *Donjon* et le *Rétorquement du foudre de Jupinet*, faits par l'hypocrite à la fausse barbe. Judas avoit obtenu portion à l'administration des apôtres. Act., chap. 1, vers. 18. *Paris*, 1649, 35 pages.

Ce pamphlet appartient à la polémique soulevée par la *Lettre d'avis à messieurs du Parlement de Paris, écrite par un provincial.*

1774. Jugement (le) et les huit béatitudes de deux cardinaux confrontées à celles de Jésus-Christ, leurs prières à son oraison dominicale, et les commandements de leur Dieu au décalogue de Moyse. (S. l.), 1651, 20 pages.

François Davenne.
Inutile de dire que les deux cardinaux sont Richelieu et Mazarin.

1775. Jugement (le) rendu sur le plaidoyer de l'auteur de la *Vérité toute nue* et l'*Avocat général*, partie adverse, par M. B. J. V. D. R. D. L. P. P. T. *Paris*, 1652, 16 pages.

Pauvre pièce. L'auteur est pour le duc d'Orléans et le Parlement. Il avait publié le *Remède aux malheurs de l'État*, etc., en 1649 ; les *Présages de changement dans la monarchie des François*, en 1650. Il a publié, après le *Jugement,* les *Conditions de l'arrêt,* etc., et, dans la même année 1652, l'*Examen des parallèles faits par un excellent prédicateur,* etc. Ces pamphlets ne sont pas très-communs.

1776. Jules l'apostat. (S. l.), 1649, 11 pages.

1777. Jules Mazarin. *Très-rare.*

Placard in-4°, affiché le 3 novembre 1650 à la place de Grève, à la porte de Paris, à la Croix du Tiroir, aux halles, à la place Maubert et au bout du Pont-Neuf, avec le portrait du Mazarin pendu.

1778. Juliade (la), ou Discours de l'Europe à monseigneur le duc d'Orléans sur l'éloignement du cardinal Mazarin et le retour des princes. *Paris*, 1651.

Deux parties, l'une de 47, et l'autre de 18 pages.
Ce pamphlet n'a aucun rapport, ni au fond, ni dans la forme,

avec celui qui suit. Il est en vers burlesques et paraît avoir été inspiré par la *Mazarinade*, qu'il ne vaut pas. On y trouve pourtant quelques passages assez spirituels, par exemple, les *Fourbes*; mais la pièce est beaucoup trop longue. Elle n'est d'ailleurs pas rare.

La seconde partie est intitulée : *Suite de la Juliade, ou Adieux au Mazarin*, Paris, 1651. Elle est écrite en stances, avec un *adieu* pour refrain.

1779. Juliade (la), ou Jules démasqué, où se voit au vif le caractère de son âme, par le sieur De La Campie, gentilhomme périgourdin. *Paris*, veuve François Targa, 1649, 12 pages.

Le sieur de La Campie est aussi l'auteur des *Profanations mazariniques*, etc.

1780. Juste (le) châtiment de Dieu dans la mort d'un grainetier, pour avoir vendu les grains trop cher et laissé moisir plusieurs pains. *Paris*, 1649, 7 pages. *Rare*.

1781. Juste (la) réfutation des injustes louanges qu'impudemment a osé donner un médecin du roi à Jules Mazarin, le plus scélérat de tous les hommes, et qui est en exécration à Dieu, aux anges et à toute la nature. *Paris*, François Noël, 1649, 8 pages.

Ce médecin s'appelait Chevalier. Il avait fait des *Étrennes*, un *Épigramme latin* (sic), un *Acrostiche*, une *Anagramme* et un *Dédale labyrinthique* pour Mazarin. L'anagramme était *main azyle des lys*.

L'auteur demande simplement qu'on brûle le médecin et ses œuvres par la main du bourreau.

1782. Justes (les) appréhensions du peuple de Paris sur la demeure du cardinal Mazarin, et les justes moyens pour rendre la paix assurée. *Paris*, 1649, 14 pages.

Voici un exemple des sottises dont on repaissait la curiosité publique : Le cardinal Mazarin avait ordonné à un colonel suisse d'incendier la ville dans la nuit de Noël. Le régiment suisse aurait

été aposté aux portes des églises pendant la messe de minuit
« pour faire main basse sur les fidèles. » Des bombes auraient été
lancées de la Bastille sur Paris ; et des étrangers, amenés sous prétexte d'affaires, auraient mis le feu dans leurs chambres ; mais la
veille de Noël, le colonel dit à Mazarin que l'affaire était éventée.

1783. Justes (les) complaintes d'un soldat sur l'Illustre
délaissé. (S. l., 1649), 4 pages.

L'*Illustre délaissé* était un certain Chanfray qui avait été fait
prisonnier à la rencontre de Brie, et dont son ami, Langré, célébrait en très-mauvais vers le retour, sans doute après la paix. Je ne
connais qu'un seul exemplaire de cette pièce.

1784. Justes (les) complaintes des bourgeois de Paris,
adressées à messieurs du Parlement. *Paris*, Claude
Boudeville, 1649, 8 pages.

« Pourquoi pensez-vous que la ville de Paris porte dans ses
armes un navire et deux fleurs de lys ? C'est pour témoigner qu'elle
est bastante de résister à tous ses ennemis, et qu'elle renferme en
soi les deux tiers de la France. »

Ce pamphlet mérite qu'on le recherche quoiqu'il ne soit pas
très-rare.

1785. Justes (les) plaintes de la crosse et de la mitre du
coadjuteur de Paris, portant par force le deuil de madame de Rhodez (*sic*), sa sœur d'amitié, avec la requête présentée par eux (*sic*) à messieurs du Parlement,
et l'arrêt donné en conséquence d'icelle. (S. l.), 1652,
14 pages.

« Il y a longtemps que nous reconnoissons les visites trop fréquentes qu'il fait à la duchesse de Chevreuse, à la marquise Dampu (*sic*)
et à madame de Rhodes. Les visites nocturnes qu'il faisoit à la dernière, ne lui ont-elles pas causé une maladie mortelle ? Tout le
monde sait qu'il n'osoit pas la voir pendant le jour, et que, quand
il y alloit la nuit, il falloit avoir deux carrosses pleins d'hommes,
lesquels avec des mousquetons étoient aux avenues des rues d'Orléans et des Vieilles-Étuves. »

Un des bons et rares pamphlets qui aient été publiés contre le coadjuteur.

L'arrêt a été imprimé séparément sous le titre de : *Arrêt de la cour de Parlement donné contre le cardinal de Retz....,* du 12 août 1652.

On a eu la singulière idée de réimprimer le *Compliment* des curés de Paris au cardinal de Retz sur sa promotion, sous le titre de : *Réponse faite au libelle intitulé :* Arrêt de la cour donné contre le cardinal de Retz du 13ᵉ (12) août 1652.

1786. Justes (les) prétentions de Son Altesse Royale sur la qualité de chef du conseil de Sa Majesté, que les Mazarins ont fait usurper à la reine, pour se conserver les moyens de rétablir leur maître. (S. l., 1651), 20 pages.

Après la majorité, c'est-à-dire à la fin de 1651. Le moins commun peut-être des pamphlets où cette question ait été traitée.

1787. Justes (les) raisons et sentiments des Princes, des grands, de tous les ordres et de tous les corps de l'État pour la dernière exclusion du cardinal Mazarin. *Paris*, 1652, 16 pages. *Peu commun.*

1788. Justes (les) reproches de la France à monsieur le prince de Condé. *Paris*, Jacques Langlois, 1649, 8 pages.

1789. Justes (les) ressentiments du tiers état pour le retour du roi en sa ville de Paris, et pour le rétablissement du commerce de tous ses États, dédiés à la reine régente. *Paris,* 1649, 12 pages.

Signé L. T. E.
« Les trois fleurs de lys représentent la Vérité, la Justice et la Miséricorde. »

1790. Justes (les) soupirs et pitoyables regrets des bons Anglois sur la mort de très auguste et très redouté monarque Charles, roi de la Grande-Bretagne et d'Hybernie, etc., lequel a été proditoirement décapité par quelques-uns de ses sujets rebelles, devant son propre palais à Londres, composés premièrement en vers latins, et depuis traduits en (*vers*) françois, par J. R. *Paris*, Guillaume Sassier, 1649, 12 pages.

Mauvais et *rare*.

1791. Justice (la) persécutée par les armes du comte d'Alais. (S. l., 1649), 17 pages. *Rare*.

Mauvaise réponse à la *Justification des armes de M. le comte d'Alais contre le Parlement de Provence*. La comtesse y est insolemment prise à partie. C'est à peu près tout ce qui mérite d'y être remarqué.

1792. Justice (la) triomphante. *Paris*, 1649, 12 pages.

1793. Justification de l'assemblée de la noblesse de France tenue à Paris aux Cordeliers, l'an 1651. *Paris*, 1651, 7 pages.

Voir le *Journal de l'assemblée de la noblesse*, etc.

1794. Justification (la) de monseigneur le Prince, tirée de l'arrêt du Parlement, donné, le 13 de ce mois (12 janvier 1652), contre le cardinal Mazarin et ses adhérents, en présence de Son Altesse Royale. (S. l., 1652), 15 pages.

L'auteur avait déjà publié l'*Avis important de M. de Châteauneuf*, etc.; et on peut croire que c'est pour ce pamphlet qu'il avait eu la *bouche fermée*.

1795. Justification des armes de monsieur le comte d'Alais contre le Parlement de Provence. *Marseille*, Claude Garcin, 1649, 27 pages. *Rare*.

Curieuse histoire du semestre, de la journée de Saint-Sébastien et des violences qui en furent la suite.

Ce pamphlet a été publié par le commandement du prince. Les parlementaires ont essayé d'y répondre dans la *Justice persécutée par les armes du comte d'Alais.*

Pitton, dans son *Histoire d'Aix*, le compte parmi les plus remarquables publications, avec le *Manifeste de la ville d'Aix*, le *Manifeste du comte d'Alais*, la *Remontrance du Parlement*, l'*Examen de la* Remontrance, la *Remontrance au peuple de Provence* et la *Voix de la justice opprimée.*

1796. Justification (la) du Parlement et de la ville de Paris dans la prise des armes contre l'oppression et tyrannie du cardinal Mazarin. *Paris*, Alexandre Lesselin, 1649, 19 pages.

1797. Labyrinthe (le) de l'État, ou les Véritables causes des malheurs de la France, à Ctésiphon. *Paris*, 1652, 36 pages.

Ce pamphlet n'est pas commun ; et on y trouve exprimée une opinion qui n'a jamais été bien commune ; c'est que la France aurait dû être gouvernée à la manière espagnole, c'est-à-dire par des conseils. La régence du duc d'Orléans a réalisé ce vœu de l'auteur ; mais je ne connais que le duc de Gramont qui s'en soit hautement félicité dans les *Mémoires* de son père, le maréchal.

1798. Lamentable description des royaumes démolis, des villes perdues par la malice des ministres d'État, envoyée à la reine régente par l'amirante de Castille, pour lui servir d'avertissement. *Paris*, Claude Morlot, 1649, 8 pages.

1799. Lamentations d'un procureur vuidant les sacs de son étude, et le reconfort qu'il reçut de sa femme, en vers burlesques. (S. l.), 1649, 8 pages.

Le reconfort de la femme fut

« Qu'on la vit pour de l'argent. »

Ni bon ni rare.

1800. Lamentations (les) de la Durié de Saint-Cloux (*sic*), touchant le siège de Paris. *Paris*, 1649, 8 pages.

Détails très-positifs sur le métier de la Durié et les habitudes de sa maison.

« La Du Ryer, dit Tallemant des Réaux, étoit une pauvre fille d'auprès de Mons en Haynaut, qui étoit assez jolie en sa jeunesse. Elle se donna à Saint-Preuil, qui lui fit gagner dix à douze mille livres en une campagne où elle fut vivandière. Elle épouse un nommé Du Ryer et se met à tenir auberge. Elle étoit aussi un peu m....... Veuve de Du Ryer, elle se remaria à un homme dont elle n'a jamais porté le nom. Il étoit maître cuisinier à Saint-Cloud, où elle fit un cabaret magnifique. Au commencement, les dames n'y vouloient point aller. Elle avoit un jardin, là auprès, où on leur portoit ce qu'elles avoient commandé. Enfin, on s'y apprivoisa. » *Historiette* de la Du Ryer, p. 360, V⁰ vol.

La Du Ryer ou Durié est morte en 1652.

1801. Lamentations (les) mazarines. *Paris*, Philippe Clément, 1652, 8 pages.

Traduction très-libre des psaumes *Recordare* et *Quare fremuerunt gentes*. Ce pamphlet a été publié dans le temps que les troupes royales erraient sur les bords de la Loire. Il est assez rare, mais fort peu curieux.

1802. Larmes (les) de joie de madame la princesse. *Paris*, 1651, 6 pages.

Pour la délivrance des Princes.

Ce pamphlet est signé B. E. S. D. P. P. (Boyer, écuyer, sieur Du Petit Puy).

1803. Larmes (les) de la reine et du cardinal Landriguet. (S. l.), 1652, 18 pages.

Le surnom de Landriguet, donné à Mazarin, fait assez connaître quel rôle l'auteur lui prête auprès de la reine.

Un des pamphlets les plus insolents contre Anne d'Autriche, les plus spirituels, et peut-être les plus rares.

Après le siège d'Étampes. L'auteur appartenait étroitement au parti de M. le Prince.

1804. Larmes (les) de Thémis exilée de la ville de Bordeaux, adressées au roy. *Paris*, Pierre Targa, 1653, 22 pages.

Voir le *Dialogue métaphorique de l'Inconnu*, etc.

1805. Larmes (les) et complaintes de la reine d'Angleterre sur la mort de son époux, à l'imitation des quatrains du sieur de Pibrac, par David Ferrand. *Paris*, Michel Mettayer, 1649, 8 pages. *Très-rare*.

1806. Larmes (les) mazarines. *Sur la copie imprimée à Bruxelles*, 1651. 7 pages.

> « Par un arrêt très équitable
> Thémis l'a déclaré coupable,
> Renouvelé dès avant hier,
> Celui du septième janvier. »

Il faut dire que cela n'est pas commun ; et puis rien.

1807. Leçons (les) de ténèbres, ou les Lamentations de Mazarin. *Paris*, 1649, 8 pages.

Traduction libre des Lamentations de Jérémie, qui sont chantées aux matines du jeudi saint.

1808. Leçons (les) des (*sic*) ténèbres des Parisiens, où les prophéties de Jérémie sont naïvement expliquées, suivant ce qui arrive à présent. *Paris*, Pierre Sevestre, 1649, 8 pages.

Ce pamphlet n'est ni meilleur ni plus mauvais que le précédent ; mais il est plus rare. Mazarin y joue le rôle de Judas. Après la prise de Charenton.

1809. Lettera del re mandata al parliamento di Parigi, sopra la causa della ritentione de' signori principi di

Condé, e di Conty et duca di Longavilla. *Milano*, 1650, in-4°.

Traduction de la *Lettre du roi sur la détention des princes*, etc. (Catalogue de M. Ferdinand Belvisi, de Bologne.)

1810. Lettre à l'abbé, burlesque. *Paris*, 1649, 7 pages.

1811. Lettre à mademoiselle de V., étant à la campagne, ensuite de la guerre des tabourets. *Paris*, 1649, 16 pages.

1812. Lettre à messieurs les vidame et gouverneur d'Amiens, et d'Auquincourt (*sic*), gouverneur de Péronne, pour la conservation de leurs gouvernements. *Paris*, 1649, 15 pages.

Signée N. T.

1813. Lettre à monsieur le cardinal, burlesque. *Paris*, Arnould Cottinet, 1649, 20 pages.

Signé Nicolas Le Dru. On sait que c'était le pseudonyme de l'abbé de Laffemas.

La date du 9 mars 1649 est exprimée à la fin en un huitain fort spirituel.

Cette lettre est placée dans le *Mascurat*, page 213, au-dessus des pièces burlesques de Scarron; et ce n'est pas sans quelque fondement. On y trouve de curieux détails sur les habitudes de Mazarin et sur les mœurs du temps.

> « Quoique ne soyez *in sacris*,
> N'ayant ordres donnés ni pris. »

C'est une circonstance qu'on oublie trop souvent dans l'appréciation de la vie du cardinal Mazarin.

Laffemas appelle le marquis de Laboulaye

> « Ce grand Gassion de convoi. »
> « Voici l'*arrêt de Mazarin*,
> La *Lettre du cavalier George* ;...
> Puis voici le *Courrier françois*,
> Arrivé la septième fois ;...

> Voici la *France mal régie*,
> La *Lettre au prince de Condé...*
> .... *Maximes authentiques*
> *Tant morales que politiques*,
> *Remontrances au parlement...*
> Item la *Lettre circulaire*,
> *Lettre de consolation*
> *A madame de Châtillon...* »

On peut croire que ce sont là les pièces qui faisaient alors le plus de bruit ; mais les titres ont été arrangés pour la rime.

La *Lettre au cardinal, burlesque*, eut un immense succès dès son apparition. Dans l'*Enfer burlesque*, les ombres la demandent toutes à Énée, qui dit à Didon :

> « ... Plus je vous regarde,
> Moins je m'en serois mis en garde
> Que pour un *Nicolas Le Dru*
> Vous eussiez le cœur si féru. »

C'est une des pièces les plus communes aujourd'hui.

Il y en a une réimpression *jouxte la copie*, etc., 19 pages, et une contrefaçon publiée en 1652, sous le titre de : *Lettre de M. Scarron, envoyée au cardinal Mazarin,* etc.

Il en a paru une suite intitulée : *Lettre du soldat françois au cavalier Georges,* etc. Je ne crois pas que cette suite soit de Laffemas.

1814. Lettre au R. père confesseur de la reyne sur la diversité des affaires présentes. *Paris*, Denys Langlois, 1649, 7 pages.

Signé T. M.

1815. Lettre au roi de messieurs les ducs de Retz et de Brissac pour la liberté de monseigneur le cardinal de Retz. (S. l. n. d.), 7 pages.

Signée de Retz, le duc de Brissac, le duc de Retz, et non datée.
Elle est reproduite dans une note de la page 423 des *Mémoires du cardinal,* coll. Michaud.

1816. Lettre burlesque à Mazarin. (S. l.), 1649, 8 pages.

Mauvaise imitation de la *Lettre au cardinal, burlesque.*

1817. Lettre circulaire, contenant un charitable avis à quelques villes de Champagne et Picardie, pour les inciter de se résoudre à prendre le bon parti du roi et du Parlement, du 12 février 1649. *Paris*, François Preuveray, 1649, 7 pages.

1818. Lettre circulaire de l'archevêque de Paris aux curés du diocèse, pour recommander le cardinal de Retz à leurs prières (S. l. n. d.), 3 pages.

Datée du 23 janvier 1653, et signée Beaudouyn.

1819. Lettre circulaire de l'assemblée de la noblesse. (S. l., 1651), 14 pages.

Datée du dernier février 1651.
On lit ensuite : 1. Le *Consentement et approbation* du duc d'Orléans, sous la date du 2 février ;
2. Un modèle de procuration ;
3. L'*Union de la noblesse*, datée du 4 février, avec les signatures au nombre de 272 apposées « sans distinction ni différence de rangs et maisons, afin que personne n'y puisse trouver à redire. »

1820. Lettre circulaire de messieurs du Parlement de Provence, envoyée à toutes les villes de France sur le sujet de l'arrivée de M. de Mercœur en Provence. *Paris*, Jacques Le Gentil, 1652, 7 pages.

Datée d'Aix le 10 mai.
Elle est d'un partisan du comte d'Alais, et non du Parlement. Aussi le second titre porte-t-il : *Lettre circulaire envoyée de Provence*, etc. Cela est plus vrai.

1821. Lettre circulaire de monseigneur l'éminentissime cardinal de Retz, archevêque de Paris, du 24 avril 1660. *Paris*, 1660, 47 pages.

Elle est adressée à tous les évêques, prêtres et enfants de l'Église.

1822. Lettre (la) circulaire du Parlement de Paris envoyée à tous les parlements de France, au sujet de l'arrêt de ladite cour, du 20 juillet 1652 (*sur la lieutenance générale*). *Paris,* Salomon de La Fosse, 1652, 7 pages.

Supposition maladroite, que suivit de près la publication de la *Véritable lettre circulaire*, etc.

1823. Lettre circulaire écrite par Son Altesse Royale à messieurs les gouverneurs des provinces, sur le sujet de sa qualité de lieutenant général du roi, en l'étendue de son royaume, terres et seigneuries de son obéissance, tant que le cardinal Mazarin sera en France. *Paris,* veuve J. Guillemot, 1652, 8 pages.

Datée du 23 juillet. Importante et rare.

Il n'est pas inutile de remarquer qu'aux termes mêmes de la lettre, le Parlement a *convié* le duc d'Orléans à prendre la qualité de lieutenant général.

1824. Lettre circulaire envoyée à tous les gentilshommes de France, pour leur adresser l'arrêté fait à l'assemblée de La Roche Guyon, les mémoires dont on a chargé nos députés pour présenter au roi, et le favorable traitement qu'ils ont reçu de Sa Majesté, datée de Marine, le 1er juillet 1652. *Paris,* veuve J. Guillemot, 1652, 4 pages.

Signée Charles d'Ailly Annery.

1825. Lettre circulaire envoyée dans les provinces à tous les gentilshommes de ce royaume, avec l'union de la noblesse pour empêcher les désordres, les excès et les ravages des gens de guerre, et pour parvenir à la paix générale, faite le 16 du mois de mai 1652, à Nogent-le-Roi. *Paris,* veuve J. Guillemot, 1652, 8 pages.

1826. Lettre circulaire envoyée dans les provinces à tous les gentilshommes par ordre de l'assemblée de la noblesse, tenue à Paris, aux Cordeliers, le 25 mars 1651, et dressée par les président, commissaires choisis et secrétaires de ladite assemblée. *Paris*, veuve J. Guillemot, 1651, 8 pages.

Datée du 25 mars.

1827. Lettre circulaire envoyée par le roi à tous les gouverneurs du royaume de France (*sic*). *Paris*, 1649, 8 pages.

Datée de Saint-Germain le 30 septembre 1647 (48), et contre-signée Phelippeaux.

Récit de tout ce qui s'est passé depuis l'*émotion* du 26 août 1648 jusqu'aux conférences du Parlement avec les princes, à Saint-Germain.

1828. Lettre circulaire et véritable de l'archiduc Léopold envoyée à tous les gouverneurs, prévôts et échevins des villes et bourgs de France situés sur le chemin et la route de son armée. *Paris*, Claude Morlot, 1649, 4 pages.

Datée du camp, le 20 mars.
Le parlement avait permis cette indécente tromperie !

1829. Lettre circulaire pour la convocation des États généraux. *Saint-Germain-en-Laye*, (s. d.), 4 pages.

On sait que les États devaient s'assembler à Orléans le 15 mars 1649.
Curieuse et rare. Datée du 23 janvier.

1830. Lettre contenant ce qui s'est passé en l'assemblée du Parlement, depuis le (*sic*) dimanche et lundi 14 et 15 mars 1649, sur le sujet des articles signés à Ruel. *Paris*, veuve d'Anthoine Coulon, 1649, 4 pages.

Datée de Paris lundi soir, 15 mars.

[LETTRE]   **DES MAZARINADES.**   111

1831. Lettre contenant des avis de politique et de conscience, envoyée au cardinal Mazarin, à Saint-Germain-en-Laye, par son confesseur, le père Monaco, supérieur des Théatins, traduite fidèlement de l'italien en françois. *Paris*, Rollin de la Haye, 1649, 7 pages.

Datée du 17 mars, c'est-à-dire après la paix.
Le caractère du père Monaco est assez bien conservé dans cette lettre, qui d'ailleurs n'est pas d'un grand intérêt.

1832. Lettre contenant la véritable nouvelle de la paix, suivant ce qui a été arrêté à la conférence tenue à Ruel. *Paris*, veuve d'Anthoine Coulon, 1649, 4 pages.

Datée de Ruel, le 12 mars.
Bavardage insignifiant.

1833. Lettre coupée sur le sujet de Mazarin, pour et contre. Placard de 1649.

La plaisanterie parut si ingénieuse et si bonne qu'on publia presque aussitôt les *Deux nouvelles lettres coupées*, etc.

1834. Lettre curieuse envoyée de Rome à Cologne au cardinal par ses nièces entreprises en chemin, traduite d'italien en françois, par L. S. F. S. N. D. P. E. L. *Paris*, 1651, 34 pages.

Datée de Rome le 15 avril 1651, et signée *Les trois nièces*.
Elle justifie assez bien son titre ; mais surtout elle est rare.

1835. Lettre curieuse sur ce qui s'est passé de plus remarquable à Paris, depuis le jour des Rois jusqu'à la fin de la première conférence, avec un petit discours de la vie et de la mort de M. le comte de Soissons. *Paris*, 1649, 26 pages.

Signée J. D. L. T.
L'auteur répond au *Vrai politique, ou l'Homme d'État désintéressé*, etc.

1836. **Lettre d'Aristandre à Cléobule, ou les Conjectures politiques sur ce qui se passe à Saint-Germain.** *Paris,* 1649, 12 pages.

1837. **Lettre d'avis à messieurs du Parlement de Paris, écrite par un provincial.** *Paris,* 1649, 34 pages.

Naudé la cite comme un exemple de ce que sont les bonnes pièces dans leurs formes extérieures : l'impression, le titre, le nombre des feuilles, et dans leurs formes intérieures : la composition et le style. (Pages 204 et 208 du *Mascurat.*) Guy Patin la signale avec éloge à la page 190 du Ier volume des *Lettres* à Spon ; et Mailly l'indique dans la note de la page 123 de son IIe volume.

Mais ce qui la recommande peut-être davantage encore, c'est l'accueil qui lui fut fait à son apparition. Elle devint tout aussitôt le point de départ d'une polémique vive, ardente, passionnée. Huit pamphlets se succédèrent en peu de jours pour l'attaque ou pour la défense de la *Lettre d'avis.*

Ce fut d'abord la *Réponse et réfutation du discours intitulé :* Lettre d'avis, etc. ; puis, dans l'ordre que je vais suivre, *Réplique au suffisant et captieux censeur de la* Lettre d'avis, etc. ; *Censure de l'insuffisante et prétendue réponse faite à la* Réfutation, etc. ; *Véritable censure de la* Lettre d'avis, etc. ; *le Donjon du droit naturel divin*, etc. ; *la Ruine du mal nommé*, etc. ; *le Retorquement du foudre de Jupinet*, etc. ; *Jugement et censure des trois libelles*, etc. ; enfin, *Discours chrétien et politique de la puissance des rois.* C'est ici en quelque sorte le résumé de la discussion. On peut y joindre le pamphlet intitulé : *Question : s'il doit y avoir un premier ministre dans le conseil du roi,* etc.

Saint-Ange dit à Mascurat que la *Lettre d'avis* « n'est qu'un pressis (*sic*) des mauvaises maximes de la *Franco Gallia Hottomani* et des *Vindiciæ contrà tyrannos Junii Bruti.* » Voici, en effet, quelques passages de la *Lettre :*

« Les rois cessent d'être rois quand ils abusent de leur autorité. Les sujets sont déliés de leurs serments quand les rois contreviennent aux leurs. »

« Vous êtes ces dieux *consentes* sans lesquels les rois ne peuvent rien faire de juste ni de considérable dans le gouvernement de leurs peuples. » Cela s'adresse au Parlement.

« Il y a bien de la différence entre ces deux propositions : le Prince peut prendre et disposer de nos biens et vies à sa fantaisie ; et nous devons employer vies et biens à servir le Prince. »

Ce dernier passage, d'une évidente justesse, a pourtant été ardemment controversé, comme nous allons le voir.

L'auteur de la *Réponse et réfutation* s'attaque à la première maxime seule ; et il soutient que les rois sont toujours rois, même quand ils deviennent tyrans. La discussion prend aussitôt un caractère théologique. On cite les saintes Écritures, les décrétales et le droit canon. L'auteur de la *Réplique au suffisant et captieux censeur* a invoqué l'exemple de Roboam ; celui de la *Véritable censure de la* Lettre d'avis s'autorise de l'exemple de Saül pour affirmer que les rois ont la pleine et entière disposition de la vie et des biens de leurs sujets. La raison en est, dit-il, que Dieu les a donnés aux peuples en punition de leurs crimes.

Au contraire, l'auteur du *Rétorquement du foudre de Jupinet* prétend que les peuples ont le droit de déposséder les rois qui ne font pas bien leurs charges. Il dit qu'il faudrait, à l'imitation de saint Ambroise, siffler les princes temporels et spirituels, leur fermer les portes des églises, ou les en chasser, s'ils y sont, parce que tout est rempli de sacriléges, d'*athées*, d'impiétés, de concussions et de lubricités.

Tous ne vont pas aussi loin dans les conséquences de leur doctrine. Ainsi, celui qui le premier parle de Roboam, se hâte d'ajouter qu'au surplus il ne s'agit dans ce débat que des ministres qui doivent obéir aux lois. L'auteur du *Discours chrétien et politique* dit bien : « Ce ne sont pas les rois qui ont fait les peuples ; ce sont, au contraire, les peuples qui ont fait les rois. » Mais il n'en conclut pas que les peuples sont souverains. Il soutient seulement que les rois doivent, comme tous les hommes, obéir aux commandements de Dieu, et que les royautés se perdent par la tyrannie. Ce n'est plus une maxime de droit ; c'est un fait.

Il est remarquable que des deux côtés la discussion est dominée par ce principe chrétien : *Omnis potestas à Deo*.

La *Lettre d'avis* fut publiée contre la paix pendant les conférences de Ruel. La paix se fit pourtant ; mais la polémique continua sur un ton qui prouvait assez que les luttes n'étaient pas finies.

A côté de cette grande controverse, il s'éleva bientôt une dispute entre l'auteur de la *Réplique* et celui de la *Véritable censure*, qui prend le titre de grammairien de Samothrace. On se traite de drôle, de crocheteur, d'âne; on se déclare bon à brûler en cette vie et en l'autre. « Pour mon nom et ma demeure, s'écrie le grammairien, un gentilhomme de mes amis en fut instruire votre imprimeur afin d'apprendre le vôtre. » Il semble qu'il ait appris par cette démarche que son adversaire était moine. Du moins, je lis dans le *Jugement et censure des trois libelles* : « Ha! que cela est de bonne grâce de voir un ecclésiastique ne répondre que par des mots de gueule ! » Et un peu plus loin, l'auteur donne à entendre que cet ecclésiastique était prêtre régulier.

« Seigneur, ajoute-t-il, souffrirez-vous encore longtemps un homme comme cela parmi nous sans lui faire justice ? »

On peut croire que les pamphlétaires se connaissaient, à peu près comme se connaissent aujourd'hui les journalistes. Ils avaient le secret des anonymes et des pseudonymes. Il est très-rare qu'ils l'aient révélé dans leurs libelles.

Je trouve dans la *Ruine du mal nommé* quelques observations grammaticales, qu'il n'est peut-être pas inutile de reproduire :

« Le mot de *Camusade* sent le fripon. »

« *Arguer* est un vilain mot. »

« C'est une faute que de supprimer le pronom devant le verbe. »

« Il faut éviter avec le plus grand soin les rimes dans la prose. »

Séparée, chacune de ces pièces n'a pas une grande valeur. La *Lettre d'avis*, qui est la meilleure, est fort commune. Mais il n'est pas toujours facile de les réunir toutes; et la collection complète a quelque prix.

1838. Lettre d'avis à monseigneur le duc de Beaufort. (S. l. n. d.), 7 pages.

D'Avignon, le 21 septembre 1650.

Il en est parlé dans la *Réponse du fidèle Provençal*, etc.

1839. Lettre d'avis à monseigneur le duc de Beaufort sur l'importance de sa réunion avec monsieur le coadjuteur contre le rétablissement du cardinal Mazarin. (S. l.). 1652, 38 pages.

Pamphlet qui n'en est pas meilleur pour être rare. La *Réponse* du moins contient quelques détails curieux sur le traité supposé entre Mazarin, le coadjuteur, Châteauneuf et madame de Chevreuse.

1840. Lettre d'avis d'un marchand de Cologne à un bourgeois de Paris, sur la marche du cardinal Mazarin. De Cologne, ce dernier novembre 1651. *Paris*, 1651, 8 pages.

Il faut la joindre à la précédente. Peut-être sont-elles de la même main.

1841. Lettre d'avis donné à monseigneur le cardinal Mazarin pour l'entretenement et logement des troupes, par le sieur de Puységur, lieutenant-colonel au régiment de Piedmont, et sergent de bataille des armées du roi. (S. l. n. d.), 6 pages. *Très-rare.*

Datée de Paris, le 27 décembre 1649.
Elle n'a pas été réimprimée à la suite des *Mémoires* de Puységur.

1842. Lettre d'avis du théologien d'État à monseigneur le prince de Condé. *Paris*, 1651, 7 pages.

Pamphlet royaliste, partant peu commun.

1843. Lettre d'avis, ou les Sentiments de Son Altesse monseigneur le Prince à monsieur le maréchal de Turenne. *Paris*, 1650, 14 pages.

Il y a un postscriptum daté de Vincennes, le 4 mai 1650.
Pamphlet assez ridicule, où Condé compare Turenne à Jeanne d'Arc!

1844. Lettre d'avis salutaires au prince de Condé dans son château et bois de Condé. (S. l.), 1650, 7 pages. *Rare.*

Il n'y a point d'erreur ni de faute d'impression. C'est bien *château et bois de Condé* que l'auteur a écrit. Il appelle Vincennes le château des Condés, parce que tous, dit-il, y ont été prisonniers.

1845. Lettre d'envoi de l'arrêt du Parlement de Paris, en date du 20 juillet 1652, aux autres parlements du royaume (avec la signature autographe de Du Tillet, *protonotaire et greffier en chef du Parlement.*) F°. *Très-rare.*

Datée du même jour, 20 juillet.

1846. Lettre d'État de monsieur Mercier envoyée à la reine. *Paris,* Claude Morlot, 1649, 8 pages.

Ce M. Mercier dit tout crument à la reine : « Vous savez que le royaume de France a déjà changé trois fois de dynastie. Prenez-garde qu'il ne change une quatrième. »

Il en existe une édition augmentée d'une *Lettre à la reine pour la cause publique, comme elle doit chasser Mazarin.* Cette édition est de 11 pages.

1847. Lettre d'État envoyée à la reine par un religieux de l'abbaye de Saint-Germain-des-Prés, sur le sujet des désordres présents, et des prières qui se font à Paris pour les faire cesser et obtenir une bonne paix. *Paris,* Jacques Le Gentil, 1652, 8 pages.

Signée D. M. N. Non moins insignifiante que rare.

1848. Lettre d'un abbé à Mademoiselle. (S. l.), 1649, 6 pages.

Signée C., abbé D. L. M., et datée du 10 juin.

1849. Lettre d'un ami de monsieur le duc d'Épernon contre les *Remontrances* du Parlement de Bordeaux, du mois d'août (23), 1650. (S. l. n. d.), 56 pages.

Datée de Loches, le 25 septembre 1650.

Elle est bonne, habilement composée, bien écrite ; et elle n'est pas commune.

1850. Lettre d'un astrologue à monseigneur le duc de Longueville sur l'heureuse naissance du prince son fils, et les remercîments de l'État. (S. l., 1649), 3 pages non chiffrées.

C'est le fils qui lui était né à l'Hôtel de Ville de Paris.

1851. Lettre d'un bon pauvre écrite à madame la Princesse douairière sur les affaires du temps présent. *Paris*, Guillaume Loyson et Jean-Baptiste Loyson, 1649, 8 pages.

Fausse et supposée (*Mascurat*, page 15.)

1852. Lettre d'un Bordelois à un bourgeois de Paris. *Bordeaux*, 1651, 8 pages.

Signée R. D. L., et datée de Bordeaux, le 19 septembre.

C'est la réponse à l'*Avis désintéressé sur la conduite de monseigneur le coadjuteur*. Gondy y est traité de brouillon, de centre de tous les désordres. On lui reproche sa naissance ; et on nie jusqu'à son courage.

« J'ai reçu votre dernière qui m'étonna fort d'apprendre que les avis de M. le coadjuteur se sont vendus publiquement. Je n'admire pas tant leur bon marché que la nécessité où ce bon prélat est réduit, d'avoir, à ce qu'on dit, trop dépensé. C'est sans doute pour se dédommager du refus qu'il dit avoir fait, de bénéfices et d'argent pendant le blocus de Paris ; car je ne peux me persuader que ce soit pour retirer sa vaisselle qu'il engagea en ce temps-là, sans incontinent accuser les Parisiens d'une ingratitude nompareille... J'ai fait lecture de celui que vous m'avez envoyé, où je n'ai rien trouvé de semblable à ceux qu'il donnoit autrefois. »

L'auteur joue sur le mot *avis* : les avis que le coadjuteur donnoit à la reine, et l'*Avis désintéressé* qu'il faisoit vendre sur la place publique.

Voici le passage où il attribue assez clairement à Gondy l'*Avis désintéressé* : « afin que vous conceviez mieux ma pensée dans la suite de ce discours, je m'adresserai à ce messire Jean, François ou Paul, à ce *qu'on di...* »

La *Lettre* n'est pas commune.

1853. Lettre d'un bourgeois de Condom, escrite à un de ses amis, à Paris, sur le sujet des exécrables cruautés qu'exerce le comte d'Harcourt avec ses troupes, dans la Haute-Guyenne contre les subjects du roy, présentée à S. A. R. *Paris, jouxte la copie de la lettre escrite,* 1652, 8 pages. *Rare.*

Datée de Condom, le 28 mars 1652, et signée D. E. F.

1854. Lettre d'un bourgeois de Paris, écrite à un sien ami de la ville de Lyon, sur les affaires de ce temps. *Paris,* 1652, 8 pages.

Datée de Paris, le 29 avril.
C'est un partisan des princes qui cherche à justifier la députation du duc de Rohan, de Chavigny et de Goulas, à Saint-Germain. Quoique rare, cela n'a pas grande valeur.

1855. Lettre d'un bourgeois de Paris, étant à la cour, envoyée à Paris à un sien ami, le 26 janvier 1649, sur le sujet des présents mouvements. *Saint-Germain-en-Laye,* 1649, 4 pages.

Bonne pièce. Il en existe une autre édition en tout semblable à celle-ci, si ce n'est que le titre est surmonté d'un trait, et que les chiffres de la pagination sont à droite.

1856. Lettre d'un cardinal à monsieur le cardinal Mazarin, pour réponse à sa lettre du 12 décembre 1654. (S. l. n. d.), 4 pages. *Rare.*

Datée de Rome, le 30 décembre.

1857. Lettre d'un cavalier à sa maîtresse, en vers burlesques. *Paris,* 1649, 10 pages.

1858. Lettre d'un conseiller de Nantes à son amy sur l'évasion de monsieur le cardinal de Retz. *Nantes,* 1654, 16 pages, petit in-4°.

Le conseiller de Nantes est évidemment un ami du cardinal. Sa lettre ne contient rien qui ne soit connu ; mais elle est bien faite, et elle très-rare.

1859. Lettre d'un conseiller du Parlement de Provence, écrite à un gentilhomme, touchant le soulèvement de cette province. *Paris*, Jean Brunet, 1649, 4 pages.

Datée d'Aix, le 16 janvier.
Écrite à Paris. Peu intéressante, mais rare.

1860. Lettre d'un courtisan, escrite le 26 mars 1649, à un de ses amis, en Bourgogne, sur l'estat des affaires présentes. (S. l., 1649), 8 pages.

Pour le roi contre la Fronde. L'auteur y a inséré presque textuellement les *Demandes des princes et des généraux*, etc.

1861. Lettre d'un curé de France, écrite à un sien ami, à Paris, touchant les affaires du temps, en vers burlesques. *Paris*, Georges Le Rond, 1649, 8 pages.

Ni spirituelle ni rare.

1862. Lettre d'un docteur de l'Université de Paris à la reine régente, à Saint-Germain-en-Laye, sur le sujet de la paix. *Paris*, Nicolas Gasse, 1649, 8 pages.

Signée Martin Griveau.
Martin Griveau se donne quatre-vingt-dix ans. Il avait régenté dix ans au collége de Calvil, ou plutôt Calvy.
« Robert de Sorbonne, dit Dubreul dans ses *Antiquités de Paris*, acheta de M. Guillaume de Cambray, chanoine de Saint-Jean-de-Morène, diocèse de Vienne, la maison et les bâtiments du collége de Calvy, appelé la petite Sorbonne, le jeudi d'après le dimanche de la Quasimodo 1271. »
Dubreul ajoute que les régents de ce collége étaient toujours des hommes distingués, parce qu'ils étaient choisis par la grande Sorbonne ; et moi je le répète, pour qu'on ne juge pas Martin Griveau sur sa lettre.

1863. Lettre d'un ecclésiastique envoyée à monseigneur le duc d'Orléans, touchant plusieurs particularités. *Paris*, 1649, 8 pages. *Rare*.

Datée de Paris, le 22 février.

Elle est dirigée contre La Rivière qui y est accusé de charmes et de subtilités magiques ; « de dire que l'autre est Italien, votre ministre est trop laid. »

1864. Lettre d'un fameux courtisan à la plus illustre coquette du monde. *Paris*, 1649, 8 pages.

On a publié plus tard la *Réponse de la plus fameuse coquette*, etc.

1865. Lettre d'un fidèle François à la reine sur l'occurrence du temps. *Paris*, François Preuveray, 1649, 11 pages.

L'auteur fait craindre à la reine la double destinée de Marie de Médicis et de Charles Ier.

1866. Lettre d'un gentilhomme à la reine. *Paris*, veuve Théod. Pépingué et Est. Maucroy, 1649, 8 pages.

Entre les deux conférences de Ruel et de Saint-Germain.

1867. Lettre d'un gentilhomme à monseigneur le duc d'Orléans, pour l'obliger de revenir à Paris et y rétablir le repos et la tranquillité publique. *Paris*, Pierre Du Pont, 1649, 7 pages.

Signée D.

1868. Lettre d'un gentilhomme de la cour à un seigneur qui est à l'armée, touchant l'attentat commis aux Filles-Dieu, à Paris, en la personne de mademoiselle de Sainte-Croix, et toute la suite des procédures dont on a usé contre elle. *Paris*, Jean Hénault, 1649.

Le seul exemplaire que j'aie vu était incomplet.

1869. Lettre d'un gentilhomme de la ville d'Aix, en Provence, adressée à un sien ami, à Paris, sur ce qui s'est passé depuis la détention du comte d'Alais et du duc de Richelieu. *Paris*, Jean Hénault, 1649, 7 pages.

Datée d'Aix, le 20 février, et signée H. R. P.

1870. Lettre d'un gentilhomme de M. le duc de Beaufort écrite à un domestique de monseigneur le Prince, avec la lettre déchiffrée, envoyée par le cardinal Mazarin. (S. l., 1651), 8 pages.

Le prince de Condé avait demandé l'éloignement des sous-ministres.

1871. Lettre d'un gentilhomme de monseigneur le duc d'Orléans, écrite à un bourgeois de Paris, sur le sujet de sa sortie. *Paris,* Nicolas Vivenay, 1651, 7 pages.

Datée de Limours, le 28 août, et signée F. D. R.

1872. Lettre d'un gentilhomme de Montpellier à un de Marseille. (S. l., 1649), 8 pages.

Invectives contre la comtesse, contre le comte d'Alais, contre le duc d'Angoulême et contre Marseille.

1873. Lettre d'un gentilhomme désintéressé à messieurs les députés des États, sur les mouvements présents, et des moyens qu'ils doivent tenir pour les pacifier. *Paris,* 1652, 15 pages.

L'auteur provoque les députés élus des États à s'assembler. Il les menace, s'ils ne se hâtent, de faire demander d'autres élections par le clergé et la noblesse.

La reine avait choisi Mazarin pour premier ministre, parce qu'il n'était d'aucune cabale; ce sont, dit l'auteur, les propres paroles de cette princesse.

On sait combien les mémoires contemporains sont peu explicites sur tout ce qui concerne la convocation des États généraux et l'élection des députés. Les pièces de ce genre sont donc fort intéressantes; et de plus elles sont rares.

1874. Lettre d'un gentilhomme écrite à un sien ami qui est à la Cour, datée à Paris, du trentième décembre 1651. (S. l.), 1651, 8 pages.

Signée Du Buisson.

Le marquis de La Vieuville appelait les déclarations de 1648 et 1649 le *vieux testament*.

1875. Lettre d'un gentilhomme, écrite de Paris à un Provençal, sur les affaires du temps. (S. l., 1651), 3 pages.

Signée M. L. N. A., et adressée à M. Bonfils, chanoine d'Aix.

Bonfils avait été envoyé par la ville d'Aix à la cour pour justifier la détention du comte d'Alais et du duc de Richelieu. Voir la *Lettre d'un gentilhomme de la ville d'Aix*, etc.

1876. Lettre d'un gentilhomme françois portée à monseigneur le prince de Condé par un trompette de la véritable armée du roi (*de la Fronde*), pour le dissuader de la guerre qu'il fait à sa patrie. *Paris*, Arnould Cottinet, 1649, 12 pages.

Signée VV., et datée du 18 février.

1877. Lettre d'un gentilhomme frondeur à un sien ami, à Paris, sur le retour du cardinal Mazarin. (S. l. n. d.), 3 pages.

Datée de Châlons, le 6 janvier 1652, et signée Deslauriers.

Je soupçonne fort ce gentilhomme frondeur d'être un mazariniste déguisé ; et apparemment c'était aussi le sentiment de celui qui a écrit la *Réponse à la Lettre du frondeur mazarin sur le retour du cardinal*.

1878. Lettre d'un gentilhomme italien à un François son ami, sur l'enlèvement du roi très chrétien, traduite par P. D. P., sieur de Carigny. *Paris*, Nicolas de La Vigne, 1649, 7 pages.

De Livorne, s. d., et signée Alessandro.

1879. Lettre d'un gentilhomme romain à un François, contenant les discours que tiennent les politiques étrangers, du gouvernement de la France, et comme ils connoissent que ses afflictions ne viennent que des trahisons de ses ministres, nouvellement et fidèlement traduite d'italien en françois. (S. l.), 1649, 8 pages.

1880. Lettre d'un gentilhomme suédois, envoyée à un seigneur polonois, touchant l'état présent des affaires de France, avec le catalogue de tous les écrits qui ont été imprimés et publiés depuis le 6 janvier 1649 (jour de l'enlèvement du roi hors de la ville de Paris), jusqu'à ce jourd'huy, 1er mars. *Paris*, Pierre Du Pont, 1649, 8 pages.

Le catalogue contient 297 pièces.

Il y a une *Seconde lettre* datée du 20 mars, avec un catalogue de 186 pièces, publiées depuis le 1er.

Ces deux lettres sont intéressantes et curieuses par les catalogues; mais elles ne sont pas rares. La *Lettre du sieur Lafleur*, etc., en est un utile complément.

1881. Lettre d'un grand astrologue, envoyée aux bourgeois de Paris sur le succès de leurs armes. *Paris*, veuve J. Remy, 1649, 8 pages.

Signée N. R. B. C.

Ce grand astrologue n'était pas sorcier; mais sa lettre est rare.

1882. Lettre d'un habitant de la ville de Blois, écrite à un sien ami sur les désordres, pilleries, sacriléges et violements que le cardinal Mazarin a fait faire, tant dans ladite ville de Blois que dans tous les villages aux environs. *Paris*, veuve J. Guillemot, 1652, 8 pages.

Signée N. P., et datée du 1er avril.

J'y lis que les curés rachetaient les hosties volées sur l'autel quarante sous la pièce; que les églises de la Vrillière, Mulsaint, Villebaron, Saint-Victor, Saint-Gervais, Coulanges, et du prieuré de

Saint-Lazare à l'entrée du Bourgneuf, furent pillées ; que le pont fut rompu, et les maisons qui le couvraient, renversées.

Le *Manifeste de la ville de Paris* est aussi signé N. P.

1883. Lettre d'un inconnu envoyée à un sien ami à Saint-Germain-en-Laye, en vers burlesques. *Paris,* Michel Mettayer, 1649, 7 pages.

Contrefaçon du *Coq à l'âne, ou Lettre de Voiture,* etc.

On remarque dans cette édition une singulière erreur de typographie. Voiture dit :

« Vous menaçant avec bravade
D'escalade et de camisade. »

Mettayer imprime :

« Vous menaçant avec bravades
Des calarde et de camisarde. »

1884. Lettre d'un marchand de Liège à un sien correspondant de Paris, avec l'instruction secrète du cardinal Mazarin pour Zongo Ondedei, retournant à Paris. (S. l.), 1651, 11 pages.

Curieuse, mais assez commune.

Datée de Liége, le 10 août.

1885. Lettre d'un marguillier de Paris à son curé sur la conduite de monseigneur le coadjuteur. *Paris,* 1651, 19 pages.

Le cardinal de Retz, qui nous apprend qu'elle est de Sarrazin, secrétaire du prince de Conty, dit que c'est une *fort belle pièce* (p. 258, de ses *Mémoires,* coll. Michaud). Mailly la juge au contraire très-sévèrement dans la note de la p. 392 de son IVe volume. On se rangera assurément, sans hésiter, de l'avis du cardinal.

Personne n'ignore que Patru a publié la *Réponse du curé,* etc.

1886. Lettre d'un milord d'Angleterre, écrite à la reine régente, à Saint-Germain-en-Laye, sur les affaires de

France et d'Angleterre, traduite par le sieur Du Pelletier. *Paris*, Fr. Musnier, (1649), 7 pages.

Fausse et supposée (*Mascurat*, p. 15.)
Elle a été écrite pendant le mois de janvier; car le roi d'Angleterre était encore à la tête de son armée.

1887. Lettre d'un Normand aux fendeurs de nazeaux de ce temps, qui ont peur de mourir pour leur patrie. *Paris*, Claude Huot, 1649, 10 pages.

L'auteur raille cruellement l'armée de Paris, les bons bourgeois vantards qui ont,

« Comme pincettes de cuisine,
Le bec chaud et le reste froid. »
« L'un tenoit à deux mains le pommeau de sa selle ;
L'autre pour étrier n'avoit qu'une ficelle,
Branlant de çà de là ; si qu'on l'eût pris ainsy
Pour un boucher qui vient du marché de Poissy. »

Ce pamphlet n'est pas très-commun.

1888. Lettre d'un Parisien, envoyée de Rome à Paris à un sien parent, sur la paix des mouvements de Paris. *Jouxte la copie imprimée à Rome*, 1649, 14 pages.

Voilà qui a du moins le mérite de l'originalité. L'auteur se prononce pour la conservation de Mazarin par trois raisons : 1° Rome est en Italie, et les Italiens sont nos compatriotes ; 2° Mazarin a rattaché à notre cause des seigneurs, des princes, des prélats, des villes ; il a contribué à étendre le commerce de la France avec l'Italie ; 3° un roi ne doit pas changer les bons serviteurs de son prédécesseur. Maxime de Louis XI à Charles VIII.

Il n'y a pas d'édition de Rome.

1889*. Lettre d'un particulier au Parlement de Paris, en réponse à celle du roi (*sur la détention des princes*).
Bib. hist., 23189.

1890. Lettre d'un particulier sur la sortie de messieurs les princes. (S. l., 1651), 4 pages.
François Davenne.

1891. Lettre d'un Picard à son ami, contenant tout ce qui s'est fait et passé du depuis le séjour du Roi en la province de Picardie. (S. l.), 1649, 8 pages.

1892. Lettre d'un prince anglois, envoyée à la reine d'Angleterre, sur les affaires présentes du royaume pour l'attentat commis en la personne de son mari, traduite par le sieur Du Pelletier. *Paris*, veuve André Musnier, 1649, 7 pages.

1893. Lettre d'un religieux à monsieur l'abbé de La Rivière, où lui sont indiqués les faciles moyens de faire sa paix avec Dieu et le peuple. (S. l., 1649), 15 pages.

Ainsi signée : Si favorable, très-affectionné serviteur ;
si contraire, très-cruel ennemi.
Peccot Quanesi.

1894. Lettre d'un religieux de Compiègne, écrite à un notable bourgeois de Paris, sur les assurances d'amitié que Leurs Majestés donnent à leurdite ville, contre les faux bruits que sèment les perturbateurs de l'État. *Paris*, Guillaume Sassier, 1649, 8 pages.

Datée de Compiègne le 5 juillet, et signée F. D. F. (François Davenne de Fleurance?)

« Les religieuses les plus consommées dans la vie spirituelle sont confuses de se voir surmontées par une grande reine. »

1895. Lettre d'un religieux envoyée à monseigneur le prince de Condé, à Saint-Germain-en-Laye, contenant la vérité de la vie et mœurs du cardinal Mazarin, avec exhortation audit seigneur prince d'abandonner son parti. *Paris*, Rolin de La Haye, 1649, 11 pages. *Commun.*

Vantée à l'égal de la *Lettre du chevalier Georges*, par Naudé et Guy Patin, *locis citatis*.

Au commencement, Mazarin faisait à Paris le commerce de

tables d'ébène, de laques de Chine, de tablettes, de cabinets d'Allemagne, de guéridons, qu'il faisait venir de Rome. Pendant son ministère encore, il fournissait la reine de tapisseries, de vaisselle, de pierreries, etc.

Il composait des pommades, inventait des liqueurs, donnait son nom à des pâtés et à des ragoûts.

Le bon moine n'épargne pas les injures à Mazarin, pas même les calomnies ; mais il est très-curieux.

C'est M. Brousse, curé de Saint-Roch, qui a écrit sa *Lettre*.

1896. Lettre d'un secrétaire de S. Innocent à Jules Mazarin. *Paris*, Nicolas Boisset, 1649, 8 pages.

Signée C. J.

C'est une des bonnes pièces que Naudé cite, p. 208 du *Mascurat*.

On y trouve beaucoup d'anecdotes ; en voici quelques-unes :

Bautru, flattant un conseiller du Parlement, disait à Mazarin : « Je caresse le chien qui pourroit me mordre quelque jour. » Tallemant des Réaux a recueilli cette spirituelle saillie dans ses *Historiettes*.

Lorsque d'Emery quitta la surintendance, le cardinal emprunta de Desbournais dix mille livres. La duchesse d'Aiguillon lui dit : « Il auroit mieux valu laisser croire que vous avez douze millions. »

Bienné La Rivière du chapeau, (le saluer).

1897. Lettre d'un seigneur françois envoyée au prince de Galles sur la mort du roi d'Angleterre, son père, pour l'obliger à venger sa mort, se mettre en ses États et se mêler de la paix générale. *Paris*, Pierre Sévestre, 1649, 6 pages.

Signée L. D. A.

1898. Lettre d'un véritable François à monseigneur le duc d'Orléans. *Paris*, 1649, 8 pages.

Signée D. P., sieur de S.

« Le roi est à l'État ce que le cœur est au corps, le soleil à la nature, le père à la famille, le pilote au vaisseau. »

1899. Lettre d'une bourgeoise de la paroisse Saint-Eustache présentée à Mademoiselle, suppliant Son Altesse de vouloir agir pour la paix du royaume. *Paris*, Guill. Sassier, 1649, 12 pages.

Signée S. D. N. (Suzanne de Nervèze).

1900. Lettre d'une dame de Paris à son serviteur, à Saint-Germain. *Paris*, 1649, 8 pages.

1901. Lettre d'une religieuse présentée au roi et à la reine régente, le premier février 1649, pour obtenir la paix. *Paris*, Guillaume Sassier, 1649, 7 pages.

Signée S. D. N. (Suzanne de Nervèze).

1902. Lettre de Belleroze à l'abbé de La Rivière. *Paris*, Claude Boudeville, 1649, 8 pages.

Signée Belleroze, comédien d'honneur, et datée de l'hôtel de Bourgogne, le 11 mars.

Des jeux de mots, des quolibets, des gaillardises, et pour terminer, une chanson sur la Belleroze qui

« Ne gagnant plus rien sur la Seine,
Elle trafique sur le Rhin. »

Il paraît qu'elle avait été maîtresse de La Rivière.

On lisait autrefois sur les affiches de l'hôtel de Bourgogne : « Défense aux soldats d'entrer, à peine de la vie. »

1903. Lettre de cachet du roy, du 8 octobre 1651, envoyée à monseigneur le mareschal de Lhospital, chevalier des ordres du roy, gouverneur et lieutenant général pour Sa Majesté en la ville, prévosté et vicomté de Paris, et seul son lieutenant général en Champagne et Brie, pour advertir les députés des provinces de se rendre au plutost dans la ville de Tours pour tenir les États généraux du royaume. *Paris*, Guillaume Sassier, 1651, 4 pages.

1904. Lettre de cachet du roi, du 8 octobre 1651, envoyée à monseigneur le maréchal de Lhopital, chevalier des ordres du roi, gouverneur et lieutenant général pour Sa Majesté en la ville, prévôté et vicomté de Paris, et seul son lieutenant général en Champagne et Brie, sur ce qui s'est fait à la réception du roi dans sa ville de Bourges. *Paris*, Guillaume Sassier, 1651, 4 pages.

1905. Lettre de cachet du roi, envoyée à la chambre des Comptes, sur son retour en sa bonne ville de Paris, du 11ᵉ août 1649. *Paris*, Denys De Cay, 1649, 4 pages.

Datée de Compiègne.

1906. Lettre de cachet du roi, envoyée à messieurs du Parlement, sur le sujet du plein pouvoir donné par Sa Majesté à monseigneur le duc d'Orléans pour traiter avec M. le Prince. *Paris*, veuve J. Guillemot, 1651, 6 pages.

Datée de Bourges, le 11 octobre.

1907. Lettre de cachet du roi, envoyée à monseigneur le maréchal de Lhopital, comte de Rosnay, chevalier des ordres de Sa Majesté, gouverneur et lieutenant général pour Sadite Majesté en la ville, prévôté et vicomté de Paris, et seul son lieutenant général en Champagne et Brie, sur le sujet du sacre et couronnement de Sa Majesté, qui se fera dans sa ville de Rheims, le 12 mars 1651. *Paris*, Guill. Sassier, 1651, 7 pages.

Datée de Paris, le 4 février 1651.

1908. Lettre de cachet du roy, envoyée à monseigneur le maréchal de Lhospital, gouverneur et lieutenant général pour Sa Majesté en la ville, prévôté et vicomté de Paris, et seul son lieutenant général en Champagne et Brie. *Paris*, Guillaume Sassier, 1650, 7 pages.

Datée de Bordeaux, le 5 octobre 1650. Elle a pour objet d'annoncer la soumission de Bordeaux et de la Guyenne.

1909. Lettre de cachet du roi, envoyée à monseigneur le maréchal de Lhopital, gouverneur et lieutenant général pour Sa Majesté, en la ville, prévôté et vicomté de Paris, et seul son lieutenant général en Champagne et Brie, contenant tout ce qui s'est fait et passé à la défaite de l'armée du vicomte de Turenne par M. le maréchal du Plessis Praslin, avec la prise de leur artillerie, bagage, drapeaux, étendarts et timbales et des principaux officiers de l'armée, et l'ordre observé du *Te Deum*. *Paris*, Guillaume Sassier, 1650, 8 pages.

Datée de Paris, le 18 décembre.
Il doit y avoir à la suite une relation assez insignifiante de la bataille.

1910. Lettre de cachet du roi, envoyée à monseigneur le maréchal de Lhopital, gouverneur de Paris, sur le sujet de l'approche des troupes de l'archiduc Léopold en France, et des affaires de Bordeaux. *Paris*, Guillaume Sassier, 1650, 7 pages.

Datée de Bourg, le 5 septembre.

1911. Lettre de cachet du roi, envoyée à nosseigneurs de la chambre des Comptes, concernant la paix. *Paris*, 1649, 4 pages.

Datée du 30 mars.
Il y en a une autre édition, qui porte au titre *messieurs* au lieu de nosseigneurs, et *touchant* au lieu de concernant.

1912. Lettre (la) de Caron à Mazarin. (S. l.), 1651, 12 pages, quoique la dernière soit cotée 10.

Ce n'est point une lettre ; et Caron n'est là que pour le titre.

1913. Lettre de congratulation envoyée à madame la duchesse de Vendôme sur les faits héroïques de monseigneur le duc de Beaufort. *Paris*, Nicolas de La Vigne, 1649, 8 pages.

Signé P. D.

1914. Lettre de conjouissance d'un bon religieux à monseigneur le cardinal de Retz, coadjuteur de Paris, sur sa promotion. *Paris*, Jean Frinbaux, 1652, 8 pages.

Datée de Vérone, et signée le C. de V.

1915. Lettre de consolation à la reine d'Angleterre. *Paris*, Jacques Langlois, 1649, 12 pages.

Signé M. D. M.

1916. Lettre de consolation à la reine d'Angleterre sur la mort du roi son mari et ses dernières paroles. *Paris*, Guillaume Sassier, 1649, 8 pages.

Signé S. D. N. (Suzanne de Nervèze).
Il n'y a pas un mot des dernières paroles du roi.

1917. Lettre de consolation à madame la princesse sur l'emprisonnement de monsieur le Prince. (S. l.), 1650, 7 pages.

Signé L. B. P. C. (Louis de Bourbon, prince de Condé).
Supposition impertinente. La rareté de cette pièce pourrait bien s'expliquer par le mécontentement du prince. C'est, je crois, la seule où il soit parlé de ses torts envers sa femme.

1918. Lettre de consolation à monseigneur le duc de

Vantadour (*sic*), chevalier des ordres du roi, ci-devant lieutenant pour le roi ès pays de Languedoc, chanoine de l'église de Notre-Dame de Paris, sur la mort de monseigneur le duc de Vantadour, son frère, chevalier des ordres du roi, et lieutenant pour le roi au pays de Limosin. *Paris*, Guillaume Sassier, 1649, 6 pages.

Signé Suzanne de Nervèze.

1919. Lettre de consolation d'un bon père hermite écrite aux Parisiens, attendant l'heureuse victoire que Dieu leur prépare et promet en bref sur les ennemis jurés de sa gloire, de l'État et du peuple. *Paris*, Robert Feugé, 1649, 8 pages.

Signé l'Hermite des bois et déserts, le M. Z. L. S.

1920. Lettre de consolation écrite à monseigneur le prince de Condé. *Paris*, François Noël, 1650, 8 pages.

Signé l'Hermite de Sancerre.
Après les batailles de Fribourg, les Espagnols publièrent dans leurs gazettes d'Anvers que le duc d'Enghien avait un caractère de magie qui le rendait invulnérable.
Cette lettre n'est pas commune.

1921. Lettre de consolation envoyée à madame de Châtillon sur la mort de monsieur de Châtillon. *Paris*, Jean Brunet, 1649, 8 pages.

Signé B. D.
« P. S. Le sieur B. D. prévient l'ami lecteur que le *Gazetier désintéressé* sera une pièce de remarque pour le temps présent. » En serait-il l'auteur ? c'est assez probable. Je n'y vois aucune difficulté, si ce n'est que le *Gazetier désintéressé* est signé D. B., et non B. D.
Au moins est-il certain que le sieur B. D. est auteur de la *Lettre de consolation envoyée à madame la duchesse de Rohan*, etc.

1922. Lettre de consolation envoyée à madame la duchesse de Rohan sur la mort de feu M. le duc de Rohan, son fils, surnommé Tancrède. *Paris*, Claude Huot, 1649, 8 pages.

Signé B. D.

1923. Lettre de consolation envoyée à messieurs les princes, au Hâvre de Grâce, sur le sujet de la mort de madame la princesse douairière, leur mère. (S. l.), 1651, 8 pages. *Rare.*

Signé H. M. D. M.

1924. Lettre de consolation envoyée dans les Champs-Élysées au sultan Hibraïm (*sic*) par le sultan Mehemet, son fils, empereur des Turcs, traduite de la langue turquesque en françois, par le sieur Roverol. (S. l.), 1649, 8 pages.

Le sultan Ibrahim avait été déposé et étranglé par les janissaires en 1648.

1925. Lettre de consolation pour madame la duchesse de Nemours. (S. l.), 1652, 12 pages.

Signé de Savignac.

1926. Lettre de deux princes de l'empire à l'archevêque électeur de Cologne et prince du (*sic*) Liége, sur l'instance à lui faite par le cardinal Mazarin de lui donner retraite en sa ville de Bouillon, traduit (*sic*) d'allemand en françois. (S. l.), 1651, 8 pages.

Signé L. P. N. J. C.

1927. Lettre de Fanchon du faubourg Saint-Germain à la petite Nichon du Marais. (S. l.), 1649, 7 pages.

Assez spirituelle, mais trop libre.

« Il n'y a pas jusqu'à la moindre souillon des petits boucans qui n'en (de la politique) dise sa ratelée. »

1928. Lettre de Guillaume Sans peur aux troupes de Mazarin. *Paris*, Claude Boudeville, 1649, 7 pages.

Datée du Chêne vert au Marais, le 20 février.
Imitation de *Guillaume Sans peur aux débandés de la cour*, 1615.

1929. Lettre de l'archiduc Léopold envoyée à Mademoiselle pour traiter la paix (*sic*). *Paris*, Nicolas Jacquard, 1649, 7 pages.

Il y a une *Seconde lettre* de l'archiduc, et deux *Réponses* de Mademoiselle. Tout cela n'est que très-médiocrement curieux.

1930. Lettre de l'archiduc Léopold envoyée à messieurs du Parlement pour le traité de la paix générale. *Paris*, Jacques Lallay, 1652, 7 pages.

Datée de Bruxelles, le 29 mars.
Il y eut, le 8 avril suivant, un arrêt du Parlement qui déclara la lettre supposée, et ordonna que l'auteur et l'imprimeur seraient recherchés, les arrêts précédents exécutés selon leur forme et teneur.
Il est utile de remarquer que la lettre avait été imprimée par permission du duc d'Orléans.

1931. Lettre de l'archiduc Léopold envoyée à Son Altesse Royale, détestant la trahison du duc Charles, avec l'approche de son armée au service des princes. *Paris*, Claude Le Roy, 1652, 7 pages.

Datée d'Anty, le 18 juin 1652.
Sotte et grossière, mais peu commune.

1932. Lettre de l'hermite reclus du Mont Calvaire à la reine. *Paris*, veuve André Musnier, 1649, 7 pages.

Datée du Mont Calvaire, le 21 février 1649, et signée frère F. de Saint-Onuphre (*sic*), hermite du Mont Calvaire.
Tout le mérite de cette pièce est de n'être pas commune.
C'est apparemment du frère F. de Saint-Onuphre que Marana parle en ces termes, sous la date de 1647 : « Quoique tu aies beau-

coup plus vécu que les hommes ne vivent ordinairement, il y a néanmoins de l'heure qu'il est, près de Paris, un homme qui a vécu presque le double de toi. C'est un hermite qui demeure sur une montagne, où il semble que manque tout ce qui est nécessaire à la conservation de la vie humaine. Il a bâti lui-même de boue les murailles de sa maison, foible défense contre le vent et la pluie. Son lit est composé de feuilles d'arbre; une pierre lui sert de chevet; il ne mange que des herbes et des fruits qui croissent sur la montagne; un puits voisin lui fournit de l'eau. Après avoir voyagé dans la plupart des pays de l'Europe et de l'Asie, il s'est retiré sur cette montagne, où il mène ce genre de vie depuis quatre-vingt-trois ans. Quand on lui demande comment il a pu faire pour conserver si longtemps la vie, il répond : « En ne se chagrinant de rien et en regardant toutes choses d'un œil d'indifférence. » Il prédit l'avenir avec un succès merveilleux. C'est une vérité qu'on a souvent remarquée, et qui le fait passer pour prophète. » (L'*Espion turc*, page 60 du IIIe volume.)

Les pamphlétaires de la Fronde, à l'imitation de ceux du règne précédent, ont souvent mis des hermites en scène; peut-être est-ce dû à la réputation de sainteté de l'hermite du Mont Calvaire.

1933. Lettre de l'ombre de la belle Maguelonne de Naples à celle de son époux Pierre, comte de Provence. *Paris*, 1649, 11 pages. *Rare*.

C'est la réponse à la *Lettre de Pierre de Provence à la reine*; mais la belle Maguelonne ne défend ici que le cardinal de Richelieu et les siens.

1934. Lettre de la cour de Parlement de Paris envoyée à la cour de Parlement de Normandie. *Rouen*, David du Petitval et Jean Viret, 1649, 16 pages.

Datée du 10 février. Elle a pour objet l'envoi des remontrances du 21 janvier 1649.

1935. Lettre de la cour de Parlement de Paris, envoyée aux baillifs, sénéchaux, maires, échevins et autres officiers de ce royaume, du 18 janvier 1649. *Paris*, par les imprimeurs et libraires ordinaires du roi, 1649, 4 pages.

C'est ici la lettre *publiée ;* la lettre *envoyée* est imprimée en caractères italiques sur une page in-4° et porte la signature autographe de Du Tillet. Elle est très-rare.

1936. Lettre de la cour de Parlement de Paris, envoyée aux parlements du royaume, du 18 janvier 1649. *Paris,* par les imprimeurs et libraires ordinaires du roi, 1649, 5 pages.

Il y en a une autre édition des mêmes imprimeurs, qui diffère de celle-ci dans le titre, en ce qu'il porte : aux *autres* Parlements ; dans le texte, en ce qu'il est imprimé en caractères italiques ; de plus la lettre n'est pas signée.

La rédaction et l'envoi en avaient été délibérés dans l'audience du 17 janvier.

1937. Lettre de la cour de Parlement de Tholose (*sic*) à la reine régente sur le sujet du trouble d'Aix et de Bordeaux. *Tholose,* Jean Boude, 1649, 7 pages.

Il y en a une édition de Paris, *jouxte la copie,* etc.

1938. Lettre de la France aux vrais François sur les affaires du temps présent. *Paris,* Jean Brunet, 1649, 8 pages.

1939. Lettre de la France en l'agonie, présentée à Sa Majesté par messieurs de la ville de Rouen dans Pontoise pour la paix générale. *Paris,* David Beauplet, 1652, 7 pages.

1940. Lettre de la petite Nichon du Marais à M. le prince de Condé, à Saint-Germain. (S. l.), 1649, 8 pages.

Datée du 26 janvier. De l'esprit et du libertinage.

Il faut y joindre la *Lettre de réplique,* etc., et le *Réveil-matin des curieux,* etc.

1941. Lettre de la prétendue madame de Mercœur, nièce de Mazarin, envoyée à M. de Beaufort. *Paris*, 1649, 7 pages.

1942. Lettre de La Raillère, prisonnier en la Conciergerie, à Catelan, à Saint-Germain-en-Laye. *Paris*, Mathieu Colombel, 1649, 8 pages.

« J'ai reçu votre dernier *adieu*. » On avait en effet publié l'*Adieu du sieur Catelan... au sieur de La Raillère ;* et c'est ici la réponse.

1943. Lettre de la reyne d'Angleterre à la reyne régente, en faveur de la France et pour la paix du royaume. *Paris*, Pierre Variquet, 1649, 8 pages.

Datée du 23 mars 1649 ; fausse et sotte.

1944. Lettre de la reine de Suède à monseigneur le cardinal de Retz, touchant la paix générale. *Paris*, 1652, 5 pages.

Datée de Stockolme (*sic*), le 10 avril 1652.

1945. Lettre de la reine de Suède à monseigneur le duc d'Orléans, avec les offres de cette princesse pour mettre le royaume en repos, et en chasser le Mazarin. *Paris*, Jacob Chevalier, 1651, 7 pages.

Après la lettre que la reine de Suède n'a point écrite, il y a quelques mots sur l'accueil qu'ont fait aux offres de cette princesse le roi qui les a refusées, le duc d'Orléans et le prince de Condé qui les ont acceptées, le coadjuteur qui n'y a répondu que par des civilités. L'auteur dit que Gondy était suspect aux princes comme ne voulant rien que la place de Mazarin. « Cette nouvelle pourpre ne sera pas plus favorable à la France que la vieille ; et pour changer de bouchon, nous ne laisserons pas de boire toujours de mauvais vin, comme on disoit de Catherine de Médicis abandonnant le gouvernement au roi de Pologne. »

Je n'ai point vu de lettre au roi ni au prince de Condé. On

vient d'en trouver une au coadjuteur ; mais elle est de 1652, aussi bien qu'une autre au prince de Conty, qui n'a pas, dans l'imprimé, d'autre titre que la suscription : *A très-haut prince*, etc.

Le pamphlétaire ne parle pas de la lettre au Parlement, qui est également de 1652 : *Lettre latine de la reine de Suède*, etc.

1946. Lettre de la reine envoyée au cardinal Mazarin pour se retirer hors du royaume de France. (S. l.), 1651, 6 pages.

On en trouve une édition intitulée : *Lettre de reproche de la reine*, etc.

1947. Lettre de la Seine à la Meuse sur l'état présent des affaires, par le père Lemoine, de la compagnie de Jésus. *Paris*, Charles Savreux, 1649, 11 pages.

Détestables vers.

1948. Lettre de la signora Foutakina à messer Julio Mazarini, touchant l'armement des bardaches pour donner secours à son éminence, en vers burlesques. (S. l.), 1651, 7 pages.

Libertinage sans esprit. Je regrette d'avoir à dire que cette pièce est assez rare pour être recherchée.

1949. Lettre de madame la duchesse d'Orléans envoyée au duc Charles, son frère, sur le sujet de son infâme trahison. *Paris*, Jean du Prat, 1652, 7 pages.

Datée du 17 juin, mais non signée.

« Je ne vous tiendrai pas seulement au rang de simple bâtard. » Jugez de la pièce.

1950. Lettre de madame la duchesse de Longueville au roi. *Rotterdam*, 1650, 8 pages.

Datée de Rotterdam, le 28 février.
Il y en a une édition de Paris, *jouxte la copie*, etc.
Voir la *Copie d'une lettre écrite à madame la duchesse de Longueville*.

1951. Lettre de madame la princesse de Condé à la reine. (S. l.), 1650, 3 pages.

Datée de Mouron.

La princesse demande justice contre le comte de Saint-Aignan qui a tenté de l'arrêter, et qui menace de l'assiéger.

Il y en a une autre édition également de 3 pages, mais sans la date.

1952. Lettre de madame la princesse douairière de Condé envoyée au prince de Condé, son fils, sur les armes qu'il a prises injustement contre la France. *Paris*, Jean Musnier, *jouxte la copie imprimée par Michel Mettayer*, 1649, 7 pages.

La copie imprimée par Michel Mettayer est intitulée : *Remontrance faite par madame la princesse douairière de Condé au prince de Condé*, etc.

1953. Lettre de madame la princesse douairière de Condé présentée à la reine régente. (S. l., 1650), 3 pages.

Datée de Bourg-la-Reine, le 13 mai 1650.

1954. Lettre de madame la princesse douairière de Condé présentée à la reine régente, contenant tous les moyens dont le cardinal Mazarin s'est servi pour empêcher la paix, pour ruiner le Parlement et le peuple de Paris, pour tâcher de perdre M. le duc de Beaufort, M. le coadjuteur, M. de Brousselles (*sic*) et M. le président Charton par l'assassinat supposé contre la personne de M. le Prince, et pour emprisonner messieurs les princes de Condé et de Conty et M. le duc de Longueville. (S. l.), 1650, 57 pages.

Datée de Chilly, le 16 mai.

Guy Patin écrit à Spon, sous la date du 14 juin 1650, tome Ier, page 313 : « Le même jour (2 juin) ont été emprisonnés deux imprimeurs qui vendoient un nouveau libelle intitulé : *Lettre de madame la Princesse à la reine*, qui est un libelle de quinze cahiers, une demi-feuille, entièrement contre le Mazarin. » Malgré l'inexactitude du titre, il est certain que dans ce fragment il s'agit de la lettre qui fait le sujet de cet article.

Villefore croit que la princesse douairière composa cette lettre elle-même : « Elle fit, dit-il (*Véritable vie de la duchesse de Longueville*, p. 141, du 1er vol.); elle fit, pendant les deux ou trois jours qu'on lui laissa passer à Chilly, une longue lettre pour la reine, dans laquelle on voit un ample détail de ses malheurs et des persécutions qu'elle a souffertes. Cette lettre, qui est éloquente et pathétique, mérite que l'on en rapporte quelques endroits. » Et, en effet, il en cite trois ou quatre passages assez remarquables.

On peut croire que la princesse n'a ni écrit ni dicté la lettre ; mais on ne peut pas douter qu'elle n'en ait fourni les matériaux. Aussi est-ce une des pièces les plus intéressantes et les plus curieuses. Elle contient des anecdotes qu'on chercherait inutilement ailleurs ; par exemple, Bragelogne, enseigne des gardes du corps, essaya de briser le cercueil de mademoiselle de Dunois, morte depuis peu, et exposée dans la chapelle de Chantilly pour être transportée aux Carmélites de Paris.

Mazarin autorisait les galères du roi à exercer la piraterie dans la Méditerranée. Il faut bien qu'elles vivent, disait-il.

La *Lettre* a paru presque en même temps sous le titre de : *Journal de la lettre de la princesse douairière de Condé*, etc.

1955. Lettre de madame la princesse douairière de Condé présentée à Son Altesse Royale. (S. l., 1650), 3 pages.

Datée de Bourg-la-Reine, le 13 mai 1650.

1956. Lettre de madame la Princesse écrite à MM. les maire et jurats de Bordeaux sur la liberté de messieurs les princes. *Bordeaux*, J. M. Millanges, 1651, 4 pages.

Datée de Mouron, le 17 février.

1957. Lettre de madame la Princesse écrite au roi. (S. l.), 1650, 8 pages. *Rare.*

Datée de Bordeaux, le 2 août, et signée Claire Clémence de Maillé.

Il en existe une autre édition ainsi intitulée :

1958. Lettre de madame la Princesse écrite au roi, à son arrivée, proche de Bordeaux. *Jouxte la copie imprimée à Bordeaux,* 1650, 8 pages.

1959. Lettre de mademoiselle d'Orléans, étant à Poissy, envoyée à la reine, à Saint-Germain, pour le bien du peuple. *Paris,* Robert Feugé, 1649, 8 pages.

Signé Anne de Bourbon.

Naudé la cite parmi les lettres fausses et supposées (*Mascurat,* page 15).

1960. Lettre de Mademoiselle écrite à Son Altesse Royale. *Paris,* Claude Le Roy, 1652, 7 pages.

Datée d'Orléans, le 2 avril, et signée Marie d'Orléans.

1961. Lettre de mademoiselle la Paix à madame la Guerre, avec la réponse. *Paris,* veuve Théod. Pépingué et Est. Maucroy, 1649, 8 pages.

Si elle était plus commune, on n'en dirait rien.

1962. Lettre de messieurs de la cour du Parlement de Bordeaux, pour réponse à la lettre de messieurs de la cour du Parlement de Paris, concernant les arrêts donnés contre le cardinal Mazarin, et pour la liberté de messieurs les princes. *Paris,* Nic. Bessin, 1651, 4 pages.

Datée du 15 février.

1963. Lettre de messieurs de la noblesse adressée à messieurs du clergé pour la convocation des états généraux au 1ᵉʳ novembre 1652. *Paris,* veuve J. Guillemot, 1652, 7 pages.

Datée de Dreux, le 21 juillet, et signée Charles Dailly Ennery (*sic*).

1964. Lettre de messieurs du Parlement de Bordeaux écrite au roi sur le sujet de la dépêche de Sa Majesté faite audit Parlement, étant en sa ville d'Angoulême. (*Paris*), Guillaume Sassier (s. d.), 3 pages.

Datée du 27 juillet 1650.

1965. Lettre de messieurs du Parlement de Bordeaux présentée le samedi, 6 août 1650, à messieurs du Parlement de Paris par messieurs les députés dudit Parlement de Bordeaux, sur le sujet de la continuation des violences du sieur duc d'Épernon, protégé par M. le cardinal Mazarin. (*Paris*), Guillaume Sassier (s. d.), 7 pages.

Datée du 1ᵉʳ août. Dom Devienne ne paraît pas l'avoir connue.

1966. Lettre de messieurs du Parlement de Bordeaux, toutes les chambres assemblées, envoyée à Son Altesse Royale sur l'arrivée de Leurs Majestés dans leur province de Guyenne. *Paris,* Guill. Sassier, 1650, 6 pages.

Elle est datée du 18 juillet 1650.

1967. Lettre de messieurs du Parlement de Bretagne envoyée à monseigneur le Prince. *Paris,* Fr. Preuveray, 1651, 4 pages.

Datée de Rennes, le 24 mars.

1968. Lettre de messieurs du Parlement de Normandie au roi, touchant le refus de recevoir monsieur le comte d'Harcourt. *Paris,* Arnould Cottinet, 1649, 6 pages.

Datée du 21 janvier, et signée Cusson.
Il y en a une autre édition de quatre pages, chez Nicolas Bessin.

1969. Lettre de messieurs les députés du Parlement de Paris écrite à Son Altesse Royale et à monsieur le Prince, sur la bonne réception que le roi et la reine leur a fait (*sic*) à leur arrivée dans la ville de Melun pour le traité de paix, le treizième juin 1652. *Paris,* Pierre Lamet (s. d.), 7 pages.

Mensonge publié avec la permission du duc d'Orléans. Les députés disent qu'ils ont eu une entrevue avec Châteauneuf !
L'imprimeur a ajouté à la lettre une singulière nouvelle : l'Empereur aurait offert des troupes au duc d'Orléans contre Mazarin ! Sa lettre aurait commencé ainsi : Nous, César !

1970. Lettre de messieurs les prévôt des marchands et échevins de la ville de Paris envoyée aux villes du royaume, suivant l'arrêté fait en l'assemblée de ladite ville, le 29 juillet 1652, ensemble le résultat de ladite assemblée générale de l'Hôtel de Ville de Paris, en conséquence de l'arrêt du Parlement du 24 juillet 1652. *Paris,* veuve J. Guillemot, 1652, 8 pages.

Datée du 6 août.

1971. Lettre de messieurs les princes prisonniers au Hâvre présentée à messieurs du Parlement de Paris, les chambres étant assemblées, le 7 décembre 1650. (S. l., 1650), 4 pages.

Datée de Cudbouille, le 19 novembre.
C'est ici l'édition originale. Nicolas Boisset en a donné une autre à Paris, sous le titre de : *Lettre écrite par messieurs les princes,* etc.
La lettre a été publiée dans le *Journal du Parlement* et dans la

Véritable vie de madame de Longueville, p. 170 du Ier vol., mais sans nom de lieu. Aubery qui donne l'adresse et la souscription de la lettre, p. 173 de son IIIe volume, a écrit *Corbouille* au lieu de Cudbouille.

Lenet dit que la lettre qu'il date à son tour de Corbeille (*sic*), était tout entière de la main du prince de Condé. (*Mém.*, p. 488, coll. Michaud.)

1972. **Lettre de messieurs les vicomte majeur et échevins de la ville de Dijon à messieurs les prévôt des marchands et échevins de la ville de Paris. (S. l., 1652), 4 pages.** *Rare.*

Datée du 28 juillet 1652, et signée Thibert, secrétaire.

Les magistrats de Dijon demandent qu'on fasse justice de la *Relation véritable, contenant la sortie par force du duc d'Épernon*, etc., qu'ils déclarent fausse et calomnieuse. Ils protestent de leur fidélité; et ils en donnent pour preuve que leur parlement a fait exécuter à mort un homme — « convaincu d'avoir insolemment et faussement parlé contre l'honneur de la reine et la personne sacrée du roi. »

1973. **Lettre de M. Brun, ambassadeur pour Sa Majesté Catholique en Hollande, envoyée à messieurs du Parlement de Paris sur l'innocence de messieurs les princes contre les fourberies et calomnies de Mazarin.** *La Haye*, 1650, 24 pages.

M. Brun était procureur général au parlement de Dôle, et troisième plénipotentiaire pour le roi d'Espagne à l'assemblée de Munster.

Voici ce qu'en dit M. Ogier, prédicateur à la suite des ambassadeurs de France, dans une lettre qu'il écrivait de Munster à Claude Joly, sous la date du 16 janvier 1648 : « Chacun voulant renverser sur son adversaire le blâme d'avoir quitté la partie le premier, nous sommes en danger de demeurer ici jusqu'à tant que nous ayons lassé la patience des docteurs Brun et Wolmar : ce qui n'est pas une petite entreprise. Ces messieurs là sont sans doute ici dans une condition beaucoup meilleure qu'ils ne sauroient être ailleurs ;

et pas un d'eux ne trouveroit chez soi dix ou douze mille francs d'appointements, qui accommodent fort une fortune médiocre. Pas un d'eux ne se trouvera surintendant des finances à son retour, ni aura prétention sur les sceaux ; en un mot, c'est ici la plus favorable station où ils se puissent jamais trouver, et le plus haut point de toutes les dignités où ils peuvent jamais prétendre. » (*Voyage fait à Munster*, p. 328.)

1974. Lettre de M. d'Auremesnil, chef de la noblesse de Caux en Normandie, envoyée à monseigneur le duc de Longueville, sur le sujet de la descente de six mille hommes aux ports de Dieppe, Saint-Valery et le Hâvre, conduits par le sieur de Tibermesnil, gouverneur pour les États de Hollande, avec le nombre de notre armée en Normandie. *Paris*, veuve d'Anthoine Coulon (s. d.), 7 pages.

Datée d'Auremesnil en Caux, le 21 mars 1649, et signée F. de Pardieu d'Auremesnil.

Curieuse et rare.

Voici tout ce que je me souviens d'avoir rencontré sur le sujet de la *Lettre*. Ce sont des vers de Loret :

« Un colonel nommé La Miche,
Grand mangeur de soupe et de miche,
Fléau des paysans et bourgeois,
Et, pour tout dire, un vrai Liégeois,
Avoit sourdement en Hollande,
Et même aussi dans la Zélande,
Levé sept ou huit régiments
D'assez dangereux garnements,
Pour dans les gauloises provinces
Guerroyer en faveur des princes. »

Muse historique, liv. III, p. 2.

1975. Lettre de M. de Balzac à monseigneur le duc de Beaufort, du 21 janvier 1649. *Paris*, Claude Huot, 1649, 7 pages.

Voir la *Harangue célèbre faite à la reine sur sa régence.*

1976. **Lettre de M. le cardinal de Retz, archevêque de Paris, à messieurs les cardinaux, archevêques, évêques et autres députés de l'assemblée générale du clergé de France.** (S. l. n. d.), 18 pages.

Datée de Rome, le 8 mai 1656.

On lit dans le libelle publié en Hollande par Larroque sous le titre de : *les Véritables motifs de la conversion de l'abbé de la Trappe*, etc., p. 19 : « L'abbé de Rancé à qui on avoit remarqué de tout temps de beaux dons pour la satyre, estoit celui que son parti (du cardinal de Retz) employoit d'ordinaire pour parler ou pour écrire. De tout ce qu'il a dit pendant longtemps, rien n'a esté si contraire à sa fortune qu'une lettre circulaire qu'il composa, sous le nom du cardinal de Retz, à tous les évesques de France, dans laquelle il attaquoit non-seulement le cardinal Mazarin, mais le roy mesme, dont il blasmoit la conduite. »

Quoique Larroque n'ait pas donné la date de cette lettre, il est probable qu'il a voulu parler de celle dont le titre précède; car c'est à la fin de l'assemblée du clergé de 1655-57 que l'abbé de Rancé, averti qu'il était suspect au cardinal Mazarin, prit le parti de se dérober par la fuite aux conséquences d'un mécontentement qui, au dire de ses amis, ne se cachait plus. Or, de toutes les lettres de 1656, celle-ci est la seule qu'il ait pu écrire.

Rancé a toujours nié qu'il en fût l'auteur. Cependant il est permis de croire qu'elle devint par le fait une occasion indirecte de sa conversion.

1977. **Lettre de M. le cardinal de Retz, archevêque de Paris, à messieurs les cardinaux, archevêques, évêques et autres députés de l'assemblée générale du clergé de France.** (S. l. n. d.), 4 pages.

Datée *du lieu de ma retraite*, le 15 septembre 1656.

1978. **Lettre de M. le cardinal de Retz, archevêque de Paris, à messieurs les cardinaux, archevêques, évêques et autres députés de l'assemblée générale du clergé de France.** (S. l. n. d.), 3 pages.

Datée *du lieu de ma retraite*, le 12 octobre 1656.

1979. Lettre de M. le cardinal de Retz, archevêque de Paris, à messieurs les cardinaux, archevêques, évêques et autres députés de l'assemblée générale du clergé de France. (S. l. n. d.), 2 pages.

Du 31 octobre 1656.

1980. Lettre de M. le cardinal de Retz, archevêque de Paris, à messieurs les cardinaux, archevêques, évêques et autres députés de l'assemblée générale du clergé de France. (S. l. n. d.), 8 pages.

Datée *de ma retraite*, le 28 mars 1657.
Guy Patin la signale dans sa lettre du 19 juin, à Spon, p. 283 du IIe vol.

1981. Lettre de M. le cardinal de Retz, archevêque de Paris, au pape. (S. l. n. d.), 4 pages.

Datée du 18 octobre 1656.
L'original latin a été publié en une feuille in-4°, sans titre, sans nom de lieu et sans date.
Guy Patin en fait mention dans sa lettre du 19 juin 1657, à Spon, p. 283 du IIe vol. La traduction française a été reproduite dans les *Mémoires* du cardinal de Retz, p. 577, coll. Michaud, mais sans date.

1982. Lettre de M. le cardinal de Retz, archevêque de Paris, au roi. (S. l. n. d.), 2 pages.

Datée *du lieu de ma retraite*, le 22 septembre 1656. Elle est dans les *Mémoires* du cardinal de Retz, p. 577, coll. Michaud.

1983. Lettre de M. le cardinal de Retz, archevêque de Paris, au roi. (S. l. n. d.), 8 pages.

Datée du Plessis, le 31 octobre 1656.

1984. Lettre de M. le cardinal de Retz, archevêque de Paris, au roi. (S. l. n. d.), 7 pages.

Datée *du lieu de ma retraite*, le 9 avril 1657.
On trouve, à la suite et sous la même date, une lettre du car-

dinal à la reine. Les éditeurs des *Mémoires* du cardinal de Retz, coll. Michaud, les ont reproduites textuellement, p. 580 et suiv.

1985. Lettre de M. le cardinal Mazarin à M. le prévôt des marchands. (S. l. n. d.), 7 pages non chiffrées.

Datée de Bouillon, le 23 décembre 1651.
Il faut y joindre la pièce qui suit :

1986. Lettre de M. le cardinal Mazarin au roi. (S. l. n. d.), 27 pages.

Datée aussi de Bouillon, le 23 décembre 1651, mais non signée.
On lit ensuite une lettre du cardinal à la reine.
Ces trois lettres réunies ne sont pas communes.
Si nous en croyons l'auteur des *Observations sur quelques lettres écrites au cardinal Mazarin et par le cardinal Mazarin*, elles sont sorties « de l'imprimerie baveuse de Sédan. »

1987. Lettre (la) de M. le comte d'Harcourt à messieurs de Bordeaux, tant du Parlement que de l'Hôtel de Ville, pour les attirer au parti de Mazarin, avec leur réponse portant refus de ses propositions. *Paris*, Alexandre Lesselin, 1652, 4 pages.

Datée de Podensac, le 27 avril, et signée le *comte d'Harcourt*.
Elle ne me paraît pas d'une authenticité bien établie.

1988. Lettre de M. le comte d'Harcourt envoyée à la reine contre les fausses opinions de sa retraite. *Paris*, Antoine Périer, 1652, 8 pages.

Datée de Taillebourg, le 18 mai, et signée Henry de Lorraine.

1989. Lettre de M. le duc d'Épernon, écrite à la cour de Parlement de Bordeaux, du 31 mars 1649, avec la Réponse du Parlement, du 2 avril 1649. *Bordeaux*, Guillaume Millange, 1649, 12 pages; les deux dernières chiffrées, par erreur, 6 et 8.

Il y en a une édition de Paris *jouxte la copie*, etc. Fonteneil l'a donnée dans son *Histoire des mouvements de Bordeaux*.

1990. Lettre de M. le maréchal de Turennes (*sic*) à la reine. *Paris*, 1650, 8 pages.

Il y en a une meilleure édition, s. l. n. d. : *Lettre de monsieur le maréchal de Turenne envoyée à la reine*, etc.

1991. Lettre de M. Scarron envoyée au cardinal Mazarin, à Saint-Germain-en-Laye, en vers burlesques. *Paris*, Simon Champion, 1652, 16 pages.

Contrefaçon de la *Lettre à M. le cardinal, burlesque*.

1992. Lettre de M. Thevenin à monseigneur le duc d'Épernon, pair et colonel de France (*sic*), touchant tout ce qui se passe dans Paris contre lui. (S. l. n. d.), 8 pages.

Datée de Paris, le mercredi 1er septembre 1649, à trois heures du matin.

M. Thevenin était chargé des affaires du duc d'Epernon à Paris. Il pourrait avoir écrit cette lettre. L'a-t-il écrite?

Quoi qu'il en soit, elle est assez curieuse et très-rare.

1993. Lettre de monseigneur de Conty à son frère, monseigneur de Condé, sur la pacification des affaires de la Guyenne, et son acheminement vers Étampes. De Caloche, le 27 mai 1652. *Paris,* 1652, 6 pages.

Rare, mais fausse.

1994. Lettre de monseigneur l'éminentissime cardinal de Retz, archevesque de Paris, à messieurs les archevesques et évesques de l'église de France. (S. l. n. d.), 24 pages.

Datée du 14 décembre 1654.

Elle a été brûlée par la main du bourreau, en exécution d'une sentence du Châtelet de Paris, rendue le 29 janvier 1655, et non le 25, comme le disent MM. Champollion, qui l'ont publiée textuellement dans les *Mémoires* du cardinal de Retz, p. 526, coll. Michaud. Il existe une copie manuscrite de la sentence dans le 199ᵉ volume des Mazarinades de la bibliothèque de l'Arsenal.

Lyonne pensait que la *Lettre* avait pu être imprimée en Italie. MM. Champollion ont cru pouvoir affirmer d'après le papier, les caractères, la dimension de la justification et la forme des alinéa, qu'elle est d'impression espagnole ; mais l'aspect de l'imprimé n'a, ce semble, rien d'étrange ; surtout les alinéa ne sortent pas en marge à gauche. Le cardinal de Retz était alors à Rome, d'où il écrivait, le même jour, des lettres au roi et à la reine. Il dit d'ailleurs formellement dans la *Lettre circulaire* du 24 avril 1660 que celle de ses lettres qui a été brûlée par la main du bourreau, a été écrite et imprimée dans Rome.

MM. Champollion se sont encore trompés quand ils ont mis en tête de la *Lettre* : Rome, le 14 décembre 1654. La date de Rome n'est pas sur les imprimés.

C'est à cette *Lettre* que répondent les *Avis sincères d'un évesque pieux et désintéressé*, etc.

1995. Lettre de monseigneur l'éminentissime cardinal de Retz, archevêque de Paris, à monsieur le duc de Retz, le père. (S. l. n. d.), 4 pages.

Ni datée ni signée.

1996. Lettre de monseigneur l'éminentissime cardinal de Retz, archevêque de Paris, écrite à messieurs les curés de Paris. (S. l. n. d.), 3 pages.

Même date que la suivante.

1997. Lettre de monseigneur l'éminentissime cardinal de Retz, archevêque de Paris, écrite à messieurs les doyen, chanoine et chapitre de l'église de Paris. (S. l. n. d.), 3 pages.

« Proche Beaupreau, ce 8 août 1654. »

Elle est dans les *Mémoires* du cardinal de Retz, note de la page 444, coll. Michaud.

1998. Lettre de monseigneur l'éminentissime cardinal de Retz, archevêque de Paris, écrite à messieurs les doyen, chanoine et chapitre de l'église de Paris. (S. l. n. d.), 18 pages.

Datée de Rome, le 22 mai 1655.
Le gouvernement y a fait répondre par les *Considérations sur une lettre du cardinal de Retz*, etc.
La *Lettre* est tout entière dans les *Mémoires* du cardinal, p. 484, coll. Michaud.

1999. Lettre de monseigneur le duc d'Épernon au Parlement de Toulouse. (S. l. n. d.), 8 pages. *Rare.*

Datée d'Agen, le 17 juillet 1650, et signée le duc d'Épernon.
Il s'agit de ses démêlés avec le Parlement de Bordeaux.

2000. Lettre de monseigneur le duc de Beaufort écrite à Son Altesse Royale sur la marche de son armée, ensemble l'arrivée de monseigneur le Prince à Paris. *Paris,* Jean Petrinal, 1652, 8 pages.

Datée du camp près de Vendôme, le 29 mars 1652, et signée François de Vendosme.
Supposée. Pas un mot de l'arrivée de M. le Prince.

2001. Lettre de monseigneur le duc de Guise à la reine régente sur son injuste détention à Naples, et sur son affection pour mademoiselle de Pont (*sic*). *Paris,* Nicolas de La Vigne, 1649, 4 pages.

Imprimée dans la notice sur les *Mémoires* du duc de Guise, coll. Petitot et Michaud.
Le duc n'y parle pas de sa détention; et en effet, il n'était pas encore prisonnier.
On a donné cette lettre dans les *Mémoires* de madame de Motteville, page 151, coll. Michaud.

2002. Lettre de monseigneur le duc de Longueville à

messieurs du Parlement de Paris. (*Paris*), veuve André Musnier, 1649, 6 pages.

Datée de Rouen, le 24 février.

Intéressante et peu commune ; mais le duc de Longueville ne l'a point écrite.

2003. Lettre de monseigneur le duc de Longueville envoyée à monseigneur le prince de Condé sur les affaires présentes, touchant le retour du cardinal Mazarin. *Paris, jouxte la copie imprimée à Rouen,* 1652, 8 pages.

Datée de Rouen, le 1ᵉʳ janvier 1652, et signée Henry d'Orléans. Fausse.

2004. Lettre de monseigneur le duc de Rohan à Son Altesse Royale sur les entreprises du cardinal Mazarin contre la ville d'Angers. *Paris,* Jean de La Caille, 1652, 8 pages.

Datée d'Angers, le 3 février.

La Caille a eu le soin d'imprimer *in extenso*, sur la 8ᵉ page, l'ordre du duc d'Orléans qui lui avait été donné le 17 du même mois.

2005. Lettre de monseigneur le Prince à Son Altesse Royale sur le sujet du retardement de la paix. *Paris*, Nicolas Vivenay, 1651, 6 pages.

Datée du camp de la Bergerie, le 14 décembre.

2006. Lettre de monseigneur le prince de Condé à messieurs de Paris. *Paris*, 1650, 7 pages.

Signée C. Sotte.

2007. Lettre de monseigneur le prince de Condé au cardinal Mazarin. *Jouxte la copie imprimée à Bordeaux,* 1652, 7 pages.

Signée Louis de Bourbon. Non datée, fausse.

2008. Lettre de monseigneur le prince de Condé écrite à Son Altesse Royale. *Paris*, Nicolas Vivenay, 1651, 8 pages. *Rare.*

Datée de Bordeaux, le 31 octobre.
Le prince refuse la conférence qui lui était offerte par le duc d'Orléans.

2009. Lettre de monseigneur le prince de Condé écrite à tous les parlements de France. *Paris*, Nicolas Vivenay, 1651, 12 pages.

Elle est sans date ; mais le prince y dit qu'il l'a écrite dans sa maison de Saint-Maur. On trouve, en suite de la lettre, l'arrêt du Parlement de Bordeaux, du 13 juillet qui, entre autres dispositions, ordonne que remontrances seront faites pour l'éloignement des trois sous-ministres, Servien, Lyonne et Le Tellier.
Omer Talon en parle dans ses *Mémoires*, p. 437, coll. Michaud.
La lettre a été imprimée aussi sous le titre de : *Lettre de monsieur le Prince à messieurs du Parlement de Paris*, etc.

2010. Lettre de monseigneur le prince de Condé, gouverneur de Guyenne, à messieurs les bourgeois de l'Ormée de Bourdeaux. *Bourdeaux*, Guill. de La Court, 1651, 8 pages.

Datée de Saint-Maur, le 18 juillet.

2011. Lettre de monseigneur le Prince envoyée à Son Altesse Royale, sur le sujet de la dernière bataille, par un courrier extraordinaire. *Paris*, Jacob Chevalier, 1652, 7 pages.

Datée de Châtillon, le 10 avril.
Il s'agit du combat de Bleneau. Ce n'est pas ici une relation ; mais quelques réflexions et anecdotes après la bataille. Voici une anecdote : le maréchal d'Hocquincourt demanda à rendre ses devoirs au prince de Condé. « J'ai perdu mon honneur et mon bien, lui dit-il ; il y va du mien de plus de trois millions. — Vous avez

un bon maître que le cardinal Mazarin, répondit le prince ; il vous récompensera assez, comme les autres qui le servent. »

Quoique Chevalier ait eu une permission du duc d'Orléans, il est très-permis de douter de l'authenticité de cette lettre.

Loret dit dans la lettre quatorzième du livre III de la *Muse historique* (14 avril 1652) :

« .. D'Hocquincourt (perdit) bien davantage ;
Car outre bagage et chevaux,
Vaisselle d'argent et joyaux,
Armes, canons et babioles,
On lui prit deux mille pistoles. »

2012. Lettre de monsieur Brousse, docteur en théologie, écrite à monseigneur l'archevêque de Paris. (S. l. n. d.), 14 pages.

M. Brousse avait été éloigné de la chaire de Saint-Germain-le-Vieux, où il prêchait le carême, en 1649 probablement. Il écrit à l'archevêque pour se justifier. Je lis dans sa lettre ces deux passages : « Je n'ai point parlé des questions d'État ; je me suis contenté d'enseigner l'obéissance que l'on doit au roi, et de faire prier pour sa sacrée personne. »

« Je n'ai point changé l'évangile du jour..... Je n'ai point fait de la chaire un théâtre de passion, pour y déclamer des satyres, comme beaucoup d'autres font. »

Il est possible qu'il n'ait rien fait de tout cela ; et peut-être portait-il la peine des pamphlets frondeurs du curé de Saint-Roch, qui s'appelait Brousse comme lui.

On a déjà remarqué que le dernier passage cité est une allusion au sermon prêché le jour de Saint-Louis 1648 par le coadjuteur.

2013. Lettre (la) de monsieur de Châteauneuf envoyée à monseigneur le prince de Condé sur le retour du cardinal Mazarin à Poitiers. (S. l.) *jouxte la copie imprimée à Poitiers* (s. d.), 8 pages.

Datée du 24 janvier 1652, et signée de Laubespine.

Fausse et sotte, mais rare. Inutile de dire qu'il n'y a pas d'édition de Poitiers.

2014. **Lettre de monsieur de La Vrillière à monsieur d'Argenson, touchant les affaires de M. le duc d'Épernon.** (S. l. n. d.), 6 pages.

Datée du 1er septembre 1649.

Ou c'est la lettre qui est fausse, ou c'est la date ; car d'Argenson n'était plus en Guyenne. Le traité qu'il avait négocié et conclu avec les Bordelais est du 1er mai.

2015. **Lettre de monsieur de Sauvebœuf écrite à M. le maréchal d'Haumont** (*sic*) **sur le comportement des affaires de Mazarin.** *Paris,* Pierre de Chumusy, 1652, 15 pages.

Datée du château de l'Anger (*sic*), le 6 mars.

Pièce assez curieuse. Sauvebœuf a acheté le miroir de Mazarin qui avait été pris par un paysan dans la prétendue déroute d'Angers. Ce miroir est enchanté. Sauvebœuf y voit, en trois actes, l'éloignement de Mazarin. Les scènes ne manquent pas d'originalité.

2016. **Lettre de monsieur le baron de Rians à nosseigneurs de la souveraine cour de Parlement de Provence.** (S. l. n. d.), 2 pages. *Rare.*

Datée de Paris, le dernier juin 1649, et signée de Rians.

2017. **Lettre de monsieur le cardinal Mazarin écrite au roi, sur son retour en France.** (S. l.), 1652, 16 pages.

Datée d'Épernay le 4 janvier, et signée Jules, cardinal Mazarin.

2018. **Lettre de monsieur le cardinal Mazarini à messieurs les évêques du clergé de France.** (S. l. n. d.), 3 pages.

Non signée, mais datée d'Épernay, le 4 janvier 1652. La plus rare des lettres écrites par le cardinal Mazarin pour annoncer sa rentrée en France.

2019. **Lettre de monsieur le comte de Tavannes à mon-**

seigneur le duc d'Orléans sur la trahison des Allemands découverte par les habitants de la ville d'Étampes, le 27ᵉ jour de mai 1652, avec la punition exemplaire qui en a été faite dans ladite ville. *Paris,* Claude Le Roy, 1652, 7 pages.

Datée d'Étampes le 27 mai, et signée de Tavannes et de Clinchamp.
Le sauveur d'Étampes était un vigneron nommé Pierre Le Clerc. Curieuse et rare.

2020. Lettre de monsieur le duc d'Épernon à un de messieurs du Parlement de Paris, avec la Réponse. (S. l.), 1650, 35 pages,

La lettre est datée de Loches, le 19 août; la réponse de Paris, le 12 septembre.
Ce sont deux pièces curieuses des affaires de Guyenne.
La réponse est de La Chabanne. Giac, qui est attaqué personnellement dans cet écrit, a répondu par la *Lettre du sieur de Giac... au sieur de La Chabanne*, etc.; et un ami de ce dernier a répliqué dans les *Avis salutaires donnés à messieurs de Bordeaux*, etc.
Tous ces pamphlets sont intéressants et rares.

2021. Lettre de monsieur le duc de Beaufort à monsieur le duc de Mercœur son frère. (S. l.), 1649, 8 pages.

Plus insolente que spirituelle. Le duc de Beaufort n'a rien écrit de semblable.

2022. Lettre de monsieur le duc de Nemours à Son Altesse Royale, dans laquelle sont contenus les moyens infaillibles de faire la paix générale. *Paris,* Jacob Chevalier, 1652, 8 pages.

Datée de La Fère, le 23 février, et signée C. de Savoye, duc de Nemours.
Lettre supposée, qui ne tient pas tout ce que le titre promet. Je ne la crois pas commune.

2023. Lettre de monsieur le garde des sceaux de France et premier président à M. le président de Bailleul. *Paris*, par les imprimeurs et libraires ordinaires du roi, 1652, 4 pages.

Datée du 12 mai.

2024. Lettre de monsieur le maréchal de Rantzau, gouverneur de Dunkerque, à monseigneur le duc d'Orléans. *Paris*, Rolin de La Haye, 1649, 8 pages.

Datée de Dunkerque, le 26 février.
Quoiqu'il y ait une permission d'imprimer, délivrée à la Chambre des dépêches, le 3 mars, je n'hésite pas à dire que la lettre est supposée. Le maréchal y fait de la politique comme un rhéteur.

Il serait curieux que pourtant cette lettre eût été la cause déterminante de son arrestation.

2025. Lettre de monsieur le maréchal de Turenne envoyée à la reine régente pour la délivrance des princes, et le sujet qui l'a obligé à prendre les armes. (S. l. n. d.), 8 pages.

Datée de Stenay, le 3 mai 1650, et signée Henry de La Tour.
« Quoique toutes les raisons qu'il allègue dans cette lettre, dit Ramsay, soient fondées sur de faux principes, il y règne néanmoins une candeur, une noblesse et un désintéressement parfait. On y admire tous les sentiments d'un héros, mais d'un héros dans l'égarement. » (*Histoire de Turenne*, p. 242 du Ier vol., éd. in-12.)

Ramsay cite deux passages de la lettre.
Villefore analyse la lettre et en cite des fragments. (*Véritable vie de madame de Longueville*, p. 154 du Ier vol.)

L'édition de Paris (*Lettre de M. le maréchal de Turenne à la reine*) ne porte pas la date de Stenay.

2026. Lettre de monsieur le maréchal de Turenne envoyée à monsieur le duc de Bouillon. *Paris*, Pierre Variquet, 1649, 8 pages.

2027. Lettre de monsieur le Prince à messieurs de la

cour de Parlement de Bordeaux, du 8 juillet 1651. *Bordeaux*, J. M. Millanges, 1651, 8 pages. *Rare.*

2028. Lettre de monsieur le Prince à messieurs du Parlement. *Paris*, Nicolas Vivenay, 1651, 8 pages.

Datée de Saint-Maur, le 7 juillet.

Il y en a une autre édition *sur la copie*, etc. La date n'est pas au bas de la lettre.

Il faut y joindre la *Seconde lettre écrite à messieurs du Parlement par Mgr. le prince de Condé*, etc.

Cette seconde lettre a été également publiée : *jouxte la copie.*

La première est dans les *Mémoires* de madame de Motteville, p. 400, coll. Michaud.

2029. Lettre de monsieur le Prince à messieurs du Parlement de Paris, avec la Réponse de la reine sur ladite lettre, donnée à messieurs les gens du roi pour le Parlement. *Paris,* par les imprimeurs et libraires ordinaires du roi, 1651, 8 pages.

La lettre est la même que celle qui est intitulée : *Lettre de monseigneur le Prince écrite à tous les Parlements de France*, etc. La réponse est ce *papier non signé* dont Omer Talon parle (p. 433 de ses *Mémoires*, coll. Michaud). Voir *Discours que le roi et la reine*, etc.

Il en a paru une édition à Rouen chez David du Petitval et Jean Viret, 1651, 8 pages.

2030. Lettre de monsieur le Prince à messieurs du Parlement sur le sujet de sa retraite à Bordeaux. (S. l. n. d.), 7 pages.

Avec la lettre au Parlement, il y a une lettre au roi ; toutes deux sans date.

2031. Lettre de monsieur le Prince à messieurs les maire et jurats de la ville de Bordeaux, du 8 juillet 1651. *Bordeaux,* J. M. Millanges, 1651, 7 pages.

2032. Lettre de monsieur le Prince à Son Altesse Royale

sur le sujet de son arrivée aux troupes de messieurs les ducs de Beaufort et de Nemours. *Paris*, Nicolas Vivenet (*sic*), 1652, 8 pages.

Datée de Nojan (*sic*), le 1er avril 1652, et signée Louis de Bourbon.

Cette lettre est-elle bien authentique? Le prince y dit qu'il ne s'est rendu à l'armée que sur une invitation des officiers qui, apprenant son passage, lui envoyèrent un courrier; et cela n'est pas vrai. Vivenay pourtant était son imprimeur.

2033. Lettre de monsieur le prince de Condé à Son Altesse Royale sur le sujet de son éloignement de la cour, du 13 septembre 1651. *Paris*, Nicolas Vivenay, 1651, 8 pages.

Il y en a une autre édition : *jouxte la copie*, etc., 4 pages non chiffrées.

2034. Lettre de monsieur le prince de Condé écrite au roi sur le sujet du retour du cardinal Mazarin, contenant ses intentions. *Bordeaux*, 1652, 14 pages.

Datée de Bergerac, le 12 février.

François Noël en a donné une édition à Paris : *jouxte la copie*, etc.

2035. Lettre de monsieur le prince de Condé envoyée à M. Dom (*sic*) Louis de Haros (*sic*), du camp de Saint-Jevin, ce 25 décembre 1652, de laquelle le roi a l'original. *Paris*, par les imprimeurs et libraires ordinaires du roi, 1652, 7 pages. *Curieuse et rare.*

Elle est dans l'*Histoire du cardinal Mazarin*, par Aubery, p. 438 du IIIe vol.

2036. Lettre de monsieur le prince de Condé, gouverneur de Guyenne, écrite à messieurs les maire et jurats, gouverneurs de Bordeaux. *Bordeaux*, J. Mongiron Millanges, 1651, 7 pages.

Datée de Saint-Maur, le 18 juillet.

2037. Lettre de monsieur le prince de Conty écrite au roi sur son voyage de Berry. (S. l.), 1651, 7 pages.

Datée de Bourges, le 2 octobre.

Elle est attribuée à l'auteur du *Discours libre et véritable sur la conduite de M. le Prince;* et il y a été répondu par l'*Apologie particulière pour M. le prince de Conty*, etc.

Les *Avis* de Châteauneuf avaient déjà paru.

2038. Lettre de monsieur le prince de Conti envoyée par M. le baron de La Chaut à monsieur le Prince, son frère, le 26 mai 2652 (*sic*), touchant la défaite de l'armée angloise à la levée du siége de Bordeaux. *Paris*, Antoine Périer, 1652, 8 pages.

Datée de Bordeaux, le 23 mai.
Voilà certes une rare impudence !

Vingt-cinq vaisseaux anglais, chargés de trente mille hommes, se sont présentés devant Bordeaux. Le général Pek, commandant en chef, a attaqué par mer; le colonel Wuorsec, avec dix mille hommes, par terre. Ce dernier a été battu avec perte de quinze cents prisonniers, qui travaillent aux fortifications. On ne dit pas ce qu'est devenu le premier.

Les Anglais étaient venus pour établir la république en France avec l'aide des religionnaires qui promettaient cent mille hommes.

Ils avaient été appelés par Mazarin !

2039. Lettre de monsieur Servien à messieurs les médiateurs. *Paris*, Jean de Courbe, 1649, 15 pages.

Datée du 1er septembre 1648.

La permission d'imprimer a été donnée le 18 novembre 1649. C'est une indication précise du temps auquel les pièces relatives à la paix de Munster ont été publiées.

Voir *Causes du retardement de la paix*, etc.

2040. Lettre de monsieur Servient (*sic*), plénipotentiaire de France, adressée à chacune des Provinces-Unies ès Pays-Bas séparément, excepté la Hollande. On trouve à la suite la *Réponse* à la Lettre écrite par

M. Servient à chacune des sept Provinces-Unies, excepté la Hollande ; ladite réponse est faite par un ami et confident dudit sieur Servient, par forme d'avis. (S. l. n. d.), 14 pages.

La lettre est datée de la Haye, le 24 avril 1647. La réponse n'est pas datée ; mais elle est signée J. D. P.

Il en existe une édition de 1650, petit in-8°, que l'on doit trouver à la suite des *Lettres de messieurs d'Avaux et Servien, ambassadeurs pour le roi de France en Allemagne*, etc., 1650.

2041. Lettre de nosseigneurs de la cour de Parlement de Paris, envoyée à tous les parlements de France, sur le sujet de l'arrêt donné contre le cardinal Mazarin, du samedi 11 mars 1651. *Paris*, par les imprimeurs et libraires ordinaires du roi, 1651, 4 pages.

2042. Lettre de nosseigneurs de la cour de Parlement de Paris, envoyée aux autres parlements de France, sur le sujet de l'éloignement du cardinal Mazarin, du 10 février 1651. *Paris*, par les imprimeurs et libraires ordinaires du roi, 1651, 4 pages.

Il y en a une seconde édition intitulée : *la Lettre du Parlement de Paris écrite aux autres parlements de France sur la mauvaise conduite*, etc.

Et une troisième, chez Jacob Chevalier, qui diffère de la seconde en ce qu'au titre on lit : *Administration* au lieu de *Conduite*, et en ce qu'elle ne porte pas la signature de Guyet, greffier.

2043. Lettre de Pierre de Provence à la reine, en forme d'avis, sur ce qui s'est passé en son pays. *Paris*, Jean Hénault, 1649, 11 pages.

Naudé n'en parle que pour la mettre au nombre des lettres fausses et supposées (page 15 du *Mascurat*).

Elle ne manque cependant pas d'intérêt ; mais elle n'est pas rare. On y a répondu par la *Lettre de l'ombre de la belle Maguelonne*, etc., qui est beaucoup moins commune.

Après l'insurrection d'Aix.

2044. Lettre de plusieurs ecclésiastiques considérables du diocèse de Paris à monsieur le cardinal de Retz, leur archevêque. (S. l. n. d.), 17 pages. *Rare.*

Datée de Paris, le 28 avril 1656, et signée G. A. R. M. P. L. J. Accusation véhémente contre M. Du Saussay, vicaire général de l'archevêque.

2045. Lettre de Polichinelle à Jules Mazarin. *Paris, Jean Hénault, 1649, 8 pages. Rare.*

Signé : Je suis Polichinelle,
 Qui fais la sentinelle
 A la porte de Nesle.

L'abbé d'Artigny cite, page 36 du II⁰ vol. de ses *Mémoires,* un rondeau à l'abbé de La Rivière, qui porte la même signature ; mais il ne dit pas qu'il ait été imprimé.

2046. Lettre de prédiction écrite à madame la duchesse de Vendôme, au mois de juin 1647, où par une juste observation d'astrologie est noté le temps que M. le duc de Beaufort, son fils, devoit sortir du bois de Vincennes. Cette lettre n'a pu être publiée au temps qu'elle fut présentée à madame de Vendôme, pour ne point causer d'obstacle à ses heureux pronostics. (S. l.), 1649, 7 pages.

Signé C. M. J.

Le cardinal de Retz, dans ses *Mémoires,* parle de l'anecdote qui fait l'objet de cette lettre.

Quand le duc de Beaufort fut arrêté, son milieu du ciel arrivait au quarré de Saturne. Il devait sortir de prison quand le point vertical ou zénith de sa nativité serait arrivé au corps du soleil.

Ce n'est ni la moins originale, ni la plus commune des pièces de la Fronde.

2047. Lettre de proverbes d'un messire abbé, voisin de Compiègne, au noble sire Jules Mazarin, cardinal, lui mandant tout ce qui s'est passé en France depuis son départ. *Paris*, 1652, 16 pages.

Signé L. M. F.
Pièce plaisante et rare.

2048. Lettre de remercîment de messieurs du Parlement de Bordeaux, écrite toutes les chambres assemblées, envoyées (*sic*) à M. le duc de Beaufort sur le sujet de sa bienveillance pour leurs intérêts et de la province de Guyenne. *Paris*, Jean Brunet, 1650, 4 pages.

Datée du 18 juillet.

2049. Lettre de remercîment envoyée au cardinal Mazarin sur la lettre qu'il a écrite à une dame de la cour pour l'accommodement de ses affaires, avec la harangue de dame Denize, au large chaperon des halles, députée vers son Everminence (*sic*) par la communauté de toutes les beurrières de la ville, cité et université de Paris, touchant les bienfaits qu'elle a reçus d'elle pendant tout le caresme dernier. *Ridendo dicere verum, quis vetat? Paris*, 1651, 16 pages.

Très-rare, assez plaisante, mais fort ordurière.

« Vous savez bien qu'il (le duc de Beaufort) demeure toujours dans la rue Quinquampoix, là où durant tout le caresme il a mangé de notre meilleur beurre (grand bien lui fasse) et des meilleures huîtres des halles avec son bon ami, le M. de La B. (marquis de La Boulaye) qui, avec sa mine turquesque, nous fit bien manger des cochons en caresme, pendant le blocus de Paris. »

Quand cette pièce a paru, le cardinal Mazarin était déjà arrivé à Bouillon.

Voici le témoignage le plus positif que j'aie rencontré dans les pamphlets sur la paternité de la *Mazarinade*. Il est extrait de la harangue de dame Denize :

« Au commencement de ce caresme, j'allis porter du beurre de Vanves à madame Le T... (Le Tellier). Par malheur, faut ainsi dire, j'avois porté la *Mazarinade* du sieur Scurron (*sic*) en vers burlesques ; et comme la lisions, son mari, votre bon et fidèle serviteur, survint, et nous surprit dans la lecture ; et prenant mes cinq ou six feuillets, il commença à parcourir dedans. Il me souvient qu'en lisant chaque page, il se sousrioit; quelquefois il esclatoit; autrefois, en marquant quelques lignes de son ongle, il lui échappoit de dire : O le meschant esprit ! enfin il se mit en colère et dit à sa femme : « Qu'on chasse cette coquine de céans ; il me prend fantaisie de lui faire bailler cent coups d'étrivières. » Je repris vistement ma *Mazarinade* et mon beurre, et m'enfuis comme tous les mille dièbles, avec protestation de n'y jamais plus retourner, ne deust-il manger que de l'huile de noix. »

2050. Lettre de replique de la petite Nichon du Marais à M. le prince de Condé, à Saint-Germain. (S. l.), 1649, 8 pages.

Ni moins spirituelle, ni moins libre que la *Lettre de la petite Nichon*, etc.

2051. Lettre de reproche de la reine au cardinal Mazarin sur le repentir qu'elle a de l'avoir aimé. (S. l.), 1649, 6 pages.

Cette lettre semble promettre du scandale ; et elle serait fort innocente, si ce n'est qu'elle est d'une violence stupide.

Elle a été réimprimée sous le titre de : *Lettre de la reine envoyée au cardinal Mazarin*, etc.

2052. Lettre de reproche envoyée par une demoiselle bordeloise à une dame mazarine, avec la Réponse. *Paris*, Anthoine Le Bourdelois, 1652, 6 pages.

La lettre est signée C. D. F., Bordeaux, 21 avril; la réponse, M. F., Paris, 26.

2053. Lettre de Son Altesse Royale à M. le duc d'Amville (*sic*), avec la Réponse de M. le duc d'Amville à Son Altesse Royale. *Paris*, Denys Langlois, 1652, 8 pages.

La lettre est du 23 août, et la réponse du 24.

2054. Lettre de Son Altesse Royale au roi. *Paris*, Alexandre Lesselin, 1652, 4 pages.

Datée du 25 janvier.

2055. Lettre de Son Altesse Royale écrite à la reine sur le sujet de la paix. *Paris,* veuve Guillemot, 1652, 4 pages.

Datée de Paris, le 20 septembre.

2056. Lettre de Son Altesse Royale écrite au roi, avec la Réponse du roi à Son Altesse Royale. *Pontoise,* Julien Courant, 1652, 7 pages.

La lettre est du 12 octobre; la réponse du 15.

2057. Lettre de Son Altesse Royale écrite au roi, avec la Réponse faite par le roi à Son Altesse Royale. *Pontoise,* Julien Courant, 1652, 4 pages.

Datées des 27 et 29 août.
Il y en a une édition de Rouen, chez la veuve Courant, *jouxte la copie,* etc.

2058. Lettre de Son Altesse Royale écrite au roi, avec la Réponse faite par le roi à Son Altesse Royale. *Pontoise*, Julien Courant, 1652, 8 pages.

La lettre est sans date (7 septembre); la réponse du 12.
La veuve Courant en a donné à Rouen une édition *jouxte la copie*, etc.

2059. Lettre de Son Altesse Royale écrite au roi, servant de réponse à celle de Sa Majesté, du 29 août dernier. *Paris,* veuve Guillemot, 1652, 8 pages.

Datée du 7 septembre. C'est la même que la précédente; mais on ne trouve pas ici la réponse du roi.
La lettre du roi, du 29 août, est dans la pièce qui porte le n° 2057

2060. Lettre de Son Altesse Royale écrite au roi sur

l'état des affaires présentes, ensemble la Réponse de M. le duc Damville à Son Altesse Royale, avec la Déclaration de Son Altesse Royale sur l'éloignement du cardinal Mazarin. *Paris*, veuve J. Guillemot, 1652, 11 pages.

La lettre est du 27 août, la réponse du 24 et la déclaration du 22 ; mais la réponse ne répond pas à la lettre ; au contraire, la lettre n'a été écrite qu'ensuite de la réponse. Le duc d'Orléans, repoussé quand il s'était servi du duc Damville, s'adresse au roi directement.

Ces pièces sont suivies de quelques réflexions sans portée.

2061. Lettre de Son Altesse Royale envoyée au roi, le 25 juin 1652. *Paris*, J. Le Gentil, 1652, 7 pages.

Le duc d'Orléans avait autorisé expressément la publication de cette lettre, qui n'est ni des plus intéressantes, ni des plus communes.

2062. Lettre de Son Altesse Royale présentée au roi par le maréchal d'Étampes, et la Réponse du roi à Son Altesse Royale. *Paris,* par les imprimeurs et libraires ordinaires du roi, 1652, 7 pages.

Datée de Limours, le 29 octobre. La réponse est sans date.
Il y a des éditions séparées des *Réponses* du roi.

2063*. Lettre de Turenne à la reine.

Villefore, *Vie de la duchesse de Longueville* (I, 196).
Probablement c'est la même que Ramsay intitule : *Lettre de Turenne sur la prison des princes*, et qu'on va trouver plus bas.

2064*. Lettre de Turenne à Mazarin.

Ramsay, *Hist. du vicomte de Turenne*, in-12, t. I, p. 230.

2065*. Lettre de Turenne sur la prison des princes.

Ramsay, *Histoire du vicomte de Turenne*, in-12, t. I, p. 242.
C'est sans doute celle que Villefore intitule : *Lettre de Turenne à la reine*. Elle a été publiée sous le titre de *Lettre de M. le maréchal de Turenne envoyée à la reine régente*, etc.

2066. Lettre déchiffrée contenant plusieurs avis qu'un des émissaires et espions de Jules Mazarin lui donnoit de ce qui s'est passé depuis le 21 février 1649, avec l'ordre des chiffres qui se peuvent lire aussi facilement que les lettres communes. *Paris,* veuve d'Anthoine Coulon, 1649, 7 pages.

Datée du 23 février, sept heures du soir.

2067. Lettre déchiffrée d'un mazariniste à Mazarin, trouvée entre Saint-Germain et Paris, et traduite d'italien en françois, sur le mariage du Parlement avec la ville de Paris. *Paris,* Arnould Cottinet, 1649, 7 pages.

Signé Gio. Battista Lucrino.

2068. Lettre dernière envoyée à la reine par les bourgeois de Paris. (S. l.), ce vingtième mars 1649, 7 pag.

2069. Lettre des bourgeois de Paris, écrite à M. le Prince, sur le sujet du retour du cardinal Mazarin et du dernier arrêt donné contre lui. (S. l.), 1652, 8 pages.

Datée de Paris, le 31 décembre 1651, et signée M. D. N.
Il faut y joindre la *Réponse de M. le Prince à la* Lettre des bourgeois de Paris, etc. Ces deux pièces sont assez rares.

2070. Lettre des bourgeois de Paris, envoyée au roy, sur les désordres que commettent les gens de guerre aux environs de cette ville. *Paris,* Jean Brunet, 1652, 8 pages.

Après la prise de Saint-Denys. Bien faite et très-rare.

2071. Lettre des dames du Parlement de Bordeaux aux dames du Parlement de Paris, contenant les remercîments de leur entremise pour la paix, avec un récit véritable de tout ce qui s'étoit passé au dedans et au dehors de la ville de Bordeaux pendant le siége, écrite pendant la trève. *Jouxte la copie imprimée à Bordeaux*, 1650, 18 pages.

Datée du 26 septembre 1650.

Je ne crois pas à l'édition de Bordeaux. Cela a été écrit et imprimé à Paris.

Il faut joindre à cette pièce la *Copie de la réponse pour les dames du Parlement de Paris*, et la *Véritable réponse faite par les dames*, etc. Ni bon, ni rare.

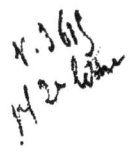

2072. Lettre des députés du Parlement à nos seigneurs de la Cour, avec les circonstances de la mort de Manzini (*sic*), neveu du Mazarin, et ce qui s'est passé en la réception du sieur de Rohan, en la qualité de duc et pair de France. *Paris*, Jacob Chevalier, 1652.

Datée de Saint-Denys, le 14 juillet.

Il y a une *seconde lettre* datée du 16, la première de celles que contient la pièce intitulée : *Lettres des députés du Parlement à nos seigneurs de la cour*, etc.

2073. Lettre des jurats et habitants de la ville de Bordeaux envoyée à messieurs les bourgeois et habitants de la ville de Paris. *Jouxte la copie imprimée à Bordeaux*, 1650, 4 pages.

Datée du 16 juillet.

Évidemment elle a été écrite et publiée à Paris, aussi bien que la *Réponse* qui est digne de la *Lettre*.

2074. Lettre des milords d'Angleterre à leur nouveau roi, ci-devant prince de Galles, à présent dans la ville de Bredan (*sic*) en Hollande, et le désaveu de l'exécrable meurtre commis en la personne du roi, son père, traduite d'anglois en françois. *Paris*, Guill. Sassier, 1649, 6 pages.

Datée de Londres, le 12 février.

Naudé la cite dans le *Mascurat*, p. 15, mais pour la déclarer fausse et supposée.

On a publié la *Réponse du nouveau roi d'Angleterre*, etc.

2075. Lettre des notables bourgeois de Paris à monseigneur le prince de Condé sur les dernières résolutions prises en Parlement. *Paris,* André Chouqueux, 1652, 7 pages.

2076. Lettre des peuples de la province de Poitou, envoyée à nos seigneurs du Parlement de Paris, sur le sujet des partisans et maltotiers. *Paris,* Nicolas Bessin, 1649, 8 pages.

Curieux détails sur le despotisme de la gabelle. Cette pièce n'est pas commune.

2077. Lettre des prévôt des marchands et échevins de la ville de Lyon, écrite au roi le 27 mai 1652, contenant le sujet du refus qu'ils ont fait de recevoir le cardinal Mazarin et les troupes dans leur province. *Paris,* Antoine Le Royer, 1652, 7 pages.

Celui qui a composé cette lettre ne savait pas apparemment qu'il n'y avait à Lyon ni prévôt des marchands, ni échevins.

2078. Lettre des prévôt des marchands et échevins de la ville de Paris écrite au roi, avec la Réponse de Sa Majesté. *Paris,* Pierre Bon, 1652, 8 pages.

La lettre est signée Lefèvre, Guillois, Philippe, Le Vieux et Denison. Elle est sans date. La réponse du roi porte la date du 1er juillet.

Ces deux pièces sont relatives à l'entrée du pain de Gonesse. Le roi dit dans sa lettre qu'il *travaille pour la délivrance et le soulagement du peuple.*

2079. Lettre des provinces de France aux bourgeois de

Paris. *Paris*, Guillaume et Jean-Baptiste Loyson, 1649, 6 pages.

Il y a la *Réponse des bourgeois de Paris*, etc.

2080. Lettre des trois États de Provence à M. le duc de Guyse (*sic*), par laquelle il est prié d'accepter le gouvernement de la province, et (de) les tirer du joug tyrannique sous lequel ils languissent depuis la mort du défunt duc de Guyse, son père. *Paris*, J. Brunet, 1652, 7 pages.

Datée de Toulon, le 10 juillet 1652, et signée : l'Archevêque d'Aix, l'Évêque de Toulon, le comte de Carces, le baron de Montosier, de Félix et Coulanges, consuls d'Arles.

Il est bien évident qu'elle est fausse ; mais elle est rare.

2081. Lettre du bon génie de la ville de Paris à celui de Compiègne sur l'heureux retour du roi. *Paris*, Claude Boudeville, 1649, 6 pages.

Compiègne signifie en latin *abrégé* (de Constantinople) !

2082. Lettre du bourgeois désintéressé. (S. l., 1652), 15 pages.

Après l'incendie de l'hôtel de ville.

Cangé l'attribue au coadjuteur ; je ne sais sur quel fondement. Le coadjuteur a-t-il pu dire que « les noms de Mazarini, Gondi, Chavigni sonnent également ; mais qu'il vaut mieux recevoir l'un de la main du roi par une déclaration paisible, que de fouler aux pieds le respect du souverain, la gloire de la nation et sûreté des familles pour élever les ministres des princes ? »

Il y en a une autre édition de 12 pages, s. l. n. d.; mais celle de 15 pages est plus belle.

On y a fait pour les princes une *Réponse* qui ne manque pas d'habileté ; et la veuve J. Guillemot a publié la *Vérité de ce qui s'est passé à Paris en trois fâcheuses rencontres*, etc., défense menteuse et maladroite des princes.

2083. Lettre du capitaine Latour contenant la réfutation des calomnies imposées au parti du Parlement et de la ville de Paris. *Paris*, 1649, 14 pages.

Naudé classe cette lettre parmi les bonnes pièces (p. 208 du *Mascurat*).

« Quand les rois privent eux-mêmes de leur protection leurs sujets sans justice, ils les absolvent du serment de fidélité. »

2084. Lettre du C. D. Retz envoyée au cardinal Mazarin sur le sujet de son éloignement. *Paris*, Nicolas Vaillant, 1652, 8 pages.

Datée de Paris, le 21 juillet.

M. Champollion dit, dans une note des *Mémoires* du cardinal de Retz, p. 374, coll. Michaud, que cette pièce fut publiée à l'occasion de l'exécution des deux misérables qui avaient été condamnés à mort pour l'incendie de l'hôtel de ville. On comprend assez que la lettre est fausse.

2085. Lettre du C. Mazarin écrite à monseigneur le maréchal de..... *Paris*, Philippe Clément, 1652, 6 pages.

Datée du château d'Amboise, le 15 mars.

Quoique *interceptée* entre Baugency et Orléans, cette lettre n'en est pas moins ridiculement supposée ; mais elle n'est pas commune.

2086. Lettre du cardinal Antonio Barberin, envoyée de Rome au cardinal Mazarin à Saint-Germain-en-Laye, touchant les troubles de France. *Paris*, veuve André Musnier, 1649, 8 pages.

Datée de Rome, le 9 février.

Il y une *Réponse du cardinal Mazarin*, etc.

2087. Lettre du cardinal de Calcano écrite à Mazarin sur la prétention de sa sortie hors de France. (S. l.), 1652, 7 pages.

Datée de Rome, le 18 mai.

2088. Lettre du cardinal de Retz à messieurs de l'assemblée du clergé, par laquelle il annonce avoir choisi

M. Du Saussay pour son grand vicaire, etc. (S. l. n. d.), sans titre même, 3 pages.

Datée de Rome, le 4 janvier 1656. Elle est dans les *Mémoires du cardinal de Retz*, p. 515, coll. Michaud.

L'émissaire qui présenta cette lettre à l'assemblée du clergé avait pris le titre d'abbé de Saint-Jean; il était prêtre en effet; il s'appelait Daurat; il était frère du conseiller au Parlement et attaché au cardinal de Retz. Malgré le soin qu'il prit de se cacher, il fut arrêté et mis à la Bastille, où il était encore en 1661, *parmi les restes des gazetiers*, comme on le voit dans le recueil des lettres de Colbert, 1661-66, à la Bibliothèque nationale.

2089. Lettre du cardinal de Retz à ses grands vicaires. (S. l. n. d.), et même sans titre, 4 pages.

Datée de Saint-Cassien, le 18 juin 1656.

2090. Lettre du cardinal de Retz à ses grands vicaires. (S. l. n. d.), sans titre même, 4 pages.

Datée du 30 avril 1660.

2091. Lettre du cardinal de Retz au roi. (S. l. n. d.), sans titre même, 10 pages.

Même date que la précédente.
C'est ici le dernier écho de la Fronde.
Les pièces, relatives à l'affaire du cardinal de Retz, sont toutes rares.

2092. Lettre du cardinal Mazarin aux pères Théatins pour redoubler leurs prières à le retirer du bourbier où il s'est veautré (*sic*). *Paris*, 1649, 8 pages.

Mauvaise pièce, qui a été réimprimée en 1651 sous le titre de : *l'Arrivée du courrier Mazarin*, etc.

2093. Lettre du cardinal Mazarin écrite à Son Altesse Royale sur son retour en France. *Paris*, 1652, 6 pages.

Datée d'Épernay, le 5 janvier.

.. Sandricourt a fait la *Réponse pour Son Altesse Royale à la* Lettre du cardinal Mazarin, etc.

La lettre a été comprise dans le *Recueil* des pièces de Sandricourt, etc. Rouen.

2094. Lettre du cardinal Mazarin écrite au comte Pigneranda, plénipotentiaire d'Espagne pour la paix générale à Munster, par laquelle se justifie le mauvais dessein du cardinal Mazarin, tant sur la ville de Paris que sur tout l'État. *Paris*, François Noël, 1649, 7 pages.

Du 13 janvier.
Fausse et sotte.

2095. Lettre du cardinal Mazarin écrite au sérénissime archiduc Léopold, ensemble celle de M. de La Tour, gouverneur d'Arras, écrite à monseigneur le prince de Conty. *Paris*, 1649, 4 pages.

Datées des 14 et 17 janvier.
Fausses et supposées (*Mascurat*, p. 15).

2096. Lettre du cardinal Mazarin, envoyée à la reine touchant sa sortie hors du royaume, du 6 mars 1651. (S. l.), 1651, 6 pages.

2097. Lettre du cardinal Mazarin envoyée à ses nièces sur son arrivée à Saint-Germain, avec leur Réponse. (S. l.), 1652, 7 pages.

La lettre est datée de Saint-Germain, le 27 avril; la réponse sans date. Fausses toutes deux, mais rares.

2098. Lettre du cavalier Courtois à mademoiselle Rudesse, avec la Réponse de mademoiselle Rudesse. *Paris*, veuve Théodore Pépingué et Étienne Maucroy, 1649, 8 pages.

« Permettez que le maître d'hôtel de votre bonté fasse du feu dans la chambre de votre cœur pour réchauffer les pieds de mes désirs. »

2099. Lettre du chevalier Georges de Paris à monseigneur le prince de Condé. *Paris*, 1649, 18 pages.

Naudé revient trois fois sur cette lettre dans le *Mascurat*, pages 11, 199 et 208 ; et toujours il la cite comme un des plus remarquables pamphlets.

Guy Patin la range parmi les *meilleurs*, dont il espère à la fin un recueil (Lettre à Spon du 14 mai 1649, p. 190 du 1ᵉʳ volume).

Mais il est à remarquer que l'un et l'autre écrivent toujours *la Lettre du chevalier Georges*. C'est que la *Seconde lettre* « ne ressemble en rien à celle qui l'avoit précédée. » (*Mascurat*, p. 15.) En d'autres termes, elle n'est pas de la même main que la première.

Il n'en faut pas moins deux pièces, et même trois ; la seconde lettre ayant été réimprimée en 1650 sous le titre de *la Troisième lettre du chevalier Georges à monsieur le Prince*.

« La fortune accoucha de ce monstre adultérin (Mazarin) pendant son divorce avec la vertu. »

« Nous n'avons pour toutes pièces de sa composition que des commentaires sur les brelans ; et la seule statue qui restera de lui en France, sera le valet de carreau dans le *Hoc mazarin*. »

« L'administration du royaume appartient naturellement aux enfants de France pendant la minorité du roi. »

La *Lettre* est assez commune.

Il y en a une édition in-12, s. l. n. d., 17 pages.

2100. Lettre du comte de Grancey à monseigneur le prince de Condé. (S. l.), 1649, 8 pages.

Fausse et supposée (*Mascurat*, p. 15).

2101. Lettre du comte-duc d'Olivarez, ministre d'État du roi d'Espagne, à Jules Mazarin, cardinal, naguères ministre d'État du roi de France. *Paris*, François Noël, 1649, 8 pages.

Citée à la p. 15 du *Mascurat* parmi les lettres fausses et supposées.

2102. Lettre (la) du duc de Bouillon envoyée au maréchal de Turenne, ensemble la Réponse du maréchal de Turenne au duc de Bouillon. (S. l. n. d.), 3 pages.

La lettre est datée de Bordeaux, le 7 juin 1650; la réponse porte la date du 10 !

C'est ridicule; mais c'est rare.

J'en dirai autant de celle qui suit :

2103. Lettre du duc de Lorraine à madame la duchesse d'Orléans, sa sœur, touchant la marche de son armée, et les assurances qu'il lui donne, qu'il vient se joindre à Son Altesse Royale pour éloigner le Mazarin. *Paris*, Jacob Chevalier, 1652, 7 pages.

Datée de Tugry (*sic*), le 30 avril.

2104. Lettre du duc de Lorraine à messieurs de la ville de Paris, ensemble les particularités de son armée, et les noms des chefs qui la conduisent. *Paris*, Louis Hardouin, 1652, 8 pages.

Datée de Neufchâtel, le 26 mai.

2105. Lettre du duc de Lorraine au maréchal de Turenne qui a été interceptée, par laquelle il tâche de couvrir sa trahison manifeste. *Paris*, A. Chouqueux, 1652, 7 pages.

Datée du camp de Soissy, le 16 juin.

La permission du duc d'Orléans ne me paraît pas une garantie suffisante d'authenticité. Je ne crois pas que les banalités qui allongent démesurément la lettre soient du duc de Lorraine.

2106. Lettre du duc de Lorraine, avec la déclaration de ses bonnes intentions pour le secours de Paris et la conclusion de la paix générale, à tous les bons et véritables François. *Paris*, veuve J. Guillemot, 1652, 8 pages.

Datée de Tugny, le 29 avril.

2107. Lettre (la) du duc de Lorraine écrite à monseigneur le prince de Condé sur l'avancement de ses troupes. *Paris*, Charles Le Roy, 1652, 7 pages.

Datée de Bruxelles, le 20 février.
Pathos ridicule, mis à la charge du duc de Lorraine avec la permission du duc d'Orléans.

2108. Lettre du duc de Lorraine envoyée à Mademoiselle, la suppliant de dire à Son Altesse Royale qu'il désire revenir à Paris pour joindre ses troupes à celles de messieurs les princes pour la destruction du Mazarin. *Paris*, André Moreau, 1652, 4 pages.

Datée du camp proche de Château-Thierry, le 6 juillet, et signée Charles de Lorraine. Fausse.

2109. Lettre du duc de Lorraine, envoyée à S. A. Royale madame la duchesse d'Orléans, sur la diligence qu'il fait pour le secours de la ville de Paris. *Paris*, veuve J. Guillemot, 1652, 7 pages.

Datée du camp près d'Étampes, le 10 mars 1652, et signée Charles, duc de Lorraine.

2110. Lettre du duc de Lorraine, envoyée à Son Altesse Royale madame la duchesse d'Orléans, sur la marche de son armée pour le secours de la ville de Paris. *Paris*, veuve J. Guillemot, 1652, 6 pages.

Datée du camp d'Avenay, le 8 mai, et signée Charles, duc de Lorraine.
Je ne garantirais pas l'authenticité de ces deux lettres.

2111. Lettre du duc de Wirtemberg (*sic*) au roi sur la jonction de son armée aux troupes de Son Altesse Royale et de messieurs les princes, demandant l'entier repos de la France sur les mouvements présents, et la paix générale entre les deux couronnes, écrite de Nussy, le 4e jour de septembre 1652. *Paris,* 1652, 6 pages.

Le titre seul indique qu'elle est fausse.

2112. Lettre du duc des Ursins au cardinal Mazarin. (S. l.), 1651, 8 pages. *Rare.*

2113. Lettre du garde des sceaux envoyée à tous ceux qui tiennent le parti du Mazarin, pour les faire sortir hors de Paris avant le 14 juillet. *Paris,* Ph. Ardouin, 1652, 7 pages.

Datée de Saint-Denys, le 11 juillet. Fausse.

2114. Lettre (la) du Grand Turc écrite au roi d'Espagne, ensemble les présents envoyés par son camérier, et les articles proposés de la part du Grand Seigneur à Sa Majesté Catholique. *Paris,* 1649, 7 pages.

2115. Lettre du Grand Turc écrite en France à M. Rousseau, avocat au conseil, au sujet des Arméniens pris en mer, qui sont de présent à Paris. *Paris,* Nicolas Jacquard, 1650, 6 pages.

Elle est du 25 octobre. Elle a été traduite par Bugeol, interprète des langues orientales.

On faisait de l'affaire de ces Arméniens un grief contre Mazarin.

2116. Lettre du maréchal d'Aumont au roi, où il lui rend compte de ce qu'il a fait avec son armée, depuis le commencement de la campagne jusqu'au 6 septembre. *Paris, jouxte la copie imprimée à Bruxelles,* 1651, 16 pages.

Datée du camp de Cateau-Cambrésis, le 6 septembre 1652, et signée Antoine d'Aumont-Roche-Baron.

La date de 1652 est une faute de l'imprimeur ; car Renaudot se dit autorisé à démentir la lettre, dans la *Gazette* du 3 octobre 1651. Et ce n'est pas le moins plaisant de l'affaire, que le maréchal se soit cru obligé de faire publier qu'il n'avait rien écrit de semblable.

Il est bien clair qu'il n'y a pas d'édition de Bruxelles.

2117. Lettre du maréchal de Thurenne (*sic*), envoyée à monseigneur le Prince, sur le sujet de son mécontentement en cour, et sur ce qu'il a quitté le commandement de l'armée mazarine, où il lui offre son service. *Paris*, Jacob Chevalier, 1652, 7 pages.

Datée de Pontoise, le 17 août, et signée de Thurenne. Rien n'y manque, si ce n'est la vérité.

J'ajoute qu'elle n'est pas commune.

2118. Lettre du maréchal de Turenne écrite au comte de Palluau, contenant l'état particulier de l'armée de messieurs les princes et de celle du même maréchal. *Paris*, Nicolas Lerrein, 1652, 8 pages.

Datée du camp, près de Villeneuve-Saint-Georges, le 18 septembre, et non signée.

Fausse et sotte.

2119. Lettre du Mazarin écrite à l'agent de ses affaires à Rome pour son retour. *Paris*, 1649, 11 pages.

De Saint-Germain en Laye, le 25 février.

2120. Lettre (la) du Pape écrite au roi sur le sujet de la détention du cardinal de Retz, traduite du latin en françois. (S. l., 1653), 4 pages in-32. *Très-rare*.

2121. Lettre du Parlement d'Angleterre envoyé (*sic*) au cardinal Mazarin. *Jouxte la copie imprimée à Londres*, 1651, 7 pages. *Rare*.

Il faut retourner le titre et lire : *Lettre du cardinal Mazarin au Parlement d'Angleterre*, ou plutôt *à Cromwel*.

L'édition de Londres n'existe pas.

2122. Lettre du Parlement de Bordeaux écrite à messieurs les députés du Parlement de Paris, étant à Libourne. *Paris*, Nicolas Bessin, 1650, 4 pages.

Datée du 12 août.

2123. Lettre du Parlement de Bordeaux écrite à M. le duc d'Orléans, avec la lettre circulaire envoyée à tous les parlements de France. *Bordeaux*, J. M. Millanges, 1651, 4 pages.

Datées toutes deux du 27 novembre.

2124. Lettre du Parlement de Bordeaux écrite au Parlement de Paris, avec le registre dudit Parlement présenté par le député d'icelui audit Parlement de Paris, le 6 juillet 1650, sur l'infraction de la paix faite par le duc d'Épernon, la liberté de messieurs les princes et les procédures violentes du sieur Froulé. (S. l. n. d.), 8 pages.

Datée du 18 juin 1650. Après la lettre, on lit l'arrêt du 1er juillet, qui ordonne des remontrances pour la liberté des princes, et autorise la princesse de Condé et le duc d'Enghien à demeurer dans Bordeaux.

2125. Lettre du Parlement de Grenoble au Parlement de Paris. *Paris*, Pierre Du Pont, 1651, 4 pages.

Simple accusé de réception de la *Lettre de nos seigneurs de la cour de Parlement de Paris*, etc., du 10 février. Sans date.

2126. Lettre du Parlement de Metz à monseigneur le duc d'Orléans, lieutenant général du royaume pendant l'absence et la captivité du roi, touchant la retraite du cardinal Mazarin dedans la ville et citadelle de Metz. *Paris*, Jacob Chevalier, 1652, 7 pages.

Datée de Toul, le 10 août.
Le Parlement n'a point écrit cette lettre.

2127. Lettre (la) du Parlement de Paris écrite aux autres parlements de France sur la mauvaise conduite du cardinal Mazarin. *Paris*, 1651, 4 pages.

Du 10 février 1651.

Même pièce que la *Lettre de nos seigneurs de la cour du Parlement de Paris*, etc.

2128. Lettre du père Michel, religieux hermite de l'ordre des Camaldoli près Grosbois, à monseigneur le duc d'Angoulême sur les cruautés des mazarinistes en Brie. *Paris*, 1649, 32 pages.

Guy Patin la cite parmi les meilleurs pamphlets, dans la lettre à Spon du 14 mai 1649, page 190 du Ier volume.

Naudé l'indique, pages 11, 199 et 208 du *Mascurat*, sous le titre très-abrégé de la *Lettre du religieux*.

Enfin, Mailly y renvoie son lecteur dans la note de la page 294 du IIe volume de *l'Esprit de la Fronde;* mais il soupçonne qu'il y avait « plus que de l'exagération dans ces tableaux, et qu'il faut rabattre beaucoup de toutes ces noires hyperboles. »

Il semble en effet difficile d'admettre par exemple tout ce que dit le père Michel des profanations et viols qui auraient été commis dans les abbayes d'Yerre et de Jarcy. Et encore faut-il croire que le comte de Grancey qui commandait l'armée royaliste, ait coupé des tableaux dans leurs enchassures pour les voler?

C'est le duc d'Angoulême qui avait fondé les camaldules de Grosbois.

Le père Michel essaye de répondre à ceux qui pensaient qu'il fallait un ministre pour tenir la balance entre le duc d'Orléans et le prince de Condé. C'était donc une opinion bien répandue.

On fit, en 1652, une réimpression de la *Lettre du père Michel* sous le titre de le *Comète royal*, etc. Mailly qui ne s'est pas aperçu de la supercherie, cite le *Comète* comme une pièce originale (*note* de la page 60 de son V^e volume).

2129. Lettre du prince de Galles envoyée à la reine d'Angleterre, avec les regrets du même prince sur la mort du roi de la Grand Bretagne (*sic*), son seigneur et père, arrivée d'Amsterdam, le 24 février 1649. *Paris*, veuve André Musnier, 1649, 8 pages.

2130. Lettre du prince généreux à Mademoiselle. *Paris*, Claude Boudeville, 1649, 4 pages.

Datée du 20 janvier.

2131. Lettre du prince Thomas à madame de Savoie, touchant la neutralité avec l'Espagnol par les intrigues de Mazarin, datée du 9e jour d'août 1652. *Paris*, 1652, 7 pages.

Signé Thomas de Savoie.
Le prince Thomas était alors fort avant dans les secrets et les bonnes grâces de la cour. La lettre est donc fausse.

2132. Lettre du R. P. N. Caussin, de la compagnie de Jésus, à une personne illustre sur sa curiosité des horoscopes. *Paris*, Denys Bechet, 1649, 10 pages.

On y lit qu'un imprimeur de Paris glissa dans un almanach de Troyes un carton où il prédisait, après coup, pour le commencement de janvier 1649 un grand débordement d'eau et une émotion populaire, causée par le départ des grands ; ce qui produisit une grande sensation dans le public.
C'est le seul point par lequel cette lettre touche à la Fronde.

2133. Lettre du roi à l'archiduc Léopold, avec la Réponse de l'archiduc à Sa Majesté, sur les offres de lui remettre Dunkerque et La Bassée entre les mains, en retirant son armée entrée en France. *Paris*, L. Hardouin, 1652, 8 pages.

La lettre est datée de Saint-Denys, le 2 juillet ; la réponse de Bruxelles, le 6. Malgré la permission expresse du duc d'Orléans, je ne crois pas à l'authenticité de cette correspondance. C'est une fraude *patriotique* de la Fronde.

2134. Lettre du roi à messieurs de l'assemblée générale

du clergé de France, touchant le procédé de M. le cardinal de Retz, en la révocation du grand vicaire de l'archevêché de Paris, du 2 juillet 1656. *Paris*, par les imprimeurs et libraires ordinaires du roi, 1656, 12 pages.

Aubery a publié cette lettre, page 509 du IIIe volume de son *Histoire du cardinal Mazarin*.

2135. Lettre du roy à messieurs les prévôt des marchands et échevins de sa bonne ville de Paris sur l'assurance du payement des rentes, de Saumeur (*sic*), le seizième de février 1652. *Paris*, Pierre Rocollet, 1652, 4 pages.

2136. Lettre du roi à monseigneur le duc de Montbazon, pair et grand veneur de France, gouverneur et lieutenant général pour le roi en la province de l'Ile-de-France, contenant le succès du voyage du roi en sa province de Berry, et quelques particularités de la conduite de M. le Prince. *Paris*, veuve Claude Ribot, 1651, 8 pages.

Datée de Bourges, le 17 octobre.

2137. Lettre du roi à Notre Saint Père le Pape, touchant les affaires du cardinal de Retz. (S. l. n. d.), 7 pages.

Datée du 12 décembre 1654. Elle est dans les *Mémoires* du cardinal de Retz, page 508, coll. Michaud.

2138. Lettre du roi à sa cour de Parlement de Paris, tant sur ce qui s'est passé à Paris, le 11 décembre dernier, que sur les entières satisfactions que Sa Majesté témoigne d'avoir reçu (*sic*) de la fidélité des peuples et bourgeois de sa bonne ville de Paris. *Paris*, Antoine Estienne, 1649, 8 pages.

Datée du 12 décembre.

2139. Lettre du roi à toutes les villes et communautés de la Provence. (S. l. n. d.), 3 pages.

Du 24 juin 1649.

Elle accompagnait la *Lettre du roi en forme de déclaration adressée à monseigneur le comte d'Alais*, etc., sous la même date.

2140. Lettre du roi au Parlement de Paris écrite de Saumur, le 22 février 1652, sur les affaires présentes. *Paris,* par les imprimeurs et libraires ordinaires du roi, 1652, 8 pages.

L'édition originale est de Saumur : *Lettre du roi écrite à son Parlement de Paris,* etc.

2141. Lettre du roi aux gouverneurs des provinces sur ce qui s'est passé avec les députés venus de Paris, le 25 février 1649, et les réponses faites auxdits députés. *Saint-Germain-en-Laye,* le 27 février, 3 pages.

La lettre est datée du 26.

2142. Lettre du roi aux prévôt des marchands, échevins et bourgeois de la ville de Paris, écrite le premier jour de février 1649. *Saint-Germain-en-Laye,* le 2, 4 pages. *Rare.*

Pour les engager à quitter le parti du Parlement.

2143. Lettre du roi aux prévôt des marchands et échevins de la ville de Paris, ensuite des articles arrêtés à Ruel le 11 mars 1649. *Saint-Germain-en-Laye,* 4 pages.

Datée du 29 mars.

Il y en a une édition de Paris avec le titre de *Lettre du roi, envoyée à messieurs les prévôt des marchands et échevins de la ville de Paris,* etc.

2144. Lettre du roy d'Espagne apportée à la reyne par dom Gabriel de Tolède, le 8 de juin 1652, touchant sa conduite et le sujet de l'avancement des troupes espagnoles en France, avec le nombre de celles qui viennent encore pour joindre les autres auprès de Paris. *Paris*, Jean L'Hoste, 1652, 8 pages.

Datée de Madrid, le 24 mars 1652, et signée Philippe.
Cette lettre n'a pas plus été traduite par Roberval qu'écrite par le roi d'Espagne ; mais elle est très-rare.

2145. Lettre du roi d'Espagne envoyée au duc de Lorraine sur la frontière de France, pour le prier de s'avancer pour le soulagement de messieurs les princes. *Paris*, Jacob Chevalier, 1652, 7 pages.

Datée de Tolède, le 2 avril, et signée Philippe.
Fausse, aussi bien que les nouvelles qui la suivent.

2146. Lettre (la) du roi d'Espagne et celle de l'empereur envoyées aux Parisiens, touchant les motifs de la paix générale. *Paris*, veuve J. Remy, 1649, 7 pages.

Sotte pièce, qui n'est pas commune.

2147. Lettre du roi de la Grande-Bretagne envoyée à son excellence le marquis de Montrose, gouverneur et lieutenant général, pour Sadite Majesté, d'Écosse et généralissime de ses armées par terre et par mer dans ce royaume, touchant l'ordre que Sa Majesté a donné pour le traité de la paix du royaume d'Écosse, qui se fera le 15 de mars, en la ville de Breda en Hollande, avec ordre pour les armées qui se lèveront audit royaume pour le roi contre le Parlement d'Angleterre, pour se venger de la mort du feu roi, son père. *Paris*, Guillaume Sassier, 1650, 6 pages.

2148. Lettre du roi de la Grande-Bretagne envoyée aux confédérés d'Écosse, pour réponse à la lettre qu'ils avoient envoyée au roi, par laquelle ils supplioient Sa Majesté de reconnoître pour légitime leur Parlement, et particulièrement les deux dernières séances de cette assemblée, lesquelles ils ont tenu (*sic*) depuis la mort du feu roi, son père, sans aucun ordre ou autorité de Sa Majesté à présent régnante, au très grand préjudice de Sa Majesté et de ses sujets d'Écosse, dans laquelle Sa Majesté donne ordre pour un traité pour la paix de ce royaume, et les assistances qu'ils contribueront au service de Sa Majesté pour venger le meurtre exécrable de son père, et pour son rétablissement dans ses droits en toutes (*sic*) ses royaumes, les qualifiant par l'adresse de sa lettre du titre d'un comité des états, seulement en ordre à ce traité, et donnée entre les mains de leur envoy (*sic*) M. Windram, écrite de Jarsay (*sic*), le 15 janvier 1650. *Paris,* Guillaume Sassier, 1650, 6 pages.

2149. Lettre du roi écrite à la cour de Parlement de Provence, de par le roi ou comte de Provence, avec les articles accordés tant aux officiers de guerre qu'autres officiers de la province. (S. l. n. d.), 8 pages. *Rare.*

Quatre pièces : 1. Déclaration du roi, 8 août 1649 ; 2. Lettre du roi, 8 août ; 3. Arrêt d'enregistrement rendu par la cour, 22 ; 4. Arrêt du Parlement pour la paix et l'exécution de l'amnistie, 25.

2150. Lettre du roi écrite à la cour de Parlement de Provence sur le sujet des affaires présentes, du 15 mai 1652. *Marseille,* 1652, 8 pages.

2151. Lettre du roi, écrite à messieurs les prévôt des marchands et échevins de sa bonne ville de Paris sur la défaite des troupes de M. le prince de Condé devant la ville de Coignac (*sic*), et la prise d'une des tours de la Rochelle, du 17 novembre 1651. *Paris,* P. Rocollet, 1651, 4 pages.

2152. Lettre du roi écrite à monseigneur le duc de Montbazon, pair et grand veneur de France, gouverneur et lieutenant général pour le roi à Paris et Isle-de-France, sur le sujet du siége de la ville de Cambray. *Paris*, veuve Ribot, 1649, 6 pages.

Datée du 28 juin 1649.

2153. Lettre du roi écrite à monsieur le duc d'Orléans, par laquelle on voit les dispositions que la cour a pour la paix. (S. l.), Julien Courant, 1652, 8 pages.

Datée de Mantes, le 15 octobre.
Elle est suivie de réflexions qui m'en rendent le texte quelque peu suspect.

2154. Lettre du roi écrite à sa cour de Parlement de Bordeaux, ensemble sa déclaration et articles de paix, avec l'arrêt de ladite cour donné en conséquence de ladite lettre, déclaration et articles. *Paris*, Guillaume Sassier, 1650, 4 pages.

Datée du 25 décembre 1649.
Il n'y a ici que la lettre du roi; mais toutes les pièces, promises au titre, sont contenues dans l'édition publiée à Bordeaux par J. Mongiron Millanges : *Lettre et déclaration du roi, avec les articles*, etc.

Cette édition a été réimprimée à Paris par Antoine Estienne, et à Tours, par Jean Oudot.

La *Déclaration* et les *Articles* que Guillaume Sassier promettait ont été en effet publiés, mais séparément.

2155. Lettre du roy écrite à sa cour de Parlement de Bordeaux, ensemble sa déclaration et articles de paix, avec l'arrêt de ladite cour donné en conséquence de ladite lettre, déclaration et articles. *Bourdeaux*, J. Mongiron Millanges, 1650, 16 pages.

Je ne sais pourquoi la lettre porte ici la date du 26 décembre; car c'est la même que dans la pièce qui précède.

2156. Lettre du roi écrite à Son Altesse Royale. *Paris, par les imprimeurs ordinaires du roi,* 1651, 4 pages.

Datée de Montargis, le 3 octobre.
Le roi donne à son oncle une sorte de blanc seing pour traiter avec le prince de Condé. Importante et peu commune.

2157. Lettre du roi écrite à Son Altesse Royale, de Bourges, le 7 octobre 1651. *Paris, par les imprimeurs et libraires ordinaires du roi,* 1651, 4 pages. *Rare.*

2158. Lettre du roi écrite à Son Altesse Royale, de Bourges, le 24 octobre 1651. *Paris, par les imprimeurs et libraires ordinaires du roi,* 1651, 4 pages.

Il y en a une autre édition, également de Paris et par les imprimeurs du roi, qui porte au titre *sur son départ de Bourges pour Poitiers.* 4 pages.

2159. Lettre du roi écrite à Son Altesse Royale, du Blanc en Berry, le 29 octobre 1651. *Paris, par les imprimeurs et libraires ordinaires du roi,* 1651, 7 pages. *Rare.*

On y trouve quelques détails sur la prise du château de Brilliac, dans la Marche, par les gentilshommes royalistes de cette province.

2160. Lettre du roi écrite à Son Altesse Royale, de Poitiers, le 16 novembre 1651. *Paris,* 1651, 4 pages.

2161. Lettre du roi écrite à son ambassadeur à Rome, le 4 octobre 1644. *Paris,* 1649, 8 pages.

A la suite de la lettre du roi, on lit une lettre de M. de Saint-Chaumont au cardinal Antonio Barberin, sous la date du 26 octobre, et la réponse du cardinal, datée du 25 (*sic*).
Il s'agit de l'élection du pape Urbain VIII (cardinal Panfili).

Le roi, mécontent du cardinal Antonio, lui fait retirer son brevet de protecteur des affaires de France et les armes.

On sait qu'un des griefs de la Fronde contre Mazarin était la protection accordée par la cour de France aux Barberins.

2162. Lettre du roi écrite à son Parlement de Paris sur l'entrée des Espagnols dans le royaume, de Saumur le 22 février 1652. *Saumur*, Antoine Hernault, 1652, 7 pages.

C'étaient les Espagnols du duc de Nemours.

Les imprimeurs du roi à Paris en ont donné une autre édition sous le titre de : *Lettre du roi au Parlement de Paris, écrite de Saumur*, etc.

Il faut y joindre la *Réponse à la 2ᵉ lettre des partisans du cardinal Mazarin*, etc.

2163. Lettre du roi écrite à son Parlement de Paris sur les affaires présentes, de Saumur le 11 février 1652. *Paris*, par les imprimeurs et libraires ordinaires du roi, 1652, 7 pages.

2164. Lettre du roi écrite au cardinal Mazarin. (S. l. n. d.), 2 pages. *Rare*.

Datée de Poitiers, le 12 décembre 1651. Le roi ordonne à Mazarin d'entrer en France avec les troupes qu'il a dû lever.

2165. Lettre (la) du roi écrite au duc de Lorraine pour la jonction de ses armes à celles de Sa Majesté. *Paris, jouxte la copie imprimée à Bruxelles*, par Isaac Bellaire, (s. d.), 6 pages.

Datée de Saumur, le 25 février 1652.
Je ne réponds pas de l'authenticité de cette lettre.

2166. Lettre du roi écrite au Parlement de Provence, avec l'arrêt de la cour, du 23 octobre 1651, intervenu en conséquence de ladite lettre. *Paris*, par les imprimeurs et libraires ordinaires du roi, 1651, 8 pages.

Datée du 13 octobre.

Quoiqu'il y en ait une autre édition de Paris, 1651, sans nom d'imprimeur, cette pièce n'est cependant pas commune.

2167. Lettre du roi en forme de déclaration, adressée à monseigneur le comte d'Alais, gouverneur et lieutenant général pour Sa Majesté en Provence, contenant les intentions de Sadite Majesté contre les rebelles dudit pays. *Marseille*, Claude Garcin, 1649, 6 pages. *Rare*.

Du 24 juin 1649.

Il faut y joindre la *Lettre du roi à toutes les villes et communautés de la Provence*.

2168. Lettre du roi envoyée à messieurs de la cour de Parlement de Paris sur son départ pour la Guyenne, lue le 8 juillet 1650. *Paris*, par les imprimeurs et libraires ordinaires du roi, 1650, 7 pages.

2169. Lettre du roi envoyée à messieurs de la cour des Aydes de Paris, du 30 mars 1649, apportée le 31 dudit mois de mars, par le sieur de Saintot, maître des cérémonies. *Paris*, P. Rocollet, 1649, 4 pages.

2170. Lettre du roi envoyée à messieurs de la cour des Aydes sur son départ pour la Guyenne, lue le huictiesme juillet 1650. *Paris*, par les imprimeurs et libraires ordinaires du roi, 1650, 7 pages.

2171. Lettre du roi envoyée à messieurs du Parlement de Rouen sur le sujet de sa majorité. *Rouen*, par les imprimeurs du roi, 1651, 4 pages.

Datée du 7 septembre.

2172. Lettre du roi envoyée à messieurs du Parlement

sur son voyage de Berry. *Paris*, veuve J. Guillemot, 1651, 4 pages.

Datée de Fontainebleau, le 1er octobre.

2173. Lettre du roi envoyée à messieurs les colonels de sa bonne ville de Paris. *Pontoise*, Julien Courant, 1652, 6 pages.

Datée de Mantes, le 26 septembre.

2174. Lettre du roi envoyée à messieurs les maires et échevins de la ville de Rouen, donnée à Pontoise, le 15e jour d'août 1652. *Rouen*, Jean Viret, 1652, 4 pages.

Pour la sûreté du commerce.

2175. Lettre du roi envoyée à messieurs les prévôt des marchands et échevins de la ville de Paris, apportée par M. de Saintot, maître des cérémonies, le 29 avril 1649. *Paris*, P. Rocollet, 1649, 4 pages.

Datée de Saint-Germain-en-Laye, le 28. Peu commune.

2176. Lettre du roi envoyée à messieurs les prévôt des marchands et échevins de la ville de Paris, ensuite des articles arrêtés à Ruel, le 11e mars 1649, pour la paix, ensemble l'ordonnance du roi pour la garde des portes de ladite ville et faubourgs de Paris. *Paris*, Pierre Rocollet, 1649, 7 pages.

Datée du 29 mars.
Elle a été publiée aussi sous le titre de : *Lettre du roi aux prévôt des marchands et échevins de la ville de Paris*, etc. N° 2143

2177. Lettre du roi envoyée à messieurs les prévôt des marchands et échevins de la ville de Paris pour aviser aux expédients plus propres à faire apporter incessamment des blés en ladite ville pour la nourriture des habitans d'icelle. *Paris*, Pierre Rocollet, 1649, 4 pages.

Du 10 septembre 1649.

2178. Lettre du roi envoyée à messieurs les prévôt des marchands et échevins de la ville de Paris sur l'assurance de son retour en sa bonne ville de Paris, apportée par monsieur de Sainctot, maître des cérémonies, le 12 août 1649. *Paris*, P. Rocollet, 1649, 4 pages.

Datée de Compiègne, le 11 août.

2179. Lettre du roi envoyée à messieurs les prévôt des marchands et échevins de la ville de Paris sur la grande défaite des troupes espagnolles, lorraine (*sic*) et autres rebelles de ce royaume, et pour assister au *Te Deum* où Sa Majesté sera en personne. *Paris*, Pierre Rocollet, 1650, 4 pages.

Datée de Paris, le 18 décembre.

2180. Lettre du roi envoyée à messieurs les prévôt des marchands et échevins de sa bonne ville de Paris au sujet du siége mis devant Cambray par l'armée de Sa Majesté, commandée par monseigneur le comte d'Harcourt, apportée le 30ᵉ jour de juin, par le sieur de Sainctot (*sic*), maître des cérémonies du roi. *Paris*, P. Rocollet, 1649, 6 pages.

Cambray fut investi le 25 juin. La lettre est du 28. Elle a été écrite pour que « tous les faux bruits et libelles qu'on fait répandre chaque jour, ne causent aucun mauvais événement. »

2181. Lettre du roy envoyée à messieurs les prévôt des marchans et échevins de sa bonne ville de Paris sur le sujet de son départ de sadite ville pour aller en sa province de Bourgogne, du quatrième mars 1650. *Paris*, Pierre Rocollet, 1650, 4 pages.

2182. Lettre du roi, envoyée à messieurs les prévôt des

marchands et échevins de sa bonne ville de Paris sur les affaires présentes, du premier juillet 1652. *Paris,* P. Rocollet, 1652, 6 pages. *Rare.*

Datée de Saint-Denys.

Le roi écrit qu'il a ordonné de porter à Paris le pain de Gonesse, et défendu d'en vendre à la cour. Il paraît que les Parisiens furent vivement touchés de cette bonté du prince; au moins le leur reproche-t-on avec aigreur dans quelques pamphlets.

Il y a une *Lettre des prévôt des marchands et échevins, écrite au roi,* etc., sur ce sujet.

2183. Lettre du roi envoyée à monseigneur l'archevêque de Paris sur le sujet de la paix, avec la Réponse dudit seigneur à Sa Majesté. *Paris,* Pierre Targa, 1652, 8 pages.

Les lettres sont sans date; mais il suffit de savoir qu'elles ont pour objet la publication de l'amnistie.

2184. Lettre du roi envoyée à monseigneur le maréchal de Lhopital, gouverneur de Paris, sur ce qui s'est passé entre les deux armées ès environs d'Étampes, de Saint-Germain, le 6 mai 1652. *Paris,* par les imprimeurs et libraires ordinaires du roi, 1652, 8 pages.

2185. Lettre du roi envoyée à monseigneur le maréchal de Lhopital, gouverneur de Paris, sur le sujet de son retour en cette ville. De Corbeil, le vingt-cinquième jour d'avril 1652. *Paris,* par les imprimeurs et libraires ordinaires du roi, 1652, 4 pages.

Si le roi ne retourne pas à Paris, c'est que « son château du Louvre n'est pas encore en état de le loger ! »

2186. Lettre du roi envoyée à monseigneur le maréchal de Lhopital, seul lieutenant général pour Sa Majesté en Champagne et Brie, contenant la relation véritable de tout ce qui s'est fait et passé à Réthel et à la ba-

taille faite en la pleine (*sic*), entre Saint-Etienne et
Cemide en Champagne, avec la prise de cinq cents
charriots et trois mille huit cents prisonniers, huit
pièces de canon et toutes leurs munitions et bagages,
et le nom des prisonniers par M. le maréchal du Plessis
Praslin, et l'ordre que Sa Majesté veut être observé
en ses villes de Champagne et Brie, au sujet de l'heureuse victoire remportée sur ses ennemis. *Paris*, Guillaume Sassier (s. d.), 4 pages.

Datée de Paris, le 20 décembre 1650.

2187. Lettre du roi envoyée à M. le maréchal de Lhopital,
gouverneur de la ville de Paris, sur ce qui s'est passé
entre l'armée du roi et celle des princes. *Paris*, par
les imprimeurs et libraires ordinaires du roi, 1652,
8 pages.

Datée de Gien, le 7 avril.
Récit du combat de Bleneau.

2188. Lettre du roi envoyée à monsieur le maréchal de
Lhopital, gouverneur de la ville de Paris, sur la
réduction de la ville de Xaintes à son obéissance.
De Blois, le 16° jour de mars 1652. *Paris*, par
les imprimeurs et libraires ordinaires du roi, 1652,
4 pages.

2189. Lettre du roi envoyée à monsieur le maréchal de
Lhopital, gouverneur de la ville de Paris, sur la réduction de la ville et château d'Angers à l'obéissance
de Sa Majesté. *Rouen*, par les imprimeurs ordinaires
du roi, 1652, 4 pages.

Datée du dernier février.

2190. Lettre du roi envoyée à monsieur le maréchal de
Lhopital, gouverneur de la ville de Paris, sur la réduc-

tion de la ville et château de Taillebourg, ensemble les articles de la capitulation accordée par messieurs Duplessis Bellière et Montausier, lieutenants généraux de l'armée du roi. De Sully, le dernier jour de mars 1652. *Paris*, par les imprimeurs et libraires ordinaires du roi, 1652, 8 pages.

2191. Lettre du roi envoyée à M. le maréchal de Lhopital, gouverneur de la ville de Paris, sur les affaires présentes (*de la Guyenne*). De Blois, le 23e jour de mars 1652. *Paris*, par les imprimeurs et libraires ordinaires du roi, 1652, 7 pages.

2192. Lettre du roi envoyée à nos seigneurs de la cour des Aydes sur l'assurance de son retour en sa bonne ville de Paris. *Paris*, P. Rocollet, 1649, 4 pages.

Datée de Compiègne, le 11 août.

2193. Lettre du roi envoyée à nos seigneurs du Parlement de Rouen sur le sujet des présents mouvements (*les violences exercées contre le Parlement de Paris et l'incendie de l'Hôtel de Ville*). *Rouen*, par les imprimeurs du roi, 1652, 8 pages.

Datée de Saint-Denys, le 10 juillet.

L'*Interprète du caractère du royaliste* nous apprend qu'il en fut fait une édition à Paris, mais que les imprimeurs furent poursuivis et obligés de s'absenter.

En même temps l'*imprimeuse* du duc d'Orléans, la veuve J. Guillemot, publiait la *Vérité de ce qui s'est passé à Paris en trois fâcheuses rencontres...*, avec la réponse à la Lettre, etc.

2194. Lettre du roi Henry IV en bronze du Pontneuf à son fils Louis XIII de la place Royale. *Paris*, Jean Paslé, 1649, 8 pages.

Datée du Pontneuf après minuit, le 26 mars.

L'auteur a publié peu de temps après la *Réponse du roi Louis XIII*, etc.

Cette correspondance posthume a donné lieu au dizain suivant, qui vaut infiniment mieux :

> « Quelle merveilleuse aventure
> Donne à ces images la voix
> Et leur fait violer les lois
> De la mort et de la nature ?
> France, c'est que, pour tes douleurs,
> L'excès de tes cruels malheurs
> Dans des princes de fer rencontre un cœur sensible,
> Quand ceux qui devroient t'arracher
> D'une calamité si longue et si terrible
> En ont de bronze et de rocher. »

2195. **Lettre du roi pour la convocation et assemblée des Estats généraux au huictiesme septembre prochain mil six cent cinquante et un, envoyée au bailly et sénéschal du pays et comté de Laval, avec l'arrest du conseil d'Estat donné en conséquence.** *Paris,* Antoine Estienne, 1651, 8 pages.

L'arrêt est du 6 juin, et la lettre du 12. C'est donc la lettre qui a été écrite en conséquence de l'arrêt. En effet, l'arrêt avait décidé que les lettres de convocation des États généraux seraient envoyées au bailly de Laval, et non au sénéchal du Maine.

2196. **Lettre du roi qui nomme le maréchal de La Mothe Houdancourt au commandement de l'armée de Catalogne, du 21 octobre 1651, 3 pages.**

Elle est sans titre, sans lieu, sans date.

2197. **Lettre du roi sur la détention des princes de Condé, de Conty et duc de Longueville, envoyée au Parlement, le 20 janvier 1650.** *Paris,* par les imprimeurs et libraires ordinaires du roi, 20 pages.

Datée du 19 janvier. C'est un des documents les plus importants de la Fronde, mais aussi les plus communs.

Omer Talon en parle fort longuement, p. 380 de ses *Mémoires*, coll. Michaud. Il dit qu'elle procédait de la main du cardinal Mazarin, lequel l'avait concertée avec Lionne. « Cette lettre, ajoute-t-il, fut lue dans la grand'chambre, en notre présence, avec grande attention et grand silence, personne n'ayant sourcillé ni rendu aucun témoignage de contradiction à tout ce qui est écrit en icelle, que j'ai appris être absolument dans la vérité de l'histoire, et qu'il n'y a dans tout ce narré aucune supposition. »

Il n'en parut pas moins presque immédiatement un libelle intitulé : *Réponse de messieurs les princes aux calomnies et impostures de Mazarin*.

La lettre est reproduite en entier dans les *Mémoires pour servir à l'histoire de Louis de Bourbon, prince de Condé* (par de La Brune), Ier vol., page 369.

Enfin, il y en a une seconde édition des imprimeurs et libraires ordinaires du roi, sur le titre de laquelle, après ces mots : *envoyée au Parlement, le 20 janvier*, on a ajouté ceux-ci : *Chambre des comptes, cour des Aydes, le 21 dudict mois de janvier* 1650. Elle est également de vingt pages.

Un anonyme l'a traduite en italien et publiée à Milan dès 1650. On la trouve indiquée sous le n° 715 du catalogue des livres de M. Ferd. Belvisi de Bologne, avec le titre de : *Lettera del re mandata al parliamento di Parigi*, etc.

2198. **Lettre du sieur Cermier de Sipois à monseigneur le duc d'Orléans, sur les défiances de quelques particuliers, touchant la paix.** *Paris*, 1649, 32 pages.

Cermier de Sipois, anagramme de Mercier de Poissi. Au-dessous de la signature, se trouvent les trois lettres P. A. N.

« Ouvrir des femmes grosses, tirer leurs fruits de leurs ventres et y mettre des chats au lieu....., attacher des chats au col des hommes nus, et fesser ces chats jusqu'à ce que de rage ils aient déchiré ces pauvres malheureux..., vouloir faire manger des hosties saintes à des bêtes..., tâcher, par des mariages faits à plaisir, de désunir les princes qui ont assisté les Parisiens; » telles sont les raisons de défiance.

L'abbé d'Artigny, dans le 7e volume de ses *Mémoires*, p. 358, n'ose pas assurer que Cermier de Sipois soit Nicolas Mercier, sous-principal des grammairiens au collége de Navarre et régent de troisième dans le même collége. Il semble que les trois initiales que j'ai signalées tout à l'heure, ne laissent pas de doute à cet égard. Elles peuvent très-bien signifier au moins *principal à Navarre.*

Pourquoi Nicolas Mercier ne serait-il pas le pamphlétaire qu'on voit désigné dans quelques mazarinades sous le nom de *Grammairien de Samothrace ?* il aurait alors publié la *Véritable censure de la* Lettre d'avis à messieurs du Parlement de Paris par un provincial, et peut-être d'autres pamphlets encore.

2199. Lettre du sieur de Giac, domestique de monseigneur le duc d'Épernon, au sieur de La Chabanne, auteur du libelle intitulé : *la Réponse faite par un de messieurs les conseillers du Parlement de Paris à la lettre à lui écrite par M. le duc d'Épernon.* Cadillac, 1650, 78 pages.

Datée de Cadillac, le 31 octobre 1650.

J'y lis que La Chabanne était fils d'un fabricant de boutons, qui avait appris son métier chez Verneuil, surnommé le diable. Il était trésorier en la généralité de Bordeaux et partisan des tailles de la ville, d'où il fut chassé pour ses exactions avec son beau-frère, M. de Lauson, intendant de justice en Guyenne, qui n'était cependant pas son complice.

L'auteur des *Avis salutaires* nie que La Chabanne ait été partisan des tailles ou du sou pour livre ; mais il semble passer condamnation sur le reste.

Giac formait avec Saint-Méard et Barrière le triumvirat qui gouvernait la Guyenne sous le duc d'Épernon, « Giac, dit Fonteneil dans l'*Histoire des mouvements de Bordeaux*, Giac que le duc avoit tiré du greffe de la bourse pour le faire intendant de son conseil et de sa maison. »

L'impression de ce pamphlet ne fait pas honneur aux presses de Cadillac. Elle est lourde et pâteuse. Les caractères sont inégaux, carrés ; la justification trop large ; le papier grossier. L'établissement de cette imprimerie, surtout l'emploi qui en était fait pour l'impression des *ordonnances* du gouverneur, était un des griefs du Parlement contre le duc d'Épernon.

M. Gabriel Peignot ne la cite point parmi les imprimeries particulières dont il donne la liste chronologique dans ses *Curiosités bibliographiques*. C'est donc une lacune à remplir. L'imprimerie de Cadillac doit occuper le quatrième rang, avant celle de Richelieu, qui est peut-être plus ancienne de date, mais dont les premiers produits connus sont deux ouvrages de Desmarets, imprimés en 1653 et 1654.

Je n'ai trouvé la *Réponse* de La Chabanne que dans la *Lettre de monsieur le duc d'Épernon à un de messieurs du Parlement de Paris*, etc.

2200. Lettre du sieur de Nacar à l'abbé de La Rivière, à Saint-Germain-en-Laye, sur les affaires de ce temps où est représenté les moyens (*sic*) pour faire la paix. *Paris*, v° d'Anthoine Coulon, 1649, 8 pages.

Datée du 11 février.

L'abbé d'Artigny s'est servi du *Qu'as-tu vu de la cour* et de la *Sanglante dispute arrivée sur le jeu*, etc., pour faire l'article qu'il a consacré à l'abbé de La Rivière dans le II° vol. de ses *Mémoires*, page 34. Apparemment il n'a pas connu cette lettre, non plus que la *Lettre à l'abbé, burlesque*, la *Lettre d'un religieux à M. l'abbé de La Rivière*, etc., et la *Lettre de Belleroze à l'abbé de La Rivière*, etc.

2201. Lettre du sieur du Pelletier à monseigneur le duc de Beaufort, du dixième février 1649, sur son heureuse entreprise pour les armes du roi et des bons François. *Paris*, Nicolas de La Vigne, 1649, 7 pages.

Il y a une *Seconde lettre*, datée du 6 mars 1649, et dans laquelle le sieur du Pelletier met le duc de Beaufort au-dessus de Socrate et de Salomon !

2202. Lettre du sieur Lafleur écrite au sieur de l'Épine, à Saint-Germain-en-Laye, le 9 février 1649, contenant le grand nombre des pièces imprimées contre Jules Mazarin. *Paris*, Jean Brunet, 1649, 10 pages.

Catalogue de cent dix pièces.

On doit la joindre aux deux *Lettres d'un gentilhomme suédois à un seigneur polonois*, etc.

2203. Lettre du sieur Mazarini au cardinal Mazarin, son fils, de Rome, du 25 octobre 1648, tournée d'italien en françois par le sieur de Lionne, avec la Réponse du cardinal Mazarin à son père. *Paris*, 1649, 16 pag.

Il y en a une autre édition en petits caractères, ainsi intitulée :

2204. Lettre du sieur Mazarini au cardinal Mazarin, son fils, de Rome, le 25 octobre 1648, avec la Réponse du cardinal Mazarin à son père. (S. l. n. d.), 6 pag.

Naudé n'en fait mention que pour la ranger parmi les pièces fausses et supposées. (*Mascurat*, p. 15.)

Elle a été publiée, la même année, sous le titre de : *le Politique étranger*.

Cela n'est pas mal fait.

2205. Lettre (la) du sieur Pepoli, comte bolognois, écrite au cardinal Mazarin, touchant sa retraite hors du royaume de France. (S. l.), 1649, 8 pages.

Signé : Marco-Flaminio Pepoli.

Fausse et supposée. (*Mascurat*, p. 15.)

L'auteur prétend que Mazarin avait fait venir Magalotti de Florence sous promesse du bâton de maréchal, mais à la condition d'être reconnu pour son parent. Magalotti vint et refusa de le reconnaître. Il est parlé de ce refus dans la *Lettre du chevalier Georges*.

Cependant Magalotti fut nommé maréchal de camp ; et il aurait été maréchal de France après la prise de La Mothe, s'il n'avait été tué pendant le siége.

2206. Lettre du soldat françois au cavalier Georges, ou Suite de la *Lettre à M. le cardinal, burlesque. Paris*, Jacques Cailloué, 1649, 18 pages.

Signé : Longin Toupin.

« A Paris ce vingt-sept mars,
Au matin dix heures trois quarts. »

Elle a été réimprimée à Rouen sous le même titre, 1649, 8 p.
Denys Langlois l'a publiée de son côté ; et il l'a intitulée :

2207. **Lettre du vrai soldat françois au cavalier Georges,** ensuite de la *Lettre à M. le cardinal, burlesque*. Paris, 1649, 19 pages.

Dans cette édition, le roi d'Angleterre est appelé Jacques, au lieu de Charles.

Bonne pièce, mais, comme on voit, assez commune.

L'auteur recommande pour le ministère Harlay de Chanvallon, archevêque de Rouen.

> « Gaillon nous garde un politique...
> Qui sait Aristote et Platon,
> Qui sait par cœur son Xénophon,
> Bodin, Philippe de Commines,
> Mieux que vêpres et que matines. »

2208. **Lettre écrite à monseigneur l'archevêque d'Ambrun** (*sic*) **par un clerc de son diocèse,** sur l'opposition formée au sceau par l'assemblée du clergé de France, tenue à Paris, et signée de lui, à la déclaration du roi poursuivie et depuis obtenue et vérifiée par le Parlement de Paris pour exclure les cardinaux, même françois, de l'entrée du conseil du roi. *Ambrun*, 1651, 23 pages.

Datée d'Ambrun, le 1ᵉʳ mai, et signée Thimhée

Ensuite est l'acte d'opposition, signé Georges d'Aubusson, archevêque d'Ambrun, et plus bas Tubeuf, sous la date du 16 mars 1651.

2209. **Lettre écrite à monsieur le comte Pigneranda,** plénipotentiaire d'Espagne pour la paix générale, sur le retour du roi dans sa ville de Paris, par un fameux religieux de la ville de Douay, traduite de l'espagnol en françois. *Paris*, Pierre Variquet, 1649, 8 pages.

2210. **Lettre écrite à Son Altesse Royale par le sieur Peuche,** sieur de la Pesche, syndic de tous les bons et véritables François frondeurs, fidèles serviteurs de Sa Majesté, pour la conservation de l'État, réunion de la maison royale, tranquillité publique et paix générale. (S. l., 1652), 8 pages.

Peuche veut qu'on chasse Châteauneuf, le premier président, et surtout Gondy qu'il appelle *ce petit prélat corinthien.* Il demande qu'on fasse restituer aux partisans « les deux tiers des sommes qu'ils ont volées, ainsi qu'il est établi dans la pièce qu'il a dédiée et envoyée à Son Altesse Royale et qu'il renvoie imprimée par M. le comte de la Serre. »

Il paraît qu'il n'habitait pas Paris ; car il dit : « Je serai ravi d'aller faire la révérence à Votre Altesse Royale dans son palais à Paris. » Si j'en crois le *Journal contenant ce qui se passe de plus remarquable dans le royaume*, etc., il y vint en effet; car on le vit, le 14 septembre, insulter dans le palais d'Orléans le cardinal de Retz, qui revenait de Compiègne.

Je ne connais pas la pièce dont il se dit l'auteur.

2211. Lettre écrite à un gentilhomme de monseigneur le duc de Mercœur par un sien ami, sur l'état présent des affaires de Catalogne. De Barcelonne, le 29 juin 1650. *Paris*, Pierre du Pont, 1650, 14 pages.

Signé Bon-air (Bonair).

2212. Lettre écrite au chevalier de La Valette, sous le nom du peuple de Paris, avec la Réponse aux placards qu'il a semés dans ladite ville. *Paris*, Mathieu Colombet, 1649, 8 pages.

Les placards étaient intitulés, l'un : *A qui aime la vérité*, l'autre : *Lis et fais*.

Bonne et rare.

2213. Lettre écrite au roi par des anciens échevins de Paris, sur les assurances d'une bonne et véritable paix générale, suivant la déclaration de Son Altesse Royale et de messieurs les princes, du 22 août 1652, et aussi sur le retour de Sa Majesté en sa bonne ville de Paris. *Paris,* Jean Richard, 1652, 8 pages.

Datée du 23 août, et signée N. P. T.

Rare, mais bien insignifiante.

2214. Lettre (la) écrite au roi par deux notables bourgeois de Paris, sur son prochain retour dans sa ville. *Paris*, Alexandre Lesselin, 1650, 7 pages.

2215. Lettre écrite au roi par M. le prince de Condé, sur le sujet de son absence à l'action de sa majorité, du 6 septembre 1651. *Paris*, Nicolas Vivenay, 1651, 4 pages.

2216. Lettre écrite de Bourdeaux, contenant l'inventaire de tout ce qui s'est trouvé dans le château Trompette, après sa prise, avec l'ordre qui a été gardé à la sortie de la garnison dudit château. *Paris*, Nicolas de La Vigne, 1649, 8 pages.

Datée de Bordeaux, le 23 octobre.
Elle n'est pas commune.

2217. Lettre écrite de Bordeaux sur le Chapeau rouge, avec la Réponse. (S. l.), 1651, 8 pages.

La lettre est signée : l'Hôte du Chapeau rouge de Bordeaux; la réponse : l'Hôte du Chapeau rouge de la rue Saint-Honoré.

J'ai dit la réponse pour me conformer au titre. Le fait est que le Chapeau rouge de Paris envoie à son confrère, pour toute réponse, les *Très-humbles remontrances à nos seigneurs du Parlement pour les cardinaux françois*.

2218. Lettre écrite de Madrid par un gentilhomme espagnol à un sien ami, par laquelle il lui découvre une partie des intrigues du cardinal Mazarin, traduite de l'espagnol en françois. *Paris*, veuve J. Guillemot, 1649, 7 pages.

Datée du 7 février, et signée L. D. N.

2219. Lettre écrite de Munster à monsieur le nonce du pape sur le sujet de la paix. *Paris*, 1649, 10 pages.

Sans date; signé Servien.

2220. Lettre écrite de Poitiers, portant la réponse aux *Avis* publiés à Paris, sous le nom de monsieur de Châteauneuf, touchant les affaires du temps. *Paris*, Louis Chamhoudry, 1651, 15 pages.

2221*. Lettre écrite de Turenne par la princesse de Condé à la reine.

Villefore. *Vie de la duchesse de Longueville*, 1re part., p. 204.

2222. Lettre écrite par l'archiduc Léopold à messieurs les président et gens tenant la cour de Parlement de Paris. *Paris*, Pierre Variquet, 1649, 4 pages.

C'est la fameuse lettre de créance de don Joseph de Illescas e (*sic*) Arnolfini. Elle est dans le *Journal du Parlement.*

L'édition de Pierre Variquet est rare.

2223. Lettre écrite par messieurs les princes à nos seigneurs de Parlement. *Paris*, Nicolas Bessin, 1650, 4 pages.

Sur leur transfert au Havre.

L'édition originale est intitulée : *Lettre de messieurs les princes prisonniers*, etc.

2224*. Lettre en vers pour Mazarin contre Gondy.

Guy Patin. *Lettres à Spon*, t. II, p. 169.

2225. Lettre envoyée à Dom Francisco Maria del Monacho, sicilien, supérieur des Théatins, prédicateur et confesseur du cardinal Mazarin, où il est sommairement répondu aux libelles diffamatoires jettés à Paris par les ennemis de l'État. *Paris*, Pierre Du Pont, 1649, 8 pages.

2226. Lettre envoyée à la reine, à la mort du duc de Châtillon. *Paris*, Michel Mettayer, 1649, 8 pages.

2227. Lettre envoyée à la reine de Suède pour la divertir de prendre les armes contre les Parisiens, par un bon et véritable François. *Paris*, Charles Chenault, 1649, 7 pages.

Signé D. P.
On trouve la même signature au bas d'une autre pièce : *la Joie publique sur le retour de la paix.*

2228. Lettre envoyée à monseigneur le duc de Beaufort sur la levée du siége de la ville d'Estampes, avec le nombre des morts et blessés, ensemble la marche de l'armée mazarine vers le village d'Estrechy. *Paris*, Jacob Chevalier, 1652, 7 pages.

La lettre n'est point datée ; mais elle est signée D. C. L. Elle est suivie de quelques réflexions fort insignifiantes.

2229. Lettre envoyée à monseigneur le duc de Longueville par un de ses sujets. *Paris*, Nicolas de La Vigne, 1649, 8 pages. *Rare.*

Signé B. P.
Après la prise de Quillebeuf par Fontaine Martel.

2230. Lettre (la) envoyée à monsieur le lieutenant général de la ville de Soissons, le 15 février 1649, touchant la grande affection que ledit lieutenant a témoigné avoir pour le roi et son Parlement, d'avoir fait fermer les portes de ladite ville contre les traitres échevins qui venoient d'offrir les clefs au cardinal Mazarin. A Saint-Germain-en-Laye, écrite par un fidèle sujet du roi, affectionné au bien de sa patrie. *Paris*, Alexandre Lesselin, 1649, 8 pages.

Signé Albin Trilmacrit.

2231. Lettre envoyée à Sa Sainteté, touchant le rétablissement de la paix générale de France. *Paris*, veuve Théod. Pépingué et Est. Maucroy, 1649, 7 pages.

2232. Lettre envoyée au roi par un docteur en théologie. (S. l.), 1651, 19 pages.

Signé A. L.

Pamphlet des plus furieux contre Mathieu Molé. Il en existe une contrefaçon de 1652, sous le titre de : *Généalogie du premier Président.*

2233. Lettre envoyée par Dom André Piedmontel (*sic*), gouverneur de Nieuport en Flandre, le 8 juin 1649, à messieurs les colonels et capitaines suisses, commandants ès armées et garnisons de Sa Majesté très chrétienne. (S. l. n. d.), 4 pages.

C'est une tentative d'embauchage.

2234. Lettre envoyée par la reyne à messieurs du Parlement, pour servir de réponse à la lettre à eux escrite par monsieur le Prince. *Paris,* v^e J. Guillemot, 1651, 7 pages.

Il s'agit de la lettre par laquelle M. le Prince demandait le renvoi de Le Tellier, Servien et de Lyonne.

2235. Lettre envoyée par l'archiduc Léopold à monseigneur le duc d'Orléans, avec la Réponse de Son Altesse Royale sur le sujet de la paix générale d'entre les deux couronnes de France et d'Espagne, présentée à son Altesse Royale dans son hôtel par un trompette de l'archiduc Léopold, le vendredi après midi, 2 septembre 1650. *Paris,* Guill. Sassier, 1650, 7 pages.

Elles sont dans le *Journal du Parlement* et dans la *Gazette.*

2236. Lettre envoyée sur le sujet de l'assemblée de la noblesse, et des procurations écrites dans les provinces. *Paris*, veuve J. Guillemot, 1651, 8 pages non chiffrées.

Cette lettre prouve qu'il y avait dans les provinces des résistances à l'Assemblée.
Voir le *Journal de l'Assemblée de la noblesse.*

2237. Lettre et déclaration du roi, avec les articles en conséquence accordés par Sa Majesté pour le repos et pour la tranquillité publique de ses sujets de la ville de Bordeaux, vérifiée au Parlement de ladite ville de Bordeaux, le 7 janvier 1650. *Bordeaux*, J. Mongiron Millanges, 1650, 8 pages.

La déclaration est du 25 décembre 1649.

2238*. Lettre et ordonnance du roi, envoyées à messieurs les prévôt des marchands et échevins de la ville de Paris, pour le rétablissement des colonels, capitaines, lieutenants et enseignes qui ont été et se sont démis depuis le 4 juillet 1652. *Paris*, Rocollet, 1652:

Bib. hist., 23511.

2239. Lettre et ordonnance du roi, envoyées à messieurs les prévôt des marchands et échevins de sa bonne ville de Paris, sur les affaires présentes. *Paris*, Pierre Rocollet, 1652, 7 pages.

L'ordonnance porte défense aux soldats du roi de couper les blés, enlever les échalas, gâter les vignes ni autres biens de la terre, forcer les maisons, etc. La lettre a pour but de faire connaître l'ordonnance aux habitants de Paris.
Elles sont datées de Melun le même jour, 22 juin 1652.

2240. Lettre familière envoyée de Saint-Germain à madame de Montbazon, touchant les articles de la paix. *Paris*, veuve d'Anthoine Coulon, 1649, 6 pages.

Signé P. D. B. L.

Mauvaise plaisanterie, qu'on ne trouve pourtant pas aussi souvent qu'on le voudrait.

2241. Lettre interceptée d'un serviteur de Dieu, savant et zélé, sur les véritables causes des misères de la France et de la calamité présente du peuple de Paris, avec apologie pour les prêtres séculiers et docteurs à qui on s'en prend, pour ne pas prêcher la vérité aux grands de la cour. *Paris*, 1652, 15 pages.

L'auteur, en effet, accuse les prêtres réguliers d'être traîtres à Dieu, à la religion et au roi, de prêcher de dangereuses maximes, de se relâcher de la juste sévérité de l'Église. Il défend au contraire les prêtres séculiers qu'il déclare innocents, gens de bien, humbles dans la hiérarchie de l'Eglise et dans l'obéissance de ses saints canons.

Ceux qui abusent de leur ministère, sont le père Léon qui fait tout ce qu'il peut pour être évêque; le père Faure qui a tant fait qu'il l'est; le jeune archevêque de Rouen, en payement de son archevêché, et les vingt-quatre évêques que la France a vus mazariner avec tant d'ignominie et de lâcheté (à Tours); le père Paulin, confesseur du roi; ce pauvre idiot de cordelier, confesseur de la reine (n'était-ce plus le père Faure?); et le Théatin (Maria del Monacho), confesseur de Mazarin.

Curieuse et rare. Pourtant elle a été contrefaite sous le titre de : *la Remontrance faite à la reine par les prédicateurs de la cour*, etc.

2242. Lettre interceptée de M. Servien à M. Gaultier, avec la Réponse contre ladite lettre. *Paris*, S. de Larru, 1652, 6 pages. *Rare*.

Datée de Pontoise, le 7 août.
M. Gaultier était un agent de la cour à Paris.

2243. Lettre interceptée du sieur Cohon, ci-devant évêque de Dol, contenant son intelligence et cabale secrète avec Mazarin. *Paris*, 1649, 7 pages.

Datée du 16 février, et signée C. E. D. D. (Cohon, évêque de Dol.)

Cette signature n'est pas authentique. Jamais les évêques ne signent de leur nom de famille; mais la lettre est au moins très-vraisemblable. Dénoncée au Parlement par le président de Novion, elle donna naissance à un procès criminel, dont on peut lire le récit dans le *Journal du Parlement*, audience du 28 février.

Il y en a une édition de quatre pages seulement.

Un pamphlétaire publia presque aussitôt la *Nouvelle proposition faite par les bourgeois de Paris*, etc.

2244. Lettre interceptée et déchiffrée du cardinal Mazarin à M. Le Tellier, surprise à son courrier par les gens du chevalier de Guyse, et envoyée à messieurs les princes, contenant les instructions du cardinal Mazarin pour le gouvernement des affaires pendant son absence. *Paris*, 1652, 15 pages.

Malgré le récit de la *surprise* du courrier, et le chiffre qui se trouve à la fin de la pièce, je ne crois pas à l'authenticité de cette lettre.

Pamphlet d'ailleurs très-insignifiant, s'il est rare.

2245. Lettre joviale à monsieur le marquis de La Boulaye, en vers burlesques. *Paris*, Sébastien Martin, 1649, 15 pages.

Naudé dit qu'il n'y a que cinq ou six pièces burlesques dont on puisse faire estime; et il place au cinquième rang la *Lettre joviale*. (*Mascurat*, p. 283.) J'ajoute qu'elle est du moins rare.

« Fait à Paris en Badaudois,
L'an que toute arme étoit fourbie,
Pendant un carême amphibie,
Moitié chair et moitié poisson,
Moitié farine et moitié son. »

2246. Lettre joviale, présentée aux princes pour leur sortie du Hâvre de Grâce, en vers burlesques. *Paris*, 1651, 8 pages.

Rare et sotte.

2247. Lettre latine de la reine de Suède envoyée au

Parlement de Paris sur les affaires présentes, translatée de son original en françois. *Paris*, Denys Langlois, 1652, 8 pages.

Datée de Stockholm, le 10 avril.

2248. Lettre, ou Cartel du mois de mai à madame...., sous le nom de Flore, par Florent Fleury, en vers burlesques ou non. *Paris*, Denys Langlois, 1649, 11 pages.

> « Fait le jour de Sainte-Monique,
> Ainsi que marque la chronique,
> L'an que sans verd on prit Paris,
> Et qui pourtant ne fut pas pris. »

Badinage assez spirituel.

2249. Lettre, ou Exhortation d'un particulier à M. le maréchal de Turenne, pour l'obliger à mettre bas les armes. *Paris*, Sébastien Martin, 1650, 39 pages.

Signé M. L.
Point de faits, sinon que la vertu de Turenne est hautement proclamée. La lettre d'ailleurs est bien écrite; et elle n'est pas commune.

Davenne y a répondu dans la *Lettre particulière de cachet*, etc.

« Comme le premier amour des choses célestes, spirituelles et divines est l'amour de Dieu, celui que nous devons au roi est aussi le premier des choses corporelles, sensibles et humaines. »

2250. Lettre particulière de cachet envoyée par la reine régente à messieurs du Parlement, ensemble la réponse à plusieurs choses couchées dans la *Lettre* (ou Exhortation, etc.) envoyée *au maréchal de Turenne*, et aux *Avis* donnés *aux Flamands*. (S. l.), 1650, 36 pag.

François Davenne.
La lettre est suivie de deux *réfutations*, de deux sonnets *sur la paix italienne si Mazarin triomphe*, et d'un dizain au Parlement.

2251. Lettre pastorale de monseigneur l'évêque d'Angers, avec la Réponse des habitants d'Angers à ladite lettre pastorale de mondit seigneur l'évêque. (S. l.), 1652, 8 pages.

La lettre est datée du 23 mars, et la réponse du 24.

Cette pièce avait été publiée par les frondeurs d'Angers; elle fut brûlée par la main du bourreau, à cause de la *Réponse*. (Voir le *Procès des véritables habitants d'Angers contre leur évêque*, etc.) Aussi est-elle fort rare.

Mailly, qui ne paraît pas l'avoir connue, donne cependant une analyse assez étendue de la *Lettre pastorale*, dans la note de la page 788 de son IVe volume.

2252. Lettre politique sur l'assemblée de la noblesse. (S. l.), 1651, 7 pages.

Signé l'Amy.
Elle n'est pas sans mérite.

2253. Lettre prophétique sur les affaires du temps, présentée à messieurs les princes. *Paris*, Pierre Remy, 1652, 10 pages. *Rare*.

Datée de Paris, le 29 juin, et signée R.

Il n'y a point de prophétie, mais il y a de l'esprit et quelque connaissance des affaires.

2254. Lettre rendue au roi en particulier, pour lui représenter les dangers auxquels les princes exposent leurs États, en poussant à bout la patience de leurs peuples, prouvé (*sic*) par les exemples tirés des histoires anciennes et modernes, étrangères et domestiques. *Paris*, 1652, 30 pages.

Ce pamphlet n'est pas aussi noir que le fait Mailly, p. 62 de son V^e vol., *note*. Il n'est pas commun.

2255. Lettre surprise écrite à Jules Mazarin par ses

nièces, burlesque. *Paris*, Jacques Guillery, 1649, 8 pages.

Naudé en faisait peu de cas ; et il avait raison. (*Mascurat,* p. 285.)

2256. Lettre véritable de M. le chevalier de Guyse envoyée à Son Altesse Royale, sur le sujet du secours de trois mille chevaux qu'il lui amène. *Paris*, Gilles de Halline, 1652, 7 pages.

Datée de Nettancourt, le 4 juillet.

2257. Lettre véritable des inondations prodigieuses et épouvantables, accompagnées de plusieurs sons de tambours, choquements d'armes, sons de trompettes, courses de chevaux et une confusion horrible de toutes sortes de bruits, arrivées en Provence, le jour de la Notre-Dame de septembre dernier, envoyée à un ecclésiastique et à diverses autres personnes de qualité de plusieurs endroits de la Provence, province très affligée. *Paris*, Estienne Pépingué, 1651, 8 pages.

Effroyable, mais très-curieux récit. Pièce rare qui appartient étroitement à l'histoire de la Provence.

2258. Lettre véritable du prince de Galles écrite de La Haye à la reine d'Angleterre, sa mère. *Paris*, Fr. Preuveray, 1649, 8 pages.

On devine que la *Réponse de la reine d'Angleterre*, etc., a suivi de près.

2259. Lettre (la) véritable écrite par un bon religieux à un officier de la ville de Paris, où se voient la conversion d'un Mazarin, et la vérité reconnue des fourberies du Sicilien, pour servir d'avis aux bons François, et d'instruction à toute l'Europe. *Paris*, veuve J. Guillemot, 1652, 14 pages.

Datée de Gien, le 18 avril, et signée F. D. (François Dosche?) de Paris, C. (capucin) indigne.

Un des pamphlets les plus méchants contre Mazarin, et aussi un des plus rares.

2260. Lettre véritable envoyée à Mazarin par le révérend père Innocent Calaterone, Sicilien, général des R. R. P. P. capucins de France et de Flandre. (S. l.), 1649, 7 pages.

Signé J. Ch.

2261. Lettres d'Ariste à Nicandre sur la bataille de Rethel. (S. l.), 1651, 22 pages.

Il doit y avoir deux lettres. C'est ici la première, datée de Stenay, le 25 janvier 1651. Elle contient un récit sincère et très-détaillé de la bataille.

La seconde est annoncée comme devant faire connaître quelle impression la nouvelle de la défaite avait produite à Stenay, et quelles ressources restaient au parti des princes pour réparer les pertes de l'armée de Turenne. A-t-elle paru?

2262. Lettres de déclaration du roi, du mois de juin 1649, par lesquelles Sa Majesté, pour reconnoissance des services et fidélité à elle rendus par ses officiers du Parlement de Bourgogne, leur attribue les droits et prérogatives contenus ès dites lettres, publiées audit Parlement, registrées en icelui, le 24 dudit mois de juin, et en la Chambre des comptes dudit pays, le 30 dudit mois. *Dijon*, Guy Anne Guyot, 1649, 8 pages. Rare.

Le roi confère aux officiers du Parlement de Dijon la noblesse héréditaire; et il les exempte de tous droits de gabelle. Il exempte aussi les huit notaires et secrétaires de tous droits seigneuriaux de mutation.

Il y a une édition de Paris, *jouxte la copie*, etc.

2263. Lettres de deux amis sur la prise de la Bastille. (S. l.), 1649, 8 pages.

Datées toutes deux du 17 janvier.

La Bastille fut rendue après quatre ou cinq coups de canon tirés contre le pont-levis ; mais, disait-on, par l'ordre de la cour. Portail, conseiller au Parlement, voulait disputer, l'épée à la main, à Lefèvre, autre conseiller, l'honneur d'y entrer le premier, à la tête de sa compagnie. Le duc d'Elbeuf les fit entrer ensemble avec lui.

2264. Lettres de la cour de Parlement de Bordeaux écrites au Parlement de Paris, sur le sujet des mouvements de la Guyenne et des violences du sieur d'Épernon. (S. l.), 1649, 6 pages.

Deux lettres, l'une du 12, et l'autre du 21 août.

La lettre du 21 a été publiée séparément, sous le titre de *Seconde lettre*, etc.

2265. Lettres (les) de Mazarin surprises en les envoyant à Paris, écrites de Dourlens (les 21 et 25 février 1651). *Paris*, 1651, 8 pages.

L'auteur prétend que le Parlement ordonna, par son arrêt du 11 mars, que deux de messieurs se transporteraient à Dourlens pour faire arrêter Mazarin, s'ils l'y trouvaient, et le faire conduire à la conciergerie du palais. Cela n'est pas vrai ; il n'est pas question de Dourlens dans l'arrêt. Le duc d'Orléans, au contraire, dit dans la délibération que Mazarin était encore en Barrois.

Les deux lettres sont d'ailleurs insignifiantes.

Il y en a une autre édition de quatre pages, *sur l'imprimé à Paris*, etc.

2266. Lettres de messieurs les princes de Condé et de Conty écrites à la cour de Parlement de Bordeaux, du 22 février 1651. *Bordeaux*, J. M. Millanges, 1651, 4 pages. *Rare.*

2267. Lettres de messieurs les princes de Condé et de Conty écrites à messieurs les jurats de Bordeaux, du

22 février 1651. *Bordeaux*, J. M. Millanges, 1651, 4 pages non chiffrés. *Rare*.

2268. Lettres de monseigneur l'éminentissime cardinal de Retz, archevêque de Paris, au roi et à la reine. (S. l. n. d.), 3 pages.

Datées de Rome, le 14 décembre 1654. On les trouve dans les *Mémoires* du cardinal de Retz, page 524, coll. Michaud.

2269. Lettres de monseigneur le duc d'Orléans et de M. l'archiduc Léopod sur la disposition de la paix d'entre la France et l'Espagne, des 8 juillet et 15 septembre 1650. *Paris*, par les imprimeurs et libraires ordinaires du roi, 1650, 8 pages. *Rare*.

A la 8ᵉ page, sous le titre de réponse au sieur Renaudot, les imprimeurs du roi rappellent que Renaudot n'a pas le droit d'imprimer dans sa *Gazette* les lettres patentes, missives, édits, etc.; qu'ils l'ont déjà fait condamner en Parlement pour la publication de la *Lettre* (du roi) *sur la détention des princes*, etc., encore qu'il eût surpris pour cela une lettre de cachet; que leur privilége intéresse le menu peuple, puisqu'ils vendent *six deniers* ce que Renaudot fait payer *cinq sols*; en conséquence, ils protestent de le défendre; et néanmoins ils le mettent aux pieds de Son Altesse Royale; ce qui permet de croire qu'en cette circonstance, Renaudot avait été autorisé par le duc d'Orléans.

2270. Lettres de monseigneur le duc d'Orléans et de monsieur le Prince à messieurs du Parlement. *Paris*, Edme Pépingué, 1648, 4 pages.

Datées de Ruel, le 23 septembre 1648.
Il y en a une édition *jouxte la copie*, etc., de 1649 et de quatre pages. On les trouve dans les *Mémoires* de Madᵉ de Motteville, page 207, coll. Michaud.

2271. Lettres (les) de monseigneur le Prince à Son Altesse Royale et à nos seigneurs du Parlement, ensemble la Requête de monseigneur le Prince envoyée au Parlement. *Paris,* Nicolas Vivenay, 1652, 20 pages.

Quatre pièces : une lettre au duc d'Orléans, et une autre au Parlement, pour leur offrir son concours contre le Mazarin qui venait d'entrer en France, toutes deux datées du camp de Brisambourg, le 4 janvier 1652 ; une requête au Parlement, afin qu'il soit sursis à l'exécution de la déclaration du 4 octobre 1651 ; la créance donnée au sieur de Salzest pour proposer l'union au Parlement et au duc.

Puis des réflexions *au lecteur,* morceau insignifiant, écrit le surlendemain de la nouvelle de *l'action* exercée sur les conseillers de Géniez et Bitaut. Pièce des plus communes.

2272. Lettres de monseigneur le Prince écrites à la cour de Parlement et Capitouls de Toulouse sur la défaite des troupes du marquis de Saint-Luc, à Miradoux. *Paris,* veuve J. Guillemot, 1652, 4 pages.

Du camp devant Miradoux, le 25 février.

2273. Lettres de monsieur le duc de Longueville et de messieurs du Parlement de Normandie, envoyées à messieurs du Parlement de Paris, avec cinq divers arrêts donnés et envoyés pour le service du roi par ladite cour de Normandie sur les affaires de ce temps, du mois de février 1649. *Paris,* par les imprimeurs et libraires ordinaires du roi, 1649, 12 pages.

La lettre du Parlement est du 22 février, celle du duc de Longueville du 25.

Les arrêts sont du 3, du 4, du 5, du 8 et du 22. Ils ont pour objet la saisie des deniers royaux, la vente du sel et une levée de soldats.

2274. Lettres de monsieur le Prince à M. de Montbazon et à messieurs les prévôt des marchands et échevins de la ville de Paris. *Saint-Germain-en-Laye,* (s. d.), 4 pages.

Datées toutes deux du 6 janvier 1649.

2275. Lettres des députés du Parlement à nos seigneurs de la cour, avec l'arrêt de ladite cour, du mercredi 17 juillet, rendu, toutes les chambres assemblées, en présence de Son Altesse Royale et de messieurs les princes. *Paris,* Jacob Chevalier, 1652, 6 pages.

Deux lettres datées de Saint-Denis, les 16 et 17 juillet.

2276. Lettres du cardinal de Retz au roi et à la reine, pour les informer qu'il a confié l'administration du diocèse à l'official de Paris. (S. l. n. d.), 4 pages.

Datées de Rome, le 2 janvier 1656.
Aubery cite un passage de la lettre au roi, page 506 du III° vol. de son *Histoire du cardinal Mazarin ;* elle est textuellement dans les *Mémoires* du cardinal de Retz, page 565, coll. Michaud.

2277. Lettres (les) du cardinal Mazarin envoyées à la reine et à monsieur le prévôt des marchands de la ville de Paris. *Paris,* Jean Pétrinal, 1652, 16 pages.

Datées de Pont-sur-Yonne, le 12 janvier.

2278. Lettres du roi aux cours souveraines du royaume et aux trésoriers de France sur le rétablissement de M. de La Vieuville dans la surintendance des finances, et celle de M. de La Vieuville sur le même sujet. *Paris,* Georges Josse, 1651, 16 pages.

Datées des 9, 10 et 11 septembre.
On trouve le brevet du marquis de La Vieuville sous la date du 9 septembre 1651, dans le volume K du recueil A, B. C., etc., page 194.

2279. Lettres du roi, de Son Altesse Royale et de M. le Prince au duc de Montbazon, aux prévôt des marchands et échevins de la ville de Paris sur le sujet de la sortie de Sa Majesté, hors de ladite ville, avec l'arrêt de son conseil d'État, portant cassation de celui du

Parlement de Paris, concernant le logement des troupes de Sa Majesté. *Saint-Germain-en-Laye*, 1649, 11 pages.

On trouve ici toutes les pièces des *Lettres et déclaration du roi sur le sujet de sa sortie de Paris*, etc., moins la déclaration, plus une lettre du duc d'Orléans au prévôt des marchands, et deux lettres de M. le Prince au prévôt des marchands et au duc de Montbazon. Ces trois lettres sont datées du 5 janvier.

2280. Lettres du roi écrites à monseigneur le duc de Montbazon, pair et grand veneur de France, gouverneur et lieutenant général pour le roi à Paris et Isle-de-France, sur le sujet des articles accordés par Sa Majesté à la conférence de Ruel et de Saint-Germain-en-Laye. *Paris*, veuve Ribot, 1649, 6 pages.

Deux lettres des 29 et 30 mars. Peu communes.

2281. Lettres du roi écrites à monseigneur le duc de Montbazon, pair et grand veneur de France, gouverneur et lieutenant général pour le roi en la province de l'Isle-de-France, contenant ce qui s'est passé au Parlement, le roi y séant, en son lit de justice, sur la déclaration de sa majesté (*majorité*), et le choix des ministres que Sa Majesté a mis dans son conseil. *Paris*, veuve Claude Ribot, 1651, 7 pages, non chiffrées.

Datées des 7 et 9 septembre 1651.

Il y en a une édition de Rouen, par les imprimeurs ordinaires du roi, 6 pages. La faute du titre (*majesté* pour *majorité*) y est corrigée.

2282. Lettres du roi envoyées à messieurs les gouverneur, prévôt des marchands et échevins de sa bonne ville de Paris, de Saumur le 22 février 1652, avec la relation véritable de ce qui s'est passé dans la défaite de la cavalerie de M. le prince de Tarente dans la plaine de Perdillac, près Xaintes. *Paris*, P. Rocollet, 1652, 11 pages.

C'est de cette affaire de Perdillac qu'il est dit dans les *Mémoires* du prince de Tarente, page 93 : « Je fus averti que les ennemis marchoient pour faire le siége de Saintes. Je voulus leur couper le chemin ; et il y eut un combat dans lequel j'essuyai plusieurs coups de carabine par une troupe qui m'avoit enveloppé. La vigueur de mon cheval me sauva. Plusieurs de mes régiments avoient lâché pied ; et je fus obligé de me retirer avec quelque perte qui ne fut pas, à beaucoup près, aussi grande que la cour affecta de le publier. Je fis le lendemain la revue de mes troupes ; et je ne me trouvai affoibli que de cinquante chevaux. Cependant on fit passer cette action à Poitiers comme une défaite générale ; et peu s'en fallut qu'on n'y fît chanter le *Te Deum* à la vue de dix-huit casaques de mes gardes qui y furent portées. »

2283. Lettres du roi envoyées à messieurs les gouverneur, prévôt des marchands et échevins de sa bonne ville de Paris, sur le sujet de son arrivée en ladite ville et pour la levée de la garde des portes, de Saint-Germain en Laye, le 19 octobre 1652. *Paris*, par les imprimeurs et libraires ordinaires du roi, 1652, 7 pages.

Il y en a une édition de Rouen chez Jean Viret.

2284. Lettres du roi envoyées à monseigneur le maréchal de Lhopital, gouverneur de Paris, et à MM. les prévôt des marchands et échevins de ladite ville, ensemble l'ordonnance de Sa Majesté contre le cardinal de Retz. *Paris*, Pierre Rocollet, 1654, 8 pages.

L'ordonnance est du 20 août ; les lettres du 22.

2285. Lettres du roi envoyées à monseigneur le maréchal de Lhopital, gouverneur de Paris, et aux prévôt des marchands, échevins et habitants de notre bonne ville de Paris, de Corbeil le vingt-troisième jour d'avril 1652. *Paris*, par les imprimeurs et libraires ordinaires du roi, 1652, 6 pages.

2286. Lettres écrites à M. le cardinal de Retz par un de ses confidents de Paris, dont la copie a été envoyée de Rome.

AUBERY, *Hist. du c. Mazarin*, t. III, p. 522.
Attribuée à l'abbé de Bourzéis.

2287. Lettres et arrêts de la cour de Parlement de Normandie envoyés à la cour de Parlement de Paris pour l'adjonction (*sic*) desdites cours et affaires présentes, avec l'arrêt portant ladite adjonction, du 5 février 1649. *Paris*, par les imprimeurs et libraires ordinaires du roi, 1649, 16 pages.

Sept pièces des 27 et 30 janvier, 1er et 5 février.

2288. Lettres et arrêts pour la jonction des parlements du royaume et affaires présentes, et la très humble remontrance du Parlement au roy et à la reyne régente. (*Rouen*), 1649, 30 pages in-12.

Il y a ici de moins, deux arrêtés du Parlement de Normandie, en date des 27 et 30 janvier ; de plus, une lettre du Parlement de Paris au Parlement de Normandie, 10 février ; la remontrance du Parlement de Paris en date du 21 janvier ; un discours des députés du Parlement de Provence, et l'arrêt du Parlement de Paris pour la jonction, 28 janvier.

2289. Lettres et déclaration du roi sur le sujet de sa sortie de Paris, avec l'arrêt de son conseil d'État, portant cassation de celui du Parlement de Paris, concernant le logement des troupes de Sa Majesté. *Saint-Germain-en-Laye*, (s. d.), 16 pages.

Trois lettres, une au duc de Montbazon, gouverneur de Paris, sous la date du 5 janvier 1649 ; deux aux prévôt des marchands et échevins, sous les dates des 5 et 6.

La déclaration est datée du 6 janvier, et l'arrêt du conseil d'État du 7.

La lettre du 5, au prévôt des marchands, est dans les *Mémoires* de madame de Motteville, page 233, coll. Michaud.

2290. Lettres monitoires de monsieur l'official de l'archevêché de Paris pour avoir preuve des contraventions faites par un certain quidan et ses adhérents à l'exécution des arrêts de la cour, des 7, 9, 20 février et 2 mars 1651. *Paris*, par les imprimeurs et libraires ordinaires du roi, (s. d.), 6 pages.

Le quidan est Mazarin.

2291. Lettres patentes du roi contenant les articles et traités accordés entre les commissaires de Sa Majesté et les députés de la ville de Bordeaux, pays bordelois et autres pays de Guyenne. *Paris, jouxte la copie imprimée à Bordeaux*, 1650, 8 pages.

Ce roi est Charles VII. Les lettres sont du 20 juin 1451.
Y a-t-il bien une édition de Bordeaux ?

2292. Lettres patentes du roi, en date du 18 février 1649, lesquelles renvoient devant le Parlement de Dijon les causes touchant les personnes qui ont été employées à l'établissement du Parlement sémestre de Provence. (S. l. n. d.), 8 pages.

2293. Lettres patentes du roy portant translation du Parlement de Bordeaux en la ville d'Agen, avec l'arrest d'enregistrement d'icelle audit Parlement, du treisiesme mars 1653. *Agen*, Jean Fesmaderes, 1653, 4 pages.

2294. Lettres patentes du roi sur l'établissement d'une

chambre de justice pour la recherche et punition des abus et malversations commises (*sic*) au fait de ses finances, vérifiées en parlement, le 18 juillet 1648. *Paris*, par les imprimeurs et libraires ordinaires du roi, 1648, 7 pages.

Il y en a une édition de 1648, sans nom d'imprimeur, qui porte *contenantes* au lieu de *sur* l'établissement, etc. On les trouve dans les *Mémoires* d'Omer Talon, page 252, coll. Michaud.

2295. Levée (la) du siége de la ville d'Étampes, avec la défaite des troupes commandées par le maréchal de Turenne dans le faubourg de ladite ville, et la mort du sieur de Baradas, conducteur des volontaires, ensemble la liste des noms des colonels, capitaines et lieutenants, tant françois que polonois, qui y sont demeurés. *Paris*, Jacques Le Gentil, 1652, 8 pages. *Rare*.

2296. Levée (la) du siége de la ville d'Étampes par le maréchal de Turenne, avec la défaite de son arrière garde poursuivie jusques à Estrechy par l'armée de Son Altesse Royale, commandée par M. le comte de Tavannes, la nuit du 7 au 8 juin 1652. *Paris*, André Chouqueux, 1652, 6 pages.

2297. Levée (la) du siége de la ville et château de Nérac, et la défaite de quatre cents chevaux et six cents prisonniers de l'armée du comte d'Harcourt dans cette attaque, et de huit cents autres devant la ville d'Agen, avec ce qui se passe en Guyenne et en Languedoc pour l'expulsion du Mazarin, pour la réunion des princes et le repos du peuple. *Paris*, Jacob Chevalier, 1652, 7 pages. *Rare*.

2298. Levée (la) du siége de Villeneuve d'Agénois, écrite par un gentilhomme de ladite ville d'Agénois à un bourgeois de la ville de Bordeaux. *Paris*, Nicolas Vivenay, *sur un imprimé à Bordeaux*, 1652, 7 pages.

Signé Lanauze.

Curieux et peu commun. L'auteur annonce un panégyrique du marquis de Théobon, gouverneur de Villeneuve, et un journal du siège. Ont-ils paru?

2299. Liberté (la) de la France et l'anéantissement des ministres étrangers. *Paris*, 1649, 8 pages.

2300. Liberté (la) de messieurs les princes, ou la Magnificence de leur entrée dans la ville de Paris, avec le feu d'artifice qui s'est tiré dans l'hôtel de Condé. (S. l.), 1651, 8 pages.

2301. Ligues (*sic*) (la) des Frondeurs pour combattre Mazarin et ses partisans. (S. l.), 1650, 24 pages. *Rare.*

Première partie. Y en a-t-il une autre?

Je n'ai vu à y prendre que ce fait : pendant la première guerre de Bordeaux, Mademoiselle aurait demandé la grâce de Richon, le gouverneur du château de Vayres.

2302. Limites (les) des souffrances de la France. (S. l.), 1650, 7 pages.

2303. Liquidation et supputation véritable de la quantité de livres de pain qu'un stier (*sic*) de blé peut rapporter, et du prix auquel chaque livre doit revenir, à proportion du prix courant du blé au marché, suivant ce que l'on en rend en eschange de blé dans le magazin du grand pain bourgeois establi pour cet effet dans la rue des Roziers, à côté de la vieille rue du Temple, au petit hostel d'O (où estoit autrefois l'Académie de Benjamin), où les pauvres mesmes et ceux qui n'ont pas des blés (*sic*), peuvent trouver la même satisfaction et avantage. (S. l. n. d.), 3 pages.

Voir le *Franc bourgeois de Paris*, etc.

2304. Lis et fais. (S. l., 1649), 4 pages.

Signé : *le Désintéressé à Paris*.
C'est le premier billet du chevalier de Lavalette.
Il a été réimprimé sous le titre de : *Copie du billet*, etc., et sous celui d'*Événements infaillibles touchant l'autorité du roi*, etc.
L'auteur du *Conseil nécessaire donné aux bourgeois de Paris*, etc., attribue le billet à Cohon, évêque de Dol.
On a encore de Cohon la *Lettre interceptée....., contenant son intelligence et cabale avec Mazarin*, et les *Sentiments d'un fidèle sujet du roi*, etc.

2305. Liste d'édits, déclarations et jussions registrés en la chambre des Comptes par commandement du roi, portés par monseigneur le duc d'Orléans, le vingt huitième avril 1648. (S. l.), 1648, 3 pages.

Ce sont les édits qui donnèrent lieu aux assemblées de la chambre de Saint-Louis. La *Liste* n'est pas commune.

2306. Liste de l'armée de monsieur le Prince, le nombre des régiments de cavalerie et infanterie dont elle est composée, avec les noms des généraux, maistres de camp, capitaines et officiers qui la commandent, et de tous les seigneurs qui jusqu'à présent ont pris son parti. (S. l., 1651), 7 pages.

Curieuse et rare.

2307. Liste de messieurs les colonels de la ville de Paris, suivant l'ordre de leurs réceptions, avec les ordres qu'ils doivent tenir dans leurs marches. *Paris*, Nicolas Gasse, 1649, 6 pages.

Quoique cette pièce ne soit pas très-rare, il ne sera peut-être pas sans intérêt de reproduire les noms qu'elle contient :
De Thelis, conseiller au Parlement; de Sève, sieur de Chati-

gnonville, maître des requêtes; de Guenégaud, sieur du Plessis; Miron, sieur du Tremblay, maître des comptes; de Lamoignon, maître des requêtes; d'Étampes de Valençay, conseiller d'État; Scarron de Vanvres; Thibeuf, sieur de Bouville, conseiller au Parlement; Favier, conseiller d'État; Dugué Baignol, maître des requêtes; Tallemant j.; Menardeau Champré, conseiller au Parlement; Martineau, id.; Molé, sieur de Champlâtreux, conseiller d'État; de Longueil Desmaisons (*sic*), conseiller au Parlement; Boucher, secrétaire du roi.

Il y en a une autre édition également chez Nicolas Gasse, mais en plus gros caractères et de sept pages.

M. de Saint-Aulaire a donné dans son *Histoire de la Fronde*, pièces justificatives, une liste qui diffère un peu de celle-ci.

2308. Liste de messieurs les députés pour faire observer les arrêts et réglements sur le fait des rentes assignées sur l'Hôtel de Ville de Paris, pourvoir à l'ordre du paiement desdites rentes, et veiller à la conservation des fonds destinés à icelle (*sic*). *Paris*, Michel Mettayer, 1650, 7 pages.

J'y lis le nom de Ticquet; peut-être le père de celui dont l'empoisonnement a donné à sa femme une si fâcheuse célébrité.

2309. Liste des députés de la milice de Paris. *Paris*, Pierre Le Petit, 1652, 8 pages.

Curieuse et rare.

Je vois Colbert bourgeois dans la Colonelle de Favière, et Pocquelin dans celle de Champlâtreux.

On trouve dans le *Trésor des harangues*, de Gilbault, page 380 du Ier vol., le discours qui a été prononcé devant le roi par M. de Sève, colonel et orateur de cette députation.

2310. Liste des édits et déclarations lues et publiées en parlement, le roi y séant, le dernier décembre 1652. *Paris*, par les imprimeurs et libraires ordinaires du roi, 7 pages.

2311. Liste des empereurs et des rois qui ont perdu la

vie en leur royaume par la malice de leurs favoris et de leur ministres d'État. *Paris,* veuve André Musnier, 1649, 8 pages.

L'auteur parle d'un descendant de Roverol, dernier roi d'Arles, qui gagnait sa vie à Paris, comme autrefois Homère chez les Grecs. C'est apparemment ce Roverol ou Roveyrol qui a publié l'*Éloge du cœur royal de M*[gr] *le duc de Beaufort,* etc.

2312. Liste des malcontents de la cour, avec le sujet de leurs plaintes. (S. l. n. d.), 7 pages.

Février 1649; car le chevalier de La Valette était encore en prison.

Pauvre imitation d'une pièce publiée sous le même titre en 1623.

2313. Liste des officiers de ce royaume qui sont déchargés ou modérés du prêt et avance pour être reçus à payer le droit annuel en la prochaine année 1650, pour servir tant auxdits officiers qu'à tous les commis établis aux bureaux de recettes dudit droit annuel, avec l'instruction auxdits commis de ce qu'ils doivent faire en chacune généralité pour la recette dudit droit annuel, prêt et avance, suivant les déclarations du roi vérifiées, arrêts donnés en conséquence, et réglements des parties casuelles. *Paris,* Antoine Estienne, 1649, 8 pages.

Il faut joindre cette pièce à la *Déclaration du roi portant décharge du prêt et avance,* etc., du 12 octobre 1648.

2314. Liste (la) des réprouvés assemblés dans la grange des Cordeliers de Pontoise, et y tenant séance, le septième d'août 1652, en leur ordre. *Paris,* Pierre Balthazar, (s. d.), 6 pages.

Rare; mais elle ne vaut que par les noms.

2315. Liste (la) des troupes du duc de Lorraine et les

noms de tous les régiments, tant de cavalerie que d'infanterie, suivant la revue qui en a été faite en présence de Son Altesse Royale, de monsieur le prince de Condé, du duc de Beaufort et autres seigneurs, avec le conseil de guerre séant proche de Choisy-sous-Thiers, touchant le passage desdites troupes. *Paris*, J. Le Gentil, 1652, 8 pages. *Rare*.

2316. Liste (la) et les miracles arrivés aux descentes de la châsse de Sainte-Geneviève, depuis l'année mil deux cent six jusques à présent, avec le nombre des châsses qui l'accompagnoient. *Paris*, J. Belay, 1652, 8 pages. *Rare*.

<small>Treize châsses : Saint-Marcel ; Saint-Aure à Saint-Éloy ; Saint-Magloire aux pères de l'Oratoire du faubourg Saint-Jacques ; Saint-Landry à Saint-Germain-l'Auxerrois ; Saint-Martin et le chef Saint-Paxan à Saint-Martin-des-Champs ; Saint-Merry ; Saint-Honoré ; Sainte-Opportune ; le chef Saint-Benoît ; Saint-Médard et Saint-Hyppolite.</small>

2317. Liste générale de tous les mazarins qui ont été déclarés et nommés, demeurants dans la ville et faubourgs de Paris, avec leurs noms, surnoms et demeures. *Paris*, François Malaize, 1652, 6 pages.

2318. Liste (la) générale de tous les mazarins qui ont (*sic*) resté dans la ville et faubourgs de Paris, avec leurs noms et surnoms, envoyée à monseigneur le prince de Condé. (S. l.), 1652, 20 pages.

<small>C'est le *Catalogue des partisans*, moins quelques lignes qui ont été retranchées au commencement.</small>

2319. Liste générale de tous les mazarins, tant du Parlement que de messieurs de l'Hôtel de Ville, qui sont sortis de Paris les 8 et 9 juillet, avec les confessions des quatre échevins faites dans l'hôtel de cette dite ville à plusieurs curés et vicaires de cette ville de Paris. *Paris*, Claude Le Roy, 1652, 7 pages. *Rare*.

Je trouve le cardinal de Retz sur cette liste, d'ailleurs très-courte.

2320. Liste générale de tous les morts et blessés, tant mazarins que bourgeois de Paris, à la généreuse révolution faite à l'Hôtel de Ville pour la destruction entière des mazarins, ensemble le sujet de l'institution de l'ordre des Chevaliers de la Paille par l'ordre de messieurs les Princes et de Mademoiselle. *Paris*, Claude Le Roy, 1652, 7 pages.

Vingt-six morts et blessés, non compris *plusieurs portefaix, charbonniers et autres gens travaillant sur le port.*

2321. Litanie (la) du cardinal Mazarin, où sont contenues (*sic*) tous les éloges de ce grand prélat. *Paris*, 1652, 7 pages. *Très-rare*.

La réponse est : Sors de notre France.
Cherchez toutes les injures qu'on peut adresser à un homme; vous n'en trouverez pas une qui ne soit dans la *Litanie*.

2322. Litanies (les) du temps. *Paris*, François Noël, (1650), 16 pages.

2323. Lœtitia (*sic*) publica, seu Faustus Ludovici XIV in Lutetiam reditus, autore Salomon Priezaco. *Parisiis*, apud Sebastianum Martin (*sic*), 1649, 13 pages.

2324. Logements (les) de la cour à Saint-Germain-en-Laye. (S. l.), 1649, 6 pages.

Pamphlet fort impertinent.
Il y a un tirage dont les exemplaires portent la date sur le titre en chiffres arabes. Le texte est d'ailleurs absolument le même.

2325. Louange de feu monsieur le marquis de Clanleu,

tué à Charenton en combattant pour le service du roi et du Parlement, avec cette épigraphe : *Dulce et decorum est pro patriá mori*. *Paris*, Claude Huot, 1649, 7 pages.

2326. Louange de la générosité des Parisiens pendant le siége de leur ville. *Paris*, Claude Huot, 1649, 8 pages.

2327. Louanges à monseigneur l'archevêque de Bordeaux sur la paix de Gascogne. *Paris*, 1649, 7 pages.

Voici qui est un peu fort :

« Je ne crois pas qu'aucun mortel·
Doive vous postposer aux anges...
Vous les égalez tous par votre sainteté ;
Vous les passez en dignité. »

2328. Louanges (les) de la Paille, dédiées à monsieur le duc de Beaufort. *Paris*, J. du Crocq, 1652, 8 pages.

L'épître dédicatoire est signée D. N.

Elles ont été réimprimées avec le *Réglement arrêté au conseil tenu au palais d'Orléans pour pourvoir aux vivres de la ville.* (5 août 1652.)

2329. Louanges (les) des Parisiens, données en l'honneur du Parlement. *Paris*, veuve d'Anthoine Coulon, 1649, 8 pages.

Les louanges des Parisiens ne comprennent que trois pages; puis vient une autre pièce intitulée : *Louange à la reine*. On y trouve des strophes entières des *Plaintes de la France à la reine*, etc.

2330. Louanges (les) du cheval de Mazarin, qui le jetta par terre à son retour en France. (S. l.), 1652, 6 pages.

L'*Epître aux mules de don Miguel* n'est pas aussi originale qu'on le croit.

2331. Louis, par la grâce de Dieu, etc. (S. l. n. d.), 6 pages. *Rare.*

Lettres patentes, datées du 18 février 1649, par lesquelles sont renvoyés devant le Parlement de Dijon tous les procès des partisans du comte d'Alais, gouverneur de Provence. Elles sont curieuses par le grand nombre de noms qu'elles contiennent.

On le trouve aussi sous le titre de *Lettres patentes du roi, en date du 18 février* 1649, etc.

2332. Lucifer précipité du ciel par le génie françois, ou Mazarin chassé de Paris par l'inspiration de saint Michel, ange tutélaire de la France. *Paris, jouxte la copie imprimée à Rouen,* 1649, 7 pages.

2333. Ludovico XIV, Galliarum regi, Gallia supplex finem motûs civilis orat et impetrat. Carmen ex theatro regiæ Navarræ lætitiæ publicæ, pace ipsâ recenti, datum, 4 aprilis 1649, à Josepho de Gontault Biron, rhetore. (S. l. n. d.), 6 pages.

Le professeur n'a pas voulu perdre tout l'honneur de la correction au moins; et il a signé : Robertus de Bailly, eloquentiæ apud Navarram professor.

2334. Lumières pour l'histoire de ce temps, ou Réfutation de tous les libelles et discours faits contre l'autorité royale durant les troubles à Paris, avec les motifs de la stabilité et durée de la paix contre l'opinion du vulgaire. *Fiat pax in virtute tuâ et abundantia in turribus tuis.* Ps. 121. *Paris,* 1649, 16 pages.

Deux parties, dont la première finit à la page 9.
Voici le titre de la seconde :
Lumières de la vérité, ou le Mensonge reconnu dans les libelles diffamatoires publiés dans Paris sans permission, depuis le mois de janvier jusques au mois de mars 1649, *contre la conduite des personnes royales et publiques.*
La première partie a été composée avant la paix.
C'est un assez pauvre pamphlet ; mais il est franchement maza-

riniste ; il contient les titres des plus fameux libelles du temps. Ce sont deux recommandations ; malheureusement il n'est pas rare.

2335. Lunettes (les) à toutes âges (*sic*), pour faire voir clair aux ennemis de l'État. *Paris*, veuve Jean Remy, 1649, 8 pages.

Imitation de la pièce de 1615, intitulée : *les Lunettes à tous âges, pour faire voir clair à ceux qui ont la vue trouble.*

2336. Lutetiæ ad reginam suasoria et deprecatoria lamentatio, ex Hieremiâ deprompta. *Parisiis*, 1649, 8 pages.

2337. Lys (le) fleurissant, cultivé par la paix. *Paris*, veuve Jean Remy, 1649, 7 pages.

J'y lis que la vigne abhorre le chou, et que l'olive ne peut pas s'entendre avec le concombre !

2338. Lys (le) royal, arrosé par les larmes de joie des fidèles François, et l'explication des armes de France, présenté à Leurs Majestés par S. D. N. (Suzanne de Nervèze). *Paris*, Guillaume Sassier, 1649, 7 pages.

2339. Magasin (le) charitable. (S. l., 1652), 27 pages. *Très-rare*.

État des malades, des orphelins et des nécessiteux ; compte des dépenses et des recettes en nature.

Voir le *Mandement* de l'archevêque de Paris pour le secours des pauvres.

Même pièce que le *Mémoire des besoins de la campagne*, etc.

2340. Magnificat (le) de la reine sur la détention des princes. *Paris*, Jean Brunet, 1650, 8 pages.

Mauvaise paraphrase du *Magnificat*, suivie d'un sonnet plus mauvais encore.

Pour terminer la stance imitée du *Gloria Patri*, l'auteur a ajouté ces quatre vers qui sont les plus curieux et les meilleurs :

> « Guitaut, que jamais la faveur
> Après ce coup ne t'abandonne,
> Puisque tu causes le bonheur
> Des peuples et de la couronne. »

On sait que c'est le vieux Guitaut, capitaine des gardes de la reine, qui arrêta le prince de Condé.

Le pamphlet est d'un frondeur.

2341. Magnifique (la) entrée de la paix, ou les Superbes portiques et arcs de triomphe préparés à la venue de Leurs Majestés dans la ville de Paris. *Paris*, Pierre Dupont, 1649, 8 pages.

L'auteur parle des quatre États. Apparemment dans son système les parlements prenaient place entre la noblesse et le tiers. C'était un peu leur prétention.

2342. Majorité (la) du roy, ou le Royal miroir présenté à Sa Majesté. (S. l., 1651), 11 pages.

L'auteur recommande au roi de « jetter l'œil de temps en temps sur la recepte et mise de ses deniers. »

Ce pamphet a également paru sous le titre de : *le Royal miroir*, etc.

2343. Malédiction (la) des Mazarins et la glorification des illustres Parisiens, défenseurs de la liberté publique, avec les éloges des princes et princesses déclarés pour le parti. *Paris*, Jean Brunet, 1652, 8 pages.

Mauvaises stances, qui ne sont pas communes.

2344. Maltôtiers (les), ou les Pêcheurs en eau trouble, en vers burlesques. Langue normande : *les Pesqueux en yau trouble*. *Paris*, 1649, 8 pages.

Les pièces en patois ne sont pas communes. De plus, celle-ci est assez spirituelle.

2345. Mandement de haut et puissant prince monseigneur Henry de Bourbon, évêque de Metz, abbé de l'abbaye de Saint-Germain-des-Prés, pour la procession générale et solennelle où sera portée la châsse de Saint-Germain, le dimanche 16 du présent mois de juin 1652. (S. l. n. d.), Nicolas Gasse, ... pages.

Daté du château abbatial de Saint-Germain des Prés, le 7 juin.

2346. Mandement de messieurs les doyen et chapitre de l'église de Paris pour l'administration et régime de l'archevêché de Paris.

Daté du 31 août 1654.

C'est une affiche de format in-folio. Le chapitre déclare que, vu l'absence de l'archevêque et l'empêchement des vicaires généraux, il prend l'administration du diocèse.

2347. Mandement de monseigneur l'illustrissime et révérendissime archevêque de Paris pour la procession de la châsse de Sainte-Geneviève, avec l'ordre et le chemin des processions. (S. l., 1652), 7 pages.

Daté du 5 juin 1652, et signé Jean François, archevêque de Paris.

La procession devait avoir lieu le 11, jour de Saint-Barnabé. Les processions des paroisses étaient fixées aux vendredi 7, samedi 8, dimanche 9 et lundi 10.

Il faut y joindre l'*Avis aux Parisiens sur la descente de la châsse de Sainte-Geneviève*, etc., et *L'ordre et cérémonie qui se doit observer*, etc.

Au moment où Feret, vicaire général de l'archevêque, entrait dans la Grand' Chambre pour prendre les ordres du Parlement sur la procession, les enquêtes venaient demander qu'on s'occupât de parfaire les cinquante mille écus destinés à payer l'assassinat de Mazarin; ce qui fit dire au conseiller Leclerc de Courcelles : « Nous sommes aujourd'huy en dévotion de fête double : nous ordonnons des processions; et nous travaillons à faire assassiner un cardinal. »

2348. Mandement de monseigneur l'illustrissime et révérendissime archevesque de Paris pour le secours et assistance des pauvres. *Paris*, Pierre Targa, 1652, 8 pages.

Daté du 28 juin 1652.

Il ne paraît pas que l'initiative de l'œuvre qui est recommandée dans ce mandement appartienne à l'archevêque. On peut croire qu'elle avait été prise, dès 1649, par des personnes charitables. Je lis en effet dans un petit livre intitulé : *Des devoirs des seigneurs dans leurs terres, suivant les ordonnances de France*, et publié à Paris en 1668 : « Suivant les lieux et les temps, on peut se servir d'une manière de potage, ainsi qu'on l'a pratiqué fort utilement, tant dans Paris et dans ses faubourgs qu'en plusieurs autres lieux de la campagne, dans les années 1649 et 1650, où la misère publique a esté extresme, et où toutefois la despense de chaque portion que l'on donnoit chaque jour à chaque pauvre, ne revenoit pas en ce temps là à plus d'un sol ou environ. Cela est marqué dans un mémoire imprimé pour la seconde fois chez Savreux, au parvis Nostre-Dame, à l'enseigne des Trois Vertus, en cette année 1650. »

La distribution du potage se continua pendant toute l'année 1650; car j'ai un compte du mois de décembre. Fut-elle interrompue en 1651 ? je n'en sais rien. Ce que je puis dire seulement, c'est que je n'ai plus rencontré que des pièces de 1652.

A cette époque, les trésoriers laïques de l'œuvre étaient Mme de Lamoignon, Mme de Traverzé, le président de Hercé, et plus tard, Mme de Bretonvilliers.

On avait d'abord établi dans quelques paroisses des marmites pour distribuer de la soupe aux pauvres, dont le nombre atteignait douze mille, est-il dit dans le *Moyen pour obtenir de Dieu une paix véritable*, etc. On y avait ensuite ajouté des aumônes en argent et en nature, des vêtements, des médicaments, et jusqu'à des ornements d'autel, des vases même pour le saint sacrifice. Les curés de Paris étaient naturellement les principaux agents de l'œuvre dans la ville. Dans la banlieue et dans les provinces voisines, les congrégations religieuses présidaient à la répartition des secours; et parmi elles il faut nommer les prêtres de la communauté de saint Nicolas-du-Chardonnet, les jésuites, les capucins, les jacobins et les pères de la Mission.

Il est facile de se faire une idée de la misère publique quand on sait que la chair des chevaux tués au combat du faubourg Saint-Antoine se vendait dix sous la livre.

Dans le mois d'octobre 1652, l'œuvre avait été régulièrement organisée. M. Feret, l'un des vicaires généraux, la dirigeait avec la délégation et sous l'autorité de l'archevêque de Paris. Je trouve dans le règlement qui a été publié alors pour la distribution des secours, cette phrase : « Pour les ecclésiastiques, tout est superflu, hors le dernier nécessaire. »

C'est au mandement de l'archevêque que l'œuvre dut sa plus rapide impulsion. On en jugera par ce fait que pendant le mois de juillet, au lieu de douze mille pauvres, on compta que quinze mille avaient été secourus ! et le mandement est du 28 juin.

Je n'ai malheureusement à signaler qu'un trop petit nombre de pièces. Les voici : *Abrégé véritable de ce qui s'est fait pour le soulagement des pauvres*, etc.; *État sommaire des misères de la campagne*, etc.; *Mémoire des besoins de la campagne*, etc.; *Mois de décembre* 1650, etc.; *Moyen pour obtenir de Dieu une véritable paix*, etc.; *Relation des mois de juin et juillet* 1652, etc.; *Exhortation aux Parisiens sur le secours des pauvres*, etc.

Toutes ces pièces sont rares. Je n'ai jamais rencontré le mémoire imprimé pour la seconde fois chez Savreux.

2349. Mandement de monsieur l'évêque d'Amiens pour invoquer l'aide de Dieu contre les désordres et sacriléges que commettent les gens de guerre envers le Très-Saint Sacrement de l'autel. *Jouxte la copie imprimée à Amiens* par le commandement de mondit sieur l'évêque d'Amiens, 1650, 6 pages. *Rare.*

Daté du 1er juin, et signé Picard.

Pourquoi n'est-il pas signé de l'évêque ?

L'auteur cite le curé de Moliens, exerçant la charge de curé de Mirevault, qui mourut de chagrin pour avoir vu profaner les hosties dans l'église de cette dernière paroisse.

2350. Manifestation (la) de l'antechrist en la personne de Mazarin et de ses adhérents, avec des figures authentiques de l'Écriture sainte, où est vu à découvert l'impiété et le blasphême des mauvais chrétiens de ce temps. Sujet très-remarquable.

Beatus vir qui non abiit in concilio Mazarinorum et in viâ cabalistarum non stetit, et in cathedrâ impiorum non stetit. Ps. 1. *Paris,* veuve Jean Remy, 1649, 8 pages.

« Cet illustre sénat auquel j'ai dédié *l'Union des bons François*, en forme de panégyrique, qui fera voir à toute la France qu'elle est appuyée d'une main suprême et auxiliaire plus puissante que celle d'Hercule, etc. »

2351. Manifeste au roi, contenant quel doit être le conseil d'un prince, à la gloire du Parlement, par L. S. D. T. (le sieur Du Teil?) *Paris,* Denys Langlois, 1649, 8 pages.

« Il faut que nous révérions, comme l'image de la puissance de Dieu, les princes que nous ne pouvons plus aimer comme l'image de sa bonté »

« Et parce que leur puissance vient du ciel, elle ne peut être empêchée que de ce côté là. »

« La fortune ne m'a point *encore* donné de place auprès de Votre Majesté. »

2352. Manifeste (le) circulaire de monseigneur le Prince, envoyé au peuple de France, touchant les succès de Mouron, Coignac et de la dernière bataille qu'il a gagnée sur le comte d'Harcourt dans la Saintonge, et sur les ordres qu'on a envoyés au cardinal Mazarin d'entrer dans l'État avec le titre de généralissime. (S. l., 1652), 15 pages.

L'auteur ne se nomme pas; mais il a la bonne foi d'avouer qu'il a fait parler le prince de Condé « pour donner plus de majesté à son écrit. »

Il répond à un article de la *Gazette* sur le combat qui suivit la levée du siége de Cognac par M. le Prince.

2353. Manifeste (le) d'Espagne fait contre Mazarin, apporté par madame la duchesse de Longueville, présenté à messieurs les princes à son arrivée. (S. l.), 1651, 24 pages.

C'est une plaisante idée que d'avoir mis le nom de l'Espagne en tête de ce pamphlet ; l'Espagne en vérité n'y est pour rien.

L'auteur défend avec habileté, avec esprit le prince de Condé ; il invoque la déclaration de 1648. C'est un peu tard, puisque le prince est libre. Le pamphlet n'en reste pas moins bien fait et rare.

2354. Manifeste de dom Gabriel de Tolède, commandant l'armée d'Espagne envoyée en France pour messieurs les princes, contre les perfidies du duc de Lorraine, où sont ajoutées (*sic*) les violements des traités faits par ce duc depuis 12 ans, notamment celui du 16 juin dernier fait avec S. A. R. *Paris*, André Chouqueux, 1652, 16 pages. *Rare.*

2355. Manifeste (le) de l'auteur qui a composé le *Manifeste de monseigneur le prince de Condé*, pour servir d'instruction à ceux qui l'ont lu, touchant les affaires d'État qu'il a traité (*sic*). (S. l., 1651), 23 pages.

Le *Manifeste de monseigneur le prince de Condé* est celui que Mathieu Du Bos a publié *touchant les véritables raisons de sa sortie hors de Paris*. Averti que le lieutenant civil menaçait d'en rechercher l'auteur, Du Bos se cacha. On l'accusait d'entretenir la division dans la famille royale, et de prêter à la reine l'intention de rappeler Mazarin. On ajoutait à ces deux chefs une foule de peccadilles moins pendables.

C'est pour se défendre qu'il a composé le *Manifeste*. Je ne crois pas que ce soit là ce qui l'a soustrait aux poursuites du Châtelet.

Tout ce qu'on peut recueillir de cette pauvre défense, c'est que le *Manifeste* du prince a paru après sa lettre authentique au Parlement; et le *Manifeste* de l'auteur après les déclarations du coadjuteur contre le retour de Mazarin.

2356. Manifeste (le) de la noblesse de Normandie, par

lequel elle déclare reconnaître Son Altesse Royale pour lieutenant général pour le roi, et se joint aux princes et aux parlements pour mettre en exécution les déclarations et arrêt donnés contre le cardinal Mazarin. *Paris*, Simon Le Porteur, 1652, 8 pages.

On lit sur la 8ᵉ page : « apporté par le baron de Chamboy et prononcé devant son altesse royale et M. le Prince, le 12 du courant (juillet 1652). »

Le baron de Chamboy était un serviteur de la maison de Longueville. C'est lui qui commandait à Pont-de-l'Arche en 1650. L'orateur était donc bien choisi. La pièce n'en reste pas moins fausse.

2357. Manifeste (le) de la noblesse qui s'est jettée dans le parti du roi, sous la conduite de monseigneur le Prince, où les véritables désintéressés verront dans la suite d'un beau raisonnement que les seigneurs et les gentilshommes qui se sont déclarés pour monseigneur le Prince, sont les véritables serviteurs du roi.

Et hoc etiam vidente et ringente invidiâ. Sén., lib. II, *de Benef.*

(S. l.), 1651, 24 pages.

2358. Manifeste (le) de la reine régente et de monseigneur le duc d'Orléans touchant la disgrâce du cardinal Mazarin. (S. l.), 1651, 23 pages.

Ce pamphlet est assez rare pour qu'il ne soit pas inutile d'en indiquer la pensée. On prétend y démontrer que si la reine et le duc d'Orléans ne se défont pas du cardinal avant la majorité, le cardinal se défera d'eux après.

Mazarin était déjà parti ; mais l'auteur n'a pas voulu perdre sa prose.

2359. Manifeste (le) de la reine sur le retour du cardinal Mazarin et les affaires du temps. *Paris*, Salomon Delafosse, 1652, 15 pages.

On pourrait presque croire au caractère authentique de cette pièce. La reine explique le retour de Mazarin par l'intérêt de l'autorité royale ; mais elle proteste de ne pas l'employer aux affaires.

En tout cas, ce n'est pas d'un ennemi.

Aussi les frondeurs se sont-ils hâtés de publier la *Réponse au Manifeste de la reine*, etc.

Puis, un libraire a réuni les deux pièces dans une seule publication, sous le titre de : *le Manifeste de la reine*, etc., *et la Réponse.*

2360. Manifeste de la ville d'Aix sur les mouvements de cette province. (S. l., 1649), 7 pages.

Rare et curieux. Il a paru en juillet.

2361. Manifeste (le) de la ville d'Orléans, présenté à Son Altesse Royale, où il est montré que, pour avoir bientôt la paix, il est nécessaire de se déclarer contre le Mazarin, à l'imitation des habitants de ladite ville d'Orléans. *Paris*, Claude Le Roy, 1652, 14 pages. *Rare.*

Mazarin est l'Anglais ! et Mademoiselle est Jeanne d'Arc !

2362. Manifeste de la ville de Paris contre le retour du cardinal Mazarin, dédié à Son Altesse Royale. *Paris*, veuve J. Guillemot, 1652, 27 pages.

Signé N. P.

La *Lettre d'un habitant de la ville de Blois*, etc., porte la même signature.

« M. le Prince a déjà les armes à la main. » Ce n'est pas un fait seulement ; c'est un exemple.

« On ne prescrit jamais contre le droit public et les lois fondamentales du royaume. »

Ce pamphlet n'est pas sans quelque valeur.

2363. Manifeste de madame la duchesse de Longueville. *Bruxelles*, Jean Rosch, 1650, 12 pages.

Villefore l'analyse assez longuement, page 150 de la première partie de la *Véritable vie de madame dè Longueville*. Puis il ajoute :

« Si madame de Longueville n'a pas fait elle-même ce discours, elle étoit bien capable de le faire. » Plus hardie que Villefore, Mme de Motteville n'admet pas le doute. C'était apparemment l'opinion commune.

Il y en a une édition de Paris, mais sans nom ni lieu, *jouxte la copie*, et encore une s. l., 1650, 12 pages in-8°.

2364. Manifeste (le) de Mademoiselle, présenté à Son Altesse Royale. *Paris*, Jacques Belley, 1652, 8 pages.

Rare et détestable pamphlet. Il est difficile de comprendre comment un imprimeur a obtenu une permission expresse du duc d'Orléans pour abuser aussi sottement du nom de Mademoiselle.

2365. Manifeste (le) de Mademoiselle, présenté aux cœurs généreux par le sieur C. Perret. *Paris*, 1652, 16 pages.

Au moins il n'y a pas de permission pour celui-là.

2366. Manifeste (le) de monseigneur le duc d'Orléans, avec les conspirations du cardinal Mazarin découvertes par Son Altesse Royale, envoyées (*sic*) aux bons François et la prise de quatre cents casaques. *Paris*, Jean Pétrinal, 1652, 16 pages.

L'auteur s'est évidemment inspiré du discours que le duc d'Orléans avait prononcé dans le Parlement, sur le retour du cardinal Mazarin.

2367. Manifeste de monseigneur le duc de Beaufort, général des armées de Son Altesse Royale. (S. l., 1652), 3 pages.

Rare et plaisant; satire du duc de Beaufort.

2368. Manifeste (le) de monseigneur le duc de Beaufort, par lequel il déclare se joindre à Son Altesse Royale, au Parlement et à la ville de Paris. *Paris*, 1652, 15 pages.

C'est le pamphlet que le cardinal de Retz avoue sous le titre de

Manifeste de M. de Beaufort en son jargon (page 258 de ses *Mémoires*, coll. Michaud). Mailly le désigne dans la note de la page 393 de son IV° vol., sur la foi du cardinal et sans l'avoir vu.

M. Champollion ne l'avait pas vu non plus quand il a cru découvrir, sous l'indication du cardinal de Retz, l'*Apologie de M. de Beaufort*, par Girard.

Le *Manifeste* est très-plaisant et peu commun.

Mme de Grignan disait du comte de Diechtristein, Autrichien : « Il ressemble au duc de Beaufort, sans qu'il parle mieux françois. » (*Lettres de madame de Sévigné*, 1671, page 44 du tome II°, édition de 1818.)

2369. Manifeste (le) de monseigneur le duc de Guyse, touchant les particularités de son emprisonnement et les raisons de sa jonction avec M. le Prince. (S. l., 1652), 15 pages.

Il avait paru auparavant à Bordeaux sous le titre de : *Déclaration de Mgr. le duc de Guyse, faite à Bordeaux le 3 du mois courant*, etc.; et c'est encore ainsi qu'il entre dans toutes les éditions des *Mémoires* du duc de Guyse.

2370. Manifeste (le) de monseigneur le duc de Longueville sur sa déclaration faite le 8 du courant, pour se joindre au parti de Son Altesse Royale et de messieurs les princes. *Paris, jouxte la copie imprimée à Rouen, chez Guillaume Othot, imprimeur du roi*, 1652, 15 pages.

On sait assez que le duc de Longueville ne prit pas le parti des princes pour douter de l'édition de Rouen, autant que du *Manifeste*.

2371. Manifeste (le) de monseigneur le duc de Rohan, contenant les raisons de son armement et de sa jonction avec Son Altesse Royale et messieurs les princes. *Paris, jouxte la copie imprimée à Angers* (1652), 15 pages.

Daté d'Angers, le 12 février 1652, et signé de Rohan.

Malgré la signature et malgré la *permission de Son Altesse Royale*, je tiens cette pièce pour l'œuvre de quelque pamphlétaire de la Fronde. Elle diffère en un point très-essentiel de la *Lettre* où le duc de Rohan rend compte au duc d'Orléans de l'arrestation de Boilesve. Dans cette lettre, en effet, le duc répète avec une sorte d'affectation qu'il n'a fait qu'obéir aux ordres de Son Altesse Royale en prenant parti contre le roi ; dans le *Manifeste*, il se vante au contraire d'avoir caché politiquement ses desseins et d'avoir feint d'abord une neutralité qu'il ne voulait pas garder. D'ordinaire il avait plus de prudence ; et son caractère bien connu se retrouve mieux dans les précautions de la *Lettre*.

Inutile de dire que je ne crois pas à l'édition d'Angers.

2372. Manifeste (le) de monseigneur le prince de Condé, touchant les véritables raisons de sa sortie hors de Paris, faite le 6 juillet 1651, avec une protestation qu'il fait à la France, qu'il n'en veut qu'à l'ennemi commun de son repos, c'est-à-dire au cardinal Mazarin. (S. l., 1651), 23 pages.

Il a été reproduit en entier dans les *Mémoires de la minorité de Louis XIV*, page 381, édition de 1690.

Coste le cite d'après cette reproduction dans la seconde édition de son *Histoire du prince de Condé*, page 258. Il en admet pleinement l'authenticité ; et cependant l'auteur s'était, sinon nommé, au moins désigné très-clairement dans un pamphlet publié peu de temps après sous le titre de : *le Manifeste de l'auteur qui a composé le* Manifeste de M. le prince, etc. C'est Mathieu Dubos.

Il me semble qu'il n'était pas permis de s'y tromper.

On peut y joindre les *Motifs qui ont porté Son Altesse Royale à se déclarer pour Mgr. le Prince*, etc.

2373. Manifeste (le) de monseigneur le Prince, pour servir de justification aux calomnies du discours qui fut exposé le 17 août 1651, où il est répondu en détail à toutes les choses qu'on lui impute faussement, et où on fait voir que ce discours ne tend qu'à décrier la réputation de M. le Prince dans l'idée du peuple, attendu que la fausseté des crimes qu'on lui suppose ne paraît que trop évidente à ceux qui sont versés dans la connoissance des affaires. *Paris*, 1651, 24 pages.

Le discours auquel le pamphlet répond, est intitulé : *Discours que le roi et la reine régente..... ont fait lire en leur présence aux députés du Parlement, Chambre des comptes... le* 17e *jour d'août* 1651.

Coste a mentionné et analysé le *Manifeste* dans son *Histoire du prince de Condé*, page 268 de l'édition de 1695.

On me permettra de croire que le *Discours* a sur la réponse tous les genres de supériorité.

2374. Manifeste (le) de M. de Châteauneuf, touchant les raisons de sa retraite hors de la cour. *Paris, jouxte la copie imprimée à Angoulême, chez François de Rosne, imprimeur ordinaire du roi*, 1652, 15 pages.

« Ceux qui me condamnoient d'être Mazarin, parce que je m'étois apparemment jetté dans son parti, pourront facilement conclure que mon dessein n'étoit autre que de ruiner les espérances de son rétablissement par les obstacles secrets que je m'efforçois d'y faire naître. »

M. de Châteauneuf n'a pas écrit cela; mais on a bien pu l'écrire de lui.

Le pamphlet d'ailleurs est tout à la charge de la reine. Il n'a donc pas été imprimé à Angoulême, chez l'imprimeur du roi.

2375. Manifeste de M. le compte (*sic*) d'Harcourt, envoyée (*sic*) à monseigneur le duc d'Orléans de la ville de Brissac. *Paris*, Jean Petrinal, 1652, 8 pages.

Détestable pamphlet, qui est rare après tout.

Il est signé *d'Harcourt*.

2376. Manifeste (le) de M. le Prince envoyé au C., ensemble la lettre de M. de Bouillon. (S. l.), 1650, 10 pages.

Réimpression de deux pièces relatives à la régence de Marie de Médicis.

2377*. Manifeste de M. le Prince partant pour rejoindre les Espagnols.

P. Coste., *Hist. du prince de Condé*, p. 365, éd. de 1695.

2378. Manifeste de monsieur de Carlincas, conseiller du roi au Parlement de Tholose (*sic*), contre les délibérations des États du Languedoc, pour le service du roi et pour le soulagement de son peuple. *Paris*, 1651, 7 pages.

Signé Deforetz (le sieur de Carlincas) et Bofat.
Voir l'*Arrêt* du Parlement de Toulouse du 15 février 1651.

2379. Manifeste (le) de monsieur le coadjuteur de Paris, exposant les raisons pour lesquelles il s'est meslé des affaires d'Estat. (S. l.), 1651, 31 pages.

Ce pamphlet a paru dans le même temps sous le titre de la *Tragédie de la royauté*, etc. Il n'est pas du cardinal de Retz.

2380. Manifeste de monsieur le comte d'Alais sur les mouvements de cette province. *Marseille*, 1649, 12 pages.

Il y en a une édition de Lyon, Guillaume Barbier *jouxte la copie imprimée à Marseille*. Elle est aussi de douze pages. On lit sur le titre : *de la Provence*, au lieu de : *de cette province*.
J'aime mieux la *Justification des armes de M. le comte d'Alais*, qui est plus complète et qui n'est pas moins rare.

2381. Manifeste de monsieur le duc de Bouillon à la reine régente. (S. l. n. d.), 12 pages. *Rare*.

Le duc de Bouillon demande que le roi lui rende Sédan. Si c'est de la Fronde, c'est de 1649.

2382. Manifeste de monsieur le duc de Guyse, contenant les véritables motifs de la levée d'une armée pour le service du roi et de messieurs les princes. (S. l.), 1652, 15 pages.

Il diffère en trois points de celui qu'on a vu plus haut. Il est supposé ; il est sans intérêt ; il est rare.

2383. Manifeste des Angevins adressé au Parlement et à la ville de Paris. *Paris*, Nicolas Vivenay, 1652, 14 pages.

Voici du moins un argument nouveau : Les Angevins haïssaient Mazarin à cause des Vêpres Siciliennes !

2384. Manifeste des bons François contre Jules Mazarin, perturbateur du repos public, ennemi du roi et de son État, exhortant tous les bons François de (*sic*) suivre et protéger ceux qui n'ont point dessein (que) de remettre le roi dans son autorité accoutumée, par la décision de trois points, qui sont le service du roi, le bien public et l'exemption de la tyrannie. (S. l.), 1649, 8 pages.

Il a paru aussi sous le titre de Manifeste pour Messieurs du Parlement, etc.

2385*. Manifeste (le) des bons serviteurs du roi étant à Paris, et leur résolution pour la tranquillité de la ville.

Mémoires du P. Berthod, p. 587, coll. Michaud.
C'est un placard. A-t-il été publié en pamphlet ? Il existe une réponse intitulée : Réponse au Manifeste des méchants François, etc.
Le Manifeste y est reproduit textuellement.

2386. Manifeste (le) des Bordelois, contenant le récit véritable de ce qui s'est passé dans la ville de Bordeaux, les 13 et 14 du passé. *Paris, jouxte la copie imprimée*, chez Simon Le Porteur, 1651, 8 pages.

L'auteur fait un grand éloge de l'Ormée qui, dit-il, a établi le gouvernement démocratique. Il espère que toute la France l'imitera.

Il raconte que, le 13 du passé (juillet), l'Ormée cassa un arrêt du Parlement, en défendit la publication et ordonna de courir sus à tous ceux qui le publieraient. « Ladite ordonnance a été scellée du grand sceau de cire rouge, dans lequel est représentée une Ormée, pleine de cœurs enflammés, entourée de deux lauriers sur lesquels il y a un pigeon en forme de Saint-Esprit, et par-dessus est écrit : *Vox populi, vox Dei;* et cette autre devise : *Estote prudentes sicut serpentes, et simplices sicut columbæ.* » Ce récit confirme celui de Conrart. Voir la *Généreuse résolution des Gascons*, etc.

Anticipant sur le temps, l'Ormée avait supprimé les avocats et les procureurs.

Ce pamphlet est curieux, comme on voit ; et de plus, il est très-rare.

2387. Manifeste des provinces fait aux parlements sur la lettre circulaire du Parlement de Paris aux autres parlements de France, au sujet de l'expulsion du cardinal Mazarin hors du royaume. (S. l.), 1651, 16 pages.

Le véritable titre de la lettre du parlement est *Lettre de nosseigneurs de la cour de parlement de Paris envoyée aux autres parlements de France,* etc.

2388. Manifeste (le) des sieurs Servient (*sic*), Le Tellier et Lyonne, rendant un fidèle témoignage de toute l'administration du gouvernement qu'ils ont eue depuis la délivrance de messieurs les princes. (S. l., 1652), 24 pages.

Les trois secrétaires d'État venaient de quitter la cour.

Il n'y a dans ce pamphlet ni esprit, ni style. On ne pouvait être trompé que par le titre.

2389*. Manifeste (le) des trois princes.

Guy Patin, *Lettres à Spon.* Ier vol., p. 314.
Ce titre est apparemment inexact. A quel pamphlet s'applique-t-il?

2390. Manifeste (le) du cardinal Mazarin, laissé à tous

les François avant sa sortie hors du royaume, contenant un exact abrégé de toutes les actions de son ministère, répondant à tous les chefs d'accusation qu'on lui a objectés, découvrant les motifs, les intrigues et la politique dont il s'est servi pour entreprendre, pour conduire et pour établir tous ses desseins, et le tout sans que le Parlement, les frondeurs, les partisans des princes puissent s'inscrire en faux contre pas une de ses propositions.

Nonne morituro licet uni dicere verum ? Juvenal, liv. III.

(S. l., 1651), 48 pages.

Le cardinal Mazarin s'excuse justement par ce dont l'accusent ses ennemis. C'est tout l'esprit de ce pamphlet, qui n'est pas mal fait d'ailleurs.

Il paraît qu'il obtint un grand succès, puisque dans le même temps un autre pamphlétaire s'empressa d'en donner une suite, dont voici le titre : *La suite du manifeste du cardinal Mazarin, laissé à tous les François avant sa sortie hors du royaume, contenant les motifs et les moyens qu'il a tenus pour s'agrandir, exposant au roi tous les monopoles qu'il a brassés contre la maison de Condé, et les intrigues qu'il a fait jouer pour perdre le comte d'Alais, répondant à la témérité des entreprises qu'on lui impute, déguisant ses fourbes en général par des prétextes d'État, justifiant les simonies, les trocs, les permutations illicites et les rétentions criminelles des pensions sur les bénéfices ecclésiastiques, déduisant les raisons qu'il a eues de disposer des gouvernements en faveur de ses créatures, et faisant voir les maximes nécessaires à un homme de peu pour s'élever et pour se soutenir dans les grandeurs.*

Ecce morituri vera hæc sunt verba ministri. Clau. *in Eut.,* lib. I.

(S. l., 1651), 48 pages.

Cette seconde partie ne vaut pas la première ; à peine y trouve-t-on une ou deux anecdotes à recueillir. Je citerai celle-ci : Mazarin soutint, un jour, la doctrine de la fatalité contre Renocini, archevêque de Ferme, qui se rendait en Irlande par ordre du pape. « Le succès de votre voyage ne dépend pas de vous, disait-il à l'archevêque, mais de quelque ordre supérieur que vous ne pouvez altérer. » Renocini partit ; et il n'arriva pas ; il fut pris en route par des pirates.

« Mazarin raconte encore qu'il avait appris d'un nommé Piraldi à piper au jeu, et qu'il avait reçu de cet habile homme un charme sur une bague. Il était alors attaché au cardinal Sacchini.

J'ai dit ailleurs (voir les *Allarmes de la Fronde*) pourquoi je ne crois pas que Dubosc Montandré soit l'auteur du *Manifeste* et de la *suite*. Le premier est d'un partisan de Beaufort et de Gondi ; la seconde d'un serviteur des princes.

2391. Manifeste (le) du cardinal Mazarin, présenté au roi par lui-même à son départ de Pontoise. *Paris*, 1652, 8 pages. *Rare.*

Pourquoi du cardinal Mazarin ? Pourquoi surtout à son départ de Pontoise ?

« Les rois n'ont point de théâtre plus relevé de leurs généreuses actions que leur conscience et l'honneur de les avoir faites. Ils se contentent aussi de leur propre témoignage ; car le blâme ou la louange qu'on leur donne, n'augmente ni ne diminue leur gloire. »

On devine aisément la conclusion.

2392. Manifeste (le) du comte d'Harcourt sur son arrivée en la ville de Brissac (*sic*), faisant connoître le dessein du cardinal Mazarin de s'emparer de cette forteresse, qui étoit le sujet de sa retraite hors de France. *Paris*, Samuel de Larru, 1652, 8 pages.

C'est autre chose que celui qu'on a vu plus haut ; mais ce n'est pas meilleur.

2393. Manifeste (le) du duc de Lorraine, présenté à Son Altesse Royale. *Paris*, Salomon Delafosse (1652), 14 pages.

Très-médiocre invention d'un pamphlétaire frondeur.

2394. Manifeste du roi de la Grand'Bretagne à ses sujets du royaume d'Angleterre. *Paris*, François Preuvcray, 1649, 8 pages. *Rare.*

Daté du château d'Elizabeth, île de Jersey, le 23 octobre 1649.

2395. Manifeste du sieur de Charlevois sur sa détention et son retour ensuite à Brissac. *Paris*, Jacob Chevalier, 1652, 15 pages. *Rare*.

On sait comment la maréchale de Guébriant s'y prit pour attirer Charlevois hors de Brissac. Le *Manifeste* a une autre version; c'est tout simple. On peut le lire, si on n'y cherche pas la vérité.

Ce singulier épisode de la Fronde se rattache à la défection du comte d'Harcourt. Charlevois, désespérant de se maintenir à Brissac, prit le parti d'y appeler le comte, qui abandonna son armée en Guyenne pour s'y rendre.

Les derniers éditeurs des *Mémoires* du cardinal de Retz, coll. Michaud, ont reproduit le *Manifeste* en entier, note de la p. 392.

2396. Manifeste, ou Déclaration des États généraux des provinces unies des Pays-Bas, contenant les causes et raisons qui les ont contraints à déclarer la guerre aux Anglois. *Jouxte la copie imprimée à la Haye. Paris*, Nicolas Bessin, 1652, 12 pages.

Daté du 2 août 1652.

2397. Manifeste, ou Notable discours que dom F. de S. (de Sylves), ci-devant ministre d'État du roi catholique, a fait à tous les peuples d'Espagne, et particulièrement à ceux qui gouvernent actuellement les affaires de cette monarchie, touchant l'élection du souverain qu'ils doivent avoir après la mort de leur roi, traduit de l'espagnol en françois. (S. l.), 1650, 16 pages.

Don F. propose d'appeler Louis XIV au trône d'Espagne. A ce titre, le pamphlet est curieux, fût-il apocryphe.

2398. Manifeste, ou Raisonnement sur les affaires de Catalogne contre les intrigues du cardinal Mazarin, traduit de l'espagnol en françois. *Paris*, François Noël, 1649, 26 pages.

L'auteur dit en commençant qu'il a pénétré en Catalogne

pour voir par ses yeux. A la bonne heure; mais il n'a pas mieux vu.

Évidemment la prétendue traduction française est un original.

2399. Manifeste (le) pour la justice des armes des princes zélés pour le bien de la paix. *Paris*, Nicolas de La Vigne, 1649, 7 pages.

2400. Manifeste pour les Bordelois sur la prise des châteaux Trompette et du Hâ, à nos seigneurs du Parlement de Paris, par G. D. G. P., Bourdelois. (S. l.), 1650, 16 pages.

Dans une épître dédicatoire, datée du 25 septembre 1650, l'auteur fait remarquer que le sénat romain était qualifié de *majesté*. Or, le Parlement de Bordeaux est un sénat. Le défenseur du duc d'Épernon (*Lettre d'un ami de M. le duc d'Épernon*, etc.) avait raison de dire que ce Parlement voulait qu'on lui donnât de la majesté.

Le pamphlet contient des détails fort suspects, mais fort curieux sur les maisons de Puypaulin, d'Épernon et de Candale.

Il y en a une édition de 1649 que je n'ai pas vue, mais que M. G. Brunet m'a signalée comme existant dans la bibliothèque de Bordeaux : *Manifeste sur la prise du château Trompette*, etc.

Peut-être ce G. D. G. P. est-il l'auteur du *Courrier burlesque de la guerre de Bordeaux*.

2401. Manifeste pour messieurs du Parlement contre Jules Mazarin, perturbateur du repos public, ennemi du roi et de son État, exhortant tous les bons François de suivre et protéger ceux qui n'ont point d'autre dessein (que) de remettre le roi dans son autorité accoutumée par la décision de trois points, qui sont le service du roi, le bien public et l'exemption de la tyrannie. (S. l.), 1649, 8 pages.

Même pièce que le *Manifeste des bons François*, etc.

2402. Manifeste pour M. le duc de Bouillon et messieurs

les autres généraux contre les libelles que le cardinal Mazarin a fait publier contre eux, avec la déclaration qu'a faite M. le marquis de Noirmoutier, touchant les troupes de l'archiduc Léopold qu'il conduit en France. *Paris*, veuve d'Antoine Coulon, 1649, 7 pages.

La déclaration de Noirmoutier est datée du 16 mars.

2403. Manifeste sur la prise du château Trompette, à nos seigneurs du Parlement de Paris, par G. D. G. P., Bourdelois. (S. l.), 1649, 12 pages. *Très-rare*.

C'est l'édition que M. G. Brunet m'a signalée du *Manifeste pour les Bordelois*, etc.

Le pamphlet est ici daté du 25 novembre 1649.

2404. Manifeste (le) véritable des intentions de M. le Prince, qui ne tendent qu'au rétablissement de l'autorité souveraine et du repos des peuples, présenté à nos seigneurs du Parlement. (S. l., 1651), 16 pages.

Une des pièces de la polémique entre le prince de Condé et le cardinal de Retz. Ce n'est ni la meilleure, ni la plus hardie.

Il y a été répondu par le *Discours contre le libelle intitulé* : le Manifeste, etc.

2405. Manne (la) céleste, ou l'Heureuse arrivée du premier convoi de vivres à Paris, avec la généreuse sortie des Parisiens. *Paris*, François Noël, 1649, 8 pages.

2406. Manuel du bon citoyen, ou Bouclier de défense légitime contre les assauts de l'ennemi. (S. l.), 1649, 24 pages.

J'ai déjà dit que l'*Épilogue, ou Dernier appareil du bon citoyen* est la suite du *Manuel*; et à cette occasion, j'ai fait connaître les jugements de Naudé, de Guy Patin et de Mailly. J'ajoute ici que Naudé revient deux fois sur le *Manuel*, l'une à la page 199 où il le loue de « n'avancer rien qui ne soit véritable ; » l'autre à la page 204, pour montrer dans ce pamphlet l'un des caractères extérieurs des bonnes pièces.

L'auteur s'élève contre le principe de la puissance absolue : « L'autorité des magistrats, dit-il, doit être plus grande pendant l'absence et la minorité du roi. Il n'appartient qu'à Dieu, le pouvoir absolu, infini, indépendant et qui n'a point de bornes ; et c'est pécher contre la sureté des princes que de leur dire qu'en cela ils ressemblent à Dieu. »

Pendant le blocus même, les pourvoyeurs du roi étaient privilégiés sur le marché de Paris. « Dernièrement, par un stratagème qu'on ne peut honnêtement nommer, on fit cesser l'ordinaire des officiers du roi. Il n'y eut bon bourgeois qui n'en fût indigné, et qui ne fît offre de sa bourse pour réparer le scandale. » Puis, l'auteur ajoute : « Je voudrois toujours insister sur ce point, que l'intention du peuple ne fut jamais de rien diminuer des richesses du roi ni des princes, de leurs domaines, commodités et magnificences. »

Il prétend que les États de 1614 n'ont rien produit parce qu'on y passa le temps en préfaces et en émulation d'éloquence ; mais, dit-il, « des États libres et des députations légitimes par le libre choix des ecclésiastiques, des nobles et du tiers état pourroient produire quelqu'important succès. » Toutefois, il pense qu'il serait possible de se contenter d'assemblées provinciales ou de réunions des nobles et du clergé avec les bourgeois et marchands dans des assemblées de ville.

Avec la puissance absolue, ce que l'auteur attaque le plus vivement, ce sont les partisans. Il raconte qu'on avait donné à M. d'Effiat, surintendant des finances, dans une maison du cloître Notre-Dame un dîner dont les bisques et les potages avaient fait dire à quelqu'un qu'il avait vu dans des chaudières et des marmites bouillantes des élections tout entières.

On lit à la page 21 cette phrase : « N'est-ce pas une impudence capitale de présenter à la reine une bouchée de pain et lui faire à croire (*sic*) qu'elle vaut une pistole à Paris. » Un contemporain a écrit à la marge de son exemplaire, qui est aujourd'hui à la bibliothèque de Sainte Geneviève : « Ce fut le nommé Bautru, lors du blocus de Paris, tenant cet impertinent discours à la reine à Saint-Germain. »

Malgré quelques taches, le *Manuel* est une très-bonne pièce, remarquable de bon sens, de verve, d'éloquence même; mais il n'est pas rare.

Quand il a été publié, la conférence de Saint-Germain était encore ouverte; car l'auteur demande qu'on y fasse un article sur l'éducation du roi. J'ai vu en effet sur un autre exemplaire de la bibliothèque de Sainte-Geneviève, d'une écriture du temps, la date du 23 mars.

2407. Manuel (le) politique, faisant voir par la raison et par l'autorité 1. Que le roi, dans l'âge où il est, ne peut point choisir son conseil, et que par conséquent la reine, le Mazarin, le duc de Bouillon et le premier président sont des conseillers ingérés par tyrannie, ou pour parler plus doucement, par usurpation : le raisonnement ne craindra point la réplique; 2. Que l'injustice du conseil du roi se reconnoît par les principes par lesquels il agit, et qui sont contraires à la royauté; 3. Que les succès des entreprises du conseil du roi et l'imprudence avec laquelle il les ménage, marquent encore plus visiblement la même injustice; 4. Et qu'il ne faut plus considérer le roi que comme une majesté enchaînée par la tyrannie de son conseil, et vers lequel (*sic*) par conséquent c'est hors de saison qu'on fait des députations et des remontrances. (S. l.), 1652, 24 pages.

Dubosc Montandré.

Les pamphlétaires du parti des princes revendiquaient l'autorité pour leurs patrons par cet argument : « La loi qui fixe à quatorze ans la majorité du roi, a eu pour but de prévenir l'ambition des régents, en interrompant leur possession; d'où la conséquence que, quand la régence cesse, l'autorité revient par un retour naturel aux princes du sang. C'est à eux qu'il appartient de former le conseil du roi. »

Après le combat de Bleneau et le refus, fait par la ville d'Orléans, de recevoir le cardinal Mazarin.

2408. Marche (la) de l'armée de monseigneur le Prince au-devant du cardinal Mazarin. (S. l.), 1652, 15 pages.

Ce pamphlet n'est pas mal fait ; et il est rare.

L'auteur prétend que le Parlement avait décrété d'accusation Navailles qui était venu à Paris trouver le duc d'Elbeuf de la part du cardinal. Je ne me souviens pas d'avoir rencontré ailleurs cette anecdote.

2409. Marche (la) de l'armée de monseigneur le prince de Conty, commandée par le marquis de Lusignan, pour le secours de la ville d'Agénois (sic), assiégée par monsieur le comte d'Arcourt (sic), avec l'ordonnance de mondit seigneur le prince sur les offres faites par les bourgeois et habitants de la ville de Bourdeaux pour le secours de ladite ville. *Paris, jouxte la copie imprimée à Bourdeaux, par Guill. de La Court,* 1652, 4 pages.

Il n'y a que l'ordonnance, datée de Bourdeaux, le 2 juillet 1652, signée A. de Bourbon, et contre-signée Meuret de La Tour.

2410. Marche (la) du duc de Lorraine, avec son armée, et tout ce qui s'est fait et passé dans les négociations de Son Altesse Royale et du C. Mazarin près le duc de Lorraine sur ce sujet. *Paris,* Jean Brunet, 1652, 8 pages.

L'auteur dit que les étrangers étaient tellement de mode en France, que les gentilshommes préféraient un More à un Français pour les servir.

2411*. Marche (la) du roi en Normandie, avec son entrée à Rouen le 28 janvier. *Paris,* 1650.

Bib. hist., 23067.
Extrait de la *Gazette.*

2412. Marche (la) du roi vers Paris, et sa route depuis sa sortie de Gien jusqu'à Melun, et tout ce qui s'y est passé, avec le dessein du cardinal Mazarin, sur ladite marche, découvert, et sa chute de cheval devant le roi. *Paris*, Jean Brunet, 1652, 8 pages. *Rare.*

2413. Marche (la) du sieur de Balthazar dans le Périgord, ensemble la prise de la ville de Saint-Astier et de quelques chasteaux. *Jouxte la copie imprimée à Bourdeaux. Paris*, Nicolas Vivenay, 1652, 7 pages. *Très-rare.*

On peut consulter sur cette affaire *l'Histoire de la guerre de Guyenne*, p. 46.

2414. Maréchal (le) de Turenne aux bons bourgeois de Paris. Placard in-folio affiché le 4 septembre 1650. *Très-rare.*

« Ces placards, dit Omer Talon, page 395 de ses *Mémoires*, coll. Michaud, furent affichés dans toutes les places publiques de Paris ; et lorsqu'aucun les voulut ôter, il se trouvoit des gens qui s'y opposoient, et avec telle résistance qu'il y eut meurtre au bout du Pont-Neuf. »

2415. Maréchal (le) des logis logeant le roi et toute sa cour par les rues et principaux quartiers, en conséquence de la prétendue amnistie, par le sieur de Sandric (*sic*).

Demandes au vendeur l'*État présent de la fortune des princes* (de tous les potentats) et le *Visage de la cour* ; et reçois ces trois pièces comme des divertissements de ma plume.

Paris, 1652, 7 pages.

Une des pièces les moins communes de Sandricourt.
C'est une espèce de suite des *Fourriers d'État :* « Il est juste que

nous la logions (la cour) un peu plus au large que par le passé. »
Sandricourt est-il l'auteur des *Fourriers?*

Le *Maréchal-des-logis* ne les vaut pas. J'y remarque seulement que le coadjuteur est logé rue *Trousse nonain*, et de Pénis rue des *Francs-Bourgeois*.

2416. Mars (le) captif mis en liberté par Thémis, et le Typhon de la France banni par la même déesse, ou la Délivrance de monseigneur le prince de Condé par l'entremise du Parlement, et l'éloignement du cardinal Mazarin ordonné par l'arrêt de cet auguste corps. *Paris*, François Noël, 1651, 15 pages.

Signé R. D. S. J.

2417. Marseille délivrée de la tyrannie du comte d'Alais et remise sous l'autorité du roi le 19 mars. (S. l.), 1650.

Il y en a deux éditions, la première de six pages, la seconde de huit. Cependant ce pamphlet est rare.

2418. Masarinade (la), ou Éloge du cardinal Masarin, an vers burlesques, corect e an la bone ortografe. *Amsterdam* (Paris), 1663, petit in-8°.

Nous croyions que la *bone ortografe* avait été découverte de nos jours. On voit qu'il n'en est rien.

Voir la *Mazarinade*.

2419. Masque (le) levé contre la conduite de la cour, et le coup de grâce donné au cardinal Mazarin, où l'auteur fait voir dans douze raisons invincibles que l'établissement du repos de la France dépend de la ruine du Mazarin, et que les François n'ont ni ressentiment, ni honneur, ni courage, s'ils ne lèvent ouvertement le masque pour faire une conspiration générale contre le rétablissement de ce ministre, dédié à monseigneur le Prince. *Paris*, 1652, 24 pages.

L'épître dédicatoire est signée N. M. D. M. A.
C'est la signature de l'*Intrigue de l'emprisonnement et de l'élargissement des princes*, etc.

2420. Mathois (le), ou Marchand mêlé propre à tout faire, en vers burlesques. *Paris*, Jean Hénault, 1649, 12 pages.

> « Je fais de gros et petits culs
> Pour dames et demoiselles. »

Les *culs* se sont appelés *tournures*, *polissons* ; on les appelle *sous-jupes*. C'est toujours la même chose ; mais les mots ne blessent plus la pudeur... ou la pruderie.

2421. Mausolée (le) de la politique et de la justice dressé à la mémoire des deux frères illustres, M. le comte d'Avaux et M. le président de Mesmes, décédés bien peu de temps l'un après l'autre. *Paris*, Jean Paslé, 1651, 28 pages.

La pièce se termine par une épigramme latine de Chateaunières sur le même sujet.

Maxime du comte d'Avaux : « La subtilité trop grande doit être laissée aux écoles ; et une franchise généreuse doit opiner dans le conseil des rois. »

Le sénat de Venise l'appelait le vrai ambassadeur des rois et le vrai roi des ambassadeurs.

Maxime du président de Mesmes : « Il faut cesser d'être homme quand on commence d'être juge. »

Pièce intéressante et qui n'est pas commune.

2422. Mauvais (le) succès de l'espion de Mazarin envoyé à l'archiduc Léopold pour se sauver Flandre (*sic*). *Paris*, Nicolas de La Vigne, 1649, 8 pages.

2423. Mauvais (le) temps passé, ou le Ministère de Mazarin. (S. l., 1649), 8 pages.

Contrefaçon du *Sens dessus dessous*, etc.

2424. Maximes chrétiennes, ou les Véritables moyens pour maintenir et conserver la paix. « Non est pax impiis, dicit Dominus. » Ps. 1. *Paris*, Sébastien Martin, 1649, 7 pages.

2425. Maximes fondamentales touchant le gouvernement et les pernicieux desseins des Espagnols. *Paris*, veuve Jean Remy, 1649, 15 pages.

Rare. Tout ce que les Espagnols ont reproché à Louis XIV.

2426. Maximes héroïques de saint Louis, au roi et à la reine régente. (S. l.), 1649, 10 pages.

Au second titre on lit : *Le bon gouvernement tiré sur celui de saint Louis, dédié à Sa Majesté très-chrétienne;* et à la fin : *Le plus humble de tous ses sujets, C. P. V. de la maison de Sorbonne.*

Mais il ne faut pas se fier au titre. L'auteur offre seulement au roi de lui décrire les maximes de saint Louis, si le roi veut le lui commander. Ce n'est qu'une supplique en forme de préface.

2427. Maximes morales et chrétiennes pour le repos des consciences dans les affaires présentes, pour servir d'instruction aux curés, aux confesseurs, aux prédicateurs, dressées et envoyées de Saint-Germain-en-Laye par un théologien, fidèle officier du roi, à messieurs du Parlement. *Paris*, Cardin Besongne, 1649.

Deux parties, l'une de 16, l'autre de 30 pages. Ce pamphlet est du très-petit nombre de ceux dont la publication a été faite en conformité de l'arrêt du 25 janvier, c'est-à-dire avec permission des commissaires du Parlement. Le permis d'imprimer la première partie est sans date. L'impression de la seconde partie a été autorisée le 22 mars.

Naudé range les *Maximes morales et chrétiennes* parmi les pièce *soutenues et raisonnées* (pages 11 et 204 du *Mascurat*). J'ajoute que le stye en est abondant et correct. C'est un des plus remarquables pamphlets de la Fronde.

L'auteur déclare au Parlement, dans l'épître dédicatoire, qu'il est un peu cause de ce qui se passe, pour n'avoir pas puni, comme il le pouvait, les propagateurs de damnables maximes. C'est une flatterie. Il dit qu'il garde l'anonyme pour n'être pas privé d'une charge qu'il exerce auprès du roi. C'est un mensonge.

Voici quelques-unes de ses maximes : l'autorité royale est d'institution divine, quoique plusieurs rois ne soient que de celle des hommes. Le respect et l'obéissance qu'on doit aux rois, ne sont pas dus aux ministres et favoris. Les régents ne jouissent pas de la plénitude de l'autorité royale ; ils ne peuvent faire ni lois, ni ordonnances, ni créations d'offices. Les sujets sont obligés d'employer leur vie et leur fortune pour la conservation du roi et la manutention de son État, non-seulement contre les ennemis du dehors, mais encore contre ceux du dedans. Quelquefois il y a pour les sujets obligation de prendre les armes pour se défendre de l'oppression, lorsque les autres moyens ne sont pas suffisants. Les princes ne sont pas tenus d'obéir aux lois politiques par voie de contrainte, mais par voie de direction, c'est-à-dire par la force de l'exemple qu'ils sont obligés de donner. Les rois doivent donner les charges et les offices aux personnes dont la science et les mœurs répondent à cette qualité.

Et de toutes ces maximes, l'auteur conclut, dans la première partie, que Paris et la France doivent s'armer contre Mazarin ; dans la seconde, que la reine doit éloigner Mazarin sous peine de péché mortel.

« Abbés frisés, poudrés et le visage couvert de mouches, tous les jours dans un habit libertin parmi les cajoleries des cours et des Tuileries. »

Il paraît qu'au commencement de la régence on avait ajouté *in oratione pro rege*, et pro Annâ reginâ nostrâ.

Mailly, sans contester le talent de l'auteur, juge le pamphlet « une œuvre de ténèbres qui ne présente partout que le langage de l'anarchie et de la sédition. » (*Note* de la page 253 de son IIe vol.)

Je ne sais pas sur quel fondement il suppose que le coadjuteur a été l'auteur ou l'instigateur des *Maximes*. Il est vrai que cette pièce, la première partie surtout, est composée avec une habileté perfide, et vigoureusement écrite; mais ce n'est pas une raison suffisante de l'attribuer à Gondy.

De quelque main qu'elle vienne, elle est facile à trouver et bonne à garder.

2428. Maximes royales, présentées au roi. *Paris*, veuve Jean Remy, 1649, 7 pages.

On voit au second titre que cette pièce est de Du Pelletier.

« Nos monarques ont dans leurs armes des fleurs sans épines, pour nous apprendre qu'ils règnent par la douceur. »

2429. Mazarin (le) artizané, ou l'Artizan (*sic*) mazariné, par M. Q. d. F. L. (Mathurin Questier, dit fort Lys). (S. l.), 1651, 12 pages.

2430. Mazarin aux pieds du Parlement. (S. l., 1649), 7 pages.

2431. Mazarin (le) confus dans l'élévation de ses ennemis et l'abaissement de ses créatures. *Paris*, Louis Chamhoudry, 1651, 16 pages.

2432. Mazarin dans Amiens. (S. l.), 1649, 11 pages.

2433. Mazarin en soupçon de sa vie et de ses mœurs. *Paris*, Pierre Anguerant, 1649, 8 pages.

2434. Mazarin (le) portant la hotte dit : J'ai bon dos; je porterai bien tout. (S. l.), 1649, 7 pages.

« Je crois même que Varin,
  Au lieu de battre sa monnoye....
. . . .
  A fait libelles contre moi. »

Ces vers et ceux où il est parlé de Suzanne de Nervèze, ne se trouvent pas dans la copie que Sautreau de Marsy a reproduite, p. 328 du Ier vol. de son *Nouveau Siècle de Louis XIV*.

2435. Mazarin (le) poulonnois pour le jour du Mardi Gras. (S. l., 1649), 8 pages.

Sot, obscur et rare.

2436. Mazarinade (la). *Sur la copie imprimée à Bruxelles*, 1651, 24 pages.

Le plus célèbre des libelles écrits contre le cardinal Mazarin. Il a donné son nom à tous les autres.

Je ne sais pas pourquoi on lui a fait tant de réputation ; car ce n'est qu'un amas de saletés et d'injures sans esprit, même sans gaieté.

Je ne sais pas davantage pourquoi on veut qu'il soit rare ; car il m'en a passé plus de dix exemplaires par les mains.

Il n'y a que deux pamphlétaires de la Fronde qui attribuent à Scarron la *Mazarinade*. C'est l'auteur de la *Lettre de remercîment envoyée au cardinal Mazarin sur la lettre qu'il a écrite à une dame de la cour pour l'accommodement de ses affaires*, et celui du *Mercure de la cour*.

Après cela, il faut descendre jusqu'aux *Mémoires* de Guy Joly, et au *Segraisiana*.

Guy Joly dit simplement, page 54 de l'édition de Rotterdam, 1718 : « Le sieur Scarron fit aussi alors sa *Mazarinade*. » Alors, c'est le temps du blocus de Paris ; c'est, avec plus de précision, le mois de février 1649. Il y a là une erreur évidente. La *Mazarinade* est incontestablement de 1651. Les souvenirs de Guy Joly manquaient de netteté, et par conséquent de certitude.

C'est au *Segraisiana* que sont empruntées les anecdotes d'après lesquelles la paternité de la *Mazarinade* est universellement attribuée à Scarron.

« De tous les écrits qu'on fit contre le cardinal, y est-il dit p. 165, la *Mazarinade* de Scarron est celui qui lui fut le plus sensible, particulièrement à cause de l'endroit où il lui fut reproché d'avoir été chassé d'Alcala par le cardinal Colonna, d'où il fut contraint d'aller à pied jusqu'à Barcelonne pour s'embarquer et retourner en Italie. Le sujet de la colère de ce cardinal contre lui fut à l'occasion de ses amourettes avec une bouquetière qu'il vouloit épouser. »

Ailleurs, page 132 : « On ne manqua pas d'entretenir la reine de la mort de Scarron, en lui disant qu'il s'étoit rendu indigne de la pension que Sa Majesté lui faisoit, pendant la guerre de Paris ; c'étoit pour avoir fait la *Mazarinade* ; mais qu'il laissoit une femme sans aucun bien, une jeune femme fort belle, vertueuse et de beaucoup d'esprit, que la pauvreté pourroit peut-être réduire à de grandes extrémités, et que Sa Majesté ne pouvoit pas faire une plus grande charité que de faire rétablir la pension qu'elle avoit ôtée à son mari. La reine demanda aussitôt de combien étoit la pension ; elle n'étoit que de cinq cents écus ; mais un des courtisans, ayant aussitôt pris la parole, dit qu'elle étoit de deux mille livres. La reine eut la bonté d'ordonner sur-le-champ le rétablissement de la pension sur le pied de deux mille livres, et d'ordonner qu'on lui en portât le premier paiement. »

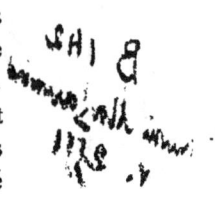

Page 147 enfin : « Scarron avoit d'abord été du parti du cardinal Mazarin ; mais il l'abandonna du temps de la Fronde. Il disoit en riant : « Je lui ai dédié mon *Typhon*, qu'il n'a pas daigné « regarder. » N'étoit-ce pas un grand désordre dans l'État que dans le temps de la Fronde le cardinal de Retz, qui alloit souvent chez lui, y attiroit tous ceux de son parti ; et M. le Prince y envoyoit plusieurs de ses gens. »

Ce dernier passage n'a ni l'exactitude ni la bienveillance auxquelles Segrais était obligé. Ce n'est pas seulement dans le temps de la Fronde que le cardinal de Retz allait chez Scarron ; c'est bien des années auparavant. Scarron a pu dire avec vérité dans la lettre que j'ai citée ailleurs, qu'il avait été « connu et honoré du cardinal dès sa jeunesse. » Et c'est assez pour comprendre qu'il n'a pas été du parti de Mazarin pour lui avoir dédié son *Typhon*.

Mais le *Segraisiana* n'est pas de Segrais. Sans rechercher trop attentivement les erreurs qu'il renferme, en voici une qui montre qu'au moins pour les personnages de la Fronde son témoignage n'est pas toujours certain. On lit, page 117 : « Quand le maréchal de Gramont, qui avoit été Frondeur, parloit au roi de quelque chose qui étoit arrivé du temps de la Fronde, il lui disoit : Sire, c'étoit du temps que nous servions Votre Majesté contre le cardinal Mazarin. » Il est bien moins permis de se tromper sur le maréchal de Gramont que sur l'auteur de la *Mazarinade*.

Et puis le *Segraisiana* qui marie Scarron en 1650, à la page 124, se contredit ainsi, à la page 140 : « Le mariage se fit en 1651 ; » de sorte que, même en ce qui concerne le poëte burlesque, ami de Segrais, ses récits ne peuvent pas être acceptés sans examen.

Mailly a entendu le dernier passage du *Segraisiana* en ce sens que Scarron s'était vendu au coadjuteur pour se venger de Mazarin. Ce n'en est pas la signification littérale, sans doute ; mais il faut bien que l'anecdote qui a été recueillie par le compilateur, ait été comprise ainsi puisque dans le placet, cité à l'article des *Cent quatre vers*, Scarron a cru qu'il devait expliquer à la reine mère ses relations avec le cardinal de Retz. Cette remarque n'est pas inutile ; car elle infirme une fois de plus l'autorité du *Segraisiana*. Comment accepter une anecdote qui ne s'est répandue que dans l'ignorance de la familiarité dont le prélat honorait le poëte ?

Il est remarquable que Guy Patin qui, dans une lettre du 10 octobre 1660, tome II, page 136, en annonçant à M. F. C. la mort de Scarron, dit : « Il ne vivoit plus que des bienfaits de la reine et du cardinal Mazarin ; » que Tallemant des Réaux, qui a consacré à Scarron quelques pages de ses *Historiettes*, ne prononcent pas même le nom de la *Mazarinade*. J'ajoute que, des paroles de Guy Patin, il est permis de conclure que Scarron s'était justifié non-seulement devant la reine mère, mais encore devant le cardinal.

Dans cet état, faut-il ne tenir aucun compte des protestations de Scarron, je ne dis pas seulement de la lettre à la reine dans laquelle on peut comprendre une dénégation sans y croire, mais des *Cent quatre vers,* qui ont été publiés en 1651, pendant la Fronde, presque dans le même temps que la *Mazarinade*, et peut-être alors que le cardinal Mazarin était hors du royaume ? Je ne le pense pas.

Un pamphlétaire a eu la singulière idée de composer, dans la même année, 1651, une *Mazarinade* à quatre parties, et de la faire mettre en musique. Voir la *Mort funeste du cardinal Mazarin*, etc.

En 1663, deux ans après la mort du cardinal, la *Mazarinade* a tout à coup reparu sous le titre de la *Masarinade, ou Éloge du cardinal Masarin, an vers burlesques, corect e an la bone ortografe*.

Malgré la rubrique de Bruxelles, il est certain qu'elle n'a été imprimée qu'à Paris. M. Leber, dans son *Catalogue*, n° 4,602, parle d'une édition sans date. Est-ce une erreur ?

2437. Médaille (la), ou la Chance retournée. (S. l., 1650), 7 pages.

Ce très-médiocre pamphlet a été écrit contre le prince de Condé, pendant qu'il était encore à Vincennes.

2438. Médecin (le) politique, ou Consultation pour la

maladie de l'État. *Paris*, veuve Théodore Pépingué et Estienne Maucroy, 1649.

Deux parties, chacune de huit pages.

Il y a de l'esprit à côté de singulières ingénuités. L'auteur croit que Paris renfermait cinq cent quarante mille combattants ! Dans sa première consultation, il formule ainsi son ordonnance « *Recipe* dix mille chevaux et vingt mille hommes de pied. » Dans la seconde, il ordonne deux saignées ; l'une de la bourse aux partisans, l'autre de la veine aux ennemis.

Quatre cents partisans à deux mille écus comptants, et deux mille livres par mois !

L'auteur a-t-il écrit aussi le *Monopoleur rendant gorge ?* peut-être ; mais il n'y a pas entre les deux pamphlets assez de rapports de pensée, de style ou de manière pour qu'il soit permis de l'affirmer.

2439. Médecin (le) politique, qui donne un souverain remède pour guérir la France, malade à l'extrémité. *Honora medicum propter necessitatem.* (S. l.), 1652, 59 pages. *Rare.*

Imitation en vers burlesques de la pièce qui précède. L'auteur fait l'éloge de la *France en travail*, de Sandricourt, du *Diable Mazarin* (exorcisme du D. Mazarin, etc.), des *Maximes véritables* (Véritables maximes) *du gouvernement de la France*, de la *Décadence visible de la royauté*, du *Tu autem*, du *Coup de partie*, du *Contre-coup du* Coup de partie, de la *Franche Marguerite*, qui

> « Parle un peu trop franchement,
> Comme en parla le Parlement ; »

du *Point de l'ovale :*

> « Point qui ne parait point
> Un point coupable au dernier point. »

On sait que ces deux dernières pièces avaient été condamnées, par arrêt du Parlement, à être brûlées par la main du bourreau.

2440. Méditations du cardinal Mazarin, données au public par son sécrétaire, L. F., avec l'oraison qu'il a composée pour la réciter quand il sera sur l'échafaud. (S. l.), 1649, 7 pages.

Je ne crois pas que cela soit commun ; mais quel intérêt ? ou quel mérite ?

2441. Méditations sur tous les jours de la semaine sainte, présentées à la reine. *Paris*, Robert Feugé, 1649, 11 pages.

Signé : *Par un Religieux réformé.*

2442. Mémoire des besoins de la campagne aux environs de Paris. Du 20° novembre 1652. (S. l., 1652), 8 pages.

Voir le *Mandement* de l'archevêque de Paris pour le secours des pauvres.

Il a été réimprimé, je crois, sous le titre de *le Magasin charitable.*

2443. Mémoire des entreprises faites contre l'Église en l'affaire de M. le cardinal de Retz. (S. l., 1654), 4 pages.

Résumé, en vingt-cinq articles, des *Remarques sur la conduite du cardinal de Retz*, etc.

On sait combien sont rares toutes les pièces de ce dernier épisode de la Fronde.

2444. Mémoire (le) des plus remarquables pièces faites depuis le 26 août (1648) jusques à présent, contenant une particulière description de toutes les affaires et négociations de l'État, et des barricades, avec l'emprisonnement de M. de Broussel et son élargissement. *Paris*, Claude Morlot, 1649, 8 pages.

Une des premières pièces de la Fronde, des moins communes, mais non des meilleures.

L'auteur prétend que les émeutiers s'étant portés chez le premier président, celui-ci s'avança au-devant d'eux, en criant :

« Allons, mes enfants, allons chercher nos prisonniers. » Par là on peut juger de sa véracité.

Il ne dit pas le moindre mot des pamphlets qui avaient précédé le sien.

2445. Mémoire présenté au conseil du roy par la noblesse du bailliage de Chartres, du 22 septembre 1650. (S. l., 1650), 3 pages. *Très-rare.*

La noblesse demande la punition de l'attentat commis sur elle pendant les élections. Voir le *Journal de l'assemblée de la noblesse*, etc. ; le *Procès-verbal contenant ce qui s'est passé dans l'assemblée générale faite à Chartres*, etc.; la *Harangue faite au roi par messieurs les députés du corps de la noblesse*, M. de Nossay portant la parole, etc.

2446. Mémoires (les) du feu roi de la Grande-Bretagne, Charles Ier, écrits de sa propre main dans sa prison, où il est montré que le livre intitulé : *Portrait du roi de la Grande-Bretagne* est un livre aposté et diffamatoire, traduits de l'anglois en notre langue par le sieur de Marsys, et enrichis d'annotations et de renvois très-nécessaires pour l'intelligence de l'ouvrage. *Paris*, François Preuveray, 1649, 143 pages.

Le traducteur veut apparemment parler de l'*Eïkon Bazilike*, ou *Portrait du roi d'Angleterre dans ses souffrances*, opuscule qui a en effet été attribué au roi, mais qu'on sait avoir été composé par John Gaudon, évêque d'Exeter. Ce n'est pourtant pas un livre aposté et diffamatoire, pour me servir des expressions du sieur de Marsys. On tient généralement, au contraire, que l'infortuné monarque l'avait approuvé.

Marsys avait déjà publié le *Procès*, *l'ajournement personnel*, etc.

2447. Mémoires et plaintes des rentiers de l'Hôtel de Ville de Paris sur les contraventions aux arrêts, réglements et déclaration d'octobre 1648, présentés à nos seigneurs du Parlement. *Paris*, Edme Pépingué, 1649, 23 pages.

C'est une sorte de complément du *Factum contenant les justes défenses des rentiers*, etc.

Toutes les pièces relatives aux rentes de l'Hôtel de Ville méritent d'être recueillies.

2448. Mémoires présentés à nos seigneurs du Parlement pour montrer que les dix-huit députés, nommés pour la conservation des rentes de l'Hôtel de Ville, peuvent s'assembler quand ils le jugeront nécessaire pour se rapporter les uns aux autres les désordres qu'ils auront remarqués dans chaque nature de rente, et pour en arrêter le cours et y chercher conjointement le remède. *Paris*, M. Mettayer, 1650, 9 pages.

Bien fait et rare.

2449. Menace (la) que fait le prince de Condé de sortir du bois de Vincennes. *Paris,* 1650, 6 pages.

Six pièces de vers aussi mauvaises les unes que les autres.

2450. Menaces (les) des harengères faites aux boulangers de Paris, à faute de pain. (S. l.), 1649, 4 pages.

Pièce curieuse, en ce qu'elle est écrite dans le langage du peuple de Paris. Elle n'est d'ailleurs pas commune.

2451. Mercure (le) anglois, ou Recueil succinct des affaires d'Angleterre, traduit par Jean Ango, interprète des langues angloise et écossoise. *Jouxte la copie imprimée à Londres par R. Leysbourne. Rouen*, Jacques Hollant, 1649, 12 pages.

Du 25 février au 4 mars.

Il y en a une édition de Paris, *jouxte la copie*, etc.

J. Ango a encore publié la *Relation générale et véritable de tout ce qui s'est fait au procès du roi de la Grand'Bretagne*, etc.

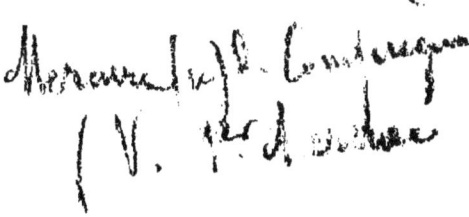

2452. Mercure (le) de la cour, ou les Conférences secrètes du cardinal Mazarin avec ses conseillers et confidents pour venir à bout de ses entreprises. Dédié aux Parisiens, avec cette épigraphe : « *Nolite fieri sicut equus et mulus, quibus non est intellectus.* » Paris, 1652.

Cinq parties : les deux premières de seize pages, la troisième et la cinquième de trente-deux, la quatrième de trente-une. L'auteur promettait d'autres parties encore ; les a-t-il données ? On peut en douter quand on voit que, dans un avertissement de la cinquième, il s'excuse d'avoir interrompu la périodicité de ses publications.

Le *Mercure de la cour* commence un peu avant la Pentecôte et finit à l'établissement du Parlement de Pontoise ; c'est-à-dire qu'il va des derniers jours de mai aux premiers jours d'août. Il est spirituel, hardi, insolent. Il contient bon nombre d'anecdotes. Il est rare. C'est un pamphlet à rechercher.

Dans la première partie, l'abbé Fouquet et Bautru discutent la question de savoir si le cardinal doit rester à la cour ou s'éloigner. Bautru veut qu'il reste ; et sa grande raison est que les Parisiens se lassent de la guerre. « Ils sont rebattus, dit-il, de toutes leurs *Mazarinades* de Scarron et de toutes les lettres que les secrétaires de Saint-Innocent leur donnent. »

Les dames de Paris avaient alors des chiens camus, sans doute des carlins.

On trouve dans la seconde partie un testament du cardinal, où se lit une description curieuse des lascivetés du palais Mazarin. Voici quelques dispositions de ce testament : « Le cardinal donne à la reine un rubis et deux perles d'Orient. Il donne à Mme de B. (de Beauvais) une boîte à mouche, avec son portrait dessus et la M. d. R. (mère du roi) dessous. Il donne à Bautru une pension de dix mille livres « pour avoir le soin de le mettre dans les *Annales* « *des hommes illustres*, » et à Servien la terre de Repentir. »

Il y a encore d'autres insolences contre la reine. Par exemple, Mazarin dit qu'il a dans son jardin une herbe à la reine qu'il faut arroser souvent, mais qui lui rapporte beaucoup ; ou bien que son devoir est de servir la reine dans sa chambre ; ou bien encore, s'adressant à la reine, après le décampement du duc de Lorraine : « Ne craignez rien, madame ; vous supportez César et sa fortune. »

L'auteur est de la Fronde des princes. Dans les statuts des chevaliers de la paille, il ordonne de croire

> « Que le coadjuteur qui lorgne
> Pour être ministre d'État,
> Aussi bien que Servien le borgne,
> Est de la Fronde un apostat. »

Le chapeau du coadjuteur est Mazarin, dit-il; et sa mitre est frondeuse.

Enfin, dans la cinquième partie, Bautru conseille au cardinal d'appeler le Parlement de Paris à Pontoise : « Premièrement, vous ferez le président de Novion, puisque c'est votre dessein, le chef; mais on vous reprochera que vous lui avez donné une tête sans cervelle. Pour les présidents, Lecoigneux et Perrot seront les deux épaules, parce que ce sont deux bons soutiens de justice; et s'il y a quelques coups à recevoir, ils sont capables de les porter; Lecocq, le bras droit, parce qu'il va bien à la parade; et Guénégaud, le bras gauche, pour trinquer à tous venants; Mandat, le ventre, parce qu'il a bon appétit; Bragelogne et Tambonneau seront les cuisses, parce que ce sont deux bons gros piliers; Lefèvre et Fraguier les jambes, parce qu'ils savent se tirer du danger; et comme on dit, au diable les jambes qui ne sauvent pas le corps; et pour achever le corps, afin qu'il soit parfait, Champlâtreux, Sainte-Croix et Menardeau en seront les parties honteuses, parce que ce sont des gens à cacher plutôt qu'à produire. Ainsi, tous ces membres assemblés, vous ferez un corps. »

Mailly cite le *Mercure de la cour* dans son V^e volume, page 364, sous le titre de *Messager de la cour*, et pages 443 et 620 sous son véritable titre.

Sautreau de Marsy a emprunté à la quatrième partie du *Mercure* deux pièces de vers assez médiocres : l'*Ordonnance de la Fronde pour prendre la paille, et les Statuts des chevaliers de la paille*, (Ier volume du *Nouveau Siècle de Louis XIV*, pages 353 et 358.)

2453. Mercure (le) infernal. (S. l. n. d.), 8 pages.

Pamphlet violent contre le surintendant Bullion, le premier président Le Jay, le lieutenant civil Moreau, et Cornuel. Descendus aux enfers, Bullion est nommé porte-coton du diable; Le Jay pend Cornuel et Moreau.

Si cette pièce appartient à la Fronde, ce n'est évidemment qu'à titre de réimpression.

2454. Mercure (le), ou le Courrier céleste parlant à monsieur le Prince. *Paris*, 1649, 8 pages.

2455. Mercure (le) parisien, contenant tout ce qui s'est passé de plus particulier, tant dans Paris qu'au dehors, depuis la nuit du jour et fête des Rois jusques à présent, et qui n'ont été remarquées (*sic*) aux imprimés ci-devant publiés. *Paris*, Cardin Besongue, 1649.

Deux parties de huit pages chacune. La première partie s'arrête au samedi 17 février; et la seconde continue jusqu'au samedi 24.

2456. Mercuriade (la), ou l'Ajournement personnel envoyé à Mazarin par le cardinal de Richelieu, en vers burlesques. (S. l.), 1649, 8 pages.

Un frondeur qui défend la reine ! il est bon d'en prendre note :

> « On l'estime comme une infâme;
> On l'injurie librement....
> De telle sorte qu'on en dit
> Ce que jamais elle ne fit,
> Et dont seulement sa pensée
> Ne se vit jamais offensée. »

2457. Mercuriale (la) faisant voir 1. l'injustice des deux partis, soit en leurs fins, soit aux moyens dont ils se servent pour y parvenir; 2. la nécessité d'un tiers parti pour réduire les autres deux à la raison. *Paris*, 1652, 24 pages.

L'auteur attaque le roi avec violence. Il l'accuse de jurements, de blasphèmes, de tyrannie, et le déclare plus coupable et plus odieux que Mazarin. Je ne connais pas trois pamphlets de cette espèce.

C'est sur l'Ormée de Bordeaux que le libelliste prétend modeler son tiers parti.

2458. Merveilles (les) de la Fronde du grand Hercules (*sic*) de Paris. *Anvers* (Paris), 1649, 7 pages.

Deux pièces également insignifiantes, mais rares.

« Le coq n'est propre qu'aux faquins. »

C'est un mauvais jeu de mots contre Lecocq, conseiller au Parlement. L'auteur a aussi quelques railleries à l'adresse de Coulon, Charton et Bachaumont.

2459. Merveilleux (le) effet de la députation de messieurs du Parlement, avec tout ce qui s'est fait et passé en la cour, ensemble les serments de fidélité faits au roi par madame la Princesse, messieurs les ducs d'Enguyen (*sic*), de Bouillon et de La Rochefoucault. *Paris*, Pierre Gautier, 1650, 15 pages.

Ce pauvre pamphlet se retrouve sous le titre de : *le Triomphe de la cour*, etc.

Il s'agit de la paix de Bordeaux. Le seul serment que la pièce contienne, est celui du duc de La Rochefoucault, sous la date du 2 octobre.

Les imprimeurs ordinaires du roi ont publié toutes les pièces officielles sous les titres de *Déclaration du roi accordée à son parlement et ville de Bordeaux, le 1er octobre* 1650, etc., *Suite* et *Vraie suite de la déclaration du roi*, etc.

Je lis dans le *Merveilleux effet de la députation du Parlement* que, le soir même de la signature du traité de paix, les ducs de Bouillon et de La Rochefoucault soupèrent à Bourg avec le cardinal Mazarin.

2460. Messager du cardinal de Richelieu envoyé des Champs-Élysées à Julle (*sic*) Mazarin. *Paris*, Nic. de La Vigne, 1649, 8 pages.

2461. Messieurs, vous considérerez s'il vous plaît, etc. (S. l., 1648), 4 pages. *Rare*.

Contre les jurés vendeurs de vin.

2462. Métamorphose (la) de la France envoyée à une dame de la campagne. *Paris*, Claude Marette, 1649, 7 pages.

Daté du 21 février, et signé V. S. B.

2463. Métamorphose (la) de Mazarin en la figure du

Dragon Notre-Dame, en vers burlesque *(sic)*. *Paris*, 1652, 11 pages.

Le dragon Notre-Dame était l'image du dragon que tua saint Marcel, et qu'on portait à la procession de la Fête-Dieu. La description en est assez curieuse.

Mazarin est comparé à Néron qui brûla Rome :

« Enfin ce fut jeu de jeunesse (l'incendie de Rome);
Mais pour lui, par Dieu! jeu n'est-ce. »

Le poëte appelle le blocus de Paris la *Guerre des Neiges*.

2464. Métamorphose (la) morale, ou l'Heureux changement de nos fortunes par la prudence de nos seigneurs du Parlement. *Paris*, veuve d'Anthoine Coulon, 1649, 7 pages.

2465. Métiers (les) de la cour. (S. l. n. d.), 7 pages.

Le duc d'Orléans est meunier pour pouvoir se servir de La Rivière.

Mademoiselle veut un métier où l'on puisse être deux, parce qu'elle s'ennuie d'être seule.

« Le prince de Conty devient auteur ; et dit-on qu'il est fort propre à commenter les fables d'Esope. »

Il faut que ce pamphlet ait été publié après la paix de 1649.

2466. Micarême (la) des harengères, ou leur Entretien sur les affaires de l'État. (S. l.), 1649, 7 pages.

2467. Miliade (la), ou l'Éloge burlesque de Mazarin, pour servir de pièce de carnaval. (S. l.), 1651, 17 pages.

« De boire sans cesse et reboire
Depuis ce matin, lundi gras. »

Voilà la date.

Ce pamphlet n'a rien de commun que le nom avec la *Miliade* de Richelieu. Surtout il n'est ni aussi violent ni aussi spirituel. Il a paru après la *Mazarinade* ; car je lis à la page 11 :

« Comme dans la *Mazarinade* (*sic*),
Qui n'est qu'une longue nazarde,

Laquelle à ce ministre ému
Rend, je crois, le nez bien camu. »

Il en a été publié dans la même année, 1651, une *seconde édition, revue et corrigée par l'auteur.*

Voir le *Gouvernement de l'État présent*, etc., et le *Gouvernement présent*, etc.

2468. Militante (la) république de Venise prosternée aux pieds de la France, implorant son secours contre la tyrannie du Turc. *Paris*, Rollin de La Haye, 1649, 8 pages.

2469. Mine (la) éventée de Jules Mazarin par un ingénieur, avec un sonnet à monseigneur le duc de Beaufort. *Paris*, Michel Mettayer, 1649, 8 pages.

Le sonnet est signé R., ingénieur.

2470. Ministre (le) d'État flambé. *Ridendo dicere verum quid vetat? Jouxte la copie imprimée à Paris,* 1649, 16 pages.

Signé D. B.

Pamphlet gai, spirituel, bien écrit, et que Naudé place au quatrième rang des pièces burlesques (page 283 du *Mascurat*); mais l'auteur développe trop longuement cette idée :

« Et vous avez fait à rebours
Le gaillard péché de luxure. »

Voici une citation qu'on ne trouvera pas trop longue, j'espère, et que dans tous les cas la rareté de ce curieux libelle fera excuser :

« Le Bretilleux est sans chalands ;
Morel n'enseigne plus à lire ;
Boisseau n'étale plus d'écrans ;
Martial ne vend plus de gants ;
Rangouze ne sait plus qu'écrire ;
Richard ne va plus chez les grands ;
Et Vinot n'a plus de quoi frire.

> « Neufgermain ne dit pas un mot ;
> Les muses ne l'ont plus pour mome ;
> Le Savoyard plaint chaque écot ;
> L'Orviétan est pris pour sot ;
> Il n'a ni théâtre, ni baume ;
> Et Cousin, Saumur et Sercot
> Ne gagnent plus rien à la paume.
>
> « Cardelin semble être perclus ;
> Son corps ne fait plus de merveille ;
> Carmeline en un coin réclus
> Voit ses pélicans superflus ;
> Le Coutelier même sommeille ;
> Et Champagne ne coiffe plus
> Que la poupée ou la bouteille.
>
> « Sur le Pont-Neuf Cormier en vain
> Plaint sa gibecière engagée ;
> La Roche y prône pour du pain... »

2471. Ministre (le) d'État rétabli et justifié. *Paris*, 1649, 14 pages.

Pamphlet mazariniste. Il est à remarquer que l'auteur rejette sur les princes la plus grande part de responsabilité de l'*enlèvement* du roi. C'est bien dans l'esprit du cardinal.

Une remarque plus générale, c'est que les pièces dirigées contre les pamphlétaires ont paru presque toutes sans nom d'imprimeur, quelques-unes sans nom de ville. Malgré la paix, on craignait les tumultes populaires. Les Frondeurs étaient encore maîtres de Paris.

2472. Ministre (le) fugitif sans esprit de retour. *Paris*, 1651, 11 pages.

2473. Ministre (le) sans reproche, à monseigneur le président de Bailleul, surintendant des finances et chancelier de la reine régente. (S. l., 1648), 47 pages.

Il est suivi de l'*Épître panégyrique* qui commence à la page 21.
L'une est en vers ; l'autre est en prose ; mais c'est dans tous les deux l'éloge du président.

2474. Miracle (le) arrivé en la place royale. *Paris*, 1649, 10 pages.

2475. Miracle arrivé en la ville de Meulan, vicariat de Pontoise, au couvent des religieuses de l'Annonciade des dix vertus, en la personne de sœur Marie-Madeleine de Saint-Charles, par l'intercession de la bienheureuse Jeanne de France, fondatrice de cet ordre, avec les dépositions et les procès-verbaux de M. l'évêque Du Bellay, des religieuses, confesseur, médecin et chirurgien qui ont assisté ladite religieuse en sa maladie. *Paris,* Pierre Targa, (s. d.), 23 pages.

L'authenticité des pièces est certifiée par le notaire apostolique en la cour d'église de Pontoise et secrétaire ordinaire de l'archevêque de Rouen, sous la date du 4 novembre 1649.

2476. Miracle (le) nouveau d'un crucifix qui parla, vendredi dernier, dans Saint-Germain, à la reine régente. *Paris,* Denys Langlois, 1649, 8 pages.

« J'ai toujours ta fortune et ta vie en ma main. »
« Fuis les conseils d'un homme ; et suis les lois d'un Dieu. »

Voilà qui est bien ; mais...

« Je t'ai donné mon sang; prêtes-moi ton oreille! »

C'est le crucifix qui parle. Le récit de l'auteur est en prose.

2477. Miroir (le) à deux visages opposés, l'un louant le ministère du fidèle ministre, l'autre condamnant la conduite du méchant et infidèle usurpateur et ennemi du prince et de son État. (S. l.), 1644 (1649), 16 pages.

Un contemporain a écrit sur un exemplaire de la bibliothèque de Sainte-Geneviève : 9 *avril.*

2478. Miroir (le) des souverains, où se voit l'art de régner, et quelles sont les personnes qu'ils doivent élire pour être leurs commensaux, leurs domestiques, leurs serviteurs, leurs conseillers et leurs ministres d'État, quel est le devoir de ces divers esprits, et quelle doit être leur récompense. *Paris,* François Noël, 1649, 50 pages.

C'est le moins commun des *Miroirs* et le plus mauvais.

2479. Miroir (le) françois, représentant la face de ce siècle corrompu. *Paris,* 1651, 8 pages.

Sotte pièce, qui n'a rien de commun que le titre avec le pamphlet qui suit.

2480. Miroir (le) françois, représentant la face de ce siècle corrompu, où se voit si le courtisan, le politique, le partisan et le financier sont nécessaires au maintien et conservation d'un État. *Paris,* 1649, 15 pages.

Voici les costumes de ces personnages :

Le courtisan « avec une grosse perruque frisée, cordelée, saupoudrée, les sourcils pincetés, les joues plâtrées et vermillonnées, la moustache redressée, la tête branlante, la gorge ouverte, la bouche pleine de blasphèmes, et tout le corps en un mouvement perpétuel, une main sur l'épée, l'autre à son côté. »

Le politique « avec une ample et longue robe de taffetas, la barbe peinte, la perruque godronnée (*sic*), les yeux enfoncés et les sourcils relevés, marchant à pas soulevés et mesurés ; en son vivre un Lucullus ; en ses paroles un Caton. »

Le financier « avec une petite robe courte à manches, la toque de veloux (*sic*) sur des cheveux frisés, tout parfumé et mignonnement chaussé, et pour le reste à peu près accoutré comme le courtisan. »

Le financier et le partisan, c'était tout un.

2481. Miroir royal, ou Fidèle portrait du monarque accompli, tiré au modèle d'un grand Gustave, roi de Suède, à monsieur Hambreus, docteur en droit canon et professeur du roi ès langues orientales. *Paris,* 1649, 7 pages.

L'épître dédicatoire est signée J. G. D. On y voit que le docteur

Hambreus était Suédois, et que le *Miroir royal* a été publié après la paix.

Le second titre de la pièce est : « *Préceptes de Charles IX, roi de Suède, à son fils Gustave Adolphe, après lesquels ledit Charles vécut encore huit ans, l'apprivoisant* (sic) *son jeune aiglon aux armes.* »

2482. Mirouer (le) de la reine lui représentant tous les désordres de sa régence et lui donnant d'infaillibles moyens de les réparer. *Paris*, Jacob Chevalier, 1652, 16 pages.

« Je n'ai pas peur que vous m'en envoyez un (évêché, il y en avait cinq vacants) pour avoir dit la vérité. Ce seroit pourtant une action de justice, que le Mazarin n'a garde de faire. » Est ce une plaisanterie ?

Les *infaillibles moyens* ont été réservés pour une autre pièce qui n'a peut-être pas été publiée, qu'en tout cas je n'ai pas vue.

2483. Misérable (la) chûte du ministre d'État étranger, son bannissement, sa fuite préméditée et sa retraite en Turquie. *Paris*, François Noël, 1649, 8 pages.

C'est encore plus sot que rare.

2484. Mission (la) des partisans à ce qu'ils méritent. (S. l., 1649), 4 pages.

2485. Mois de décembre 1650. Suite de l'estat des pauvres de la frontière de Picardie et des environs de Soissons où les armées ennemies ont campé, et du soulagement qu'ils ont reçu. (S. l., 1651), 4 pages.

Voir le *Mandement* de l'archevêque de Paris pour le secours des pauvres.

2486. Monarchie (la) affligée, avec ses consolations politiques et religieuses, à monseigneur le prince de Conty. *Paris*, Robert Sara, 1649, 7 pages.

Signé Suzanne de Nervèze.

2487. Monition. Placard in-folio, daté du 8 septembre 1655.

Donnée par Chassebras, curé de Saint-Séverin et grand vicaire du cardinal de Retz. Il y en a une seconde, d'octobre de la même année.

Claude Joly en a publié des analyses assez étendues dans ses *Mémoires*, pages 178 et 179, coll. Michaud. Chassebras était alors caché dans les tours de Saint-Jean-en-Grève. Ne pouvant communiquer avec les curés et supérieurs des communautés séculières et régulières, il avait pris le parti de faire afficher ses instructions aux portes des églises et dans les rues. Voici le singulier moyen dont il se servait : « Des gens affidés, marchant le soir dans les rues, portoient sur le derrière de leurs épaules des feuilles imprimées, tout enduites de colle, qu'ils appliquoient, en se retournant le corps et comme en passant, aux coins des rues et dans les places publiques, mettant leur dos contre les murs et les portes des églises et des édifices des places publiques. Ensuite ils passoient leur chemin. » (Cl. Joly, page 177.)

Les deux *Monitions* sont les cinquième et sixième pièces qui ont été affichées de la sorte.

2488. Monition de l'official de Paris obtenu par le sieur de Guénégaud le 14 avril 1649. Placard in-folio. *Rare.*

Quand le peuple sut que le roi était à Saint-Germain, il y eut aux portes de Paris, et particulièremunt à la porte de la Conférence, des rassemblements qui empêchaient les courtisans et les fidèles serviteurs de sortir de la ville. C'est dans un de ces rassemblements que les équipages de Guénégaud furent pillés. Pendant le blocus, aucun effort ne fut possible pour retrouver les objets perdus; mais aussitôt après la paix, une monition fut publiée par l'officialité. C'est le placard.

« Une cassette remplie de plusieurs papiers de conséquence, et entr'autres de quittances, comptes et rescriptions concernant les affaires de l'épargne, et les décharges du maniement qu'il a eu ci-devant des finances de Sa Majesté. »

« Un grand coffre, en forme de malle, rempli de tous les titres de ses maisons et héritages. »

2489. Monitoire publié par toutes les paroisses de la ville de Paris contre les Juifs de la Synagogue, le 1ᵉʳ jour de septembre 1652, pour avoir cruellement martyrisé, assassiné et tué un notable bourgeois de ladite ville de Paris. *Paris*, veuve J. Guillemot, 1652, 6 pages. *Rare*.

Voir le *Récit naïf et véritable du cruel assassinat... commis par la compagnie des fripiers de la Tonnellerie*, etc.

2490. Monologue, ou Entretien de Mazarin sur sa bonne et sa mauvaise fortune, en vers burlesques. *Paris*, 1649, 8 pages.

« On ne peut empescher d'écrire
Par menace ni autrement;
Et les arrêts du Parlement
N'ont pas assez de suffisance
Pour empêcher la médisance. »

2491 Monopoleur (le) rendant gorge. *Paris*, veuve Théodore Pépingué et Estienne Maucroy, 1649, 8 pages.

« Je suis cousin germain du *Médecin charitable*, et frère du *Politique*. »

Qu'est-ce que cette parenté ? On a vu plus haut le *Médecin politique* ; mais je ne connais pas le *Médecin charitable*.

2492*. Monsieur d'Elbeuf et ses enfants.

Mém. du cardinal de Retz.

Ce sont des triolets que Marigny a composés et que le cardinal de Retz a fait répandre dans le temps que le duc d'Elbeuf disputait au prince de Conty le commandement en chef de l'armée du Parlement.

Par une singularité dont je n'ai point l'explication, le premier se trouve dans les *Triolets de Saint-Germain* :

« Le pauvre monseigneur d'Elbeuf, etc.; »

Le second dans les *Triolets du temps, selon les visions d'un petit-fils du grand Nostradamus* :

« Monsieur d'Elbeuf et ses enfants, etc. »

Sautereau de Marsy est, je crois, le premier qui les ait imprimés tous, mais en intercalant entre le troisième et le quatrième la réponse de Blot, dans le *Nouveau Siècle de Louis XIV*, tome Ier, page 139.

2493. Mort (le) de terre, ou le Bras hors de terre, en vers burlesques. *Paris*, 1649, 7 pages.

2494. Mort (la) du cardinal Mazarin prédite par les troupes du duc de Lorraine, avec la retraite de la reine au bourg de Chilly, ensemble la lettre du duc de Lorraine écrite au comte de Tavannes sur les approches d'Etampes. (S. l.), 1652, 7 pages.

2495. Mort (la) effroyable d'un boulanger impitoyable de cette ville. *Paris*, 1649, 5 pages.

Ce boulanger avait refusé de vendre du pain à une pauvre femme. Le soir, il mourut, les entrailles mangées par de gros vers qui, le lendemain, sortirent de sa bouche.

La pauvre femme acheta du pain d'un jeune enfant; et quand elle fut rentrée chez elle, elle trouva son argent avec son pain.

Si je cite ce double *miracle*, c'est qu'il me paraît prouver que le blocus n'a pas été sans efficacité. Il n'y a que la cherté du pain qui ait pu autoriser de pareils récits.

2496. Mort (la) et les funérailles de la guerre, en vers burlesques. *Paris*, Claude Morlot, 1649, 8 pages.

2497. Mort (la) funeste du cardinal Mazarin, avec son épitaphe, dédiée à monseigneur le duc de Beaufort, duc et pair de France, et protecteur du peuple. (S. l.), 1651.

L'épître dédicatoire et l'avis au lecteur forment huit pages; la pièce huit autres pages, numérotées séparément.

On lit au bas de l'épître dédicatoire la signature S. C., sieur de P. et l'Anti-Mazarin. Voir le *Tableau funeste des harpies de l'État*, etc.

Dans ce dernier pamphlet, l'auteur dit qu'on venait de défendre les libelles contre Mazarin, qui était cependant hors de France, et qu'on avait saisi entre les mains de son imprimeur une pièce qu'il avait publiée récemment. Est-ce la *Mort funeste du cardinal Mazarin?*

Ce triste pamphlet ne méritait pas tant d'honneur, quoique, pour me servir des expressions de l'auteur, il soit plein de vengeance et de cruauté.

Il se termine par une « Mazarinade composée à quatre parties, lorsque le Mazarin assiégeoit la ville de Bordeaux. » Ce chant de la Fronde est aussi mauvais que le reste. Cependant il avait été mis en musique par trois compositeurs, et notamment par G. Lefèvre de Many, ex-page de la musique de Louis XIII, et domestique du duc de Vendôme. L'auteur aurait publié la *Mazarinade* notée; mais Ballard avait seul le privilége de ce genre d'impression, qui était fort cher. C'est une lacune très-regrettable dans les publications de la Fronde.

2498. Mot (le) à l'oreille, ou le Miroir qui ne flatte point. *Paris*, 1649, 7 pages.

Ce mot à l'oreille s'est dit et redit bien haut pendant la Fronde. Ce sont des injures contre Mazarin.

2499. Mot (le) à l'oreille sur les desseins particulières (*sic*) de la reine et du cardinal Mazarin. (S. l., 1652), 15 pages.

Turenne n'avait pas encore pris le commandement de l'armée du roi; mais on disait déjà que le prince de Condé avait quitté la Guyenne.

2500. Motifs (les) de l'union des bourgeois de Paris avec le Parlement, représentés à la reine, servans (*sic*) de réponse aux libelles jettés dans Paris, où est découverte la fausse politique des deux ministres cardinaux. *Paris*, Nicolas Bessin, 1649, 8 pages.

Les libelles, jetés dans Paris, sont les deux billets du chevalier de La Valette : *A qui aime la vérité; Lis et fais*.

« Vous avez reconnu, Madame, l'autorité de ce Sénat, puisque vous tenez de lui ce que vous êtes. »

2501. Motifs de la ligue de tous les véritables François pour conspirer la ruine de Mazarin, avec Son Altesse Royale et messieurs les princes, présentés à Son Altesse Royale par le sieur de Vieupont. *Paris*, chez défunt mon grand père, à l'enseigne du Carême prenant (1652), 15 pages.

2502. Motifs (les) de la retraite de M. le duc de Beaufort dans sa solitude. *Paris*, S. Le Porteur, 1652, 7 pages.

Le duc de Beaufort avait disparu en quelque sorte après son duel avec le duc de Nemours. Qu'était-il devenu? Les uns le croyaient aux Chartreux, les autres aux Capucins de la rue Saint-Honoré. L'auteur dit simplement qu'il s'était retiré du monde pour chercher des consolations; mais on lit dans les *Mémoires* de Chavagnac, page 155 de l'édition de 1700 : « Je ne quittai pas l'armée (du prince de Condé) où M. de Beaufort vint dans l'incertitude de savoir comment le Parlement prendroit son affaire. »

2503. Motifs de la retraite de monsieur le Prince. *Paris*, Nicolas Vivenay, 1651, 7 pages.

Ce pamphlet est dirigé autant contre la cabale de madame de Chevreuse que contre Mazarin. Il y a été répondu par le *Discours libre et véritable sur la conduite de M. le Prince et de Mgr le coadjuteur*.

2504. Motifs (les) de la tyrannie du cardinal Mazarin. *Paris*, Arnould Cottinet, 1649, 7 pages.

2505. Motifs des arrêts des Parlements de France contre le cardinal Mazarin. (S. l.), 1652, 26 pages.

Tout ce qu'il y a de remarquable, c'est l'exemple de Louis XIII et du maréchal d'Ancre que l'auteur propose à Louis XIV.

2506. Motifs du traité de madame de Longueville et de

monsieur de Turenne avec le roi catholique, revus et corrigés. *Jouxte la copie imprimée à La Haye*, 1650, 13 pages.

Libelle artificieusement écrit. Il n'est pas commun.

On chercherait en vain l'édition de la Haye. C'est ici la première et la dernière.

2507. Motifs et raisons principales du Parlement de Rouen pour sa jonction avec celui de Paris. *Paris*, veuve André Musnier, 1649, 8 pages.

Un des griefs contre Mazarin, c'est qu'il a introduit « des farceurs dont les postures indécentes ouvrent l'imagination à des voluptés scandaleuses. »

2508. Motifs (les) qui ont empêché la paix jusqu'à présent, et les seuls remèdes qui la peuvent sans difficulté apporter dans peu de jours, par A. D., Quercinois. *Paris,* 1652, 22 pages.

Ce Quercinois est insolent et pédant : Il demande au roi d'éloigner sa mère et de rendre aux États l'éclat qu'ils avaient sous Henri IV ! mais son pamphlet est rare.

2509. Motifs qui ont porté Son Altesse Royale à se déclarer pour monseigneur le Prince, qui servent de justification à son *Manifeste*. (S. l.), 1652, 15 pages.

Apparemment le *Manifeste de Monseigneur le duc d'Orléans*, etc. Peut-être les deux pamphlets sont-ils du même écrivain.

En tout cas, celui dont le titre précède, n'est pas mal fait ; et il est peu commun.

2510. Mouchard (le), ou Espion de Mazarin. *Paris*, Claude Boudeville, 1649, 8 pages.

J'ai vu dans la bibliothèque de Sainte-Geneviève un exemplaire sur lequel un contemporain avait écrit : *Par M. de La Colombière*. Naudé cite le pamphlet, page 13, du *Mascurat* ; et il dit de l'auteur qu'il avait dédié de gros livres au cardinal. La Colombière, en effet, avait, en 1648, un an auparavant, publié son *Vrai théâtre d'honneur* avec une fastueuse épître dédicatoire à Mazarin.

Il aurait composé, outre le *Mouchard*, l'*Avis contre le ministre étranger* (peut-être les *Raisons d'État contre le ministre étranger*), la *Parabole du temps présent*, et beaucoup d'autres pièces, suivant l'expression de Naudé, qui malheureusement n'en fait pas connaître les titres.

Voici les pièces que l'espion considère comme les meilleures : *Raisons d'État contre le ministre étranger*; *Discours d'État et de religion sur les affaires du temps présent*; les *Divines Révélations et promesses faites à Saint-Denis et à Sainte-Geneviève*; la *France désolée aux pieds du roi*, où le gouvernement tyrannique de Mazarin est succinctement décrit; la *Parabole du temps présent*; la *Contribution d'un bourgeois de Paris pour sa cote part des secours de sa patrie*; *Lettre d'un religieux envoyé à Monseigneur le prince de Condé à Saint-Germain-en-Laye*; *Factum servant au procès criminel fait au cardinal Mazarin touchant ses intelligences avec les étrangers ennemis de l'État*; *Très-humble remontrance du Parlement au roi et à la reine régente*; les *Raisons ou les Motifs véritables de la défense du Parlement et des habitants de Paris contre les perturbateurs du repos public*; *Icon tyranni in invectiva contrà Mazarinum expressa*.

2511. Mouchoir (le) pour essuyer les yeux de M. le prince de Condé. *Paris*, (s. d., 1649), 7 pages.

Mauvaises stances sur la mort du duc de Châtillon. Sautreau de Marsy les a pourtant recueillies dans son *Nouveau Siècle de Louis XIV*, Ier vol., p. 173.

2512. Moyen assuré pour bien ménager le blé des bourgeois et remédier à la cherté du pain dans Paris, pour l'effet duquel il y aura, dès le commencement du mois de décembre prochain 1649, un magasin dans la rue des Rosiers, à côté de la vieille rue du Temple, au petit hôtel d'O (où étoit autrefois l'académie de Benjamin). *Paris*, François Noël, 1649, 7 pages. Rare.

Voir le *Franc bourgeois de Paris*, etc.

2513. Moyen pour obtenir de Dieu une véritable paix par l'intercession de sainte Geneviève, en la solemnité de la descente de sa châsse. (S. l.), 1652, 4 pages. *Rare*.

Le moyen, c'est la charité. Les personnes pieuses désignées pour recevoir les aumônes sont, outre les curés, la présidente de Hercé, madame de Traversé et mademoiselle de Lamoignon.

Voir le *Mandement* de l'archevêque de Paris pour le secours des pauvres.

2514. Moyens de récusation contre M. le premier président. (S. l.), 1650, 3 pages.

Il ne faut pas confondre ce pamphlet avec les *Causes de récusation*, etc. Ce n'est pas ici une pièce de procédure.

2515. Moyens des requêtes présentées à la cour par M. Guy Joly, conseiller du roi au Châtelet de Paris, pour raison de l'assassinat commis en sa personne le 11 décembre 1649. (S. l. n. d.), 6 pages.

2516. Moyens faciles et nécessaires pour la garde, sûreté et police de la ville et faubourgs de Paris, la levée et subsistance de ses troupes, et ouverture de ses passages, tant par eaus (*sic*) que par terre. *Paris*, veuve J. Guillemot, 1649, 8 pages.

Nécessaires, peut-être; faciles, c'est autre chose. On va en juger.

Garde de la ville : Apprendre aux bourgeois l'exercice des armes; destituer les colonels et capitaines suspects; constater, au moins de quinze en quinze jours, l'état des hommes, des armes, des munitions, des vivres; doubler la garde des portes; organiser l'espionnage; défendre aux hôteliers de loger sans une permission du major de garde.

Subsistances : Confisquer les biens des partisans et de ceux qui sont dans l'armée du roi; vendre le sel à vingt-quatre ou vingt-cinq livres tournois le minot pendant un temps déclaré ; emprunt forcé sur les riches et sur les établissements religieux ; ouvrir les passages à main armée ; faire des distributions de blé ; renvoyer les familles de ceux qui servent le roi ; faire sortir les mendiants et les infirmes.

Moyens militaires : Augmenter les troupes ; lever des fantassins et des cavaliers parmi les domestiques ; prendre les chevaux et les fourrages ; incorporer les recrues dans les régiments, mais sous la condition de ne servir que pendant les troubles, et ne pas aller plus loin que quinze ou vingt lieues de Paris.

L'auteur commence ainsi : « Les bourgeois étant en armes depuis plus de deux mois. » Le pamphlet est donc du milieu de mars. En tous cas, il était trop tard.

2517. Moyens infaillibles pour faire périr le cardinal Mazarin, et la guerre à ses dépens. *Paris*, veuve J. Guillemot, 1652, 6 pages.

Voilà un zélé frondeur ! Il veut qu'on fasse promptement le fonds de cent cinquante mille livres, pour payer l'assassin du cardinal ! Il veut qu'on dispose de ses bénéfices ; et en attendant, il dénonce les personnes qui doivent de l'argent à Mazarin, ou qui ont de ses meubles en dépôt. Parmi les dernières, je remarque Bonneau, le traitant, et la maréchale de Rantzau.

Ce pamphlet n'est pas commun.

2518. Moyens (les) pour accorder les deux partis, proposés par Jacques Bonhomme, paysan de la Beauce, aux bourgeois de Paris. *Paris*, Jacob Chevalier, 1652, 7 pages.

Pauvre imitation de la *Lettre de Jacques Bonhomme, paysan du Beauvoisis, à messeigneurs les princes retirés de la cour;* mais rare.

2519. Moyens très avantageux aux bourgeois de Paris pour bien ménager leurs blés par l'échange qu'ils en peuvent faire au poids pour du pain de même qualité, très bon et bien assaisonné, à leur choix, dans le magasin du grand pain, établi à cet effet dans la rue des Rosiers, à côté de la vieille rue du Temple, au petit hôtel d'O (où étoit autrefois l'académie de Benjamin), où les pauvres même et ceux qui n'ont pas de blés peuvent trouver les mêmes satisfaction et avantage. (S. l., 1649), 3 pages. *Rare.*

Voir le *Franc bourgeois de Paris*, etc.

C'est ici le premier tarif : « Pour le pain bis avec son tout, une livre de vingt seulement en faveur des pauvres; pour le pain avec son tout, auquel on a ôté le gros son, deux deniers pour chaque livre, outre la livre de vingt; pour le pain bis blanc, de quinze livres de blé, un et trois deniers pour chaque livre de pain qu'il en rend; pour le pain blanc, de dix livres de blé, un et quatre deniers pour chaque livre de pain. »

2520. Moyens très importants et nécessaires pour réformer l'abus et réparer les désordres du paiement des rentes de l'Hôtel de Ville de Paris. P. A. T. C. D. R. C. G. D. R. D. L. D. V. D. P. (S. l., 1649), 14 pages. *Rare.*

Projet de règlement qui a surtout pour but de prévenir les fraudes que les receveurs des rentes commettaient avec leurs contrôleurs.

2521. Muse (la) du temps présent, par le sieur D. L. B. M. *Paris*, Denys Pelé, 1650, 82 pages.

Imitation burlesque de l'Art d'aimer, d'Ovide.

2522. Mystère (le) de la croix proposé à la reine pour motif à traiter et conclure la paix dans son État, tant générale que particulière. *Paris*, Robert Feugé, 1649, 11 pages.

Signé M. R. L. R. P. D.

2523. Mystère (le) éventé, ou la Réponse à un libelle M. *Paris*, 1652, 8 pages.

L'auteur ne dit pas à quel libelle il répond; et je ne l'ai pas découvert. Ce n'est pas, après tout, la peine de le chercher. Cependant la pièce est rare.

2524. Naissance (la) d'un monstre épouvantable, engendré d'une belle et jeune femme, native de Mark, à deux lieues de Calais, le 23 février 1649. *Paris,* veuve d'Anthoine Coulon, 1649, 7 pages.

C'est une lettre signée G. D. B., et datée du 27 février.

2525. Nappe (la) renversée, chez Renard, en vers burlesques. *Paris,* 1649, 8 pages.

2526. Nations (les) barbares à la reine d'Angleterre. *Paris,* Pierre Targa, 1649, 4 pages.

On lit au verso du titre un assez pauvre sonnet signé L. L.

2527. Nazarde (la) à Jules Mazarin. *Paris,* chez la veuve de l'auteur, rue de l'Orphelin, vis-à-vis de la Limasse (*sic*), 1649, 8 pages.

Pièce fort gaie dont le refrain : *Nargue pour vous, Jules Mazarin,* est toujours bien amené. Elle a été reproduite à la suite des *Vérités mazariniques.*

2528. Noble (le) confus, ou le Point d'argent du temps présent, dialogue de deux gentilshommes et d'un valet depuis peu arrivés en Cour. *Paris,* 1649, 11 pages.

Même pièce que le *Cavalier démonté,* etc.

2529. Nocturne (la) chasse du lieutenant civil. *Paris,* par la société typographique du pays grec et latin, au Mont-Parnasse, (s. d., 1649), 8 pages.

Pamphlet mal écrit, mais fort curieux.

« Lorsque sans empêchement...
Paris vit naître l'espérance
D'une fourrée conférence,
On commença de réprimer
Cette licence d'imprimer...
Lieutenant civil et commissaire...

Pour empêcher de barbouiller,
Chez les imprimeurs vont fouiller
De nuit, par cruauté extrême,
Jusques dans la cave même. »

Rollin de la Haye, imprimeur du *Courrier françois*, avait été obligé de se cacher ; L'Eclanche, Raulin et Laurent *prends ton verre* avaient été mis en prison. Peut-être ces trois derniers étaient-ils des porteurs, des crieurs de pamphlets ; car je ne trouve pas leurs noms sur ma liste, pourtant très-longue, des imprimeurs et libraires.

« Les crieurs
Chargés de boutiques d'osier. »

2530. Nocturne (le) enlèvement du roi hors de Paris, fait par le cardinal Mazarin, la nuit des Rois, en vers burlesques. *Paris*, Arnoult Cottinet, 1649, 32 pages.

Naudé, page 285 du *Mascurat*, dit que ce pamphlet n'est qu'une imitation de l'*Agréable récit des barricades*. Cela est vrai. Il y a de l'esprit pourtant.

Il en existe une autre édition de 1649 et de 32 pages, mais chez Pierre le Champenois.

Arnould Cottinet l'a réimprimé aussi en 1649, avec le *Troisième babillard*, le *Coq à l'âne* et l'*Anagramme prophétique sur la sortie du cardinal*.

2531. Nœud (le) de l'affaire, ou la Seule ressource des grands désordres qui menacent cette monarchie avec un danger évident de quelque changement d'État ; discours sans flatterie sur la défiance que la reine a de la conduite de monseigneur le Prince, et sur la défiance que monseigneur le Prince a de la conduite de la reine, avec un beau parallèle des sorties de monseigneur le Prince et de monsieur le duc de Mercœur, pour servir d'instruction aux médiateurs des troubles de l'État. (S. l.), 1651, 28 pages.

2532. Nompareille (la) du temps, ou la Prosopopée de

Thémis et la Fortune plaidant le procès de Mazarin. *Paris*, veuve d'Anthoine Coulon, 1649, 8 pages.

2533. Nouveau Caquet, ou Entretien de l'accouchée, sur le départ du cardinal Mazarin de la ville de Dinan jusques à son arrivée à Saint-Germain. Première journée. *Paris*, 1652, 24 pages.

Y a-t-il d'autres journées ? Et quand il y en aurait ? Cela ne vaut pas mieux que le *Caquet* de 1651.

2534. Nouveau (le) De profundis de Jules Mazarin au Prince de Condé. (S. l.), 1649, 7 pages.

Ce pamphlet a dû paraître peu de temps avant l'arrestation du prince ; car Mazarin dit :

 « Le roi est trop aimé en France ;
 Ne songez plus à barre à bas ;
 Et, afin qu'il ne jugent pas
 Le procès à votre naissance,

Requiem dona eis, Domine. »

Il diffère essentiellement du *De profundis de Jules Mazarin, avec les regrets de sa méchante vie*.

2535. Nouveau discours politique contre les ennemis du Parlement et de la ville de Paris, où il est traité de l'usage légitime de la puissance royale dans l'imposition des subsides, de la dignité du Parlement de Paris dans la France, et de l'innocence de la ville de Paris. A la reine. *Paris*, Rollin de La Haye, 1649, 12 pag.

« Les pairs et les officiers du Parlement furent créés dans les mêmes États généraux où Hugues Capet reçut la couronne, pour servir de tempérament, non pas à la puissance royale, mais à l'insolence des ministres qui en abusent. »

« Charles V apprit l'art de régner dans Philippe de Commines. »

Ce pamphlet est d'un ignorant ; mais il n'est pas d'un sot.

2536. Nouveau (le) fourrier de la Cour réformant les autres logements et les accommodant mieux au temps et aux lieux, et logeant commodément ceux qui avaient été oubliés. *Paris*, 1652, 8 pages.

C'est la contre-partie des *Fourriers d'État.*

L'auteur, qui est du parti des princes, transporte le roi de Saint-Denis à la ville de Reims; la reine, de Montmartre au Val-de-Grâce; il laisse Mazarin à Montfaucon; il loge le coadjuteur à la Brasserie et au Paradis terrestre, faisant l'office du serpent.

2537. Nouveau journal contenant tout ce qui s'est fait et passé aux assemblées des Cours souveraines du Parlement de Paris ès années 1648 et 1649 jusques à présent, revu, corrigé et augmenté de tout ce qui a été obmis aux précédentes impressions, insérés (*sic*) en leurs jours et dates des mois. *Paris,* Mathieu Colombel et Jérémie Bouillerot, 1649, 114 pages jusqu'au 18 janvier 1649, et du 6 février jusqu'à la fin, 40 pages.

C'est la contrefaçon du *Journal du Parlement.* Elle a été faite sur la seconde édition.

2538. Nouveau recueil général contenant toutes les chansons mazarinistes, et plusieurs qui n'ont point estées (*sic*) chantées depuis la sortie de messieurs les princes, avec les tricotets et triolets de Mazarin depuis sa sortie. *Paris*, Marignon Jacquet, 1652, 35 pages, non compris le titre et les pages 3 et 4 qui ne sont pas chiffrées.

Poésie de complainte. On y trouve les triolets sur la prise de Miradoux, qui ont été imprimés encore par Marignon Jacquet à la suite du *Second Babillard du temps.*

2539. Nouveau reiglement (*sic*) fait par messieurs les prévôt des marchands et échevins de la ville de Paris pour la garde des portes de la ville et fauxbourgs d'icelle, du vingt-sixième mars 1649. *Paris*, Pierre Rocollet, 1649, 4 pages. *Très-rare.*

2540. Nouveaux (les) jeux du piquet de la Cour. (S. l. n. d.), 4 pages.

2541. Nouveaux triolets frondeurs, ou les Triomphes de la Fronde. (S. l.), 1650, 7 pages.

Sur la prison des Princes. Ils sont des moins communs, mais aussi des plus mauvais.

2542. Nouvelle (la) courante. A la reine. *Rouen*, 1649, 4 pages.

Couplets bien tournés.

2543. Nouvelle (la) décadence. *Paris*, 1651, 24 pag.

Même pièce que la *Chute de Phaëton*, etc.

2544. Nouvelle (la) défaite de l'infanterie du mareschal de Turenne devant Estampes par monsieur le comte de Tavannes, le mercredi cinquiesme juin 1652. *Paris*, André Chouqueux, 1652, 7 pages.

2545. Nouvelle (la) extraordinaire, contenant ce qui s'est passé à Francfort au sujet de la défaite de l'armée du vicomte de Turenne (*à la bataille de Rethel*), avec les préparatifs des cercles du Haut et Bas-Rhin pour s'opposer aux armes d'Espagne, et l'état des troupes du vicomte de Turenne, envoyée à monsieur le gouverneur de la ville de Paris. *Paris*, Guillaume Sassier, 1651. 7 pages.

2546. Nouvelle (la) extraordinaire contenant tout ce qui s'est fait et passé en Champagne depuis l'arrivée de l'armée du roi, commandée par monseigneur le cardinal Mazarin, avec la prise du château et garnison de Chemery par le sieur de La Marre, envoyée à monsieur le maréchal de Lhopital, gouverneur de la ville de Paris et seul lieutenant-général pour le roi en Champagne et Brie, par le sieur de Saint-Sauflieu (*sic*), gouverneur de Donchery. *Paris,* Guillaume Sassier, 1650, 7 pages.

Deux lettres des 1ᵉʳ et 5 décembre.

Sassier était l'imprimeur du maréchal de Lhôpital. Ces nouvelles ont ainsi un caractère officiel jusque dans la forme sous laquelle elles sont présentées. Or, il faut remarquer que dans le titre on attribue le commandement de l'armée du roi au cardinal Mazarin et non au maréchal du Plessis.

C'est au moins une présomption en faveur de ceux qui disent que le maréchal fut sollicité de concéder au cardinal l'honneur de la victoire de Rethel, qui fut remportée, comme on sait, le 15 décembre.

2547. Nouvelle (la) extraordinaire contenant tout ce qui s'est fait et passé en Champagne entre l'armée du roi, commandée par monsieur le maréchal de la Ferté, et celle du duc Charles, avec la prise du sieur de Châtillon, et les articles accordés par Sa Majesté à la princesse de Phalsbourg pour la neutralité du Neufchâteau. *Paris,* Guillaume Sassier, (s. d.), 6 pages.

On peut remarquer que *la Nouvelle extraordinaire* est une sorte de journal composé des nouvelles reçues par le maréchal gouverneur de Paris. Je n'en ai rencontré que ces trois cahiers; encore sont-ils rares.

2548. Nouvelle extraordinaire touchant l'état présent des affaires du roi de la Grand'Bretagne, avec deux harangues éloquentes et zélées sur le dessein de venger le meurtre du roi défunt et assurer le roi d'à présent dans ses États, l'une prononcée par le chevalier Richard Blaque de la part de l'assemblée des trois

États du parti catholique d'Irlande, et l'autre par monseigneur le marquis d'Ormond, vice-roi du même royaume. *Paris*, François Preuveray, 1649, 8 pages.

La harangue du marquis d'Ormond n'y est pas. Elle a été imprimée séparément. Voir *Harangue de monseigneur le marquis d'Ormond*, etc.

2549. Nouvelle (la) Gazette du temps, en vers burlesques. Du dix-neuvième octobre 1652. *Paris*, 1652, 6 pages.

Contrefaçon de la *Gazette nouvelle en vers burlesques*, etc.

2550. Nouvelle (la) ligue faite à la Cour contre le cardinal Mazarin, sur le dessein du retour du roi à Paris, depuis la défaite des troupes mazarines (*combat de Bleneau*). *Paris*, Jean Brunet, 1652, 8 pages. Rare.

Dans un bal, le marquis de Roquelaure avait dit tout haut : « Je ne sais à qui confier mon épée. Je ne vois ici que des mazarins. » — « Donnez-la moi, Roquelaure, répondit le duc d'Anjou ; je ne suis pas mazarin. »

2551. Nouvelle (la) Mazarinade. *Paris*, 1652, 8 pages, les deux dernières non chiffrées.

Très-rare, mais non très-spirituelle.

« Antichien de Jean de Nivelle. »

2552. Nouvelle (la) Paris, ou l'Heureux changement de ses maux par le retour de son roi. *Paris*, Jean Hénault, 1649, 16 pages. *Rare*.

« Ames de boue et d'excrément,
Qu'un teston portoit aisément
A favoriser la discorde,
Sortez sur l'heure de Paris ;
Ou le feu, la roue et la corde
De vos sales forfaits seront le digne prix. »

2553. Nouvelle proposition faite par les bourgeois de la ville et faubourgs de Paris à Messieurs du Parlement, contre la *Lettre* (interceptée) *du sieur Cohon* (ci-devant) *évêque de Dol. Paris*, Nicolas Jacquard, 1649, 8 pages.

« Nous vous supplions très-humblement, Messieurs, de nous commettre le châtiment de Mazarin. Il y trouvera son avantage en ce qu'il ne verra point le visage ni la main du bourreau, désirant le coupler (*sic*) avec l'insolent Cohon à la queue d'un cheval, duquel Delaulne, le maltôtier, sera le conducteur ou chartier (*sic*), pour leur faire voir les longueurs et largeurs de toutes les rues de Paris; puis, attachés à deux poteaux, nos enfants s'exerceront avec leurs frondes à qui visera le plus droit à eux. »

2554. Nouvelle (la) véritable du François étranger sur le débris de Mazarin, présentée à Messieurs du Parlement de Paris. *Paris*, Claude Morlot, 1649, 8 pages.

Signé E. de La Plante.

2555. Nouvelles apportées au roi Louis XIII dans les Champs-Élysées, et son entretien avec les héros et les principaux seigneurs de sa Cour touchant la funeste guerre que Mazarin a allumée dans la France, et la description des principales choses qui sont arrivées depuis l'enlèvement du roi, qui est toute l'histoire du temps. *Paris*, Guillaume et Jean-Baptiste Loyson, 1649, 20 pages.

2556. Nouvelles (les) assurées de la paix et les joies et les souhaits des Parisiens pour l'arrivée de Leurs Majestés dans leur bonne ville de Paris. *Paris*, Guillaume Sassier, 1649, 7 pages.

« Crions si haut Vive le roi! que nous en fassions trembler l'Espagne. »

2557. Nouvelles burlesques portées par le duc de Châtillon à l'empereur des ténèbres aux affreuses cavernes de sa domination. (S. l.), 1649, 7 pages.

2558. Nouvelles extraordinaires contenant les particularités de ce qui s'est passé tant à Blois qu'à Gergeau et ès environs, et l'entrée de Mademoiselle dans la ville d'Orléans, ensemble la marche de monsieur le duc de Beaufort vers ledit Gergeau. *Paris,* Claude Le Roy, 1652, 7 pages.

Je dois prévenir le lecteur contre la tromperie du titre. C'est de la polémique. Il n'y a point de nouvelles.

2559. Nouvelles extraordinaires contenant tout ce qui s'est passé à la Cour depuis la défaite des Mazarins, avec les particularités de la poursuite de leur déroute, ensemble les résolutions prises dans leur conseil de guerre jusques à présent. *Paris,* Salomon de La Fosse, 1652, 8 pages.

2560. Nouvelles (les) métamorphoses de l'Espagnol. *Paris,* Claude Boudeville, 1649, 8 pages.

Bonne et peu commune.

L'auteur, qui est frondeur pourtant, montre très-bien que l'Espagne a intérêt à prolonger les troubles de Paris, et qu'elle s'y emploie avec zèle.

2561. Nouvelles remontrances à la reine régente sur le gouvernement de l'État. *Paris,* Denys de Cay, 1649, 16 pages.

Même pièce que la *Très-humble et chrétienne remontrance à la reine régente sur les malheurs présents de l'État.*

2562. Nouvelles remontrances au roi par ses conseillers secrétaires, contenant les raisons et moyens de leurs oppositions afin d'être payés sur le fait de leurs gages, tant pour l'année dernière 1649 que pour l'avenir. *Paris*, Denys Langlois, 1650, 18 pages.

Voir l'*Addition que les conseillers secrétaires du roi*, etc.

2563. Obéissance (l') remontrée. (S. l.), 1649, 11 pages.

2564. Objet (l') de la haine publique, ou la Honte du ministre d'État découverte. *Paris*, François Musnier, 1649, 8 pages.

2565. Obsèques (les), les funérailles et l'oraison funèbre de Mazarin. *Paris*, N. Charles, 1649, 8 pages.

2566*. Observation de (Louis) Machon pour l'arrêt du Parlement du 29 décembre 1651, contre le cardinal Mazarin. *Paris*, 1652.

Bib. hist., 23390

Voici ce que j'ai trouvé sur ce Machon dans Guy Patin, *Lettre à Spon*, du 3 mai 1650 :

« Je pense vous avoir ci-devant parlé d'un certain Machon qui fit amende honorable ici, l'an passé, pour avoir fait de faux sceaux. Il étoit archidiacre de Toul et avoit quelques autres bénéfices, qui ont été confisqués et perdus pour lui. Voyant qu'il avoit tout perdu, il a eu envie de se venger de M. le chancelier Seguier, duquel il étoit domestique et auquel il a l'obligation de n'avoir pas été pendu pour son crime. Il avoit fait un livre et un factum. Ce factum, étant sur la presse, a été saisi et arrêté par le lieutenant civil, qui a des surveillants à tout ce qui s'imprime en cette ville. C'étoit une requête qu'il présentoit au Parlement, par laquelle il se vouloit et prétendoit justifier des accusations de l'an passé, désirant qu'on lui rendît ses bénéfices et qu'il fût remis en son honneur comme un innocent (fourré de malice). Le livre contenoit l'histoire de tout ce qui s'est passé dans Paris ès-années 1648 et 1649. Il y avoit entre autres un chapitre où il appeloit les barricades *grand mystère et ouvrage de Dieu*. Il y en avoit un autre fort rude et satyrique contre le chancelier Seguier ; mais le tout ayant été découvert, M. le lieutenant criminel l'a arrêté prisonnier et l'a mis dans le

Châtelet, où il est pour longtemps, si M. le chancelier Seguier n'a encore un coup pitié de lui. »

Dans la préface de sa *Bibliographie* pour l'année 1645, le P. Louis Jacob nous apprend qu'il a dû le privilége pour la continuation de son ouvrage à Louis Machon, dont il dit : *eximium et litteratissimum virum, mihique in paucis charum.*

2567. Observationes politicæ super nuperis Galliæ motibus. (S. l.), 1649, 47 pages.

Bonnes réflexions, surtout au commencement; critique souvent juste des deux partis; style élégant et ferme; en un mot, pamphlet très-remarquable, dont l'édition in-4° est des plus communes.

Il a été publié après la paix, ainsi que cela résulte évidemment des passages qui suivent.

« *Demùm coacti sunt pro beneficio habere, pace quantociùs factâ, omnia in priorem statum restitui.* »

« *Nondùm constat quâ soliditate illa transactio futura.* »

L'auteur, dans sa préface, promet d'être impartial : « *Gallus enim non sum, inquit, nec Italus, et neutri partium beneficio nec odio cognitus.* » Il était Suédois en effet, ambassadeur à Paris, sous le règne de Christine. Il se nommait le baron Shernig Rhosenane.

Il existe de ce pamphlet une édition elzévirienne du même titre et de la même date, de format petit in-12. Les exemplaires en sont rares.

2568. Observations curieuses sur l'état et gouvernement de France, avec les noms, dignités et familles principales, comme il est en la présente année 1649, nouvellement revue et augmentée (*sic*). *Paris*, Gervais Allyot, Denys et Jacques Langlois, 1649, 34 pages.

La date de 1649 est probablement une erreur; au moins l'édition in-8° est-elle de 1650, Gervais Allyot. C'est la première dont il soit parlé dans le privilége du *Véritable état du gouvernement de la France*, première édition donnée en 1657 par Nicolas Besogne, clerc de la chapelle du roi. Il y avait pourtant déjà un *État de la France*, publié en 1649 pour l'année 1648, petit in-12, (s. l.)

2569. Observations pieuses sur la mort de la maréchale d'Ancre, faisant voir quelles sont les causes de la guerre, et les voies qu'il faut tenir pour bientôt arriver à une bonne et solide paix. *Paris*, 1652, 16 pages.

Pamphlet mazariniste très-rare. On y trouve un curieux récit de la mort de la maréchale d'Ancre. Si l'on en croit l'auteur, la Galigaï manifesta après sa condamnation les sentiments de la piété la plus vive; elle édifia les docteurs de Sorbonne; et le peuple pleurait autour de son bûcher.

« Sachez, messieurs, nos seigneurs et nos maîtres, que vous n'êtes point législateurs. Vous êtes seulement, avec tous les autres corps de justice, les dépositaires des lois, et n'avez d'autre pouvoir, pour les faire observer, que celui qu'il plaît à Sa Majesté de vous commettre. Vous n'en avez aucun par vous-mêmes et ne pouvez en aucun cas prendre connoissance du gouvernement de l'État. »

Mailly analyse ce pamphlet dans la note de la page 60 de son V^e volume; mais il l'intitule à tort : *Observations pieuses sur la mort* du *maréchal d'Ancre.*

2570. Observations politiques sur le prétendu manifeste de monsieur le Prince. *Jouxte la copie imprimée par Julien Courant, à Pontoise*, 1652, 26 pages.

Voir le *Véritable Manifeste de monseigneur le Prince, touchant les raisons de sa sortie*, etc.

2571. Observations sur les nouveautés de la cour, avec l'état de l'armée du cardinal Mazarin. *Paris*, Jacob Chevalier, 1652, 8 pages.

Rare, mais insignifiant.

2572. Observations sur quelques lettres écrites au cardinal Mazarin et par le cardinal Mazarin. *Paris*, Nic. Vivenait (*sic*), 1652, 74 pages. *Rare*.

Les lettres, objet des *Observations*, sont une prétendue réponse du pape à Mazarin, qui lui demandait une bonne excommunication contre ses persécuteurs, une Lettre de Mazarin au comte de Brienne, les *Lettres* de Mazarin au roi et à la reine sur son retour en France.

Voici à peu près tout ce qu'on peut prendre dans ce volumineux pamphlet.

« Les marchands de Paris, de Rouen, de Saint-Malo, de Nantes, de Bordeaux, de Marseille, de Lyon, de Toulon, etc., savent que trois ou quatre millions volés sur les Anglois, les Hollandois, les Arméniens, les Vénitiens, les Génois, coûtent le triple aux François qui trafiquent sur les mers Océane et Méditerranée... Ne sait-on pas que, par lettres patentes, il a été permis à nos capitaines de vaisseaux et galères de prendre tout ce qui leur seroit nécessaire pour leur subsistance sur amis ou ennemis ou alliés, et même sur les sujets du roi? Ce brigandage a rapporté 800,000 livres au cardinal, qui tient un homme à Toulon pour la recette. »

2573. Observations sur un discours venu de Cologne. *Paris*, 1651, 44 pages.

Le discours venu de Cologne est celui que le garde des sceaux prononça contre M. le Prince, le 7 juillet 1651, au Palais-Royal, devant les gens du roi, mandés exprès, et dont il donna une copie non signée ni scellée pour être remise au Parlement. Il a été publié dans le *Journal du Parlement*, séance du 8 juillet, et imprimé à part sous le titre de : *Réponse que la reine a donnée à Messieurs les gens du roi*, etc., aussi bien que sous celui de : *Discours que le roi et la reine régente, assistés de Monseigneur le duc d'Orléans*, etc.

On peut juger de la pièce par le titre.

2574. Observations véritables et désintéressées sur un écrit imprimé au Louvre, intitulé : *les Sentiments d'un fidèle sujet du roi contre l'arrêt du Parlement du 29 décembre*, par lesquelles l'autorité du Parlement et la justice de son arrêt contre le Mazarin est (*sic*) pleinement défendue, et l'imposteur qui le condamne, entièrement refuté, par un bon ecclésiastique très fidèle sujet du roi, première partie. *Qui justificat impium, et qui condemnat justum, abominabilis est uterque apud Deum.* Prov., cap. 17, vers. 15. *Paris*, 1652, 152 pages.

Voir les *Sentiments d'un fidèle sujet du roi*, etc.

« Je vous assure qu'avant qu'il soit six mois d'ici, je donnerai au public un traité tout entier, et quatre fois plus gros que ce discours, pour faire connoître l'autorité légitime et politique du Parlement de Paris dans la connoissance et l'administration des affaires d'État et publiques... Ce qui sera la seconde partie de ces *Observations*. »

« Les souverains sont responsables des crimes et des malversations des ministres... C'est de quoi le Mazarin demeure d'accord lui-même dans une de ses lettres à M. le comte de Brienne, en la page 15 du recueil imprimé. »

Ce pamphlet est assurément d'un homme instruit. Il est assez curieux sur tout ce qui touche à l'histoire de France, aux doctrines de l'Église gallicane et au droit public du royaume. On y trouve des citations nombreuses, et qui ne sont pas sans intérêt.

Puisqu'il lui fallait six mois pour composer la seconde partie, il est aisé de comprendre qu'il ne l'ait pas donnée.

2575. Occupations (les) cléricales durant les vacations extraordinaires du Palais de Justice de l'année 1649. Élégie. (S. l. n. d.), 12 pages.

2576. Ode à nosseigneurs de la cour de Parlement de Paris sur l'arrêt d'union donné le .... 1648, et quelques autres pièces ensuite. *Paris*, Nicolas Bessin, 1649, 8 pages.

2577. Ode au roi sur les mouvements arrivés à Paris au commencement de l'année 1649, ensuite de l'enlèvement de Sa Majesté fait par le cardinal Mazarin. *Paris*, 1649, 8 pages.

2578. **Ode bacchique sur l'éloignement du cardinal Mazarin et le prochain retour des princes.** *Paris*, 1651, 7 pages.

Signé C. C.
Même pièce que les *Divertissements du carnaval*, etc.

2579. **Ode panégyrique à monseigneur l'archevêque de Corinthe, coadjuteur de Paris.** *Paris*, Alexandre Lesselin, 1649, 7 pages.

Signé Du Teil.
C'est le pitoyable auteur de la *Consultation et ordonnance du médecin de l'État*, etc.

2580. **Ode présentée à monseigneur le prince de Conty, en la maison de ville, sur son arrivée à Paris.** *Paris*, Blageart, 1649, 8 pages.

Burnet, qui a signé ce pamphlet, est aussi l'auteur du *Remerciement de la France pour la paix à monseigneur le prince de Conty*.

2581. **Ode royal (*sic*) et pacifique dédiée au roi et à monseigneur le duc d'Anjou.** *Paris*, Claude Morlot, 1649, 8 pages.

C'est une pièce burlesque qui n'a rien de l'ode.
L'auteur y décrit le char de la paix, dont les roues sont composées de quatre monstres abattus sous les quatre vertus cardinales, et qui est attelé de six lions superbement voilés

« D'un drap de pourpre et d'oriflamme. »

2582. **Ode sur don Joseph de Illescas, prétendu envoyé de l'archiduc Léopold.** (S. l.), 1649, 8 pages.

Bonne, excellente pièce, qui est d'un frondeur, quoique l'Espagne et le seigneur de Illescas y soient fort maltraités.

« Vous nous porteriez malheur ;
A son nom (de Condé) l'Espagne tremble ;
Et malgré notre valeur
Nous serions battus ensemble.

« Lorsque nous faisons les fous,
Cela se passe entre nous;
Ce n'est que vapeur de bile;
Mais si vous vous faites voir,
Adieu la guerre civile;
Tout ira vous recevoir.
« Je vous crois fils d'un ligueur
A grand busc, à grande fraize.....
Vous êtes mal déguisé,
François espagnolisé. »

Sautreau de Marsy, en reproduisant cette pièce dans son *Nouveau Siècle de Louis XIV*, vol. Ier, page 190, a modifié le titre ainsi qu'il suit : *D. Joseph de Illescas, prétendu envoyé de l'archiduc Léopold*, stances.

2583. OEufs (les) rouge (*sic*) à Mazarin, apresté (*sic*) par monsieur Scarron, en vers burlesques. *Paris*, Martin Bellay, 1652, 8 pages.

Même pièce que la *Catastrophe mazarine*.

2584. OEuvres de l'inconnu sur les mouvements de Guyenne, dédiées à monseigneur l'éminentissime cardinal Jules Mazarin. *Paris*, Pierre Targa, 1653, 343 pages, plus la table.

L'épître dédicatoire est signée L. D. C. Le privilége porte la date du 15 décembre 1653.

On voit en tête du volume un frontispice gravé par Humbelot et représentant le cardinal Mazarin, à qui un génie offre les œuvres de l'inconnu.

Voir le *Dialogue métaphorique de l'inconnu*, etc.

2585. Officier (l') de ce temps de la maison royale, voyageant par la France pendant le temps présent, qui apprend les misères et les désordres qui se sont commis et commettent dans les provinces, seigneuries et terres du royaume, causes d'icelle (*sic*), dont il auroit écrit une très humble remontrance faite au roi, lui déclarant les moyens d'y pourvoir à la gloire de Dieu et le repos de son État, sur les mauvais conseils à lui donnés par ses plus proches. *Paris*, 1652, 40 pages.

Réimpression du pamphlet attribué au ligueur Rolland, et publié en 1583 sous le titre de : *Remontrances très-humbles au roi de France et de Pologne, Henry troisième de ce nom, par un sien fidèle officier et sujet, sur les désordres et misères de ce royaume, causes d'icelles et moyens d'y pourvoir à la gloire de Dieu et repos universel de cet État.*

Cette édition n'avait point été signalée encore. Elle n'est pas commune.

2586. Oie (l') royale tirée devant Leurs Majestés. Prosopopée, ou l'Oie qui parle. *Paris*, Denys Langlois, 1649, 11 pages.

L'oie se tirait sur la rivière entre l'île des Cygnes et les Bons-Hommes. Ce spectacle faisait partie des fêtes populaires pour le retour du roi.

C'est une assez pauvre pièce ; mais elle touche à l'histoire des mœurs ; et elle n'est pas commune.

2587. Oiseau (l') de rivière, ou le Tournoy (*sic*) naval, dédié aux mariniers. *Paris*, Pierre Variquet, 1649, 40 pages.

La pièce qui précède vaut mieux.

2588. Ombre (l') de madame la Princesse apparue à la reine, au Parlement et à plusieurs autres. (S. l.), 1651, 16 pages.

François Davenne.

2589. Ombre (l') de Manchiny apparue à Mazarin, et la conférence faite ensemble au sujet de sa mort. *Paris*, M. Jacquet, 1652, 7 pages.

2590. Ombre (l') de Mancini, sa condamnation et sa déposition contre le cardinal Mazarin, la marche de ce dernier, sa contenance, ses desseins et ses passions différentes ; c'est la suite de la pièce intitulée : *les Sentiments de la France et des plus déliés politiques sur l'éloignement du cardinal Mazarin et la conduite du prince de Condé*, par le sieur de Sandricourt. *Paris*, 1652, 47 pages.

2591. Ombre (l') de monsieur de Châtillon, ou les Avis héroïques et importants donnés à monsieur le prince de Condé. *Paris*, Denys Langlois, 1649, 12 pages.

Ce pamphlet avait déjà paru sous le titre de : *les Avis héroïques et importants*, etc.

2592. Ombre (l') du feu prince de Condé apparue à monsieur le Prince, son fils, depuis sa sortie de Paris. *Paris*, 1652, 8 pages.

Bon et rare.
Le prince de Condé prédit à son fils qu'il quittera Paris et la France avec les Espagnols.

2593. Ombre (l') du grand Armand, cardinal, duc de Richelieu, parlant à Jules Mazarin. *Paris*, François Noël, 1649, 11 pages.

Ce pamphlet contient des détails assez curieux sur l'affaire de Naples.

2594. Ombre (l') du grand César à monsieur le prince de Condé pour l'animer à la destruction du Mazarin et la protection de Paris. *Paris*, 1652, 8 pages.

2595. Ombre (l') du maréchal d'Ancre apparue au cardinal Mazarin en la ville de Sédan, touchant la résolution qu'il doit prendre sur les troubles qu'il a suscités en France, pour la sûreté de sa personne. (S. l.), 1651, 8 pages.

2596. Ombre (l') du maréchal de Gassion parlant à monsieur de Turenne sur les affaires de ce temps. (S. l.), 1650, 7 pages.

2597. Ombre (l') du roi d'Angleterre apparue à la reine de France. (S. l. n. d.), 7 pages.

Après la paix de Saint-Germain, 1649.

2598. On (l') du temps tout nouveau, en vers burlesque (*sic*), par C. D. B. M. (S. l.), 1649, 12 pages.

Il est plus rare que le *Burlesque on de ce temps*; mais il ne le vaut pas.

2599. Onophage (l') ou le Mangeur d'âne, histoire véritable d'un procureur qui a mangé un âne. *Improbius nihil est hâc.... gulâ.* Martial, épig. 51, liv. 5. *Paris*, 1649, 10 pages.

On a fait sur le même sujet l'*Ane du procureur ressuscité*, etc.; mais on ne trouve que l'*Onophage* dans le *Nouveau siècle de Louis XIV*, p. 229 du Ier vol.

2600. Opposition des conseillers, secrétaires du roi à ce que l'adjudication de la ferme des gabelles soit faite, sinon aux conditions portées dans la présente. (S. l. n. d.), 4 pages.

Cette pièce n'a pas de titre. Celui qui précède, n'a été fait que pour le classement. Elle commence par ces mots : « Les conseillers secrétaires, etc. »

L'opposition est du 10 janvier 1650. Elle avait pour but d'obtenir le payement de trois quartiers des rentes assises sur les gabelles. Les conseillers secrétaires du roi l'ont renouvelée trois fois, la troisième fois le 3 février.

Toutes les pièces de cette procédure sont rares.

Voir l'*Addition que font les conseillers secrétaires du roi*, etc.

2601. Oracle (l') de la France parlant au roi de l'état

présent de toutes les villes de son royaume. (S. l.), 1652, 22 pages.

Il n'y a de remarquable que le verbe *entrôner*, pour placer sur le trône.

2602. Oracle (l') de Morphée pour le retour du roi. *Paris*, veuve d'Anthoine Coulon, 1649, 8 pages.

2603. Oracle (l') des vertus héroïques et cardinales de monseigneur le prince de Conty. *Paris*, Pierre Du Pont, 1649, 8 pages.

Signé Roveyrol.

2604. Orage (l') dissipé de devant la ville de Bordeaux par la présence de Sa Majesté. *Paris*, David Beauplet, 1650, 7 pages.

2605. Oraison (l') des bons François aux pieds de la Fronde. (S. l.), 1650, 7 pages.

Pendant la prison des princes. Ni trop mauvais, ni trop commun.

2606. Oraison funèbre de feue madame la princesse douairière de Condé, prononcée sur le corps de Son Altesse dans l'église royale et collégiale de Saint-Maur-les-Fossés, le 21e jour de décembre 1650, par le sieur Deschamps, conseiller, aumônier, prédicateur du roi et chanoine en ladite église. *Paris*, 1651, 12 pages.

2607. Oraison funèbre sur la vie et la mort de madame la princesse douairière de Condé, par M. D. L. B. E. *Paris*, Nicolas Jacquard, 1650, 27 pages.

Elle se termine par un mauvais sonnet du même auteur.

2608. Orateur (l') des peuples faisant voir les aveugles. *Paris*, 1652, 15 pages.

Même pièce que les *Intérêts des peuples représentés à Son Altesse Royale*, etc.

2609. Ordonnance de messieurs les prévôt des marchands et échevins de la ville de Paris, par laquelle il est enjoint aux boulangers et pâtissiers de faire dorénavant des pains de deux et trois livres seulement pour la subsistance et soulagement des pauvres gens. Du premier mars 1649. *Paris*, Pierre Rocollet, 1649, 4 pages.

2610. Ordonnance de messieurs les prévôt des marchands et eschevins de la ville de Paris, portant réglement général pour la garde ordinaire des portes de ladite ville de Paris. Du deuxiesme mars 1651. *Paris*, Pierre Rocollet, 1651, 4 pages.

2611. Ordonnance de messieurs les prévôt des marchands et échevins de la ville de Paris, portant réglement général pour la garde ordinaire des portes de ladite ville et faubourgs de Paris et autres expéditions qui seront commandées pour le service du roi et la conservation de ladite ville. Du quatorzième février 1649. *Paris*, 1649, 4 pages.

2612. Ordonnance de messieurs les prévôt des marchands et échevins, portant réglement pour les blés et farines en faveur des bourgeois et habitants de la ville et faubourgs de Paris. Du 23 janvier 1649. *Paris*, Pierre Rocollet, 1649, 4 pages.

Les blés et farines devaient être conduits au Louvre pour être vendus aux boulangers. Défense aux bourgeois d'en acheter, sous peine de 500 livres; défense de les piller, sous peine de mort. On tenait registre des ventes, pour contrôler les fournées des boulangers.

2613. Ordonnance de monseigneur Louis de Valois, comte d'Alais, colonel général de la cavalerie légère de France, gouverneur et lieutenant général pour le roi en ses pays et armées de Provence, contre l'arrêt du parlement d'Aix en Provence. (S. l. n. d.), 4 pages.

L'ordonnance est du 20 juin 1649. Elle concerne la levée des deniers de la province. Le Parlement a répliqué par son *Arrêt* du 23 juin.

2614. Ordonnance de police, par laquelle il est enjoint à tous les boulangers, tant de gros que de petit pain, d'y mettre leur marque et le nombre de livres qu'il pèsera ; comme aussi il leur est fait défense de vendre la livre à plus haut prix qu'il n'est porté par la présente ordonnance, sur les peines y mentionnées. Du sixième jour de mars 1649. *Paris,* par les imprimeurs et libraires ordinaires du roi, 1649, 4 pages.

Signé D'Aubray.
Pain le plus blanc, deux sols la livre.
Pain bis blanc, dix-huit deniers.
Pain des pauvres, un sol.

Cette ordonnance est reproduite dans le *Détail de la France sous le gouvernement présent,* etc. (Bois Guillebert), page 192, tome II de l'édition de 1707.

2615. Ordonnance du roi en faveur des bourgeois et habitants de sa bonne ville de Paris pour l'ouverture et liberté des passages des bleds (*sic*), vins, bois, poissons et autres denrées destinées pour la provision de ladite ville. Donnée à Pontoise le 29 septembre 1652. *Paris,* Antoine Estienne, 1652, 6 pages.

2616. Ordonnance du roi envoyée à messieurs les prévôt des marchands et échevins de la ville de Paris, par laquelle Sa Majesté veut et entend que le commerce ordinaire des blés et autres vivres et marchandises y soit entretenu ainsi qu'il est accoutumé, et fait défenses très-expresses à toutes personnes d'y contrevenir. *Paris,* Michel Mettayer, (s. d.), 4 pages.

Datée de Ruel, le 14 septembre 1648.

2617. Ordonnance du roi, envoyée à messieurs les prévôt des marchands et échevins de la ville de Paris pour le rétablissement du commerce. Du 20 mars 1649. *Paris,* Pierre Rocollet, 1649, 4 pages.

2618. Ordonnance du roi, portant commandement aux sujets de Sa Majesté étant près le cardinal de Retz de s'en retirer, avec défenses à eux et à tous autres de garder correspondance avec lui, et injonction d'indiquer ceux qui auront intelligence avec lui, comme aussi d'arrêter ceux qui iront et viendront vers lui. Du 28 mars 1656, à Paris. *Paris,* par les imprimeurs et libraires ordinaires du roi, 1656, 7 pages.

Elle paraît n'être que la reproduction d'une autre ordonnance, en date du 16 avril 1655, que je n'ai vue imprimée que dans la pièce intitulée : *Ordonnances du roi que Sa Majesté a commandé être publiées de nouveau,* etc.

2619. Ordonnance du roi pour faire arrêter le cardinal de Retz en quelque lieu du royaume qu'il se présente, et défendre de lui donner retraite ni assistance sur les peines y mentionnées, du 14 septembre 1656 à Compiègne, avec l'arrêt du parlement de Toulouse du 6 octobre 1656. *Toulouse,* Jean Boude, 1656, 7 pages.

2620. Ordonnance pour la convocation des trois États de la ville, prévôté et vicomté de Paris en la grande salle de l'archevêché, au lundi 4 du mois de septembre prochain 1651, pour faire élection de députés aux États Généraux. *Paris,* par les imprimeurs et libraires ordinaires du roi, 1651, 7 pages.

Datée du 22 août 1651.
Les manants et habitants des villes, bourgs et villages sont assignés à comparoir devant le chancelier, garde de la prévôté et

vicomté, pour entendre lecture des lettres du roi, et conformément
à icelles, apporter les mémoires des choses qu'ils jugeront regarder
le service du roi et le soulagement de ses sujets.

2621. Ordonnances de messieurs les prévôt des marchands
et échevins de la ville de Paris pour le pain de munition des gens de guerre; autre ordonnance de messieurs
de la ville pour la munition des chevaux qui doivent
servir aux gens de guerre. Du douzième janvier 1649.
Paris, P. Rocollet, 1649, 4 pages. *Très-rare*.

2622. Ordonnances du roi que Sa Majesté a commandé
être publiées de nouveau pour être exécutées, suivant
le contenu en la dernière du 2 juillet 1656, contre le
cardinal de Retz et ses adhérents. *Paris*, par les imprimeurs et libraires ordinaires du roi, 1656, 12 pages.

La première, du 20 août 1654, ordonne d'arrêter le cardinal; la seconde, du 22, ordonne aux domestiques du cardinal de
quitter Paris dans les vingt-quatre heures; la troisième, du
16 avril 1655, défend aux sujets du roi de rester auprès du cardinal et d'entretenir correspondance avec lui; la quatrième, du
28 mars 1656, contient les mêmes défenses; la cinquième, du
2 juillet 1656, ordonne de faire le procès à tous ceux qui auront
contrevenu auxdites ordonnances.

2623. Ordre (l') de la Paille, institué pour combattre
les mazarins, avec l'avis pour faire sortir présentement des prisons ceux qui y sont détenus pour quoi
que ce soit. *Paris*, Simon le Porteur, 1652, 7 pages.

L'auteur nous apprend que le prince de Condé donna pour
signe de reconnaissance à son armée, dans les journées de Philisbourg et de Lens, « de tirer un peu de chemise hors des chausses. »
Au combat de la porte Saint-Antoine, il donna de la paille aux
Allemands d'abord, puis à toutes ses troupes.

Il paraît que sur une requête des prisonniers, le lieutenant
civil d'Aubray avait ordonné que leurs parties leur donneraient
seize onces de pain par jour; sinon, qu'ils seraient remis en li-

berté. L'auteur dit que pour l'exécution de cette ordonnance, il suffit de s'adresser au secrétaire dudit D'Aubray.

Ce pamphlet n'est pas commun.

2624. Ordre donné par le Mazarin à son maistre d'hostel pour un plat dont il veut que sa table particulière soit servie pendant tous les jours du mois de février prochain, laissant le reste à la volonté du sieur Euzenat. *Paris*, 1652, 7 pages.

Daté du camp de Pont (sur) Yonne, le 15 janvier.

C'est l'original du *Festin de Mazarin*, etc.

Euzenat était prêtre, intendant de la maison du cardinal. L'auteur de la *Pierre de touche* regrettait qu'on ne l'eût pas *traîné par les rues*.

2625. Ordre (l') du roi envoyé aux villes pour le passage du cardinal Mazarin. (S. l. n. d.), 2 pages.

Daté de Poitiers, le 11 janvier 1652.

2626. Ordre (l') et cérémonie qui se doit (*sic*) observer tant en la descente de la châsse de Sainte-Geneviève, patronne de Paris, qu'en la procession d'icelle, qui se fera mardi, 11 de juin 1652, pour obtenir de Dieu la paix générale. *Paris*, François Noël, 1652, 8 pages.

Rare et curieux par les souvenirs historiques qu'il garde.

2627. Ordre (l') et ouverture du bureau des parties casuelles pour la recette du droit annuel de l'année 1651, destinée pour repousser les ennemis des provinces de Champagne et Picardie. *Paris*, Antoine Estienne, (s. d.), 4 pages.

Copie de l'affiche apposée en exécution de la déclaration du 22 août 1650, (*Déclaration du roi, portant que les officiers des compagnies souveraines de Paris... seront reçus à payer ledit droit annuel... lue et publiée en la grande chancellerie de France le 3 septembre.*)

2628. Ordre et réglement donné par Son Altesse Royale,

que doivent tenir les gens de guerre, tant cavalerie que infanterie; extrait des registres de la connétablie et maréchaussée de France au siége général de la table de marbre du Palais. *Paris,* Jacques Bellay, 1652, 8 pages.

Lu et publié le 14 mai.
Réimpression de la pièce suivante :

2629. Ordre et réglement que doivent tenir et garder les soldats et gens de guerre à pied; extrait des registres de la connétablie et maréchaussée de France au siége général de la table de marbre du Palais. *Paris,* 1649, 4 pages.

Lu, publié et affiché le 14 janvier.
Passé par les piques ou les arquebuses, pendu et étranglé, voilà à peu près tout le code pénal militaire. Cependant, pour blasphême, il y avait exposition au carcan, avec amende honorable pendant trois jours.

2630. Ordre et réglement que nos seigneurs de la cour de Parlement veulent estre gardé (*sic*) et observé aux portes de la ville et fauxbourgs de Paris; par l'ordre de messieurs les prévôts (*sic*) des marchands et eschevins de ladite ville. *Paris,* Jean de La Caille, 1649, 7 pages.

A la suite d'un ordre du 21 février qui défend les blasphèmes, on lit des « Passages tirés des cahiers sacrés qui déclarent les punitions auxquelles Dieu a condamné les blasphémateurs, et les rigoureux et épouvantables châtiments qui s'en sont ensuivis. »

2631. Ordre (l') qui doit être observé pour les prières sur la descente de la châsse de madame Sainte-Geneviève, patronne de la ville de Paris, pour implorer par son intercession la paix du royaume. *Paris,* Jean de La Haye, 1652, 8 pages. *Rare.*

Imprimé le 5 juin 1652.
Il n'y a qu'une prière à sainte Geneviève.

2632. Orgueilleux (l') humilié, ou le Caporal étonné. *Paris*, Claude Boudeville, 1649, 8 pages.

Mauvaise plaisanterie, qui n'est cependant pas commune.

2633. Origine (l') des partisans, avec la purgation de Jules Mazarin, et autres vers sur le temps, en vers burlesques. *Paris*, 1649, 8 pages.

La *Purgation de Jules Mazarin* se trouve dans les *Diverses pièces sur les colonnes et piliers des maltôtiers*, sous le titre de : « *Sur le bonhomme d'Hémery.* »

2634. Orphée (l') grotesque, avec le Bal rustique, en vers burlesques, première partie. *Paris*, Sébastien Martin, 1649, 20 pages.

La seconde partie, qui n'est que de 12 pages, est intitulée : *Suite de l'Orphée, avec les Bacchantes, ou les Rudes joueuses*.

2635. Outrecuidance (l') présomption (*sic*) du cardinal Mazarin dans le mariage de sa nièce. (S. l. n. d.), 15 pages.

M. Leber, dans son *Catalogue*, ajoute au titre, entre parenthèses : *Avec le roi*. Je ne vois rien qui autorise cette addition. L'auteur termine son pamphlet par d'exécrables vers où il dit :

« Prince, prince, venez-nous voir;.
Vous méritez bien là de Guise. »

Il s'agit évidemment du duc de Mercœur.
On y a fait une réponse, qui ne vaut pas mieux que la pièce.

2636. Ouy dire (l') de la cour. (S. l. n. d.), 8 pages.

« Si la reine fait feu, vous êtes assuré que monsieur le Prince sera la pierre à fusil, avec laquelle on le battra ; monsieur le duc d'Orléans servira d'allumettes ; aussi bien brûle-t-il toujours par les deux bouts. Les chemises des nièces de Mazarin serviront de mèches, et la calotte du cardinal de soufflet, avec lequel on allumera le feu par toute l'étendue de la France ; et des os des pauvres François brûlés, on en doit composer un musc que ceux de la cour, ou plutôt de la faction de Mazarin porteront continuellement, et dont l'odeur ira jusques en Espagne réjouir Sa Majesté Catholique. »

Cette pièce est donc antérieure au blocus?

2637. Ovide parlant à Tieste (*sic*), lui montrant l'ordre qu'il doit tenir pour gouverner un État et le rendre victorieux malgré ses ennemis; 1. que la coutume doit être observée sans qu'on y puisse mettre empêchement; 2. que les lois reçues ne se doivent aucunement changer; 3. que l'épée rouillée de justice peut perdre le Mazarin par ses nouvelles lois; 4. que les lois permettent d'appeler mains ennemies (*sic*) pour éviter une continuelle guerre; 5. que les vertus modernes se doivent autant louer que les anciennes; 6. que Son Altesse Royale, messieurs les princes et le Parlement sont obligés de retirer le roi d'entre les mains du Mazarin. *Paris*, 1652, 44 pages.

Voilà certes une impudente tromperie! Cette pièce se compose, pour les quarante premières pages, d'extraits mal ajustés de Montaigne, et, pour les quatre dernières, de *Remontrances au roi sur tous les articles ci-dessus mentionnés*, lesquelles remontrances ne sont que la péroraison de la *Vérité toute nue*.

Je l'ai signalée à M. le docteur Payen, dont on connaît les savants travaux sur Montaigne; et j'ai reçu, en échange de cette communication, la note suivante qu'il était peut-être seul capable de faire :

« Les extraits sont pris çà et là et placés à la suite les uns des autres, souvent sans qu'ils aient entre eux aucun rapport, et sans que les transitions soient en aucune façon ménagées.

« Le début de la pièce : «*Je n'ai point cette erreur commune*, » est pris au commencement même du chapitre 36 du Ier livre. Ce chapitre est transcrit en entier, moins la citation qui le termine et qui complète le sens de la phrase. Ainsi il finit par : « *et le maistre du cœur, après avoir estalé les noms des plus grands romains en sa peinture, finit en cette manière :*

« *His dantem jura Catonem.* »

« La page 7 de la mazarinade porte seulement : « *finit en cette manière ;* » puis elle continue : « *où les estrennes que le roy envoye aux princes ses vassaux, tous les ans, c'est du feu* » ; ce qui n'offre aucun sens et n'a pas le moindre rapport avec la phrase précédente.

« Ce second morceau est emprunté au chapitre 22 du Ier livre, peu après le commencement. Il va jusqu'à la fin du chapitre de Montaigne et à la page 21 de la mazarinade (*la nécessité publique le requéroit.*

« L'alinéa suivant : « *Il se veoit dans les histoires force gens,* etc., » est pris au milieu du chapitre 23. L'emprunt qui se termine à la page 26 du pamphlet, comprend tout le reste du chapitre.

« Vient ensuite, et toujours d'une manière brusque et inattendue, le commencement du chapitre 38 : « *Laissons à part cette longue comparaison,* » jusqu'à ces mots : « *Deffaits des principaux tourments de notre vie,* » page 28 de la pièce satirique, qui se lisent avant la citation d'Horace : « *Ratio et prudentia curas.* »

» De là, la mazarinade saute au commencement du chapitre 27 du livre II : « *J'ay souvent ouy dire que la couardise est mère de la cruauté* » ; et la citation continue jusqu'à la page 36, à ces mots : « *que de rendre la jeunesse aspre au service bellique, et n'y confèrent point.* »

« Puis, c'est le début du chapitre 32 du IIe livre, commençant par : « *La familiarité que j'ay avec ces personnages ici* » (Sénèque et Plutarque ; mais le plagiaire ne le dit pas) ; et la copie continue jusqu'à ces mots : « *pour des opinions empruntées d'autruy, ignorées et incognues* » qui sont encore de Montaigne, et qui terminent l'emprunt (page 40 de la mazarinade) ; mais le pamphlet ajoute, ce qui n'est plus de Montaigne : « *mesmes jusqu'aux portes de Paris.* »

« Je remarque qu'un peu avant la fin de ce morceau, l'arrangeur a supprimé une vingtaine de lignes du texte original, savoir tout ce qui est compris entre : « *qui estoit fort en usage entre eux à dire seulement leur nom* », et « *je sais qu'il s'est trouvé de simples paysans,* » page 39.

« Du reste, dans ces morceaux empruntés, il y a bon nombre de fautes, des changements de mots, etc. ; mais en général la transcription est littérale. »

2638. Oygnon (l') ou l'union qui fait mal à Mazarin,

avec quelques autres pièces du temps contre lui. *Paris*, 1649, 12 pages.

Voici la plus jolie pièce de ce recueil.

Le surintendant d'Emery venait d'être exilé à son château de Tanlay. On lui écrivit :

> « D'Hemery, ne t'en vas pas.
> Jules te suit pas à pas,
> Attends-le (à Tanlay).

2639.* P. Alziarii Ludovico XIV, panegyricus de compositis Galliæ motibus. *Narbonne,* 1650.

Bib. hist., 23221.

2640. P. Guerre (la) ensevelie. (S. l. n. d.), 8 pages.

Même pièce que la *Guerre ensevelie*

2641. Pacifique (le), ou Entretien d'Ariste avec Lucile sur l'état des affaires présentes. *Erit consilium pacificum inter utrosque.* Ecclés., 4. (Il y aura un conseil de paix entre l'un et l'autre parti.) *Paris,* Pierre Variquet, 1649, 15 pages.

2642. Pacte (le) de Mazarin avec le démon. (S. l.), 1649, 8 pages.

Réimprimé dans le *Nouveau Siècle de Louis XIV,* Ier vol. page 257.

2643. Paix (la) accordée par le roi à ses sujets de sa ville de Bordeaux, apportée par le courrier arrivé à Paris le mardi 27 septembre 1650, avec la sortie de madame la Princesse, messieurs de Bouillon et de Larochefoucault de ladite ville. *Paris,* Jacques Barlay, 1650, 7 pages.

Récit menteur de la Fronde. Cette pièce n'est pas commune.

2644. Paix (la) assurée de la part de Dieu, présentée au roi. *Paris*, Guillaume Sassier, 1651, 8 pages.

Signé J. B. P. P.
Original et rare.

2645. Paix (la) au milieu de la guerre. Discours chrétien. *Paris*, Denys Langlois, 1649, 8 pages.

2646*. Paix (la) de Bordeaux. *Paris*, 1650.

Bib. hist., 23180.
Extrait de la *Gazette*.

2647. Paix (la) demandée par les bons François au roi et à la reine, en vers burlesques. (S. l.), 1649, 8 pages.

Ce ne sont pas des vers, mais un galimatias double sans raison et sans rimes.

2648. Paix (la) en France. *Saint-Germain-en-Laye*, 1649, 8 pages.

Renaudot.

2649. Paix (la) en son trône de gloire, ou la Corne d'abondance apportée du ciel à tous les bons François par l'ange tutélaire de ce royaume. *Paris*, Pierre Variquet, 1649, 8 pages.

2650. Paix (la) en son trône, ou la Guerre exilée dedans la Trace (*sic*) par le glorieux retour du roi en sa ville de Paris. *Paris*, veuve Calleville, (1649), 7 pages.

Signé Du Pelletier.
Voici un échantillon du style de cet écrivain : « Si j'en étois cru, on condamneroit au feu ces pièces volantes qui ne sont que des scandaleuses qui courent toute la ville, et des séditieuses qu'on doit enfermer dans des basses fosses. En vain on leur a donné les grâces de la poésie pour les rendre plus belles ; c'est une débauchée qui a pris, pour nous séduire, de pompeux habits et du fard. »

2651. Paix (la) errante et complaignante. *Paris,* veuve Jean Remy, 1649, 7 pages.

2652. Paix (la) véritable accordée par le roi à ses sujets de la ville de Bordeaux et à ceux qui ont tenu leur parti, apportée à Son Altesse Royale dans le palais d'Orléans par M. le comte de Lhopital, le mardi 4 octobre 1650, avec les articles accordés à madame la princesse, monseigneur le duc d'Anguien (*sic*), et à messieurs de Bouillon et de Larochefoucault. *Paris*, Guillaume Sassier, 1650, 7 pages.

C'est la nouvelle officielle. Il n'y a pourtant que la substance des articles.

2653. Paix (la) véritable, présentée à la reyne. *Paris,* Guillaume Sassier, 1649, 8 pages.

2654. Palladium (le), ou le Dépôt tutélaire de Paris, à madame la duchesse de Longueville, par M. de l'Isle. *Paris,* Guillaume Sassier, 1649, 8 pages.

Ce palladium, c'est la duchesse de Longueville elle-même.

Il y en a une édition in-12 dont les exemplaires sont très-rares, et une réimpression dans le *Nouveau Siècle de Louis XIV,* p. 165 du Ier vol. Sautreau de Marsy a supprimé le nom de l'auteur dans le titre.

2655. Palme (la) présentée au roi et à la reine à Saint-Germain-en-Laye, le jour des Rameaux, pour un symbole de paix. *Paris,* Guillaume Sassier, 1649, 8 pages.

Ce pamphlet a aussi paru sous le titre de *le Rameau royal,* etc.

2656. Palmes (les) du grand prince de Condé. *Paris,* Nicolas Vivenay, 1652, 8 pages.

Six sonnets et une épigramme plus que médiocres.

« Jugez donc, ô François, à voir tant de vertu,
Si celui qui défend et donne les couronnes,
Ne mérite pas mieux de s'en voir revêtu. »

On dit dans l'épigramme, il est vrai :

« Régnez, je ne dis pas en France. »

2657. Palmes (les) héroïques du généreux duc de Beaufort. *Paris*, Jean Hénault, 1649, 8 pages.

Signé Charlotte Hénault.

Le même sujet est traité en prose et en vers ; mais l'exemplaire n'est complet qu'autant qu'il réunit les deux pièces.

2658. Pandore (la), ou l'Assemblage de tous les malheurs que la France a soufferts dans le ministère du cardinal Mazarin, 1. sur son manquement de foi ; 2. sur le nom de Jules Mazarin, funeste à la chrétienté ; 3. sur ses mauvais conseils donnés à Sa Majesté ; 4. sur la nécessité qu'il y a de l'éloigner du conseil du roi et du ministère ; 5. et sur son ambition aspirant à la souveraineté. *Paris*, 1652, 32 pages.

« On fait état de 276 monastères pillés et ruinés ; plus de 400 églises de villages et gros bourgs exposées à l'avidité profane des soldats, et plusieurs brûlées ; plus de 180 filles, consacrées à Dieu, violées ; plus de 6,000 tant femmes que filles forcées ; plus de 10,000 pauvres paysans outragés, rostis ; plus de 2,000 saints ciboires, croix, calices et chandeliers volés ; plus de vingt lieues de pays abandonnés et désertés. »

2659. Panégire (le) de la valeur de messieurs les bourgeois de Bourdeaux, dédié à monsieur de Pontac, seigneur de Bautiran, et jurat de la ville de Bourdeaux. *Envers*, (1650), 8 pages.

2660. Panégyrique à l'honneur du roi, présenté à Sa Majesté. *Paris*, veuve Théodore Pépingué et Estienne Maucroy, 1649, 15 pages.

C'est signé Mercier.

Ce Mercier déclame contre les flatteurs ; et il dit au roi qu'il est un chef-d'œuvre de la nature !

Il fait de Mécène un conseiller d'Alexandre, et d'Anacréon un politique !

2661. Panégyrique (le) de monseigneur le duc de Beaufort, pair de France. *Paris*, Jean du Crocq, 1649, 12 pages.

2662. Panégyrique (le) du cardinal Mazarin, par L. A. P. (S. l.), 1649, 11 pages.

Ce panégyrique est une violente invective. Il se termine par une épitaphe et des stances également mauvaises.

2663. Panégyrique du roi très-chrétien Louis XIV Dieudonné, sur sa majorité, où sont les très-humbles supplications faites à Sa Majesté de vouloir conserver M. le Prince dans l'honneur de ses bonnes grâces. *Paris*, Nicolas Vivenay, 1651, 27 pages.

Ouvrage d'un pédant.

2664. Panégyrique funèbre de très-haut et puissant seigneur Josias, comte de Rantzau, maréchal de France, gouverneur de Dunkerque, Bergh (*sic*) et autres lieux, prononcé le 26 octobre 1650 dans l'église des Nouvelles Catholiques, par M. François Hédelin, abbé d'Aubignac. *Paris*, Charles de Sercy, 1650, 62 pages. *Rare*.

2665. Panégyrique funèbre de très-haute, très-puissante, très-excellente princesse, madame Charlotte Marguerite de Montmorency, veuve de feu très-haut, très-puissant et très-excellent prince, monseigneur Henry de Bourbon, prince de Condé, premier prince du sang et premier pair de France, duc d'Anguien (*sic*), Châteauroux, d'Albret et Montmorency, prononcé le 2 janvier 1651, en l'église des Filles de la Providence, par M. François Hédelin, abbé d'Aubignac. *Paris*, Charles de Sercy, 1651, 51 pages. *Rare*.

2666. Panégyrique pour monseigneur le duc de Beaufort, adressé à M. de Palleteau par L. S. D. B. (le sieur de Bonair). *Paris*, Pierre Du Pont, 1649, 8 pages.

Daté du 29 janvier, et signé Bonair.

M. de Palleteau s'appelait Chappelain. Il était conseiller secrétaire du roi, intendant de la maison du duc de Vendôme.

2667. Panégyrique présenté à messieurs les Princes par les bourgeois de Paris à leur retour. *Paris*, Nicolas Gasse, 1651, 15 pages.

Cette pièce qui d'ailleurs n'est pas commune, peut avoir du prix par son incroyable pathos. En voici une phrase prise au hasard : « Léopold ? si ne pouvant au moins signaler pour tes offrandes tant de héros, tu presses ton cœur à force de soupirs dans les larmes les plus célestes, pour en tirer quelque nectar ou quelqu'ambroisie semblable à celle qui embauma Patroche (*sic*).... » J'aurais pu rencontrer mieux.

2668. Panégyrique royal de Louis XIV. *Unius anni erat Saül, cum regnare cœpisset.* REGUM, cap. 1. *Paris*, veuve d'Anthoine Coulon, 1649, 16 pages.

L'épître dédicatoire au roi est signée Mercier.

2669. Panégyrique royal, ou Triomphe de la paix pour le retour de messieurs les députés du Parlement, avec ce qui s'est passé de plus mémorable, dédié au roi. *Paris*, Pierre Variquet, 1649, 7 pages.

Signé N. R. Ch. (Rozard, Champenois.)

Il y en a une édition : *jouxte la copie imprimée à Paris*, de Rouen, chez Jean Loyselet et Pierre Geoffroy, s. d. 7 pages.

2670. Panégyrique (le) royal présenté à Leurs Majestés, à Compiègne, le 14 juillet 1649, par S. D. N. (Suzanne de Nervèze). *Paris*, Guillaume Sassier, 1649, 8 pages.

Éloge de la reine.

2671. Papilion (le) Sicilien, qui s'est venu brûler à la chandelle. *Paris*, Clément, 1652, 8 pages. *Rare*.

Plaisanteries et anecdotes, qui ne sont ni de très-bon ton, ni de très-bon goût.

L'auteur appelle le temple d'Éphèse le temple de la paroisse d'Érostrate.

2672. Paquet (le) de Mazarin. *Paris*, 1652, 8 pages.

Le fond de ce pamphlet a été pris dans les *Avertissements* de Mengau, qui avait promis à Mazarin la tiare, et la couronne impériale à Louis XIV.

2673. Parabole (la) du temps présent. *Paris*, 1649, 8 pages.

La Colombière.

Un père de famille avait confié son troupeau de moutons à un berger qui, en mourant, laissa à sa veuve un chien. Le troupeau, écorché au lieu d'être tondu, se révolta. La veuve du berger et le chien firent venir, pour l'affamer, les ours de Suisse, les loups d'Allemagne et d'Italie, et les aigles de Pologne.

Voilà le blocus.

Il existe de cette pièce une autre édition dont voici le titre :

2674. Parabole (la) du temps présent, dénottant (*sic*) les cruautés de Mazarin contre les François, et prophétisant la victoire de messieurs du Parlement. *Paris*, Arnould Cottinet, 1649, 8 pages.

2675. Parabole et similitude plaisante pour faire voir l'union et la concorde qui doivent être entre un roi et ses sujets, s'ils veulent vivre en paix et en prospérité. *Paris*, Guillaume et Jean-Baptiste Loyson, 1649, 8 pages.

2676. Paradis (le) et félicité de Mazarin, ou le Purgatoire de la France. (S. l. n. d.), 11 pages.

On lit à la page 7, un *Avertissement aux partisans*; à la page 9, une *Lettre à la reine pour la cause publique*. Prose niaise et vers détestables.

2677. Paradoxes (les) d'État, servant d'entretien aux bons esprits et faisant voir: 1. qu'il falloit absolument que monseigneur le Prince fût emprisonné, parce qu'il étoit innocent; 2. qu'il est nécessaire que Mazarin revienne; 3. que le mauvais gouvernement du Mazarin a été très-avantageux à l'État; 4. que la reine a ruiné la fortune du Mazarin; 5. qu'il est nécessaire qu'on fasse de nouvelles impositions pour soulager le peuple; 6. que le ministère d'État n'est point un degré digne d'être brigué par un homme de cœur; 7. qu'il étoit nécessaire que les jansénistes et les molinistes s'entr'accusâssent d'erreur. (S. l.), 1651, 44 pages.

C'est la même pièce que le *Tombeau du sens commun*, etc.

2678. Paradoxes (les) de l'éloignement de Mazarin pour savoir : 1. s'il se tiendra toujours loin de la cour, ou si son retour se fera dans peu de jours, comme on le croit; 2. si nous devons nous réjouir ou nous affliger de son départ; 3. si son éloignement nous produira la paix ou la guerre; 4. et si nous trouverons la fin de nos maux en ce bien tant souhaité, avec un curieux examen de la conduite et des intentions de messieurs les princes et du coadjuteur. *Paris*, 1652, 40 pages.

2679. Parallèle de monsieur le duc de Beaufort avec le roi David. *Saül percussit mille ; David autem decem millia, quia manus Domini erat cùm illo. Paris,* 1649, 15 pages.

Mercier.

2680. Parallèle des plus pernicieux et abominables

tyrans que la nature réprouvée ait jamais su créer en forme d'hommes, ou Véritable parangon des mœurs, humeurs, conditions et maximes de Jules Mazarin avec celles d'OElius Séjanus, l'un et l'autre généralement reçus de tout l'univers pour les plus illustres coryphées de toute la doctrine machiavélique, dédié à monseigneur le Prince. *Saül percussit mille; David autem decem millia, quia manus Domini erat cùm illo.* Paris, 1652.

Deux pièces, l'une de trente-cinq, l'autre de quarante pages.
L'épître dédicatoire est signée S. P. P.

2681. Parallèle (le) politique chrétien du Jansénisme et du Molinisme avec le Mazarinisme et la Fronde, tiré 1. de leurs prétentions communes, 2. de leur naissance, 3. de leur créance et politique, 4. de leur disposition pour le mal, 5. de l'alliance qu'ils ont avec les hérétiques et rebelles, 6. de leurs desseins, 7. de la condition de leurs partisans, 8. de la façon de professer leurs maximes, 9. et de leurs effets; avec le procès de tous les quatre partis et l'arrêt de leur condamnation, si toutefois ils refusent de consentir à la réunion, par le moyen d'une simplicité de créance dont les Jansénistes et les Molinistes ont besoin, et d'une obéissance aveugle que je prescris aux Mazarins et aux Frondeurs, pour se soumettre à la religion et au roi, les premiers sous le seul titre de catholiques romains, les seconds sous la très-glorieuse qualité de fidèles sujets du roi. (S. l.), 1651, 40 pages.

« Mazarin veut élever l'autorité du roi à une certaine indépendance despotique qui la rende souveraine de nos vies et de nos biens sans aucune restriction. »

« Les Frondeurs croient qu'ils soutiendront plus avantageusement le parti du roi s'ils lui conservent la possession d'une autorité raisonnable et dépendante des lois. »

Voici donc les termes de la comparaison : jansénistes et mazarins, molinistes et frondeurs.

Mais l'auteur était frondeur lui-même ; et en fait, les jansénistes étaient du parti de la Fronde.

2682. Parallèles (les) royales, prophétiques et saintes (*sic*) présentées à Leurs Majestés par le sieur B. de P. (S. l.), 1650, 8 pages.

L'auteur compare la naissance de Louis XIV à celles de Philippe-Auguste, de Samuel, d'Isaac et même de la sainte Vierge ! Son pamphlet n'est pas commun.

2683. Paranymphe (le) aromatique, dédié à monseigneur le duc de Beaufort. *Paris*, veuve d'Anthoine Coulon, 1650, 6 pages.

Détestables stances, dont le refrain est :

« D'un sang royal Beaufort aromatique. »

Il y règne je ne sais quel parfum d'alchymie et de magie qui ne les rend pas moins curieuses que rares.

2684. Paranymphe (le) du roi par Nicolas Jamin, Tourangeau. *Paris*, Nicolas Gasse, 1649, 11 pages.

C'est ici la première pièce de Jamin, qui dit en termes exprès que la poésie lui était inconnue auparavant.

« Tous les princes du monde iront à ton école ;
Tu seras désormais l'arbitre des humains ;
Tu tiendras et la guerre et la paix en tes mains. »

Cela n'est pas trop mal rencontré.

2685. Paranymphe (le) mazarinique. (S. l.), 1651, 10 pages.

Fort médiocre, mais peu commun.

2686*. Paraphraze de Marigny sur les glands.

Mém. du C. de Retz, p. 85. Coll., Michaud.

2687. Paraphraze sur le bref de Sa Sainteté, envoyé à la reine régente, mère du roi, touchant sa réconciliation avec plusieurs des plus signalés de son royaume et le soulagement de ses peuples, en vers burlesques. *Paris,* Claude Morlot, 1649, 8 pages.

L'auteur dit que Mazarin est poëte, et que

« Il seroit bon orateur
S'il n'étoit pas si grand menteur. »

2688. Parfait (le) repos de la France, ou Moyens assurés pour rendre la France tranquille, heureuse et invincible. *Paris*, 1652, 16 pages.

Il faut remédier à deux maux : la dépravation des mœurs et la diversité des religions.

Pour le premier, « il est nécessaire que chacun s'applique dès sa jeunesse à des occupations légitimes; les petits aux arts et métiers; les médiocres aux sciences et aux négoces; et les gentilshommes aux professions qui leur sont convenables, comme les charges de l'une et l'autre robe, l'étude des belles lettres, de la politique et des morales, l'art militaire, les fortifications, la fabrique des monnoies, de l'artillerie, des poudres et salpêtres, et des verres, l'escrime, l'art de monter à cheval, la peinture et l'agriculture. »

Pour le second, la tolérance.

Ce pamphlet a été réimprimé, moins le premier paragraphe, sous le titre de : *le François désabusé*, etc.

2689. Parfaite (la) description du coquin du temps, métamorphosé en partisan. *Paris*, (1649), 11 pages.

2690. Paris aux pieds du roi Louis XIV. *Paris*, Antoine Estienne, 1652, 8 pages.

Même pièce que *Paris sous la figure d'une reine*, etc.

2691. Paris burlesque, par le sieur Berthod, où est contenu (*sic*) les filouteries du Pont-Neuf, les discours de la galerie du palais, l'entretien de la grande salle, le désordre des embarras devant le palais, une rue en rumeur contre un homme qu'on prend pour un autre, le haut style des secrétaires de saint Innocent, l'adresse des servantes qui ferrent la mule, l'inventaire de la friperie, l'éloquence des harengères de la halle, et quantité d'autres choses de cette nature. *Paris,* veuve Guillaume et Jean-Baptiste Loyson, 1652, 98 pages.

Le privilége est du 5 août 1650.

Cette pièce a paru aussi sous un autre titre : *la Ville de Paris en vers burlesques,* même année.

On y trouve quelques noms de peintres du temps, par exemple Pinal, qui était chargé des peintures du palais de Mazarin.

M. Leber qui a placé cette pièce dans sa collection de *Mazarinades*, fait cependant observer avec raison qu'elle n'a aucun rapport aux événements politiques (Art. 4602 de son *Catalogue*).

2692. Paris débloqué, ou les Passages ouverts, en vers burlesques. *Paris,* Claude Huot, 1649, 10 pages.

> « Tu sais que j'ai fait maint poëme,
> En carnaval et en carême,
> Qui portoit un titre bouffon. »

2693. Paris en deuil réfléchissant sur son état présent, sur les périls auxquels elle a été exposée, les pertes qu'elle a faites, la semaine dernière, et les dangers qui la menacent encore à l'avenir. *Foris interficit gladius; et domi mors similis est.* (S. l.), 1652, 14 pages.

Amplification vulgaire sur le combat du faubourg Saint-Antoine et l'incendie de l'Hôtel de Ville. Les exemplaires n'en sont pas communs.

2694. Paris en son estre malgré l'envie. *Paris,* 1649, 7 pages.

2695. Paris euphemismos. (S. l. n. d.), 14 pages. *Rare*.

« Scribebat J. F. Fronto, » chantre royal au monastère de Sainte-Geneviève, 17 des calendes de mai 1649.

Amplification très-savante et très-ennuyeuse, adressée à Mathieu Molé.

2696. Paris sous la figure d'une reine aux pieds du roi Louis XIV. *Paris*, Jacques Hérault, 1652, 8 pages.

Antoine Estienne en a donné, la même année, une édition du titre de laquelle il a retranché les mots : *sous la figure d'une reine*.

2697. Paris transformé en un paradis au retour de la paix, en vers burlesques. *Paris*, Claude Morlot, 1649, 8 pages.

Il y a des exemplaires qui portent : *métamorphosé*.

2698. Paris triomphant et consolé par l'heureux retour de Leurs Majestés en cette ville. *Paris*, Jean Jullien, 1649, 7 pages.

2699. Parisiens (les) désabusés, ou la Métamorphose du pain envoyé par Mazarin, à Paris, en poudre et en plomb. *Timeo Danaos et dona ferentes*. (S. l.), 1652, 12 pages.

Le roi avait ordonné qu'on laissât entrer le pain de Gonesse dans Paris. L'auteur prétend que Mazarin profitait du retour des boulangers pour tirer de la ville de la poudre et du plomb.

A ce sujet, il raconte que sous le prétexte d'envoyer le corps d'un de ses amis à Rome, le cardinal fit transporter beaucoup d'or dans un carrosse, qui fut arrêté à Lyon ; sur quoi on répandit le quatrain suivant :

« Ce cercueil cru celui d'un homme,
Qui contient de l'or à souhait,
Est la France morte en effet,
Qu'on porte ensevelir à Rome. »

Les boulangers de Gonesse étalaient aux halles et au pont Saint-Michel.

Pamphlet extravagant, qui après tout n'est pas commun.

2700*. Parlement (le) burlesque de Paris.

Parlement burlesque de Pontoise.

2701. Parlement (le) burlesque de Pontoise, contenant les noms de tous les présidents et conseillers rénégats qui composent ledit Parlement, ensemble les harangues burlesques faites par le prétendu premier président. (S. l.), 1652.

Quatre parties de huit, de sept et de six pages. M. Leber en compte cinq ; mais apparemment il y comprend la *Suite*, qui n'est pas du même auteur, et qui a été réimprimée, moins les vingt-huit premiers vers, sous le titre de : *Satyre du Parlement de Pontoise.*

La *Véritable suite*, qui est la seconde partie, répond à la *Suite*; la troisième partie répond à l'*Anti-burlesque du sieur* D. L. R. (*Réponse au* Parlement burlesque de Pontoise, *ou*, etc.); enfin, la quatrième au *Parlement burlesque de Paris.* Cette dernière partie a été imprimée chez la veuve J. Guillemot, *imprimeuse*, c'est ainsi qu'elle se qualifiait, du duc d'Orléans.

Il y a bien quelque esprit, mais encore plus de violence. Ce qui recommande le plus ce pamphlet, ce sont les portraits de Le Coigneux, Tambonneau, l'abbé Feydeau de Bernay, Lallemand, Fieubet, Guénégaud.

La première partie a paru le 25 août; la seconde, le 10 septembre.

Dans la *Réponse au* Parlement burlesque, Scarron est attaqué avec brutalité; et c'était l'opinion, au moins parmi les partisans de la cour, qu'il avait composé cette satire du Parlement royaliste; mais l'auteur véritable, sans se faire connaître pourtant, l'en défend avec chaleur et même avec dignité dans la troisième partie.

« Étron sorti du cul des muses!...
Insecte engendré du fumier
Du cheval qu'on nomme Pégaze! »

C'est ainsi qu'il apostrophe le sieur D. L. R., auteur de *l'Antiburlesque*. La polémique du temps est presque toute sur ce ton entre les pamphlétaires.

Le *Parlement burlesque* est attribué à un prêtre nommé Jean Duval, qui aurait aussi composé les *Triolets du temps, selon les visions du petit-fils de Nostradamus*. On ne sait pas la date de sa naissance; mais il est mort le 12 décembre 1680.

On me permettra de citer les portraits de Guénégaud et de Fieubet :

« Le second est un grand nigaud
Qui se nomme de Guénégaud.
Jadis la fortune prospère
Avança dans les biens son père.
C'estoit un enfant du rabot,
Qui, marchant sur double sabot,
Meschant bonnet sur sa caboche,
Pas un seul denier dans sa poche,
Son corps couvert d'un haillon gris,
De Rion (*sic*) s'en vint à Paris.
Il fut laquais, valet d'estable;
Et c'estoit un valet passable.
Quand la mandille il eut quitté,
En commis il fut fagotté,
Et travailla si bien du poulce
Qu'à la fin son bonheur le pousse
Dans les finances à gogo ;
Et le plat pied de Guénégaud
Fut une si meschante hargne
Qu'il fut trésorier de l'espargne.
Là pour s'empescher d'être gueux,
Dans son temps il joua ses jeux ;
Et desrobant dans les finances,
Il laissa beaucoup de chevances,
(Quoiqu'il fût venu presque nu)
Aux enfants qui l'ont survescu.
Celui-cy s'est mis dans la robe,
Où pas si bien il ne desrobe,
Et n'en est pas moins criminel ;
Car sachez qu'estant colonel,
Et gardant porte Saint-Anthoine,
Il voulut vous donner le moine
Et commettre une trahison,
Digne qu'on en fasse un tison.
Ce Mazarin de capitaine
Vouloit introduire Turenne

Et ses soldats dans le pourpris
De vostre ville de Paris.
Dieu sçait si dans un tel mystère
On vous auroit fait bonne chère !
 Le dernier qui ne vaut pas mieux,
Et qui n'est pas moins odieux,
Puisqu'il a fait la mesme frasque,
Est originaire de basque.
Je ne sais si c'est quolibet;
Mais on le nomme Fieubet.
Son père est chef de sa famille,
Quoiqu'il ait porté la mandille;
Ce qu'on croira facilement,
Parce qu'un chacun sait comment
Cette espèce de valetaille
A courir est de bonne taille.
Je ne sais si verd, jaune ou gris
Portoit l'homme que je décris;
Bien sais-je qu'un payeur de rente
(Et ne croyez pas que je mente)
L'avoit pris pour estre laquais
Et le faisoit bien trotter ; mais
Quand il fut advancé dans l'âge,
Près d'entrer en apprentissage,
Il augmenta de dignité;
Et, de trottin toujours crotté,
S'estant mis dedans l'escriture,
On lui donna l'habit de bure;
On en fit un petit commis.
Il se fit là quelques amis,
Qui, voyant sa belle apparence,
Le poussèrent dans la finance.
Et quand il y fut, que fit il?
Il y fut un voleur subtil
Et pratiqua maintes bricolles
Pour attraper maintes pistoles.
Comme l'autre, il fut trésorier.
Ainsi de simple aventurier,
Et de malautru (*sic*) tournebroche,
Il mit tant de deniers en poche
Qu'il a laissé tous ses enfants
De biens et d'estats triomphants;
Car, soit lais ou bien gens d'église,
Il trouvoit tout de bonne prise. »

Quoique la citation soit un peu longue, je veux pourtant y ajouter quelques vers sur les passe-temps du Parlement de Pontoise :

> « Quelques-uns chassent aux moineaux ;
> Quelques autres aux étourneaux.
> Autres font belles escarmouches,
> Exterminant toutes nos mouches.
> D'autres à la fossette, aux noix
> Se divertissent quelquefois ;
> A claquemur, à la roulette,
> Petengueule, la pirouette,
> Et je suis sur ta terre, vilain,
> Aux osselets, à frappe main,
> Les propos interrompus, la merelle,
> A tires le festu, ma belle,
> A cache-cache mitoulas,
> Autre que toi ne l'aura pas,
> Au pair et non pair, à croix pile,
> Au corbillon, au jeu de quille,
> Le pourquoi parce, le palet,
> Au tour en poque, au bilboquet,
> Au jeu de remuer mesnage,
> A primus secundus, au gage,
> Au cornichon qui va devant,
> Le toutou, l'abbé du couvent,
> Martin, Martin, rends moi ma lance,
> Et bien d'autres jeux de l'enfance,
> A crains ton père, à bransle moine,
> A la vache morte, à l'avoine,
> Colin Maillard, le pied de bœuf,
> A la coupe teste, à l'esteuf,
> Vous plait elle, ma compagnie,
> A deviner, à la toupie,
> Franc du carreau, le court festu,
> A tiens voilà, baise mon cu.
> Voilà quelle est la discipline
> Du parlement de la marine. »

2702. **Parlement** (le) **de Paris à confesse aux pieds du roy, à la Thoussaint** (*sic*), **1652.** *Paris*, par l'imprimeur ordinaire du duc d'Orléans, (s. d.), 2 pages.

Ni commun, ni bon.

2703. Particularités (les) de ce qui s'est fait et passé à la dernière assemblée du Parlement et de l'Hôtel de Ville, à la réception des nouveaux échevins qui ont été nommés par Son Altesse Royale, avec l'extrait de l'arrêt donné le 16 de ce mois. *Paris*, Claude Le Roy, 1652, 6 pages. *Rare*.

2704. Particularités (les) de ce qui s'est fait et passé en l'assemblée de la Maison de ville pour l'élection de M. de Brusselles (*sic*) à la charge de prévôt des marchands, le sixième juillet 1652. *Paris*, Louis Pousset, 1652, 7 pages.

Ce récit n'est pas sans intérêt.

2705. Particularités (les) de ce qui s'est passé à Bordeaux jusqu'à la conclusion de la paix. (S. l.), 1650, 7 pages.

Récit gascon, où on lit qu'un seul coup de canon tua soixante soldats du roi !

2706. Particularités (les) de l'entrée de messieurs les princes dans la ville de Paris, et de celle du cardinal Mazarin dans Le Hâvre de Grâce, avec la lettre envoyée au maréchal de Turenne sur l'élargissement des princes. *Paris*, 1651, 8 pages.

L'édition originale est celle qui a été donnée par Jacques Legentil, sous le titre suivant. Néanmoins il y a une troisième édition, *jouxte la copie imprimée à Paris*, s. d., qui porte le premier titre.

2707. Particularités (les) de l'entrée de messieurs les princes dans Paris, avec la lettre envoyée au maréchal de Turenne sur l'élargissement des princes. *Paris*, Jacques Le Gentil, 1651, 8 pages.

Le second titre est ainsi conçu : *Les particularités de l'arrivée de messieurs les princes dans Paris et de celle du cardinal Mazarin au Havre de Grâce, envoyées au maréchal de Turenne.* Il est plus exact.

C'est en effet une lettre adressée au maréchal de Turenne, datée du 17 février et signée Désajeu. Il paraît que l'auteur en avait écrit d'autres, car il dit en commençant : « Je puis sans appréhension souscrire et vous envoyer celle-ci. » Et ailleurs : « Je vous ai mandé par ma précédente. » Désajeu était donc le correspondant de Turenne.

Est-ce de lui qu'il est dit dans la *Milliade* de Richelieu :

« Désajeu, nouveau secrétaire,
Mérite bien quelque salaire ;
Car il est assez bon valet,
Quoiqu'il ne soit qu'un Jodelet,
Et ne connoit point de prudence
Que la plus lâche complaisance,
Et cherche son élévement
Par un infâme abaissement.
Sa vertu n'est point scrupuleuse,
Et, d'une adresse merveilleuse,
Quitte le bien et suit le mal
Selon qu'il plaît au cardinal.
Une légère suffisance
Passe en lui pour grande science
Et le signale entre les beaux
De Loménie et Phélippeaux.
Son âme est égale à sa mine ;
Elle est petite, faible et fine,
Et n'a point du tout cet éclat
D'un grand secrétaire d'État.
Sa splendeur n'étant que commune
Ne peut être aux yeux importune ;
Et son naturel bas et doux
Lui donne fort peu de jaloux. »

2708. Particularités (les) de la bataille générale donnée entre l'armée de Son Altesse Royale, commandée par M. le prince de Condé, les ducs de Beaufort et de Nemours, et celle des mazarins dans la plaine de Galles, entre Châtillon-sur-Loing et Briare, le 8 avril 1652, avec les noms des morts et blessés, et le nombre des prisonniers. *Paris*, Claude Le Roy, 1652, 8 pages.

Il s'agit du combat de Bleneau. Turenne a traversé la rivière de Loing à la nage pour se sauver ! Trois mille cinq cents morts !

Mensonges que la Fronde s'efforçait de répandre avec la permission expresse du duc d'Orléans.

2709. Particularités (les) de la chasse royale, faite par Sa Majesté le jour de Saint-Hubert et de Saint-Eustache, patrons des chasseurs, accompagnée de plusieurs seigneurs de marque de sa cour. *Paris*, Alexandre Lesselin, 1649, 12 pages. *Rare.*

C'est dans le jardin du Palais Cardinal que le roi courut le lièvre d'abord, puis le cerf et enfin le sanglier; ensuite de quoi, il assista à un combat de taureaux et de chiens. Le cardinal Mazarin qui était à cheval, prit le duc d'Anjou devant lui et le promena dans le parc.

2710. Particularités (les) de la route de M. le prince de Condé, et le sujet de son retardement, avec le passage des troupes du cardinal Mazarin à Gien. *Paris*, 1652, 8 pages.

Pièce rare et curieuse, malgré quelques inexactitudes.

M. le prince s'appelait Motteville (Gourville dit La Motteville); le duc de La Rochefoucault, Beaupré; le baron de Lévy, La Place; Chavagnac, Saint-Amour; Lestourville (Gourville peut-être?), Longuepleine.

2711. Particularités (les) de tout ce qui s'est fait en l'assemblée du Parlement, au sujet de la réponse par écrit faite à messieurs les députés, avec la députation de la cour vers M. le chancelier, et l'ordre donné pour la sûreté du retour desdits sieurs députés par M. le prince de Condé, du mercredi 17 juillet 1652. *Paris*, Jacques Le Gentil, 1652, 8 pages.

Cette pièce se complète par celle qui suit; et toutes deux sont rares.

2712. Particularités (les) de tout ce qui s'est fait et passé à l'entrée et au retour du roy dans sa ville de Paris, le lundy 21 octobre 1652. *Paris,* Jacques Le Gentil, 1652, 7 pages.

2713. Particularités (les) de tout ce qui s'est fait et passé au Parlement, le XVIII juillet, la trahison de Mazarin découverte pour l'enlèvement des députés, avec la lettre de cachet du roi envoyée, cette nuit, auxdits députés, et celle du président de Nesmond à messieurs du Parlement, et la résolution de Son Altesse Royale d'aller en personne querir les députés à Saint-Denys. *Paris,* Jean Brunet, 1652, 7 pages.

La lettre de cachet n'y est pas.

2714. Particularités (les) des cérémonies observées en la majorité du roi, avec ce qui s'est fait et passé au Parlement, le roi séant en son lit de justice. *Paris,* 1651, 8 pages.

Simple et rapide récit.
Il y en a une édition de Rouen, chez Jacques Besongne, 1651, 8 pages.

2715. Particularités (les) du dernier combat donné entre l'armée de messieurs les princes et celle des mazarins au faubourg Saint-Antoine, avec la liste des noms des morts et blessés, ensemble tout ce qui s'est passé de plus remarquable. *Paris,* Jacob Chevalier, 1652, 7 pages.

2716. Particularités (les) du grand combat donné à l'attaque du faubourg Saint-Antoine entre l'armée des princes et celle des mazarins, commandée par le maréchal de Turenne, le 2 juillet 1652, avec la liste des morts et blessés. *Paris*, Salomon de La Fosse, 1652, 8 pages.

L'auteur avait tué le maréchal de La Ferté !

Ces deux relations sont assez rares.

2717. Particularités (les) du résultat des trois assemblées du Parlement tenues les lundi, vendredi et samedi onze, douze et treize avril, avec l'arrêt de ladite cour du même jour, samedi 13, contre le cardinal Mazarin. *Paris*, Jacques Le Gentil, 1652, 7 pages.

Le Parlement ne s'est assemblé ni le lundi, ni le 11, qui était un jeudi. M. le Prince a pris séance le vendredi 12 ; et le 13, l'arrêt a été rendu.

2718. Particularités (les) du second combat donné entre l'armée de Son Altesse Royale, commandée par messieurs le comte de Tavannes et le baron de Clinchamp, et l'armée commandée par le maréchal de Turenne, devant la ville d'Étampes, le 29ᵉ mai 1652, avec la prise de leurs drapeaux, canons et bagages, et le neveu du cardinal Mazarin blessé, et autres. *Paris*, Jacques Le Gentil, 1652, 8 pages.

Mensonges, autant que les *Particularités du dernier combat*, etc., et les *Particularités du grand combat*, etc.

2719. Particularités (les) du siége et de la prise du château de Vayres, ensemble les combat et prise de l'Ile Saint-Georges, avec ce qui s'est passé de plus remarquable à Bordeaux. (S. l.), 1650, 8 pages.

Extrait du *Courrier bordelois*, 5ᵉ course.

2720. Particularités (les) du traité du duc de Lorraine avec le cardinal Mazarin, et de tout ce qui s'est passé entre les deux armées, avec l'état des troupes de Son Altesse Royale et du lieu où elles sont à présent. *Paris*, Jacques Le Gentil, 1652, 7 pages.

Il n'y a pas de traité.

2721. Particularités (les) du traité fait entre Son Altesse Royale, messieurs les Princes et le duc de Lorraine au camp de Choisy-sur-Seine, le mercredi 12 juin 1652, avec l'ordre donné pour la jonction des deux armées, et du lieu où est l'armée mazarine. *Paris*, Jacques Le Gentil, 1652, 7 pages.

C'est moins un traité qu'un dîner chez les pères réformés de Saint-Germain-des-Prés de Choisy. Moins curieux que rare.

2722. Partisan (le) tenté du désespoir par le démon de la Maltaute (*sic*), qui lui reproche les crimes de sa vie et cause son repentir. Dialogue. *Paris*, Arnould Cotinet, 1649, 12 pages.

Le pont Alais, devant l'horloge de Saint-Eustache, est une pierre sous laquelle un partisan se fit enterrer, pour manifester son repentir d'avoir levé un impôt d'un denier sur quelques denrées à Paris.

2723*. Pas (le) de clerc du clergé.

Aubery, *Hist. du C. Mazarin*, t. III, p. 503.

2724. Pasquil des partisans contre le diable. (S. l., 1650), 7 pages.

2725. Pasquin et Marforio sur les intrigues de l'État, par le sieur de Sandricourt. *Paris*, 1652, 40 pages.

2726. Pasquin, ou Dialogue à bâton rompu sur les affaires de ce temps. (S. l.), 1649, 7 pages.

Application de plusieurs versets des psaumes aux principaux personnages de la cour.

On en a publié une traduction sous ce titre :

2727. Pasquin sur les affaires du temps, mis en françois. (S. l.), 1649, 7 pages.

La ville de Paris dit au roi : « Tout ainsi que le cerf désire

[PASSION] DES MAZARINADES. 339

l'eau des fontaines, de même mon âme ne respire que vous, mon roi. »

Cette traduction a été réimprimée à la suite de : *le Pour et le Contre de la cour*.

2728. Passage de Jules Mazarin, avec le récit des plus belles pièces trouvées en son inventaire. (S. l. n. d.), paginé de 11 à 14.

Exécrables vers ; en voici un :

« Tu aurois, un jour, regret de voir ta tête en ôtage. »

Plusieurs pièces, dont une en italien.

Apparemment ces *cayers* faisaient partie de quelque recueil. Cependant on les trouve séparés, puisqu'ils sont inscrits dans la *Bibliothèque* du P. Lelong, sous le n° 22,366.

2729. Passepartout (le) du temps, ou la Sourde renommée. *Paris,* N. Charles, 1649, 7 pages.

2730. Passeport, (le) et l'adieu de Mazarin, en vers burlesques. *Paris,* Claude Huot, 1649, 11 pages.

Assez spirituel pour être recherché, ce pamphlet est des plus communs.

On en a réimprimé le commencement sous le titre de : *Adieu de Mazarin.*

Il a été reproduit en entier à la suite des *Véritables soupirs françois sur le départ de Son Éminence,* etc.; et Sautreau de Marsy l'a donné dans son *Nouveau siècle de Louis XIV*, page 319 du Ier vol., mais avec la fausse date de 1651.

2731. Passetemps (le) de Villejuif, en vers burlesques. *Paris,* Claude Huot, 11 pages.

Naudé n'en parle, page 285 du *Muscurat*, que comme d'une pure imitation de l'*Agréable récit des barricades;* et il a raison.

2732. Passion (la) de la cour. *Anvers,* 1649, 6 pages.

C'est une parodie de quelques passages de la passion de N. S. Jésus-Christ, avec la traduction en regard.

Les Parisiens : *Secundum legem debet mori.*

Mazarin : *Peccavi, tradens sanguinem justum.*
Le peuple : *Tolle, crucifige eum.*
Monsieur le Prince : *Quid enim malè fecit?*
Les Parisiens : *Regem te facit.*

Il paraît que le cardinal Mazarin avait jugé ce pamphlet digne d'une attention particulière ; car on lit dans celui de ses *Carnets* qui porte sur la première page la date du 16 octobre 1649 : « Un libelle intitulé *la Passion de la cour* dit de M. le Prince, se servant des mots de la Passion de Jésus-Christ, qu'il veut être roi. »

Mailly l'a reproduit dans les *Additions*, à la fin de son V^e vol.

2733. Passion (la) de Notre Seigneur, en vers burlesques, dédiée aux âmes dévotes. *Paris*, veuve Jean Remy, 1649, 8 pages.

Cette pièce n'a aucun rapport à la Fronde ; mais j'ai voulu la citer ici pour montrer jusqu'où a été la folie du burlesque.

Naudé qui en fait mention (*Mascurat,* page 220), ne s'en étonne pas trop. Il se contente de dire : « Je ne sais quel profane, depuis trois jours, a fait la *Passion de Notre Seigneur.* »

2734. Passion (la) extrême que témoignent les bourgeois de Paris pour le retour de Sa Majesté en sa bonne ville de Paris. *Paris*, Claude Boudeville, 1649, 7 pages.

« Ne portions-nous pas dans nos étendards, comme dans nos cœurs, cette belle devise : « Nous cherchons notre roi. »

Cette pièce n'est pas commune.

2735. Passionné (le) pour le bien de l'État, ou la Guerre aux partisans, à messieurs les notables de Paris, leur conseillant de s'unir pour empêcher la suite ou le renouvellement des guerres civiles, et prouvant que la ruine des partisans qui sont les véritables mazarins, est nécessaire pour cet effet. (S. l.), 1652, 84 pages.

« Vous êtes assurés de voir longtemps durer la guerre avec des succès aussi douteux que par le passé, si, de spectateurs de ces grands actes d'une indigne tragédie, vous ne vous rendez bientôt les acteurs pour avoir la satisfaction de la voir finir d'une façon moins funeste. »

« C'est trop déférer à l'autorité souveraine que de croire qu'elle ait le droit de nous berner à sa fantaisie, et que ce qui paroît illégitime en tout autre sujet, devienne légitime quand il est autorisé de ses ordres. Son pouvoir est grand en effet; mais si nous en ôtons le mystère dont notre opinion le couvre, il paroîtra foible et vain en ce rencontre. Je ne veux pas cependant qu'on dépouille aucune sorte de respect pour le Prince, mais seulement qu'on se désabuse de cette opinion que de lui, comme du ciel, nous soyons obligés de tout souffrir, parce qu'en effet l'un n'est pas si bien conduit que l'autre. »

2736. Pater (le) des jésuites. *Jouxte la copie imprimée à Leyde*, 1649, 7 pages.

Cette prière est adressée au roi d'Espagne, Philippe. Elle avait été assurément faite pour la Ligue. La Fronde y a seulement introduit le couplet suivant :

> « L'occasion qui se présente,
> Dedans le royaume françois,
> D'un roi jeune et d'une régente,
> Met nos bons pères à chaque fois
> *In tentationem.*

2737. Pater noster (le) de Mazarin. (S. l., 1649), 4 pages.

2738. Pâtissier (le) en colère sur les boulangers et taverniers, en vers burlesques. *Paris*, Nicolas de La Vigne, 1649, 8 pages.

> « La muscade avec la canelle,
> Le persil et la pimprenelle
> Servent à rendre le muscat
> Plus friant et plus délicat. »

Je n'ai pas trouvé même quatre vers à prendre dans la *Réponse du boulanger.*

2739. Pax Gallica ad illustrissimum dominum Mathœum Molé, senatûs parisiensis principem, sive ejusdem illustrissimi domini Panegyricus. *Parisiis*, Dyonisius Langlœus, 1649, 16 pages.

Signé J. M. P.

2740. Paysan (le) désolé aux pieds du roi. *Paris*, Nicolas de La Vigne, 1649, 8 pages.

2741. Pénitence (la) du prince de Condé et l'offre qu'il fait aux trois États de son assistance, s'ils trouvent à propos de le faire sortir de Vincennes. (S. l. n. d.), 7 pages.

2742. Pensée chrétienne sur la paix. (S. l., 1652), 8 pag.

2743. Pensées (les) d'un grand poëte sur les affaires du temps. (S. l., 1649), 4 pages.

2744. Pensées (les) du Provençal solitaire sur les affaires du temps présent. (S. l.), 1650, 12 pages.

Les pièces relatives aux troubles de Rouen, de Bordeaux et d'Aix sont très-bonnes à recueillir quand elles accusent la tyrannie des Parlements dans les provinces.

Les parlementaires de Provence ont réfuté les *Pensées du Provençal solitaire* par la *Réponse du fidèle Provençal*, etc.

2745. Pensées (les) utiles, nécessaires au public sur le temps présent. *Paris*, 1650, 30 pages.

2746. Pensez-y bien (le) des malaffectionnés, cause trouble aux Parisiens. (S. l.), 1649, 8 pages.

2747. Perle (la) des triolets, ou l'Antiquité renouvelée, avec les noms et surnoms des plus généreux frondeurs de la ville et faubourgs de Paris. *Paris*, François Noël, 1650, 8 pages.

Fort mauvais vers, qui pour tous beaux noms nous livrent ceux de Joli cœur, de saint Nicolas, de Nicodéme, etc.; mais la pièce est rare.

2748. Pernicieux (les) conseils donnés à Sa Majesté par le cardinal Mazarin pour assembler toutes les forces de France, afin de s'opposer à l'armée de Son Altesse Royale et celle du duc de Lorraine. *Paris*, André Chouqueux, 1652, 8 pages.

2749. Perroquet (le) parlant à la cour, qui découvre les faussetés, artifices et suppositions commises (*sic*) par les principaux officiers de finance, les moyens d'en retirer plusieurs millions d'or après une bonne et solide paix, et rendre le peuple comme il étoit du règne de Henry IV, représenté au roi Louis XIV, par M. L. M. D. *Paris*, 1652, 8 pages.

Cette pièce est assez rare pour faire regretter que le texte soit infidèle aux promesses du titre.

2750. Petit (le) David de la maison royale contre le géant machiavéliste et le monstre mazarin. (S. l. n. d.), 12 pages.

Contrefaçon du *Te Deum françois*, etc.

2751. Philosophe (le) d'État, ou Réflexions politiques sur les vertus civiles du Parlement et peuple de Paris. *Paris*, Jean Hénault, 1649, 8 pages.

2752. Philosophe (le) d'État sur la majorité des rois, prescrite à l'âge de 14 ans par Charles V, dit le Sage, où les désintéressés verront clair pour justifier sans erreur les armes de l'un ou l'autre des deux partis qui divisent aujourd'huy tout cet État. *Non ubi rex est, sed ubi regia autoritas, ibi jus.* Bol., lib. 1er, Conf. (S. l. n. d.), 20 pages.

Dubosc Montandré.

Ce pamphlet a été publié aussi sous le titre de l'*Homme d'État*, etc.

2753. Philosophe (le) et casuiste de ce temps, dédié à nosseigneurs de Parlement. *Paris*, Pierre Variquet, 1649, 8 pages.

2754. Philosophie (la) morale de l'État, ou les Passions de ceux qui hantent la cour. *Paris*, 1649, 7 pages.

2755. Philothemis (le), ou Contrebandeau du Parlement. *Discite justitiam moniti; et non temnite divos.* (S. l., 1649), 8 pages.

Ce pamphlet appartient à la polémique soulevée par le *Véritable bandeau de Thémis*, etc.

2756. Physionomie (la) de la France, où se voit le mauvais état auquel elle se trouve, sur la perte de ses belles conquêtes, sur les entreprises des ennemis étrangers sur nous, et le tout par les mauvais conseils de ceux qui ont gouverné et gouvernent l'État. *Paris*, 1652, 31 pages.

Après l'amnistie de 1652. Histoire très-abrégée des conquêtes et des pertes de la France en Flandre, en Espagne et en Italie.

Le maréchal de La Force avait dit de Mazarin que « cet homme étranger étoit le brandon qui mettroit le feu aux quatre coins et au milieu de la France, par la trop grande autorité qu'on lui donnoit. »

2757. Pièce (la) curieuse, ou les Sentiments des grands de ce royaume touchant la personne de Mazarin. (S. l., 1650), 24 pages.

Depuis le roi jusqu'au coadjuteur, jusqu'au corps des partisans, jusqu'à l'archiduc Léopold; et cependant ce n'est encore là que la première partie, *en attendant les autres...* qui n'ont pas paru ?

2758. Pièce d'État, ou les Sentiments des sages. (S. l. n. d.), 19 pages.

On lit, sur la page 19, une mention de la permission accordée à Alexandre Lesselin par le lieutenant civil d'Aubray, le 14 juillet (1649).

L'auteur réfute son ami Polydas qui demandait la continuation de la guerre et approuvait fort les libelles. C'est médiocre de pensée et de style.

Il paraît que Polydas, normand comme l'auteur, aimait surtout l'*Apologie des Normands au roi*. « Je m'étonne de la première demande que tu me fais de son auteur, toi qui es de ceux qui devroient l'avoir composé, étant des plus zélés pour notre province, étant à Caen le 23 février, qui est le temps qu'il date de sa production, et citoyen de cette ville, où ce monstre ridicule usurpe sa naissance. »

L'auteur ajoute qu'il a vu l'apologiste des Normands trois fois dans les assemblées des politiques, et qu'il l'a entendu avouer que « *sa passion était la seule source de ses satyres.* »

2759. Pièce de Pontoise. Les sentiments divers sur l'arrêt du Parlement du 20 juillet et le discours séditieux qu'on prétend faussement avoir été fait par M. Bignon, le 26, sur la lieutenance du royaume. (S. l., 1652), 15 pages.

Ce pamphlet, généralement bien raisonné, se termine par un trait sanglant contre le duc d'Orléans : « Les degrés qui l'ont autrefois précipité de ses prétentions à la couronne, par une déclaration d'incapacité vérifiée, sont les mêmes qui l'élèvent présentement à la lieutenance de l'État. »

Il y a été fait deux réponses : la *Réfutation de la* Pièce de Pontoise, etc., et l'*Examen des divers sentiments sur l'arrêt du Parlement du 20 juillet*, etc.

C'est par cette dernière pièce que je me suis cru autorisé à attribuer au père Faure la *Pièce de Pontoise*, aussi bien que l'*Esprit de paix* et la *Vérité toute nue*, etc.

La *Pièce de Pontoise* a été réimprimée, sans date, dans le format in-8°, sous le titre de : *les Sentiments divers sur l'arrêt du Parlement du 20 juillet*, etc.

2760. Pièce justificative du cardinal Mazarin contre les libelles diffamatoires à lui imposés jusques à ce jourd'huy, ensemble sa réponse sur un avis à lui envoyé par les communes de Londres, lui représentant une histoire d'un favori d'Angleterre, nommé Gaverston (*sic*), et ses défenses sur ce sujet. *Paris*, 1652, 15 pages.

Est-ce sérieux ? peut-être ; mais pourquoi Mazarin dit-il : « Il faut y voir comme des lynx pour pénétrer dans mon extraction ; et je crois que ma mère même n'a pas su ce qui en étoit. »

Voir l'*Avis d'Angleterre envoyé en France*, etc.

2761. Pièce (la) royale, ou la Défense de leurs majestés sur l'éloignement de M. le Prince. *Pontoise*, Julien Courant, 1653, 14 pages.

2762. Pièce sans titre ni date, commençant par ces mots : *Le roi veut que le Parlement sorte de Paris*, etc.

Elle est de 7 pages, petit in-folio ; et elle sort des presses que le roi avait fait établir, sous la direction de Renaudot, dans l'orangerie du château de Saint-Germain.

Si j'en crois l'auteur de la *Conférence secrète du cardinal Mazarin avec le Gazetier*, elle a été écrite par Renaudot, apparemment du commandement exprès de la cour. C'est d'elle en effet qu'il s'agit dans le passage suivant : « La première pièce que j'ay fait, est ce grand libelle qui fut jetté par plusieurs nuits dans toutes les rues de Paris, par lequel je croyois certainement qu'il ne seroit pas plus tôt vu, que le peuple, devenant furieux, se jetteroit sur le Parlement avec tant de rage qu'il le déchireroit en pièces, le mangeroit jusques aux os, et n'y en auroit pas pour un déjeuner des crocheteurs ou des harangères. Et pour les animer davantage, je leur disois que le roy rentreroit par une porte si le Parlement sortoit par l'autre, et que vous (*le cardinal Mazarin*) n'aviez jamais tant eu d'envie de faire du bien au public comme cette année ; que c'estoient ces messieurs qui empeschoient la paix que vous aviez conclue, et qui ne cherchoient que leur intérest dans toutes ces brouilleries au détriment du bourgeois. Et pour mieux couvrir mon jeu, j'en nommois une partie, et ceux que l'on sçait estre les plus zélés, avec des prétentions imaginaires qui leur servoient de motif et que j'avois forgées. J'y adjoustai les généraux, sollicités, à ce que je disois, par de semblables intérests, sans pardonner au coadjuteur, quoyque mon évesque, faisant croire au peuple qu'il ne lui donnoit des bénédictions que pleines de despit de ce que vostre Éminence n'avoit pas voulu timbrer sa mitre du casque du gouvernement de Paris. Ce fut en semant ces libelles que le chevalier de La Valette fut pris et conduit prisonsonnier en la conciergerie où, son procès lui estant fait, on l'eust raccourcy de toute la teste, aussi bien que de ses meubles, si M. le prince de Condé n'eust pas écrit à M. de Bouillon, qui fut cause qu'au lieu de l'arrester en Grève, il fut conduit à la Bastille, où il est encore. »

Cette analyse est aussi fidèle que pouvait le permettre l'esprit de parti. Elle suffit, dans tous les cas, pour montrer que la cour posait la question, non entre elle et le peuple de Paris, mais entre elle et le Parlement. Dans cette manière de comprendre la situation, le cardinal Mazarin, quoique premier ministre, n'apparaissait plus que comme un *domestique* de la reine.

La pièce a une sorte de caractère officiel; et à cause de cela elle est importante. Elle est d'ailleurs assez rare dans l'édition originale; mais elle a été réimprimée à Paris dans le pamphlet intitulé : *Diverses pièces de ce qui s'est passé à Saint-Germain*, etc., et sous cette forme elle est plus commune.

2763. Pièce sans titre, sans date, mais évidemment de 1649, 4 pages.

« Les empires et les royaumes sont de grands corps mystiques, etc. »

Après la mort du roi d'Angleterre. Ce pamphlet, bien fait et rare, a pour but de provoquer la convocation des États généraux.

2764. Pièce sans titre, sans date, publiée sous forme de lettre, et dans laquelle il est rendu compte des délibérations de l'Assemblée du clergé sur l'affaire du cardinal de Retz, notamment de celle du 14 novembre 1656, 15 pages. *Rare.*

Elle commence ainsi : « Monsieur, la dernière délibération de l'Assemblée du clergé, etc. »

On l'a attribuée, non sans raison, à M. de Marca, archevêque de Toulouse et successeur du cardinal de Retz au siége de Paris. C'est ce qui se prouve par la *Réponse à une lettre qui a été pu-*

bliée depuis peu sans aucun titre, etc., et par la *Réponse à la lettre de monseigneur l'archevêque de Toulouse*, etc.

2765. Pierre (la) de touche aux Mazarins. *Paris*, 1652, 40 pages.

On lit à la fin : Par C. Q. A. P. L. C. M. D. L. V. D. P. A. M. D. N. 1630.

Je citerai divers passages de ce curieux pamphlet ; ce sera le meilleur moyen de le faire connaître.

« Ces illustres sénateurs ayant un juste sujet d'y procéder de la sorte, un chacun peut hardiment suivre dans cette occasion leur sentiment et leur courre sus en criant : « Ce sont des mazarins ; ce sont des criminels ; ce sont des ennemis de l'État. Tue ! tue ! tue ! Razons leurs maisons ; exterminons cette race ; et prenons leur bien pour leur faire la guerre à leurs propres dépens, comme ils nous la font aux nôtres....... »

« Si le comte d'Harcourt avoit été déchiré par le peuple auparavant sortir (*sic*) de Paris, un autre n'eût pas osé prendre la conduite d'une armée destinée et occupée depuis six mois à la perte des plus nécessaires appuis que nous ayons maintenant contre les entreprises du cardinal Mazarin. Si toute la maison d'Elbeuf avoit été entièrement saccagée et détruite d'abord qu'on lui a vu embrasser le parti de ce Sicilien, les autres seigneurs de France eussent eu de l'appréhension de se mettre dans cette brigade de voleurs. Si les maisons de ceux qui ont ramené le cardinal en France, avoient été rasées et leur bien confisqué pour faire la guerre à cet infâme auteur de nos maux, la crainte d'un pareil châtiment en auroit retiré les autres ; et ce faquin, se voyant délaissé, nous auroit mis hors de peine, par sa fuite, de nous tenir sur nos gardes et de songer à notre conservation. Enfin, si la plupart de ceux qui se déclarent encore aujourd'huy dans Paris pour le Mazarin, étoient tirés à quatre chevaux, le reste se rangeroit à son devoir..... »

« Les peuples peuvent exécuter dans cette rencontre, sans péril, ce que le Parlement ni les princes en leur particulier ne peuvent faire sans juste sujet de crainte, parce que, quand le peuple saccagera la maison du maréchal d'Hocquincourt, quand il traînera par les rues un abbé d'Euzonat (*Euzenat, intendant de Mazarin*), et quand il exercera toute sorte de cruautés sur les mazarinistes, il n'a point tant à craindre que si M. le duc d'Orléans ou le Parlement en avoit fait pendre un seul, parce que la réprésaille seroit dangereuse. Mais quand on sait que c'est une sédition populaire, on ajoute d'abord : « Il n'y a point de remède. Il faut prendre patience et tâcher de ne point s'attirer leur haine ; car après tant de tyrannie, ils ont raison de chercher leur soulagement par la perte de ceux qui font subsister le tyran.

« Haurit hinc populus de tali sanguine vitam. »

Je regrette que l'auteur ait pu appeler cela travailler pour M. le Prince. Assurément il n'y a dans aucun pamphlet de Davenne rien d'aussi abominable que cette théorie des séditions populaires.

Et cependant :

« Le lieutenant civil, animé d'une rage insupportable contre ceux du parti de M. le duc d'Orléans et de M. le Prince, persécute, dit l'auteur, avec tant de chaleur tous ceux qui tâchent de *gagner leur vie* en servant le public contre les mauvaises intentions du cardinal son maître, que tout le monde le peut considérer maintenant comme un autre Mazarin par l'étroit attachement qu'il a au service de ce proscrit. Les imprimeurs qui travaillent contre les ennemis de ce Sicilien, ne sont point sujets à la rigueur de ses cruels arrêts ; ceux qui travailleront à la composition d'un panégyrique du cardinal Mazarin, seront ses bons amis et ses pensionnaires. Ceux qui veillent à la découverte de quelque pièce contre ce pernicieux ministre, sont bien récompensés ; témoin le surnommé *Pacifique* (Davenne), qui est dans la Conciergerie, et qui a passé par ses mains sans nul hazard, après avoir fait la *Puissance des rois et le pouvoir des sujets sur les souverains*, l'*Harmonie de la cour*, et plusieurs autres pièces horribles et détestables, dont le lieutenant civil a connoissance, contre la propre personne du roi et de Son Altesse Royale. Le garçon de son imprimeur est mort en prison, imaginez-vous comment ! dans deux jours, afin qu'il n'achevât pas de découvrir les pernicieux ouvrages de cet infâme auteur. Cependant, le sieur *Pacifique* ne reçoit point de châtiment parce que le lieutenant civil prétend qu'il a mérité son pardon en écrivant contre M. le Prince.... Si l'on entend parler dans Paris que le lieutenant civil a fait quelque capture, qu'il a veillé pour cela toute une nuit dans un carrefour de l'Université, l'on apprend en même temps que ce n'est pas celle d'un voleur, d'un filou, d'un meurtrier, d'un coupeur de bourse ou d'autres semblables, mais d'un misérable imprimeur qui travailloit pour M. le Prince ou quelqu'autre frondeur contre Mazarin. C'est à ceux-là que cet admirable chef de la police fait toujours la guerre ; ce sont ceux-là qui sont condamnés à de grosses amendes, bannis pour jamais, condamnés au fouet, à la torture, aux galères perpétuelles, et enfin à tout ce que sa cruauté lui peut inventer de barbare et d'inhumain. »

Voici maintenant quelques anecdotes :

« Saintot, qui est ici le distributeur des nouvelles mazarines avec Bautru et quelques autres, n'épargne point l'argent de son maître pour tâcher d'insinuer par de faux bruits la crainte dans l'esprit des peuples, et n'étant point assez hardi pour aller les crier dans les rues lui-même, sans du moins quelqu'apparence de vérité, depuis qu'on l'a rendu responsable de ce qu'il avanceroit, donne des relations manuscrites à de certains cabaretiers gagés pour les montrer à ceux qui vont boire ou manger dans leur maison, afin que, ses (*sic*) avantages chimériques venant peu à peu des uns aux autres, tout Paris en reçoive l'impression qu'il en attend, toutes les fois qu'il sait qu'on doit fronder au Parlement.... Ce même petit mazarin de Saintot, dès qu'il apprend que M. le Prince a perdu un homme dans quelque rencontre, pour prévenir les esprits auparavant qu'on ne sache la vérité, s'en va avec quelques-uns de même cabale chez le nommé Guil pour faire une relation telle qu'il la pourroit souhaiter, s'il ne dépendoit que de sa volonté pour détruire M. le Prince. »

Il s'agit probablement ici de Saintot, le conseiller au Parlement, et non du maître des cérémonies.

« Le maréchal de Lhopital ne se déclare point si ouvertement. Son jeu est néamoins plus grand, quoique plus couvert ; et se servant d'un stratagême horrible et détestable, il est bien plus dangereux. Par une lâche hypocrisie, il contrefait le bigot, et sous de trompeuses apparences d'homme de bien, s'en va par les paroisses solliciter d'en être marguillier, et par cette sainte dévotion tâche de gagner les anciens, caresse les chefs des corps de ville, et invite souvent chez lui des principaux bourgeois du quartier afin de les attirer à soi, c'est-à-dire à Mazarin. »

2766. **Pierre (la) de touche faisant voir que le cardinal Mazarin et ses adhérents sont les plus grands ennemis** du roi, de son état, de son peuple et de la ville de Paris, aux trois États de France. *Paris*, 1652, 30 pages.

Ce pamphlet n'est composé que de lambeaux arrachés aux *Véritables maximes du gouvernement de la France,* etc.

2767. Piquet (le) de la cour. (S. l., 1649), 3 pages

Pièce rare et assez plaisante.

Le duc d'Orléans : « Je n'ai jamais de cœur. »

Il en existe une suite qui n'est pas moins rare, sous le titre de : *le Second et entier jeu de piquet de la cour.*

2768. Placard affiché dans les rues de Paris, le jour de Notre-Dame d'août 1650, contre le coadjuteur et M. de Beaufort. In-4°. *Très-rare.*

Il commence par ce mot : « Peuple, etc. »

2769. Placard affiché le 1er avril 1649, et par lequel le prince de Conty et les généraux du Parlement déclarent qu'ils n'ont point d'autre intérêt que l'éloignement du cardinal Mazarin. In-4°. *Très-rare.*

2770. Placard du 18 mars 1649, par lequel les magistrats de la ville annoncent la suspension d'armes. In-folio ; en tête sont les armes de Paris. *Très-rare.*

2771. Placard en date du 16 avril 1655. In-4°. *Très-rare.*

« De par le roy. Sa Majesté ayant cy-devant envoyé à Rome, etc. »

C'est l'ordonnance de la même date, qui interdit à tous les sujets du roi toutes relations avec le cardinal de Retz. Voir *Ordonnances du roi que Sa Majesté a commandé être publiées de nouveau,* etc.

2772. Placet présenté à Son Altesse Royale par Jean Le Riche, sieur de Verneuile (*sic*), bourgeois et habitant de Paris, sur le moyen qu'il a donné à messieurs les princes de faire le dernier effort pour chasser le cardinal Mazarin sans fouler les peuples. *Paris,* veuve Marette, 1652, 7 pages. *Très-rare.*

Signé de Verneuil.

Ce Verneuil propose de prendre aux propriétaires le quart du quartier échu à Pâques dernier, et offre d'en faire la recette. Il offre en outre de vendre deux maisons, l'une à la ville et l'autre à la campagne, pour les frais de la guerre et pour le prix de la tête de Mazarin !

2773. Plaidoyer (le) de la maison royale, ou la Cause d'État montrant comme il faut borner : 1. les intérêts des princes du sang ; 2. les intérêts des princes étrangers ; 3. les intérêts des maréchaux de France; 4. et les intérêts des autres grands de l'État. *Paris,* 1652, 32 pages.

Contrefaçon du *Rapporteur des procès d'état*, etc.

2774. Plaidoyer héroï-comique pour l'Éminence contre le Creux. (S. l.), 1649, 16 pages.

C'est tout un procès, tout un drame : plaidoyers pour et contre, arrêt et mariage.

« Fait et passé dans une chambre
Le 27ᵉ de décembre. »

Le sens positif de cette pièce est fort libertin ; le sens allégorique pourrait bien être fort insolent.

2775. Plainte à la reine des dames qui ont leurs maris dans l'armée mazarine. *Paris,* Louis Sévestre, 1649, 6 pages.

Signé L. M. R. L. D. R. M. N. C. D. R. S. V. A. B. G.

2776. Plainte contre le désordre du paiement des rentes de l'hôtel de ville, mémoire raisonné pour le rétablissement qui peut être fait dudit paiement, et observations sur l'élection de messieurs les députés des rentiers dudit hôtel de ville. *Paris,* veuve J. Guillemot, 1652, 29 pages.

2777. **Plainte** (la) de la France à genoux devant la reine. (S. l., 1649), 8 pages.

Stances vigoureuses, mais incorrectes, dont voici les trois meilleures, qui sont reproduites des *Soupirs françois sur la paix italienne* :

7e. « Lasches François, peuple sans cœur,
Et vous, indigne sang de France,
Quoi ! ce petit usurpateur
Enchaînera vostre puissance !
Où sont ces courages hardis
Qui faisoient tout trembler jadis ?
Pouvez-vous endurer sans crime
Un si véritable attentat
Et que ce tyran qui m'opprime,
Face ainsi de la France un tyrannique estat ?

8e. Et vous, souverains magistrats,
Quand sera-ce que vostre foudre
Lancera ses justes éclats
Et réduira ce monstre en poudre ?
Il est temps que par vos arrests
Vous défendiez les intérests
Et la gloire de ma couronne,
Et qu'on sache en tout l'univers
Que la loy de l'Estat vous donne
Le pouvoir d'affranchir nostre prince des fers.

10e. Vous (*la reyne*) pouvez très-facilement
Dissiper cette tyrannie,
En rendant à mon parlement
L'autorité qu'on lui desnie.
Il vous a mis le sceptre en main.
Il vous le peut oster demain.
De sa souveraine puissance
Dépend le rang que vous tenez ;
Et cessera votre régence
Si contre ce tyran vous ne me conservez. »

Ce pamphlet a été réimprimé trois fois, d'abord sous le titre de : *la France à la reine*, et sous celui de :

2778. **Plainte de la France à la reine.** (S. l., 1649), 7 pages.

Puis elle a reparu dans les *Louanges des Parisiens*, sous le titre de : *Louange à la reine*.

Enfin, on a retouché, plus tard apparemment, les 7e et 10e strophes ; et on l'a intitulée : *Plaintes de la France à la reine touchant la guerre*, etc.

2779. Plainte de la noblesse françoise faite contre les partisans (*sic*) et manges-peuples. (S. l.), 1651, 8 pages. *Rare.*

« Et les nobles qui sont les arcs boutants et les vraies colonnes de l'État, la disette les empêche d'aspirer aux charges militaires et de robe longue ; ce qui fait que nous voyons les plus beaux états remplis de fils de laboureurs et marchands, au grand déshonneur et mépris des nobles, ne leur restant plus qu'à exposer leur vie en qualité de simples soldats pour le service des princes, où, après avoir vieilli sous le harnois, s'étant jettés en tous périls et hazards, ils meurent dans leurs logis sans récompense, étant contraints de fouler le bonhomme et piller le paysan pour vivre selon le rang que leur qualité et courage leur doit et veut faire tenir. »

L'auteur n'épargne pas plus les écrivains que les maltôtiers.

2780. Plainte (la) des bourgeois de Paris à messieurs du Parlement pour faire advancer le procès de Jules Mazarin. *Paris*, 1649, 4 pages.

Même pièce que :

2781. Plainte (la) des bourgeois de Paris à M. de Broussel pour avancer le procès de Jules Mazarin. *Paris*, 1649, 4 pages non chiffrées.

Ce dernier titre est le plus exact.

2782. Plainte des Parisiens au roi et à la reine sur le desseing (*sic*) que Leurs Majestés ont de s'éloigner de leur bonne ville de Paris. (S. l.), 1649, 8 pages.

Il y a erreur dans le titre : les Parisiens supplient le roi de revenir ; et ils ne s'adressent qu'à lui.

Leurs vœux pour la gloire du règne de Louis XIV méritent attention. Jamais peuple n'avait été ainsi au-devant de son roi.

[PLAINTES]

2783. Plainte (la) du Palais Royal sur l'absence du roy, avec un dialogue du grand Hercule de bronze et des douze statues d'albâtre qui sont à l'entour de l'étang du jardin, faicte par un poëte de la cour. H. C. *Paris*, David Beauplet, 1649, 8 pages.

Vers rares, mais détestables.

2784. Plainte publique sur l'interruption du commerce. *Paris*, Jean Brunet, (1650), 20 pages.

Cette pièce est aussi intéressante que rare.

Il paraît qu'on donnait deux raisons des prises que nos navires faisaient sur mer : la première était que les navires alliés refusaient d'amener et d'aller ou d'envoyer à bord des vaisseaux français au commandement qui leur en était fait ; la seconde que les navires amis portaient des marchandises ennemies.

Le commerce maritime employait mille grands navires, sans compter les moyens et les petits, et trente mille mariniers. Les grandes pêches occupaient trois cents navires et dix mille matelots.

2785. Plaintes burlesques du secrétaire extravagant des nourrices, des servantes, des cochers, des laquais et de toute la république idiote. *Paris*, veuve André Musnier, 1649, 8 pages.

2786. Plaintes d'une fruitière et d'une harengère envoyées à la reine. *Paris*, 1649, 7 pages.

Sur la permission qui avait été donnée par l'archevêque de manger de la viande pendant le carême.

2787. Plaintes de la France à la reine touchant la guerre suscitée par Jules Mazarin. *Paris*, 1649, 8 pages.

Édition corrigée de la *Plainte de la France à genoux devant la reine*.

Ici la 7e strophe commence par ces vers :

« Braves François, remplis de cœur,
Et vous, généreux sang de France, » etc.

Au contraire, la 10ᵉ se termine ainsi :

« Ordonnez que ce Tabarin
Retourne au pays latin ;
Autrement vous mettrez en armes
Le peuple que vous contraignez
A vivre dans les allarmes,
Si loin de vous ce tyran vous ne bannissez. »

2788. Plaintes de la France à monseigneur le Prince. *Paris,* Robert Feugé, 1649, 7 pages.

2789. Plaintes de la France à ses peuples sur l'emprisonnement des princes, contre Mazarin. (S. l.), 1651, 14 pages.

Je n'ai rien à en dire si ce n'est qu'elles ont été imprimées également sous ce titre :

2790. Plaintes de la France sur l'emprisonnement des princes. (S. l.), 1651, 14 pages.

2791. Plaintes (les) de la France sur l'état présent. (S. l., 1649), 7 pages.

2792. Plaintes (les) de la noblesse de Provence contre l'oppression du Parlement sur le sujet de l'éloignement du comte d'Alais, leur gouverneur. (S. l., 1651), 11 pages.

Même pièce que les *Doléances de la noblesse de Provence au roi.*

2793. Plaintes de toute la France adressées au Parlement de Paris sur l'injuste persécution qu'on fait souffrir à mademoiselle de Longueville. (S. l., 1650), 8 pages. *Rare.*

Après la mort de la princesse douairière de Condé.

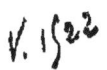

2794. Plaintes du Carnaval et de la foire Saint-Germain, en vers burlesques. *Paris,* Claude Huot, 1649, 8 pages.

Naudé qui cite cette pièce, page 209 du *Mascurat,* lui donne, à la page 283, le troisième rang parmi celles « dont on peut faire estime. » J'ajoute qu'elle n'est pas des plus rares.

2795. Plaintes du poëte champêtre à la cour des Aydes. (S. l., 1649), 4 pages.

> « Prenez pitié d'un qui perdit la vue
> D'avoir trop lu et trop écrit de vers
> Du plus grand roi qui fut dans l'univers. »

2796. Plaintes et réflexions politiques sur la harangue de M. l'archevêque de Rouen faite au roi dans la ville de Tours, au nom du clergé de France et de vingt-quatre évêques suivant la cour qui l'accompagnoient, contre le Parlement de Paris, en faveur du cardinal Mazarin proscrit et légitimement condamné par plusieurs arrêts donnés contre lui, où il est démontré que le Parlement est juge naturel et légitime des cardinaux, archevêques, évêques, abbés et autres ecclésiastiques du royaume, tant séculiers que réguliers. (S. l), 1652, 22 pages.

Il n'y a rien à ajouter à ce qu'en dit Mailly dans la note de la page 81 de son V^e volume.

2797. Plaintes parisiennes sur la mort de monsieur le duc de Nemours, avec son épitaphe, par Claude Veiras. *Paris*, Jacques Le Gentil, 1652, 7 pages. *Rare.*

2798. Plaisant entretien de deux femmes de Paris. (S. l., 1649), 3 pages.

Pamphlet mazariniste, et rare par conséquent.

2799. Plaisant entretien du sieur Rodrigue, courtisan du Pont-Neuf, avec Jules Mazarin qui, ayant ruiné la France, est résolu de s'en aller, disant son *peccavi*. *Paris*, 1649, 8 pages.

2800. Plaisant (le) railleur de cour sur les affaires du temps. (S. l.), 1649, 8 pages.

Il n'est ni railleur ni plaisant.

2801. Pleurs et regrets inconsolables de la reine et du cardinal Mazarin, avec le congé du roi donné audit cardinal pour sa sortie hors du royaume. *Paris*, 1652, 8 pages.

2802*. Plumitif (le) sur la dernière déclaration du roi (*du* 13 *novembre, contre les princes de Condé, de Conty,* etc.). *Paris*, Bellée, 1652.

Bib. hist., 23718.

2803. Plus heureux (le) jour de l'année par le retour de Leurs Majestés dans leur bonne ville de Paris, à monseigneur l'éminentissime cardinal Mazarin. *Paris*, Guillaume Sassier, 1649, 8 pages.

Suzanne de Nervèze.

2804. Poëme à la Fronde sur le triomphe du roi. *Paris*, Denys Pelé, 1650, 8 pages.

2805. Poëme sur la barbe du prem. présid. (*sic*). *Bruxelles*, 1649, 6 pages.

Signé P. B. S.
Violente diatribe contre Mathieu Molé.

« Barbe pendante au vieux menton
D'un avare et lâche poltron !... »
« Disons donc mieux, et faisons rire
Tous ceux qui ces vers *écriront*,
Ou, écrits, après les liront. »

Il y en a une autre édition également de Bruxelles, 1649, six pages, mais qui porte au titre : *De M. le p. pr.* (sic) sans signature ; et une autre encore intitulée : L'*Illustre barbe D. C.*

2806. Poignard (le) du coadjuteur. *Paris,* 1652, 7 pages.

Il s'agit ici du poignard qui doit tuer le coadjuteur. L'auteur veut qu'on extermine le cardinal de Retz et le cardinal Mazarin, qui, dit-il, ne valent pas mieux l'un que l'autre.

Ce pamphlet n'est ni trop remarquable ni trop commun.

2807. Point d'argent, point de Suisse. (S. l.), 1649, 11 pages.

Les Suisses se plaignent de ce qu'on leur a *fait des queues.*

2808. Point (le) de l'ovale faisant voir que pour remédier promptement aux maladies de l'État pendant qu'elles ont encore quelque ressource, 1. il faut renforcer un parti pour le faire triompher de haute lutte, parce que l'égalité feroit tirer la guerre en des longueurs insupportables; 2. il faut renforcer le parti le plus juste ou le seul juste; 3. le parti le plus juste ou le seul juste est celui qui appuie et qui est appuyé des lois; 4. après avoir reconnu le parti le plus juste, il faut le renforcer par un soulèvement et par une émeute générale dans Paris; 5. ce soulèvement et cette émeute générale sont appuyés sur les déclarations royales et sur les arrêts des parlements; et par conséquent on peut les résoudre avec moins de crainte d'injustice. (S. l., 1652), 15 pages.

Dubosc Montandré.

« En matière de soulèvement, on n'est coupable que d'avoir eu trop de modération. »

« Voyons que les grands ne sont grands que parce que nous les portons sur nos épaules. Nous n'avons qu'à les secouer pour en joncher la terre. »

C'est l'épigraphe de Prudhomme : « Les grands ne nous paraissent grands que parce que nous sommes à genoux. Levons-nous ! »

J'ai déjà dit que ce pamphlet avait été condamné au feu par arrêt du Parlement en date du 27 mars 1652.

M. de Sainte-Aulaire l'a donné dans son *Histoire de la Fronde*, dernière pièce justificative.

2809. Police générale faicte par messieurs du Parlement pour le réglement des vivres et soulagement du peuple dans la ville et fauxbourgs de Paris, le IV juillet 1652. *Paris,* Salomon de La Fosse, 1652, 7 pages.

Le 4 juillet, c'est le jour de l'incendie de l'Hôtel de Ville. Le Parlement n'a point fait ce règlement.

2810. Politique (le) burlesque, dédié à Amaranthe, par S. T. F. S. L. S. D. T. *Paris,* 1649, 44 pages.

« Ceux qui veulent voir quelque chose
Soit en vers ou bien en prose,
Ils paient deux liards le cahier
Sans en rabattre un seul denier. »

Les colporteurs,

« Avecque leurs longs préambules,
Je les trouve si ridicules
Qu'ils me font tous mourir de rire. »

« Savoir pièces de trente sous,
De cinq, de quinze et vingt-neuf sous,
Patagons, doublons, ducatons,
Et beaucoup des anciens testons,
Pistoles de France et d'Espagne
Et autres pièces d'Allemagne. »

« D'où pensez-vous que les courriers
Qui se vendent par milliers,
Viennent ?. . . . . .
C'est ici (*au palais*) que dessus nos bancs
On fait les Courriers allemands,
Ceux qu'on appelle polonois,
Et tous les Courriers françois. »

2811. Politique (le) chrétien de Saint-Germain à la reine. *Paris,* Jean Hénault, 1649, 12 pages.

Amplification très-sensée et quelquefois éloquente sur ce thème : que la piété et la justice ont été bannies du royaume.

« La sainte hostie tomba de l'autel lorsqu'on célébroit la messe devant Votre Majesté. »

2812. Politique (le) du temps, touchant ce qui s'est passé depuis le 26 août 1648, jusques à l'heureux retour du roi dans sa ville de Paris, discours qui peut servir de mémoire à l'histoire. Dédié aux curieux. (S. l.), 1648, 22 pages. *Très-rare.*

On voit par ce pamphlet ce que les partisans du prince de Condé pensaient du rôle qu'il était appelé à jouer pendant la régence, ce qu'en pensait peut-être le prince lui-même.

2813. Politique (le) du temps traitant de la puissance, de l'autorité et du devoir des princes des divers gouvernements, jusques où on doit supporter la tyrannie, et si, en une oppression extrême, il est loisible aux justes de prendre les armes pour défendre leur vie et liberté, quand, comment, par qui et par quel moyen cela ce (*sic*) doit et peut faire. *Jouxte la copie imprimée à Paris*, 1650, in-12.

Ce volume assez rare est attribué par tous les bibliographes à François Davenne, quoiqu'il soit incontestablement dirigé contre la régence de Catherine de Médicis. Il appartient à l'histoire du calvinisme en France. Ce n'est ici qu'une réimpression.

On ne comprend pas à quel titre la Fronde s'en est emparée. Encore moins comprend-on comment les bibliographes ont pu prêter ce livret à François Davenne, dont il ne rappelle ni le style ni la manière, si ce n'est que ce disciple fameux du plus fameux Simon Morin a composé et publié un *Politique du temps*, mais d'une date bien postérieure.

Cet article était écrit quand M. Bazin m'a fait l'honneur de me communiquer la note suivante :

« Je croyois avoir découvert que ce volume (*le Politique du temps*) n'est ni de François Davenne, ni de 1650 ; mais je vois par le n° 71 du catalogue de M. M. (avril 1846), qu'il a fait de son côté la même découverte, et cela par le même procédé que moi, en faisant ce que font rarement les bibliographes, en lisant l'ouvrage.

» Il a jugé que ce livret étoit seulement une réimpression d'un écrit contre la régence de Catherine de Médicis et appartenant à l'histoire du calvinisme en France. M. M. a eu parfaitement raison ; et je n'ai plus qu'à lui fournir la preuve matérielle du fait qu'il a deviné.

« Elle est dans les *Mémoires de l'état de la France sous Char-*

les IX, où le *Politique du temps* se trouve inséré tout au long, pages 44-83, IIIe volume de l'édition de 1578, à la date de 1574, et immédiatement avant le *Discours de la servitude volontaire* que le même recueil nous a conservé.

« Le fait ainsi rétabli, il devient fort curieux de lire dans l'*Analectabiblion* un ingénieux commentaire de cet ouvrage, selon l'idée reçue qu'il appartient au temps de la Fronde. Ce livre y est très-bien analysé ; et la seule chose dont l'auteur ne se soit pas aperçu en l'étudiant avec soin, c'est qu'il s'applique à d'autres personnages et à des événements d'un autre siècle. »

2814. Politique (le) étranger, ou les Intrigues de Jules Mazarin. *Paris*, 1649, 14 pages.

Contrefaçon de la *Lettre du sieur Mazarini au cardinal Mazarin, son fils*, etc.

2815. Politique (le) lutin porteur des ordonnances, ou les Visions d'Alectromante sur les maladies de l'État, par le sieur de Sandricourt. *Paris*, 1652, 24 pages.

2816. Politique (le) royal faisant voir à Sa Majesté régente et à Son Altesse Royale que Mazarin s'en défera infailliblement, supposé qu'il puisse conserver les affections du roi étant majeur, comme il tâche sans doute de s'y ancrer non moins par leur entremise que par ses propres souplesses ; et les suppliant, par leurs sacrées personnes si chères et si nécessaires à l'État, de préoccuper ce coup infaillible de cet ingrat en le sacrifiant à la haine publique, et rendant à même temps au roi, à eux-mêmes et à la France la liberté tant désirée et tant nécessaire de messieurs les princes. (S. l.), 1651, 39 pages.

2817. Politique (la) sicilienne, ou les Pernicieux desseins du cardinal Mazarin déclarés à monseigneur le duc de Beaufort de la part de toutes les provinces de France. (S. l.), 1650, 34 pages.

Le plus violent pamphlet peut-être, mais non le meilleur.

2818. Politique (le) universel, ou Briève et absolue décision de toutes les questions d'État les plus importantes, savoir est, 1. si les rois sont d'institution divine; 2. s'ils ont un pouvoir absolu sur nos biens et sur nos vies; 3. si les conditions avec lesquelles les peuples se sont donnés aux rois, ne doivent pas être inviolables; 4. s'ils sont obligés d'observer les lois fondamentales de l'État; 5. si leur gouvernement doit être monarchique ou aristocratique pour le bien commun du prince et du peuple; 6. s'ils doivent avoir des favoris; 7. si leurs favoris doivent entrer dans le conseil et prendre le gouvernement des affaires. (S. l., 1652).

Cinq parties de 39, 40, 40, 39 et 39 pages.

L'auteur pose et résout trente questions d'État, pour parler comme lui. On a pu voir déjà qu'elles ne sont pas toutes importantes ni même sérieuses.

Je citerai quelques-unes de ses décisions. Le lecteur jugera.

« Il y a des rois d'institution divine; mais il y en a aussi d'institution humaine et d'institution diabolique; » parmi les derniers Pépin et Hugues Capet.

« Il est nécessaire que, si l'État est monarchique, le gouvernement soit aristocratique, conduit par un nombre de ministres pris dans tous les états et des plus gens de bien de tout le royaume, à qui l'on donnera une égale puissance. »

« Les peuples font les rois; et les rois me pardonneront bien si je dis, après le père du raisonnement scholastique, que l'effet a toute l'obligation de son être à la cause qui l'a mis au monde. C'est pourquoi, si les rois, pour amasser des biens qui ne leur appartiennent pas, veulent rompre les conditions avec lesquelles les peuples se sont donnés à eux, ils détruisent entièrement ce qui les fait ce qu'ils sont; et s'ils détruisent entièrement ce qui les fait ce qu'ils sont, ils se détruisent eux-mêmes. Les conditions de l'un et de l'autre, n'ayant qu'un même support, ne sauroient aussi avoir qu'une pareille aventure. »

« Le roi est le premier ministre des affaires de Dieu dans son royaume. »

« Si l'autorité de décréter et de gouverner toutes les affaires de France est donnée au serviteur, quelle différence y aura-t-il après cela entre son maître et lui ? »

« Si les anges n'eussent pas eu un premier ministre dans le conseil de leur état hiérarchique, le désordre ne se seroit pas mis dans leurs dominations ; et la plupart de leurs principautés, consacrées à la gloire de Dieu, ne se seroient pas vues à la merci des puissances ennemies infernales et diaboliques. »

« Quoi ! parmi ce nombre infini de Césars et d'Achilles, il ne s'y trouvera pas un cœur de Vitry pour le traiter en maréchal d'Ancre ! »

Ce n'est pas la première fois que je trouve cette pensée exprimée avec la même crudité. Il est remarquable que l'opinion générale est pour Henri III contre les Guyse, comme pour Louis XIII contre Concini. On n'excuse pas seulement, on loue l'assassinat des princes lorrains. Personne à cet égard n'a été plus net, je dirais plus impitoyable, que Guy Patin.

« Quand on demande si les trois États ont droit de remédier aux désordres du royaume sans y être appelés, c'est me demander si toute la France a droit de remédier aux désordres où elle est, sans s'y appeler elle-même, attendu qu'après les trois Etats il n'y reste plus personne. »

2819. Pont-Neuf (le) frondé. *Paris*, 1652, 7 pages.

Mauvais vers, mais curieux et rares.

Il s'agit de l'émeute qui eut lieu à l'arrivée du prince de Condé, après le combat de Bleneau, et sur laquelle on a publié l'*Avis important et nécessaire donné aux Parisiens par M. le duc de Beaufort*.

2820. Portrait (le) de l'inconstance des armes. *Paris*, 1649, 12 pages.

2821. Portrait (le) de Mazarin. (S. l., janvier 1649), 4 pages. *Très-rare.*

Cinq chansons détestables. La première est : *la Menace du très-fidèle peuple de Paris faite à Mazarin :*

« Si jamais dans Paris tu rentre,
On te fera comme au marquis d'Ancre. »

C'est le refrain de la chanson ; mais il ne se trouve ni au premier ni au dernier couplet.

La cinquième chanson est *la Réjouissance des François sur l'arrivée de M. le duc de Beaufort dans la ville de Paris.*

On voit le portrait de Mazarin sur la première page.

2822. Portrait (le) de M. de Broussel, image sortie des presses de Morlot, 1648. *Très-rare.*

Au-dessous du portrait, gravé sur bois, on lit deux sonnets de Du Pelletier, adressés l'un par la France, l'autre par l'auteur à Broussel. Voici les six derniers vers du second :

> « Un illustre consul mourut jadis pour Rome ;
> Et le Tibre pleura la mort de ce grand homme,
> Qui voulut que son sang payât sa liberté.
>   La Seine, grâce aux dieux, quoi qu'en dise le Tibre,
>   Parle plus hautement de sa félicité,
>   Puisque de Broussel vit et que la France est libre. »

2823. Portrait (le) des favoris, en vers burlesques. (S. l.), 1649, 19 pages.

2824. Portrait (le) du méchant ministre d'État Jules Mazarin et sa chute souhaitée. (S. l., 1649), 8 pages.

Le titre est orné d'un détestable portrait sur bois et des armes de Mazarin.

2825. Postillon (le) de Mazarin arrivé de divers endroits, le premier octobre. *Paris,* 1649, 15 pages. *Rare.*

Mazarin, repoussé aux portes du paradis, est fêté dans les enfers et revient en France.

2826*. Pot (le) à pisser.

La Chasse aux satyres du temps.

2827. Pot (le) aux roses découvert. *Paris,* Jean Brunet, 1649, 8 pages.

Cette pièce n'a de commun que le titre avec la facétie de 1615 et les pamphlets de 1651 et 1652.

2828. Pot (le) aux roses découvert et la trahison de Mazarin. *Paris*, 1651, 4 pages.

2829. Pot (le) aux roses découvert, ou le Véritable récit des projets que Mazarin fait état d'exécuter tôt ou tard, suivant la nécessité des affaires présentes. *Paris*, 1652, 16 pages.

2830. Pot pourry (le) burlesque de toute l'histoire de ce temps. *Paris*, Pierre Du Pont, 1649, 8 pages.

2831. Poulet (le). *Paris*, 1649, 11 pages.

De la nièce de Mazarin au duc de Mercœur.

On publia peu de temps après la *Sauce du poulet* et la *Salade en réponse à la* Sauce du poulet.

2832. Pour (le) et le contre de la cour. (S. l., 1649), 7 pages.

Il y en a une seconde édition :

2833. Pour (le) et le contre de la cour, ensemble le Pasquin sur les affaires du temps, mis en françois (S. l.), 1649, 8 pages.

On trouve encore ce pamphlet dans le *Nouveau siècle de Louis XIV*, p. 209 du Ier vol.

2834. Pour (le) et le contre de la majorité des rois et de la loi salique, divisé en deux parties. En la première sera le pour; en la seconde sera le contre. (S. l., 1652), 36 pages.

Lenglet Dufrenoy a jugé à propos de comprendre cette pièce dans son catalogue des historiens, titre des *Régences et majorités*, de la *Méthode pour étudier l'histoire*, t. IV de l'édit. in-4°.

2835. Pour faire voir la justice de ce qui a esté fait au conseil en l'affaire des fermiers des entrées du vin des villes de Paris et de Rouen, et qu'en cela rien n'a esté fait au préjudice des déclarations des mois de juillet et octobre 1648, ni du bien des affaires de Sa Majesté. (S. l., 1651), 3 pages in-folio.

Voir la *Relation de ce qui s'est fait et passé touchant les propositions*, etc.

2836. Pourpre (la) ensanglantée. *Paris*, 1649, 11 pages.

« Je veux m'assurer que la blancheur de nos lys ostera quelque jour la tache qui nous a souillés.... et que le ciel.... faisant évanouir toute autre couleur qui pourroit nous être misérable, il n'y laissera désormais que l'incarnat, le blanc et le bleu qui s'étoient comme presque retirés de nous. »

D'ailleurs fort insignifiant.

2837. Préceptes saints et nécessaires pour la conduite des rois, au roi très-chrétien. *Paris*, veuve A. Musnier, 1649, 8 pages.

2838. Prédicateur (le) déguisé. (S. l., 1649), 12 pages.

« Depuis cette malheureuse guerre, la Samaritaine est devenue la bibliothèque commune de tout Paris.... les livres de piété en sont bannis ; ceux de dévotion y sont inconnus. Bref tout y est si corrompu qu'aucune pièce n'y est estimée ni bonne, ni judicieuse, encore moins de mise si elle n'est satyrique, injurieuse, impudente, et si elle n'est assez effrontée pour dire du mal même des personnes de qui la naissance et la dignité doivent tenir nos esprits, nos plumes et nos langues dans des respects continuels et des soumissions très-grandes. »

« Un homme sera-t-il plus savant ou plus vertueux pour ouir tous les jours en plusieurs rencontres ce fameux prédicateur de la Samaritaine qui prêche par la bouche des autres, et qui fait autant de prédications qu'il y a de libelles différents, pour apprendre de cet oracle d'enfer que les femmes passionnées ou peu chastes ont été la cause de l'entière ruine des monarchies ? »

Ces dernières lignes s'appliquent au libelle intitulé : *la France et les royaumes ruinés par les favoris et les reines amoureuses*.

2839. Prédication d'État faite devant toute la cour, savoir, si un souverain peut, selon Dieu, faire des favoris et quels favoris il peut faire. *Paris*, 1649, 12 pages.

2840. Prédiction de l'année 1649 sur l'emprisonnement du prince du sang surnommé la Cuirasse. (S. l.), 1650, 7 pages.

Réimpression du libelle intitulé : *Au prince du sang surnommé la Cuirasse*. On trouve de plus ici ces deux vers :

« Condé, ressouviens-toi où a été ton père.
Tu te voy (*sic*) maintenant en la même misère. »

C'est également sous ce titre que Sautreau de Marsy a reproduit ce pamphlet dans son *Nouveau siècle de Louis XIV*, p. 120 du Ier vol.

2841. Prédiction de l'enlèvement du roi et sur le débordement de la rivière. *Paris*, (1649), 3 pages.

2842. Prédiction de Nostradamus sur la perte du cardinal Mazarin, en France, extraite de la Centurie 8e, article 9. (S. l., 1649), 3 pages.

L'auteur anonyme de l'*Histoire du père de Lachaize*, p. 310, attribue ce quatrain de Nostradamus à l'abbé Cousinot, conseiller clerc au parlement de Bretagne.

« Il me conta, dit-il, que du temps des troubles du cardinal Mazarin, comme il étoit engagé dans le parti contraire et qu'il faisoit tout ce qu'il pouvoit pour aider à le détruire, il avoit fait une centurie qu'il avoit insérée parmi les autres, et les avoit fait imprimer tout exprès. Il me la récita ; mais il ne m'en souvient pas. Seulement je sais qu'elle finissoit par

« Les rouges rouges le rouge assommeront. »

Apparemment c'est de cette supposition de l'abbé Cousinot que Mengau se plaint dans son septième *Avertissement*.

2843. Prédiction du retour du cardinal Mazarin. (S. l.), 1652, 6 pages.

Très-bien motivée sur quelques circonstances de l'éloignement du cardinal.

2844. Prédiction merveilleuse en laquelle est pronostiquée la fin de nos maux, trouvée dans les ruines d'une maison renversée par l'inondation des eaux. *Paris,* Jean Hénault, 1649, 7 pages.

2845. Premier (le) babillard du temps, en vers burlesques. *Paris,* Nicolas de La Vigne, 1649.

Voir *le Babillard du temps*, etc.

2846. Premier coup d'État de la majorité du roi dans le choix des ministres pour son conseil. *Paris,* André Chouqueux, 1651, 8 pages.

2847. Premier (le) courrier des princes, apportant toutes sortes de nouvelles. *Paris,* Simon le Porteur, 1652, 8 pages. *Rare.*

On peut croire qu'il n'y en a pas eu d'autre; car la Fronde en était déjà à la lieutenance générale du duc d'Orléans.

Je n'y vois qu'une seule nouvelle à recueillir : c'est que le duc d'Orléans avait changé la plupart des colonels, capitaines, lieutenants et enseignes de la garde bourgeoise.

2848. Premier (le) courrier françois, traduit fidèlement en vers burlesques. *Paris,* Claude Boudeville, 1649.

Douze numéros de 16 et de 12 pages.

Naudé, p. 286 du *Mascurat*, range le *Courrier* parmi les burlesques qui ne lui déplaisent pas, « à cause, dit-il, qu'il change assez naïvement le sérieux en ridicule. » On y trouve en effet de la gaieté et de l'esprit.

Le *Courrier* en vers est plus plaisant que le *Courrier* en prose; mais il n'est pas plus rare.

Saint-Julien qui en est l'auteur, en a donné en 1650 une seconde édition, revue et très-corrigée sous le titre de : *le Courrier burlesque de la guerre de Paris.*

2849. Premier factum, ou Défense de messire Philippe de La Mothe Houdancourt, duc de Cardone et maréchal de France, ci-devant vice-roi et capitaine général en Catalogne, avec plusieurs requêtes, arrêts et autres actes sur ce intervenus tant au conseil qu'ailleurs. *Paris*, Louis Sévestre, 1649.

Il y en a cinq, le premier de 40 pages, le second de 64, le troisième de 63, le quatrième de 84 et le cinquième de 36.

Le Parlement avait, toutes les chambres assemblées le 26 février 1649, accordé un privilége d'un an à Louis Sévestre, mais seulement pour les quatre premiers factums. Le cinquième en effet a été imprimé et publié par François Noël.

Mais on sait qu'il avait déjà paru sous le titre de : *Défense de messire Philippe de La Mothe-Houdancourt,* etc. Il répondait à l'un des billets, semés et affichés dans Paris par le chevalier de La Valette, dans lequel il était dit que le maréchal de La Mothe n'aurait pas été en état de servir le Parlement si le roi avait suivi contre lui la rigueur de la justice.

Le second factum est consacré tout entier à la vie militaire du maréchal.

Ils sont de Henri de La Mothe-Houdancourt, frère du maréchal, mort archevêque d'Auch en 1684.

2850. Premier (le) mercure de Compiègne, depuis l'arrivée du roi en cette ville jusques au jeudi 10 du mois de juin 1649, en vers burlesques. (S. l.), 1649.

Trois numéros de 11 et 12 pages.

2851. Premier recueil de diverses pièces curieuses de ce temps. (S. l.), 1649.

Voir *Recueil*, etc.

2852. Première partie de l'art de bien dire des courtisans de la cour, qui consiste à bien enseigner, en vers burlesques. *Paris*, Claude Morlot, 1649.

Trois parties, de 8 pages chacune.
La seconde partie consiste à *bien émouvoir*, et la troisième à *bien délecter*. Mauvais et commun.

2853. Première partie de la science universelle des courtisans, qui consiste dans les déclinaisons de leur grammaire, en vers burlesques. *Paris*, 1649.

Trois parties, la première de 15, les deux autres de 12 pages.

2854. Première partie des vérités françoises et politiques contenant toutes les affaires les plus remarquables de ce temps, dédiées à monseigneur le prince de Conty, par le sieur R. Ch. (*Rozard, Champenois*). *Paris*, Pierre Variquet, 1649, 7 pages.

Y a-t-il une seconde partie?

2855. Première partie du philosophe malotru, en vers burlesques. *Paris*, 1649, 20 pages.

Signé de La Boussière M.

« …. Pour être né gentillastre,
Ce n'est pas un si grand désastre
D'être réduit au petit pied,
A faire voyages à pied,
Par la ville aller sans épée,
Gagner sa petite journée
Tantôt en dictant mes écrits,
Tantôt transcrivant manuscrits,
Ou visitant quelque malade,
Ou bien vendant de la pommade,
Tantôt allant faire leçon
A quelque beau petit garçon,
Tantôt servant dans des villages
De médecin à petits gages,
Ou, faute de meilleur emploi,
Étant mouchard aux gens du roi,

Tantôt montrant des bagatelles
A quelques jeunes damoiselles,
Ores par des subtilités
Ou par quelques jolivetés,
Comme seroit le déchiffrage
De l'écriture hors d'usage,
Ou débitant papier nouveau
Transparent qu'on trouve fort beau,
Bon pour apprendre l'écriture,
Bon pour apprendre la peinture,
Lequel assure mieux la main
Que le meilleur maître écrivain,
Tantôt, c'étoit en temps de guerre,
Faisant valoir le cimeterre,
Le cimeterre ou coutelas
Afin de ne vous mentir pas;
Mais vous saurez par mon mémoire,
Un peu plus bas dans cette histoire,
Que je ne fus sitôt monté
Que fus cavalier démonté.
Vous savez donc que ma naissance
Me communiqua la vaillance.
Croyez ou ne le croyez pas;
Quant à moi, je ne le crois pas. »

L'auteur nous apprend qu'il avait écrit en prose son *Philosophe malotru;* mais qu'il avait dû le mettre en vers parce qu'on ne vouloit rien lui en donner. Je serais tenté de croire qu'il n'y a pas eu plus d'amateurs après la transformation, et qu'à cause de cela, la seconde partie n'a pas paru.

En tout cas la première n'est pas commune.

2856. Premières (les) nouvelles de la paix envoyées de Saint-Germain-en-Laye à Paris. *Paris,* veuve Jean Remy, 1649, 8 pages.

Il y en a de la même année une édition *jouxte la copie* suivie de la *France espérant la paix.*

2857. Préparatifs (les) de la descente du cardinal Mazarin aux enfers, avec les entretiens des dieux souterrains, touchant et contre les *Maximes* supposées *véritables du gouvernement de la France* justifié par l'ordre des temps dans toutes les royales (*sic*), par le sieur de Sandricourt. C'est la suite de ma *Descente* (du polit. lutin) *aux limbes*. Tu demanderas au vendeur les trois pièces précédentes. *Paris*, 1652, 32 pag.

Voir les *Véritables maximes du gouvernement*, etc.

2858. Présages burlesques sur la fortune de Mazarin. *Paris*, 1652, 8 pages.

2859. Présages de changement dans la monarchie des François par M. B. J. V. D. R. D. L. P. P. T. (S. l.), 1652, 16 pages.

C'est de l'astrologie. « Toutes choses prennent fin et changement par la révolution du nombre septennaire, après les alternatifs gouvernements desdits luminaires célestes, multiplié par 9. » L'auteur fait l'application de ce principe aux monarchies des Chaldéens, des Mèdes, des Juifs, des Romains, aux deux premières races de France.

Si ce n'est pas assez pour justifier le jugement de Mailly dans la note de la page 60, vol. V, voici qui est moins innocent ; c'est un des *quadrins pour le bien public* qui terminent le pamphlet :

> « L'empire des François précipite sa ruine,
> Si tous les trois États l'ancien droit ne reprennent
> De nos libres Gaulois ; car ceux qui le gouvernent,
> Sont un corps scélérat, exempt des lois humaines. »

Ce libelle a été écrit en 1650. Dans un passage, en effet, l'auteur dit : « *La précédente année* 1649.... » et ailleurs : « Il semble que ce bon génie de la France a fait écrire aux *Remèdes des malheurs de l'État*, imprimés depuis un an.... » Et les *Remèdes des malheurs de l'État* sont de 1649.

Je n'ai pas vu d'édition de 1650 ; et peut-être les *Présages* ont-ils circulé manuscrits jusqu'en 1652.

2860. Présent (le) d'immortalité offert au roi par Apollon et par les Muses représentées au feu de la Grève, le dimanche 5 septembre 1649. *Paris*, Jean du Crocq, 1649, 6 pages. *Rare*.

2861. Pressantes (les) conjurations d'un très-dévot exorciste françois, en vertu desquelles on doit chasser ce diable de Mazarin du corps de la France. 1. Conjuration faite au roi, où notre très-dévot exorciste françois lui fait voir la perte générale de tous ses États, si Sa Majesté ne chasse pas tout présentement ce diable de Mazarin et toute sa sequelle du corps de la France ; 2. conjuration faite à la reine, où notre très-dévot exorciste françois lui fait assez sensiblement voir l'étrange précipice où elle se va jetter, si elle ne chasse pas ce diable de Mazarin du corps de la France ; 3. conjuration faite à messieurs les princes, où notre très-dévot exorciste françois leur fait voir qu'ils n'ont rien de plus assuré qu'une étroite détention ou qu'un exil volontaire, s'ils ne chassent pas, comme ils l'ont entrepris, ce diable de Mazarin du corps de la France ; 4. conjuration faite à messieurs du Parlement, où notre très-dévot exorciste françois leur fait voir qu'ils sont infailliblement perdus, s'ils ne font pas tout leur possible pour chasser ce diable de Mazarin du corps de la France ; 5. conjuration faite à tous les peuples, où notre très-dévot exorciste françois leur fait voir qu'ils ne sont pas encore à la fin de toutes les misères qui leur doivent arriver, s'ils ne vont fondre tous ensemble sur ce diable de Mazarin pour le chasser du corps de la France. (S. l.), 1652, 30 pages.

2862. Pressantes (les) exhortations de l'Église, au nom de Sa Sainteté, à tous les princes chrestiens pour la paix générale. (S. l.), 1650, 16 pages.

2863. Pressantes (les) exhortations de l'Europe aux quatre monarchies chrétiennes et autres États de son empire pour la paix universelle et l'union de leurs armes pour la destruction de l'empire ottoman. *Paris,* 1649, 22 pages.

« Pour l'Angleterre, je la sépare des royaumes de ma domination, comme étant une infâme parricide de son roi légitime, et la laisse en horreur et en exécration à la postérité. »

« L'heureuse conquête de la Terre sainte est réservée à un jeune monarque des François, descendu de la tige de saint Louis. »

D'ailleurs fort insignifiant.

2864. Prière à Dieu pour le roi et pour le royaume, et particulièrement pour la ville de Paris, faite sur le sujet de la majorité du roi. *Paris*, (1651), 8 pages. *Rare.*

2865. Prince (le) de Condé aux bons bourgeois de Paris. Quatrième affiche. (S. l. n. d.), 6 pages.

Placardé le 24 juillet 1651.

C'est la seconde moitié de la *Troisième Affiche*, à laquelle on a ajouté un paragraphe.

2866. Prince (le) endormi, le Prince éveillé, et le Burlesque on de ce temps qui sait tout, qui fait tout et qui dit tout. *Jouxte la copie imprimée à Paris*, 1649, 8 pages.

Recueil de trois pièces publiées séparément sous les mêmes titres.

2867. Prince (le) généreux foudroyant Mazarin pour l'intérêt des peuples, présenté à Son Altesse Royale. *Paris*, Salomon De Lafosse, 1652, 7 pages. *Rare.*

Diatribe violente, mais d'un bon style.

2868. Prince (le) populaire écrivant aux deux couronnes de France et d'Espagne, leur faisant voir exactement tous les motifs et importance (*sic*) qu'il y a de faire la paix générale, avec les moyens nécessaires pour appaiser les troubles de ce royaume. *Paris*, 1652, 15 pages.

2869. Prise (la) d'un convoi de cinquante chariots chargés de blés et farines, avec la défaite de deux cents cavaliers des Mazarins qui le conduisaient, par cinq cents maîtres de l'armée des princes, qui sortirent de la ville d'Étampes. *Paris*, Louis Hardouyn, 1652, 7 pages.

L'auteur donne la date du 22 mai.

2870. Prise (la) de Charenton par les troupes du roi, commandées par Son Altesse Royale, où huit régiments de Paris ont été entièrement défaits. *Saint-Germain-en-Laye*, le 12 février 1649, 8 pages.

Relation officielle.

Toutes les relations, sorties des presses de Saint-Germain, sont de Renaudot.

2871. Prise (la) de la ville de Creil par les troupes de M. le Prince, avec l'état de tout ce qui s'est passé parmi lesdites troupes depuis leur décampement des environs de Paris. *Paris*, Jacques Le Gentil, 1652, 8 pages.

Datée du 16 octobre.

2872. Prise (la) de la ville et château de Langon par quelques troupes de monsieur le Prince, sous la conduite de M. le marquis de Luysignan (*sic*), lieutenant général dans l'armée de Son Altesse. *Sur un imprimé à Bordeaux, à Paris*, Nicolas Vivenay, 1652, 8 pages.

2873. Prise (la) de la ville et du château de Brie-Comte-Robert. *Saint-Germain-en-Laye*, le 3 mars 1649, 8 p.

Officielle.

2874. Prise de possession de l'archevêché de Paris par monseigneur l'éminentissime cardinal de Retz. (S. l., 1653), 7 pages. *Rare.*

2875. Prise (la) du bagage, meubles et cabinet de Mazarin par les habitants de la ville d'Angers, avec la liste de tout ce qui s'y est trouvé. *Paris,* Antoine du Hamel, 1652, 8 pages. *Rare.*

Voici les livres que l'auteur a vus dans le cabinet de Mazarin : le *Décaméron* de Bocace, les *Postures* de l'Arétin, les œuvres de Rabelais, les *Jeux de l'Inconnu,* l'*Histoire de Fortunatus,* le *Baron de Fœneste,* le *Chevalier Hypocondriaque,* les *Sérées* de Du Bouchet (sic), les *Contes* d'Écolières (sic), les *Travaux sans Travail,* les *Lettres* d'Aristène, traduites du grec en italien, le *Prince* de Machiavel, « quelques fragments de généalogie mazarinesque par le sieur B., qui a autrefois fait imprimer des anagrammes pour ce brave messire ; item les panégyriques de Son Éminence, par une demoiselle (*Suzanne de Nervèze*) qui n'a pas beaucoup de pain cuit, et qui a fait vœu d'instituer en ce royaume un collége de Vestales, qui chanteront, jour et nuit, quelque ballade de Marot en faveur du bonnet rouge, et qui composeront des éloges du style de Nervèze, quoique ce style ne soit plus de saison ; » la *Mazarinade,* la *Lettre au Cardinal Burlesque, Epigrammata : nugæ anonymi in Mazarinum.*

L'auteur des fragments de généalogie mazarinesque est peut-être celui de l'*Anagramma acrostychœum in Julium Mazarinum* qui est signé A. D. B.

2876. Prise (la) du château de Dijon par les troupes du roi, commandées par M. le duc d'Épernon, avec les articles accordés au sieur de La Planchette, commandant audit château, et à la garnison d'icelui, qui tenoient pour le prince de Condé. *Paris,* par les imprimeurs et libraires ordinaires du roi, 1651, 2 pages.

En réalité il n'y a que les articles, qui sont du 8 décembre.

Il faut donc joindre à cette pièce le *Journal de ce qui s'est passé au siége du château de Dijon*, etc.

2877. Prise (la) du château de Neufbourg, avec la retraite du duc de Longueville à Rouen, après avoir perdu soixante des siens, et l'installation du Parlement de Normandie en la ville de Vernon. *Saint-Germain-en-Laye*, le 16 mars 1649, 4 pages.

Officielle.

2878. Prise (la) du château de Pagny par le sieur de Boutteville, gouverneur de Seurre, et la reprise dudit château par M. le marquis d'Uxelles, commandant l'armée du roi en Bourgogne. *Paris*, Jacob Chevalier, 1652, 7 pages.

La prise est du 6 décembre 1651, et la reprise du 20.

2879. Prise (la) du château de Tournon, dans le Vivarats (*sic*), et du Pont Saint-Esprit, sur le Rhône, par les troupes de Son Altesse Royale, commandées par M. le vicomte d'Arpajon. *Paris*, André Chouqueux, 1652, 7 pages.

L'imprimeur avait eu une permission expresse du duc d'Orléans; mais ce n'est pas une raison pour croire à l'authenticité de ses nouvelles.

2880. Prise (la) du courrier de Mazarin par les gens du prince de Condé, apportant deux lettres à la cour. (S. l.), 1651, 8 pages.

2881. Prise (la) et réduction de la forte place de Castelnau en Médoc par le duc de Bouillon, lieutenant général des armées du roi sous monseigneur le duc d'Anguien (*sic*), et les articles de la capitulation accordée au sieur La Broussete qui y commandoit pour le duc d'Épernon. (S. l.), 1650, 7 pages. *Rare*.

La capitulation est du 7 juin.

2882. Prise (la) et réduction de la ville et château de Chaulny par les troupes de l'archiduc Léopold, avec la prise du duc d'Elbeuf, du prince d'Harcourt et du sieur de Manicamp (*sic*), et la défaite entière de leur armée apportée à Son Altesse Royale par un courrier, le 18 juillet 1652. *Paris*, M. Maury, 1652, 8 pages.

Je ne connais rien de plus mal écrit et de plus mal imprimé ; mais cela est rare.

En général toutes ces *prises* de villes ne sont pas communes.

2883. Prise (la) par assaut de la ville de Quillebeuf en Normandie, avec la réduction, en l'obéissance du roi, de celle de Ponteaudemer (*sic*), en la même province, par le comte d'Harcourt. *Saint-Germain-en-Laye*, le 21 février 1649, 8 pages.

Officielle.

2884. Procès burlesque entre monsieur le Prince et madame la duchesse d'Aiguillon, avec les plaidoiries, par le S. D. S. M. *Paris*, veuve Théod. Pépingué et Est. Maucroy, 1649, 35 pages.

La permission d'imprimer est datée du 25 mars.

Pièce plaisante et curieuse, mais commune.

2885. Procès (le) criminel du cardinal Mazarin envoyé d'Espagne, avec la dénonciation de l'empereur. *Paris*, Pierre Variquet, 1649. 8 pages.

2886. Procès des véritables habitants de la ville d'Angers contre l'évêque, avec les pièces justificatives de leur différend : *Lettre pastorale* de monseigneur l'évêque d'Angers, avec la *Réponse* des habitans d'Angers à ladite pastorale de mondit seigneur l'évêque, et la *Plainte* de la réponse à la lettre pastorale de l'évêque d'Angers, brûlée par les Mazarins de la ville d'Angers. Aux habitants de ladite ville (S. l.), 1652, 12 pages. *Rare.*

Le désaveu de la *Réponse* par l'assemblée de ville est du 11 avril; le 12, le présidial déclara la *Réponse* calomnieuse et ordonna qu'elle fût brûlée par la main du bourreau.

Ce sont les frondeurs qui ont publié le *Procès.*

Mailly a certainement lu ce pamphlet, note de la p. 788 de son IVe volume; mais il se trompe non moins certainement quand il dit que la lettre pastorale de l'évêque fut une réponse au *Procès.* Cela se prouve assez par le titre que je viens de transcrire.

2887. Procès (le) du cardinal Mazarin tiré du greffe de la cour, avec les chefs d'accusation proposés par la France contre l'insolence de son ministère, présenté à Son Altesse Royale par le sieur de Sandricourt. *Paris*, 1652, 15 pages.

On sait qu'il en a paru une seconde édition augmentée sous le titre de : *le Complot et entretien burlesque sur l'arrêt du 29 décembre*, etc.

2888. Procès (le), l'ajournement personnel, l'interrogatoire et l'arrêt de mort du roi d'Angleterre, avec le procédé dont il a été mis à mort, et la harangue qu'il fit sur l'échafaud, sur le rapport de plusieurs gentilshommes anglois qui y assistèrent et mirent le tout sur des tablettes. Fidèlement traduit de l'anglois par le sieur de Marsys, interprète et maître, pour la langue françoise, du roi d'Angleterre, régnant à présent, et de Son Altesse Royale Mgr. le duc d'Yorck, son frère. *Paris*, François Preuveray, 1649, 14 pages.

2889. Procès verbal contenant ce qui s'est passé, tant à Pont-sur-Yonne qu'en la ville de Sens, au voyage de messieurs les députés du Parlement de Paris, présenté à la cour par M. Du Coudray Géniers (*sic*), conseiller en icelle et l'un des députés, le 7 février 1652, en présence de Son Altesse Royale. *Paris*, Nicolas Bessin, 1652, 14 pages. *Peu commun.*

2890. Procès verbal contenant tout ce qui s'est fait et passé dans l'assemblée générale faite à Chartres pour députer aux États généraux, avec le rapport fait au roi et à la reine régente par les députés de la noblesse du pays chartrain, ensemble l'arrêt du conseil d'État sur ce intervenu. *Paris*, Mathieu Colombel, 1651, 16 pages.

Le procès verbal est du 18 août, et l'arrêt du conseil du 23.

Les lieutenants criminel et particulier de Chartres prétendaient avoir, par le droit de leurs charges, séance dans l'assemblée de la noblesse avec le lieutenant général au présidial. Sur l'opposition légale et modérée de la noblesse, il y eut émeute. La populace assiégea les gentilshommes dans la salle de la Tour, en tua ou blessa plusieurs et fit les autres prisonniers.

Le conseil commet le sieur Legras pour informer, ordonne aux lieutenants criminel et particulier de se rendre auprès du roi, et renvoie l'affaire devant le présidial d'Orléans.

Cette pièce n'est pas commune. Il faut y joindre le *Mémoire présenté au conseil du roy*, etc.; et la *Harangue faite au roy par MM. les députés du corps de la noblesse*, *M. de Nossay portant la parole*, etc.

2891. Procès verbal (le) de la canonisation du bienheureux Jules Mazarin, faite dans le consistoire des partisans par Catalan (*sic*) et Tabouret, étant Émery antipape. Apothéose ironique. *Paris*, Claude Boudeville, 1649, 12 pages.

L'avis au lecteur qui se lit au verso du titre, est signé M. D. B. (Mathieu Du Bos).

C'est un complément de la *Confession Générale*, de l'*Extrême Onction* et du *De Profundis*.

2892. Procès verbal de la conférence faite à Ruel par messieurs les députés du Parlement, chambre des

Comptes, cour des Aydes, ensemble ceux de la ville, contenant toutes les propositions qui ont été faites tant par les princes et députés de la reine que par les députés desdites compagnies, et tout ce qui s'est passé entr'eux pendant ladite conférence. *Paris*, Mathieu Colombel, 1649, 35 pages.

On le trouve dans le 6ᵉ volume des *Mémoires* du cardinal de Retz, *Genève*, Fabry, 1777, in-8º.

2893. Procès verbal fait par messieurs Le Musnier et Bitaut, conseillers du roi en sa cour de Parlement, commissaires députés par icelle vers Sa Majesté et la reine régente pour la pacification de la paix (*sic*) de Bordeaux et province de Guienne, et pour l'exécution de l'arrêt du 5 septembre 1650. *Paris*, par les imprimeurs et libraires ordinaires du roi, 1651, 59 pages.

Publication officielle, qui contient tous les actes de la médiation du Parlement de Paris.

2894*. Procès verbaux de ce qui s'est passé à Stenay entre les députés des rois de France et d'Espagne au sujet de la paix, le 27 avril. *Paris*, 1651.

Bib. hist., 23279.
Extrait de la *Gazette*.

2895. Procès verbaux des deux conférences, la première tenue à Ruel, le dernier jour de février et autres jours suivants, entre les députés du roi et les députés du Parlement et des autres compagnies souveraines, la seconde tenue à Saint-Germain-en-Laye, le 16ᵉ jour de mars et autres suivants 1649, entre les députés du roi et ceux du Parlement et des compagnies souveraines de la ville de Rouen. *Paris*, par les imprimeurs ordinaires du roi, 1649, 192 pages.

Édition officielle, par conséquent la plus exacte et la plus complète ; elle est d'une fort belle impression.

On y trouve les propositions du Parlement de Provence, celles des princes et généraux de la Fronde, la lettre interceptée de Don Illescas, où il est dit que la conférence n'est que pour gagner du temps, celle de Noirmoutier sur l'entrée de l'archiduc en France, les propositions du Parlement de Rouen et celles du duc de Longueville.

Il y a des *Procès-Verbaux* une autre édition en petits caractères, de 96 pages, également par les imprimeurs du roi.

Ces imprimeurs étaient Antoine Estienne, Sébastien Cramoisy, Pierre Rocollet, Antoine Vitré, Jacques Dugast, Pierre Le Petit. (Arrêt du 24 octobre 1648.)

2896. Prodiges (les) arrivés à l'emprisonnement (*des princes*) et le triomphe du duc de Beaufort, en vers burlesques. (S. l.), 1650, 8 pages. *Rare.*

> « De cet an mil six cent cinquante
> Le dernier du mois de janvier. »

2897. Profanations (les) mazariniques, ou le Truchement de Saint-Denys apportant des nouvelles de sa désolation, par le sieur de La Campie, gentilhomme périgourdin. *Paris*, Pierre Targa, 1649, 8 pages.

2898. Progrès (les) des armes du roi sur les frontières de la Lorraine, et la prise de la ville de Clermont par le marquis de La Ferté Senneterre. *Paris*, veuve d'Anthoine Coulon, 1650, 7 pages.

2899. Promenade (la) de Gentilly. *Paris*, 1649, 8 pages.

Le plus grand mérite de ce pamphlet est de n'être pas commun.

2900. Promenade (la) des bougeois (*sic*) de Paris au camp de Villejuive (*sic*), en vers burlesques. (S. l.), 1649, 12 pages.

> « Irons-nous boire un doigt de bière
> Chez les Gobelins si fameux ? »

2901. Promenade (la), ou les Entretiens d'un gentilhomme de Normandie avec un bourgeois de Paris sur le mauvais ménage des finances de France. *Paris*, 1649, 8 pages.

Une élection qui en 1628 payait quarante mille livres pour les tailles, en payait deux cent mille en 1645 et 1646 ; mais le roi n'en recevait pas davantage. En 1628, il y avait six mille livres de frais de perception ; en 1646, les traitants prélevaient cinquante mille livres pour les gages des officiers qui ne les touchaient pas ; puis cinquante mille de non valeurs à cause de la pauvreté des paroisses ; enfin cinq sous pour livre en payant le quart comptant, et cinquante mille livres en promesses à plusieurs termes. Les ministres traitaient de ces cinquante mille livres avec des sous-fermiers à un tiers de remise. C'étaient des prête-noms.

Les fermiers désavouaient les sous-fermiers quand les choses devenaient trop graves ; et tout était dit.

2902. Promesses (les) du prince de Condé. (S. l. n. d.). *Rare*.

Placard in-4°
Détestables vers. Le prince était à Vincennes.

2903. Prompt et salutaire avis. Vive Jésus-Christ ! vive le roi ! François et tous ses bons sujets. (S. l.), 1649, 11 pages.

Fort mal écrit, mais curieux.

Il en a paru une autre édition en 1652, *par ordre de Son Altesse Royale*, sous le titre de :

2904. Prompt et salutaire avis envoyé à messieurs les princes par un père capucin. *Paris*, Pierre Lombard, 1652, 8 pages.

Les exemplaires sont datés, à la fin, du 10 mai.
Un défenseur de Mazarin y a répondu en 1649 par la *Remontrance au peuple*.

2905. Pronostic (le) sur les affaires de notre temps. *Paris*, Michel Mettayer, 1649, 8 pages.

> Il n'y a pas le moindre pronostic ; mais voici deux bons vers :
>
> « Soyez moi de vertus, non de soie habillés ;
> Ayez chaste le corps, simple la conscience. »

2906. Pronostiques (*sic*) redoutables de cette prodigieuse éclipse de soleil qui doit arriver le 8ᵉ jour d'avril de la présente année 1652, nécessaires de savoir à toutes sortes de personnes, pour s'en prévaloir. (S. l., 1652), 8 pages. *Rare*.

2907. Prophète (le) françois, ou les Sentiments généreux d'Aristide, adressés à la reine. *Paris*, 1649, 15 pages.

2908. Prophète (le) véritable de messieurs de Paris, envoyée (*sic*) à la reine sur leurs dernières résolutions. *Paris*, 1652, 6 pages.

2909. Prophétie curieuse et remarquable d'un certain Rouallond, natif d'un village appelé la Rouallondière, dans la paroisse de Chollet, près le pays de Retz, dans l'évêché de Maillezais, en l'an 1480, sur les affaires de la France. *Paris*, 1652, 8 pages. *Très-rare*.

2910. Prophéties sur les affaires du temps présent et advenir, tirée (*sic*) de la Centurie 11, prop. 34, 35 de M. Nostradamus, et ce que dit Kepler pour la présente année 1649. *Paris*, 1649, 4 pages.

> Il faut croire que cela a été publié en janvier ; car pour février, mars et avril, la prophétie de Képler ment :
>
> « Janvier verra l'émotion
> Que février appaisera.
> Mars les armes rallumera ;
> En avril grande sédition. »

2911. Proposition des mariniers de Paris à Son Altesse Royale, faite par leur capitaine, de faire une armée contre les mazarins. *Paris*, Claude Bourgeois, 1652, 7 pages. *Rare.*

Le capitaine des mariniers offre de lever dix mille hommes et l'argent nécessaire pour les payer, en deux fois vingt-quatre heures !

Nous avons emprunté à l'Angleterre un nom pour ces sortes de nouvelles.

2912. Proposition demandée au roi par le cardinal Mazarin pour se retirer en l'un des cinq lieux suivants, savoir : Venise, Avignon, Casal, Pignerolle (*sic*) et Sédan. *Paris*, Louis Hardouin, 1652, 7 pages.

Ce pamphlet, qui n'a rien de remarquable d'ailleurs, est du très-petit nombre de ceux qui portent au titre une sphère. Il n'est pas commun.

2913*. Propositions chrétiennes d'un député à la chambre de Saint-Louis pour le soulagement des pauvres. *Paris*, 1652.

Cl. Joly, *Recueil de maximes pour l'institution du roi*, p. 95.

2914. Propositions d'une suspension d'armes faites à Stenay par monsieur de Croissy, député de Sa Majesté très-chrétienne, au député de monsieur l'Archiduc, avec la réponse dudit député. *Paris*, Nicolas de La Vigne, 1651, 11 pages.

Les propositions sont sans date ; la réponse, signée J. Friquet, est datée de Stenay, le 2 avril.

2915. Propositions (les) de messieurs les princes faites à messieurs du Parlement pour le soulagement du peuple. *Paris*, Jean Potet, 1652, 8 pages.

2916. Propositions (les) de monseigneur le duc d'Or-

léans, registres du Parlement de Paris, lettre de Sa
Majesté portant approbation d'iceux et révocation de
M. le duc d'Épernon du gouvernement de Guyenne,
avec l'arrêt d'enregistrement et publication au Parlement de Bordeaux. *Paris*, Nicolas Bessin, 1650,
8 pages.

2917. Propositions (les) du duc de Lorraine, envoyées à
Son Altesse Royale et à messieurs les princes, pour empêcher les tyrannies que le sieur Mazarin veut exercer
sur la ville d'Étampes, avec une lettre de son cachet
envoyée à monseigneur le Prince. *Paris*, Claude Le
Roy, 1652, 8 pages.

Datée du Chesi de Fisme, le 28 mai, et signée Charles, duc de
Lorraine.
Inutile de dire que les propositions et la lettre sont apocryphes.

2918. Propositions et avis donnés en l'Hôtel-de-Ville
de Paris pour la décharge des grandes eaux. *Paris*,
Pierre Rocollet, 1651, 10 pages. *Très-rare*.

Procès-verbal daté du 5 juillet, et signé Lemaire (greffier de la
maison de ville).
La Seine avait débordé en janvier 1649 et janvier 1651; il
s'agissait de prévenir les inondations au moyen d'un canal de
décharge pour les grandes eaux. Le sieur Dury fils, architecte
du roi, proposait d'établir la prise d'eau au-dessus du bastion
de l'arsenal et de conduire le canal jusqu'à Saint-Ouen. Les autres
amenaient les eaux de la rivière dans les fossés de la ville, pour les
déverser dans la Seine, entre la porte de la Conférence et la
Savonnerie, mais avec des différences de détail.

2919. Propositions (les) faites à Poitiers, dans le conseil
du roi, pour la tenue des états généraux, après le glorieux succès de la bataille remportée dans la Xaintonge sur le comte d'Harcourt par l'armée du roi,

commandée par monseigneur le Prince (S. l., 1652), 24 pages.

Le *glorieux succès* n'est pas même indiqué, et pour cause.

On était à la cour très-décidé à ne pas assembler les états généraux ; les propositions n'ont donc pas été faites ; mais le pamphlet est rare ; et c'est pour cela que j'ai voulu relever les mensonges du titre.

2920. Propositions faites par messieurs les députés de l'assemblée générale de la province à messieurs les consuls de la ville de Toulon, et ensuite leurs réponses, article par article. *Toulon*, Benoit Colomb, 1652, 8 pages. *Rare.*

Du 21 juin 1652. On sait que Toulon tenait contre le duc de Mercœur pour les partisans du comte d'Alais.

Il y en a une édition *jouxte la copie*, etc. *Paris*, Colombel, 1652.

2921. Propositions pour facilement et fidèlement exercer la police dans Paris pour le pain, viande et autres danrées (*sic*) nécessaires à la vie. (S. l. n. d.), 4 pages.

Cette pièce se rattache certainement à l'affaire du grand pain bourgeois. Voir le *Franc Bourgeois de Paris*, etc.

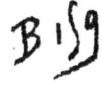

2922. Propositions (les) que le cardinal Mazarin fait à la France, pour obtenir son rétablissement dans le ministère. (S.l.), 1651, 19 pages.

Sottise, qui a paru également sous le titre de : *Articles de la composition*, etc.

2923. Propriétés (les) diaboliques D. C. (S. l.), 1649, 7 pages.

2924. Prosopopée (la) de la France aux bons soldats françois, tant cavalerie qu'infanterie. (S. d.), 1649, 8 pages.

2925. Prospérité (la) malheureuse, ou le Parfait abrégé de l'histoire du cardinal Mazarin, où se voit (*sic*) toutes les ruses et toutes les fourberies dont il s'est servi, pour arriver au faite de la prodigieuse fortune où il s'est vu, avec une relation de toutes les causes de sa disgrâce. *Paris*, 1651, 43 pages. *Rare.*

2926. Puce (la) à l'oreille, ou la Cabale mazarine détruite par l'arrivée de l'archiduc Léopold. *Paris*, Martin Maury, 1652, 8 pages.

Rare, mais détestable.

2927. Pucelle (la) de Paris triomphant des injustes prétentions d'un Italien par la force de ses arrêts. *Paris*, Nicolas Jacquard, 1649, 6 pages.

2928. Pure (la) vérité cachée. (S. l. n. d.), 7 pages.

Aussi insolente, aussi ordurière et non moins rare que la *Custode du lit de la reine*.

Je n'en puis citer que ces deux vers :

« L'Anne d'Autriche assurément
Vaut mieux que la mule du pape. »

2929. Pures (les) vérités qui ne sont pas connues. (S. l., 1652), 8 pages. *Rare.*

Lettre sur la mort du duc de Nemours. L'auteur affirme que le duc a reçu l'absolution, et qu'il a vécu trois quarts d'heure après être tombé sous le coup de feu du duc de Beaufort.

L'archevêque de Sens, les évêques de Lisieux et de Genève lui auraient fait faire des services dans leurs diocèses.

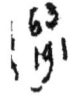

2930. Pyralide (la), dédiée à monseigneur, monseigneur le duc de Beaufort, par le sieur Barrois. *Paris*, Louis Sévestre, 1649, 5 pages.

« La pyralide est, au dire de Pline, un oiseau de l'île de Chypre, qui naît dans une fournaise, sans être offensé du feu. »

Le sixième vers de la troisième stance manque dans l'imprimé. Je l'ai trouvé, écrit à la main, en marge d'un exemplaire de la bibliothèque de Sainte-Geneviève. Le voici :

> « Par quelle occulte puissance
> *Peut-il prendre la naissance....* »

2931. Quarante-cinq (les) faits criminels du cardinal Mazarin, que les peuples instruits envoient à ceux qui ne le sont point. (S. l.), 1650, 14 pages.

Un de ces quarante-cinq crimes est d'avoir voulu faire peser la taille sur les privilégiés et la noblesse !

2932. Quarante-quatre anagrammes sur le nom de Mazarin.

NAUDÉ, *Mascurat*, p. 280.

2933. Quatre (les) amants disgrâciés, rapportés par énigme à quatre grands de l'État, et discourant de leurs faveurs ou de leurs disgrâces, avec une proportion entière et mystique avec celle de ceux qui sont le sujet de cette véritable fiction. *OEdipo dabitur Jocasta.* (S. l.), 1650, 22 pages.

2934. Quatre (les) lettres du cardinal Mazarin envoyées à ses confédérés, surprises par M. de Tavannes tramant une horrible trahison, écrites de Melun, le 26 juin 1652. *Paris*, Claude Le Roy, 1652, 7 pages.

Invention qui ne serait que ridicule si l'inventeur n'en tirait cette conclusion : Il faut exterminer les mazarins. Cela n'est pas commun.

2935. Quatre (les) nouveaux mécontents de la cour. *Paris*, Clément, 1652, 7 pages.

2936. Quatre (les) nouvelles trahisons descouvertes, tramées à Ponthoise (*sic*) par le cardinal Mazarin et ses émissaires. *Paris*, 1652, 8 pages. *Rare.*

2937. Quatre (les) parties de la théologie des esprits forts et des courtisans de la cour. (S. l.), 1649, 7 pages.

Sottise.

2938. Quatrième affiche posée à Paris, le 24 juillet 1651, 7 pages. *Rare.*

Le prince de Condé promet aux bourgeois de Paris de ne pas sortir de leur ville, pourvu qu'il puisse compter sur eux.

2939. Quatrième arrêt du conseil d'État du roi portant cassation de l'assemblée tenue en l'Hôtel-de-Ville de Paris, le 29 du mois passé, et défense aux habitants de payer aucunes taxes en conséquence de ce qui s'en est ensuivi. *Pontoise*, Julien Courant, (s. d.), 4 pages.

Daté de Pontoise, le 1ᵉʳ août 1652.

2940. Quatrième (le) combat donné devant Étampes, à l'ouverture des tranchées, entre l'armée de S. A. R. et celle de Mazarin, où ils ont perdu plus de six cents hommes, avec le nombre des morts, blessés et prisonniers, et quatre pièces de canon enclouées, le 1ᵉʳ jour de juin 1652. *Paris*, J. Brunet, 1652, 4 pages.

2941. Qu'as-tu vu (le) de la cour, ou les Contre-vérités. (S. l., 1649), 7 pages.

Pièce curieuse et peu commune ; imitée du *Qu'as-tu vu de la Cour*, imprimé en 1617 ou 1618 et réimprimé dans le *Recueil des pièces les plus curieuses qui ont été faites pendant le règne du Connétable M. de Luynes*. 1625, in-8°.

« .... J'ai vu le Roy qui n'aimoit plus la chasse, qui ne s'ennuyoit point d'être à Saint-Germain et qui avoit une affection désordonnée pour M. le cardinal... J'ay vu la Reyne qui haïssoit à mort M. le cardinal, qui aimoit d'un amour maternel les Parisiens, qui oublioit tout ce qui s'étoit passé, qui vouloit retourner à Paris pour y faire ses dévotions à Notre-Dame, et faire pendre tous les partisans. J'ay vu le petit M. le duc d'Anjou qui n'aimoit point Paris et qui sollicitoit le Roy à rester toujours à Saint-Germain, qui caressoit M. le cardinal et qui n'estoit plus d'humeur joviale, comme il avoit accoustumé, pour le desplaisir qu'il avoit de voir qu'on vouloit bientôt retourner à Paris. J'ay vu M. le duc d'Orléans, ferme dans ses résolutions, haïr Paris, mépriser l'abbé de La Rivière, pour escouter favorablement Mme sa femme et Mlle sa fille, et vouloir aller terrasser tout seul toute l'armée parisienne. J'ai vu Madame n'aimer plus à prier Dieu, aimer l'abbé de La Rivière, haïr les Parisiens et demander leur perte et la destruction de leur ville, surtout du palais d'Orléans. J'ay vu Mademoiselle sans ressentiment, voir agir tout le monde sans rien dire, ne plus parler à personne, solliciter M. son père à conserver l'abbé de La R. qu'elle consideroit comme très-affectionné pour son service, et à ruiner entièrement tout Paris. J'ay vu Mme la princesse douairière ne plus vouloir prester de l'argent à personne, et celui qu'elle avoit reçu pour le Roy afin d'entretenir l'armée de M. son fils, que j'ay vu, fort dévôt, se souvenir des bonnes leçons des pères jésuites, ne plus laisser agir sa colère, ne plus jurer Dieu, devenir muet, oublier tout ce qui s'est passé, avoir de l'affection pour les Parisiens, ramener son armée en Flandre et envoyer à tous les diables le cardinal et les partisans. J'ay vu Mme sa femme n'estre plus joyeuse d'estre mère et n'avoir plus de complaisance pour la reyne. J'ay vu M. le comte d'Harcourt fort aise d'aller combattre les troupes de M. de Longueville, et ne respirer hautement que la ruine de toute la France. J'ay vu M. le duc de Mercœur impatient, extrêmement courageux, blasmer M. son frère d'indiscrétion et de peu de courage et vouloir aller combattre toute son armée. J'ay vu M. de Metz n'aimer plus la peinture et la chasse, se défaire de tous ses tableaux et de tous ses chiens, n'aimer plus à faire la desbauche et vouloir mener une vie très-retirée. J'ay vu le vieux M. d'Angoulesme, venu de Grosbois, demander à genoux une charge sous M. le Prince et respirer la perte de tout le royaume. J'ay vu Mme de Guyse employer tous les moyens qu'elle juge estre nécessaires pour sortir de prison

M. le duc son fils et pour le marier avec Mlle de Pont. J'ay vu M^{rs} ses autres fils n'avoir aucun ressentiment de ce qu'on avoit fait à Meudon et louer toute l'entreprise de la guerre. J'ay vu M. de Nemours en dessein de venir quérir Mme sa femme durant les suspensions d'armes et vouloir emmener le Roy à Lyon, pour les bons offices que les Lyonnois rendirent à M. son père. J'ay vu Mme de Senecey blasmer les jésuites de flatterie, n'en plus vouloir ouyr parler et prendre contr'eux le parti des jansénistes. J'ay vu Mme sa fille ne le porter plus haut, mespriser le tabouret que la Reine lui avoit donné, et faire oster de dessus son carrosse la couronne de prince. J'ay vu M. le duc d'Uzès, l'épée au poing, offrir ses services à M. le Prince pour commander dans son armée. J'ay vu Mme de Laroche-Guyon vouloir suivre amiablement les avis de M. son beau-père et de Mme sa belle-mère, et vouloir finir ses jours dans un paisible veuvage. J'ay vu M. le cardinal, oubliant la maxime de son pays, oublier tout, accuser M. le Prince de trop de violence, M. le duc d'Orléans de trop de douceur, lui-même de trop de crédulité, vouloir venir resjouir les Parisiens de sa vue et leur faire amende honorable de tout le tort qu'il leur a fait. J'ay vu l'abbé de La Rivière changer de poil et de façon, n'avoir plus dessein de vendre son maître, mespriser les présents du cardinal, n'avoir point d'ambition pour un chapeau rouge et vouloir retourner dans Paris, pour reconnoître la bassesse de sa naissance et demeurer avec sa mère dans la rue de Saint-Honoré. J'ay vu M^r l'évêque d'Alby, abbé de Beaumont, se vouloir défaire de tous ses bénéfices pour conserver Alby, et donner de très-bons préceptes au Roy; comme le généreux maréchal de Villeroy n'a autre dessein que de ramener le Roy à Paris et de ne plus laisser passer à Lyon aucuns justes qui iroient en Italie. J'ay vu le maréchal de Schomberg jurer hautement la ruine de tout le royaume et son désordre. J'ay vu le maréchal de Lhopital persuader à la Reyne qu'elle ne doit plus respirer que la vengeance. J'ay vu le maréchal de Rantzau se déclarer coupable du crime qu'on lui impute, et en attendre la punition avec impatience. J'ay vu le maréchal de La Meilleraye n'estre plus affligé de la goutte, ne plus jurer Dieu, n'estre plus impatient, demander pardon à Dieu de toutes ses offenses et vouloir marier son fils avec une des nièces du cardinal. J'ay vu le maréchal de Grammont, téméraire au dernier point, se repentir d'avoir fait ouvrir les passages pour laisser venir les vivres à Paris. J'ay vu M. le chancelier ne plus vouloir signer aucunes lettres de noblesse, renoncer à tous les partis, surtout à celui des boues, et conseiller à la Reyne le prompt retour de Leurs Majestés dans Paris. J'ay vu MM. de Guénégaud et Le Tellier ne plus vouloir rien signer ni pour le conseil ni pour la guerre ; et M. de Guénégaud, se ressouvenant de la naissance de son père, faire cas de tous les laquais. J'ay vu le commandeur de Jars ne point désavouer la familiarité qu'il a eue avec M. d'Émery. J'ay vu MM. de Senneterre, Tubeuf et Bautru disgrâciés pour n'avoir pas assez protégé M. le cardinal, et pour avoir conseillé l'extinction du prest, duquel j'ay vu les sieurs Bonneau, La Raillère et Catelan ne plus se soucier, en demandant eux-mêmes la suppression. Enfin j'ay vu les filles de la reyne n'aimer plus à parler à personne, bannir les mouches et les affiquets; et les gens de guerre ne plus voler, brusler ni violer, vu la défense qu'on leur en a faite. »

2942. Qu'en dira-t-on (le) de Mazarin, burlesques (*sic*). *Paris*, Antoine Quenet, 1649, 8 pages.

Ce pamphlet a été publié une seconde fois *sur l'imprimé à Paris chez Antoine Quenet*, 1649, avec le *Remerciment des imprimeurs*, etc., et la *Lettre de l'inconnu*.

2943. Que la voix du peuple est la voix de Dieu, contre le sentiment de celui qui nous a proposé une question toute contraire. *Paris,* Pierre Variquet, 1649, 26 p.

Voir *Question : Si la voix du peuple,* etc.

2944. Quelques remarques sur la remontrance de messieurs de la cour des monnoies. *Paris,* 1652, 38 pages.

La permission d'imprimer, signée D'Aubray, est datée du 28 avril.

Le Parlement avait ordonné une assemblée de bourgeois pour savoir si on devait souffrir l'exposition des réaux du Pérou et le surhaussement des espèces d'or et d'argent, selon le caprice de chacun.

La cour des monnaies fit là-dessus des remontrances dans lesquelles elle accusait d'ignorance les bourgeois et revendiquait le droit exclusif de connaître de l'affaire.

L'auteur soutient le droit et la possession des bourgeois ; il montre par l'histoire que les bourgeois ont toujours été consultés sur les affaires de l'État.

Les avis des bourgeois sont d'octobre et de septembre 1651.

Rare et curieux.

2945. Querelle (la) d'un partisan avec sa femme, et leurs reproches, en forme de dialogue. *Paris*, Guillaume Sassier, 1649, 7 pages.

2946. Querelle du cardinal Mazarin avec un capitaine frondeur, survenue pour la paix générale. *Paris*, 1652, 8 pages.

« Ma fronde est faite de soie bien tissue et bien enlacée ; elle a près de quatre pieds de longueur ; elle va toujours en appetissant aux extrémités, et principalement à celle où est le claquoir, que j'ai fait moi-même d'une belle soie rouge, incarnate et bleue ; au milieu en élargissant. J'ai compassé une quantité de réseaux capables de porter une grosse pierre ; et si je les ai bien comptés, il y en a, à ce que je crois, près de cent. Les brus (*sic*) sont en rond, où j'ai représenté des fleurs de lys en confusion. »

2947. Question canonique : Si monsieur le Prince a pu prendre les armes en conscience, et si ceux qui prennent son parti, offensent Dieu ; contre les théologiens courtisans. *Bordeaux*, Guillaume De La Court, 1651, 23 pages.

C'est le pamphlet qui a été frappé par la *Censure de l'archevêque de Bordeaux*, etc.

2948. Question cardinale plaisamment traitée ou dasthicotée entre un Hollandois et un Suisse, et décidée par un François. *Paris*, Pierre Du Pont, 1649, 8 pages.

« Je confesserai ingénument qu'entre les plus agréables et plus ingénieux livrets que l'on ait faits contre le cardinal, l'on peut mettre avec raison la *Question dasticotée*, parce qu'elle est fort naïve en son patois et soutenue de pointes assez gaillardes et de conceptions plus pressantes que celles de beaucoup d'autres, qui ne médisent pas de si bonne grâce, quoiqu'avec plus de malice et à feu plus découvert. » *Mascurat*, page 219.

2949. Question morale et politique très-importante à décider et pour la gloire du roi et pour le bien de son peuple, savoir : Laquelle de ces deux vertus est plus nécessaire au souverain, ou la clémence ou la justice. *Paris*, François Noël, 1650, 42 pages.

2950. Question : S'il doit y avoir un premier ministre dans le conseil du roi; raison d'État et politique très-importante à décider pour le bien du souverain et pour le repos de la patrie. *Paris*, 1649, 22 pages.

« Le peuple doit s'armer de requêtes et de supplications ; et puis, en dernier lieu, il faut qu'il tâche d'obliger Dieu, par jeûnes et oraisons, à le regarder d'un œil de pitié »

Telle est la conclusion de ce pamphlet, qui appartient à quelques égards à la polémique soulevée par la *Lettre d'avis au Parlement de Paris écrite par un provincial*.

Quelqu'un a eu la singulière idée de le mettre en dialogue sous le titre de : *Questions en forme de dialogue*, etc.

2951. Question : Si la voix du peuple est la voix de Dieu. (S. l., 1649), 34 pages.

L'auteur a résolu hardiment la question par la négative ; et il cite à l'appui de sa thèse de nombreux passages des saintes Écritures.

Un autre écrivain anonyme a répondu par le pamphlet intitulé : *Que la voix du peuple est la voix de Dieu* ; mais il ne s'est montré ainsi absolu que dans le titre : « Quelquefois la voix du peuple est la voix de Dieu, par exemple quand le peuple de Paris demande le retour du roi. »

Enfin il est venu un troisième pamphlétaire qui a dit : « Le peuple, ce n'est pas la populace ; c'est la réunion des trois ordres, clergé, noblesse et tiers état. Ainsi entendu, la voix du peuple est la voix de Dieu. »

De ces trois pièces, la première annonce seule quelque talent.

La troisième a été réimprimée sous le même titre, en 1652 : *Remède aux malheurs de l'État de France*, etc.

Aucune n'est rare.

2952. Questions, en forme de dialogue, du conseil de conscience au conseil d'État, avec les réponses. *Paris*, François Noël, 1649, 7 pages.

Voir *Question : S'il doit y avoir un premier ministre*, etc.

2953. Questions royales, ou Demandes et réponses entre le roi et Monsieur, son frère, pour bien et heureusement régir et gouverner le royaume en paix et concorde. *Paris*, veuve Musnier, 1649, 16 pages.

« Couper les ailes aux roitelets et garder les lois fondamentales de l'État, » voilà les deux grandes affaires du roi.

Cela n'est pas commun.

2954. Qui fut (le) de Jacquemard sur les sujets de la guerre mazarine. *Paris*, Pierre de Chaumusy, 1652, 8 pages.

L'auteur promettait une suite ; l'a-t-il donnée ?

Le Jacquemard du port Saint-Paul était frère de la Samaritaine du Pont-Neuf.

Rare et mauvais.

2955. Quiproquo (le) de l'autre monde sur l'arrivée du Mazarin, et l'arrêt irrévocable rendu contre ce cardinal du même nom. Un courrier arrivé depuis peu de l'autre monde m'en a appris des nouvelles, dont je veux vous faire part, mon cher Damon, si vous l'avez pour agréable. Voici à peu près ce qu'il m'a dit. *Paris*, Jean Brunet, 1649, 12 pages.

Voir l'*Équiproquo*, etc.

2956. Quode (le) de messieurs de Compiègne présenté au roi contre le cardinal Mazarin et ses adhérents, avec l'affiche affiché (*sic*) dans la ville de Compiègne, du 1ᵉʳ jour de septembre 1652, contre le cardinal Mazarin. (S. l., 1652), 11 pages.

Cette pièce se compose d'une lettre de MM. de Compiègne au roi pour le prier d'agréer le quode (*sic*), du quode et de l'affiche; le tout de très-peu de valeur, mais rare.

Il faut y joindre le *Second affiche affiché dans la ville de Compiègne*, etc.

FIN DU DEUXIÈME VOLUME.

Ouvrages publiés par la Société de l'Histoire de France *depuis sa fondation en* 1834. *Avec les n^{os} de l'ordre dans lequel ils ont paru.*

1, 2. — Bulletin de la Société de l'Histoire de France, 1834 et 1835, 2 vol. gr. in-8... 18 fr.
Bulletin de la Société, de 1837 à 1840, et 1843 à 1847, chaque année. 2 fr.
3. — L'Ystoire de li Normant, etc., 1 vol. gr. in-8. 1835........ 9 fr.
4, 7, 9, 12. — Histoire ecclésiastique des Francs, par Grégoire de Tours, *texte et* traduction. 4 vol. in-8. *Le 1er vol. est épuisé;* les autres vol. chacun... 9 fr.
Le même ouvrage *texte latin*; 2 vol. gr. in-8. 1836 à 1838....... 18 fr.
Le même ouvrage, *trad. française*, 2 vol. gr. in-8............. 18 fr.
5. — Lettres du Cardinal Mazarin a la Reine, etc., 1 v. gr. in-8. 1836. 9 fr.
8. — Mémoires de Pierre de Fenin, 1 vol. gr. in-8. 1837........ 9 fr.
11. — De la Conqueste de Constantinoble, par Villehardoin, 1 v. gr. in-8. 1838... 9 fr.
13, 22, 39. — Orderici Vitalis Historia ecclesiastica, tomes I, II et III, gr. in-8. 1838 à 1845................................. 27 fr.
16, 17. — Correspondance de l'Empereur Maximilien et de Marguerite, sa fille, 2 vol. gr. in-8. 1839......................... 18 fr.
18. — Histoire des Ducs de Normandie et des Rois d'Angleterre, 1 vol. gr. in-8. 1840.. 9 fr.
19, 31. — Œuvres complètes d'Éginhard, 2 vol. gr. in-8. 1840 et 1843. 18 fr.
20, 32, 52. — Mémoires de Philippe de Commynes, 3 vol. gr. in-8. 1840 à 1847.. 27 fr.
23, 30. — Lettres de Marguerite d'Angoulême, sœur de François Ier, 2 vol. gr. in-8. 1841 et 1842.................................. 18 fr.
24, 37, 42, 46, 60. — Procès de Condamnation et de Réhabilitation de Jeanne d'Arc, 5 vol. gr. in-8. 1841 à 1849................ 45 fr.
26, 27. — Coutumes du Beauvoisis, publiées par M. Beugnot. 2 vol. gr. in-8. 1842... 18 fr.
28. — Mémoires et Lettres de Marguerite de Valois, 1 volume gr. in-8. 1842... 9 fr.
33, 35. — Chronique latine de Guillaume de Nangis, 2 v. gr. in-8. 1843. 18 fr.
36. — Mémoires du Comte de Coligny-Saligny, etc., 1 v. gr. in-8. 1844. 9 fr.
40, 43. — Histoire des Francs, par Richer, 2 v. gr. in-8, *texte et trad.* 1845.. 18 fr.
45, 49, 54. — Registres de l'Hôtel de Ville de Paris pendant la Fronde, 3 vol. gr. in-8. 1846 à 1848............................ 27 fr.
47, 50, 53, 55, 57. — Vie de saint Louis, par Le Nain de Tillemont, gr. in-8, tomes I à V. 1846 à 1849................................ 45 fr.
48, 58. — Journal du Règne de Louis XV, par E. J. F. Barbier, gr. in-8, tomes I et II. *Le tome Ier manque.*................... 18 fr.
61, 63. — Bibliographie des Mazarinades, par M. Moreau, t. I et II. 18 fr.
6, 10, 14, 15, 21, 25, 29, 34, 38, 41, 44, 51, 56, 59, 62. — Annuaire de la Société de l'Histoire de France, pour les années 1837 à 1842, et 1847 à 1851, in-18, chaque vol...................... 2 fr.
Les années 1843 *à* 1846 *manquent.*

SOUS PRESSE :

Vie de saint Louis, par Le Nain de Tillemont, tome VI et dernier.
Bibliographie des Mazarinades, par M. Moreau, tome III.
Comptes de l'Argenterie des Rois au xive siècle, par M. Douet-d'Arcq.
Journal du Règne de Louis XV, par E. J. F. Barbier, tome IIIe et dernier.

DE L'IMPRIMERIE DE CRAPELET, RUE DE VAUGIRARD, 9

www.ingramcontent.com/pod-product-compliance
Lightning Source LLC
Chambersburg PA
CBHW071222240426
43671CB00030B/1565